TINIUS
LITERARISCHES
RÄTSELBUCH

HEIKO POSTMA

WER IRRT HIER DURCH DEN BÜCHERWALD ?

DAS LITERARISCHE RÄTSELBUCH VON

MAGISTER TINIUS

ILLUSTRIERT VON

HELA WOERNLE

REVONNAH

HEIKO POSTMA wurde am 26. Juli 1946 in Wesermünde geboren. Am Namen kenntlich als Friese. Schulzeit und Abitur in Bremerhaven. Studium (Philosophie, Germanistik, Wissenschaft von der Politik) in Hannover. 1972 Staatsexamen, 1975 Promotion bei Hans Mayer mit einer Dissertation über den Rätselautor No.4. Seither Schulmann und Publizist. Seit 1985 Redakteur der »horen«. Noch länger Mitarbeiter der »Hannoverschen Allgemeinen« und anderer Zeitungen, Zeitschriften, Rundfunkanstalten. Veröffentlichungen: Essays zur europäischen Literatur, Glossen, Buch- und Theaterkritiken, Beiträge zu Aufsatzsammlungen, Zeitungskolumnen *(Boulevard der Detektive. Universum der Phantasten)*, Biographien zu Jules Verne und H. A. Oppermann. Letzter Bestseller: die zusammen mit Rainer Wagner eingerichtete *Galerie der Detektive* (Revonnah Verlag). Dazu: Vorträge, Übersetzungen (u.a. Komödien von Shakespeare und Goldoni für den Deutschen Theater Verlag). Zum Rätselmachen herangebildet als begeisterter Hörer des »Labyrinth«, der legendären NDR-Sendung von Ludwig Giesz und Johannes Schlemmer. Und: des »Literarischen Rätsels«, das Roland H. Wiegenstein vor mehr als drei Jahrzehnten im WDR kreierte. Inzwischen ist Postma, schon seit einer Reihe von Jahren, an Roland Wiegensteins Seite selber Moderator in dieser Radio-Rätsel-Runde.

HELA WOERNLE wurde am 7. Juni 1968 in Tübingen geboren. Bis 1997 studierte sie an der Fachhochschule Kunst und Design in Hannover Grafik-Design. Sie hat für die »Hannoversche Allgemeine« den *Boulevard der Detektive*, das *Universum der Phantasten*, die *Bildungslücken*, das *Literaturrätsel* u. a. illustriert. Letzter Bestseller: Friedhelm Kändler, *Kröhlmann, Ein Gedicht in 21 Kapiteln*, mit Zeichnungen von Hela Woernle (Revonnah Verlag 1998), davor die *Galerie der Detektive* (Revonnah Verlag 1997). Sie lebt als Illustratorin in Hannover.

Die Rätsel von MAGISTER TINIUS wurden seit 1996 in der »Hannoverschen Allgemeinen« vorabgedruckt, seit 1997 mit den hier versammelten Illustrationen von Hela Woernle. Die Lösungen erscheinen hier zum ersten Mal.

DIE DEUTSCHE BIBLIOTHEK – CIP – EINHEITSAUFNAHME
POSTMA, HEIKO:
WER IRRT HIER DURCH DEN BÜCHERWALD? ; DAS LITERARISCHE RÄTSELBUCH VON MAGISTER TINIUS / HEIKO POSTMA. ILL. VON HELA WOERNLE. – ORIG.-AUSG., 1. AUFL.. – HANNOVER : REVONNAH, 2000
ISBN 3-927715-98-0

ORIGINALAUSGABE . ERSTE AUFLAGE FEBRUAR 2000 . ACHTZIGSTE REVONNAHVERÖFFENTLICHUNG IM ZEHNTEN JAHR DES VERLAGES . **REVONNAH VERLAG HANNOVER** . TANYA HARKENTHAL ARNE DREWS GBR . IM MOORE 33 . 30167 HANNOVER . SATZ. REVONNAH VERLAG HANNOVER . GESTALTUNG. ARNE FERDINAND KOPF . UMSCHLAGGESTALTUNG. ARNE FERDINAND KOPF UNTER VERWENDUNG VON ZEICHNUNGEN VON HELA WOERNLE . **DANK** AN ALIX DUDEL. MATTHIAS GÖKE. MICHAEL LABACH. THOMAS O'KIEP. BRIGITTE POSTMA . GESAMTHERSTELLUNG. CARL KÜSTER DRUCKEREI HANNOVER . BITTE BEACHTEN SIE AUCH DIE SEITEN HINTEN IM BUCH . ISBN 3.927715.98.0 — 44 DM

**»Ich dachte lange
an den Magister Tinius,
den Bücherverfallenen...«**

Arno Schmidt, *Das steinerne Herz*

INHALT

Vorrede

Da es in den Rätseln der nachfolgenden Sammlung mehrfach um »Vorreden« zu Büchern geht, um verspätete, vergessene, eingeschobene, nicht zuletzt um ausufernde, ja, selbst um Vorreden, die anstelle des eigentlichen Werkes auf die Leser kamen (manche unserer Such-Autoren sind ausgesprochen tollkühne Vorwortschreiber gewesen), ist eine Vorrede an dieser Stelle natürlich Ehrensache. Doch anders als beim Rätselmann No.47 soll unsere Vorrede dort stehen, wo sie ihrer Natur nach hingehört, nämlich vor dem Eigentlichen, und anders als beim Rätselmann No.12 soll sie kurz sein. Kurz gesagt also: Dies ist kein Quiz-Buch, in dem Literaturkenntnisse abgefragt oder Titel-Tests veranstaltet würden. Der Band enthält fünfzig richtige Bücher-Rätsel (und ein weiteres als Epilog), denen man, hoffentlich mit Vergnügen, durch beharrliches Verfolgen der ausgestreuten Spuren und Indizien, durch kluges Kombinieren der mitgeteilten Jahreszahlen und biographischen Fakten, notfalls auch durch einen Blick ins Lexikon (zum Beispiel, beim Rätsel No.48, unter dem Stichwort »Fälschung«) zu Leibe rücken kann. Es ließe sich sogar ein heiteres, zugegeben: etwas altmodisches, Gesellschafts-Spiel daraus machen, so, wie unser Rätselautor No.20 abends mit seinen Freunden regelrechte »Rätselwettkämpfe« ausfocht.

Herauszufinden sind dabei Bücher und Menschen – jeweils ein literarisches Werk und dessen Verfasser(in). Die zu ermittelnden Texte sind zwischen 1678 und 1967 entstanden und gehören den unterschiedlichsten Gattungen an: Der Roman ist ebenso vertreten wie die Novelle, die Kalendergeschichte, das Vers-Epos oder die Ballade. Mal ist eine Erzählsammlung zu erraten, mal ein Lieder-Zyklus, ein Drama, ein Essay oder ein Gourmet-Handbuch, doch auch ein Film-Szenario, ein Opern-Libretto oder ein Hörspiel. Es sind Krimis dabei, Western, Kolportage-Reißer und Kinderbücher, Märchen und autobiographische Berichte, Parodien und Travestien. Da sollte jeder das Seine finden können. Die Such-Bücher stammen je zur Hälfte aus der deutsch- und der fremdsprachigen Literatur, die Originaltitel sind in insgesamt acht Sprachen verfaßt (falls Niederdeutsch extra gezählt werden soll, sind's sogar neun, das heißt, eigentlich doch nur achteinhalb – Näheres dazu in Rätsel No.32), die Such-Autoren kommen aus sechzehn Nationen. Die Anordnung der Rätsel wiederum – sie folgt einem ausgeklügelten System (alphabetische oder chronologische Reihungen würden es den Rate-Tricksern ja eindeutig zu leicht machen): Doch auch so sollten klassisch Befahrene rasch hinter das Prinzip kommen, spätestens beim Rätsel No.33 ..

Ein Teil dieser Bücherrätsel ist seit 1996 in der Literaturbeilage der »Hannoverschen Allgemeinen« erschienen. Da aber in einer Zeitung notorischer Platzmangel herrscht (eine Ausnahme bildete unsere Such-Gazette aus Rätsel No.30!), mußten die anschließenden Auflösungen dort notwendig knapp ausfallen: Sie beschränkten sich auf die bloße Nennung von Titel und Autor. Dies können wir nunmehr ein bißchen opulenter regeln. Im Lösungs-

Teil werden nicht bloß die dürren bibliographischen Fakten dargelegt, sondern auch einige Buch-Inhalte, Hintergründe, Schreibmotive, Zusammenhänge sowie die eine oder andere Querverbindung innerhalb des rätselhaften Bücherspektrums. Aber Achtung: Nicht schummeln! Erst nachgucken, wenn ein selbsttätig erknobelter Namens- und Titelvorschlag abgeliefert wurde!

In diesem zweiten Teil gibt es zu jedem Rätsel auch mehrere Literaturangaben: zum Nachlesen, zum Weiterlesen, zum Überhauptlesen (schließlich soll das Rate-Spiel ja Lust auf Lektüre machen). Die Auswahl der Sekundärtexte ist dabei nicht wissenschaftlich gewichtet, sondern so, wie's dem Rätselmacher gefiel, und die aufgeführten Werk-Editionen sind nicht die jeweils modernsten, sondern diejenigen, die sich im Lauf der Jahrzehnte in seinen Bücherregalen eingefunden haben. Meist sind das keine Bücher, die man mal schnell per Internet »ordern« kann. Die Sammlung ist buntscheckig, wie eine Bibliothek eben aussieht, die auf Streifzügen durch Antiquariate und über Flohmärkte sowie durch beharrliches Studium von Altertumskatalogen zusammengekommen ist. Grad darum hat der Skribent ja auch als sein Alter Ego den Magister Tinius wieder auferstehen lassen, den leidenschaftlichsten aller Bücher-Sammler (auch wenn dieser Rastlose in seinen Methoden des Bucherwerbs womöglich ein bißchen zu weit ging…).

Nicht extra angegeben, doch dauerhaft (und dankbar) benutzt wurden zudem die folgenden Werke:

Kindlers Literatur Lexikon im dtv. München : dtv, 1974.

Gero von Wilpert (Hrsg.), Lexikon der Weltliteratur. Stuttgart : Kröner, ²1975.

Ders., Deutsches Dichterlexikon. Stuttgart : Kröner, ³1988.

Kurt Böttcher (Lt. d. Aut.kollektivs), Lexikon deutschsprachiger Schriftsteller. Leipzig : VEB Bibl. Inst., ²1972, 2 Bde.

James D. Hart, Oxford Companion to American Literature. New York : Oxford University Press, ⁴1965.

Margaret Drabble (Editor), The Oxford Companion to English Literature. Oxford, u.a. : Oxford University Press, ⁵1985.

Horst W. Drescher, Lexikon der Englischen Literatur. Stuttgart : Kröner, 1979.

Wilfried Engler, Lexikon der Französischen Literatur. Stuttgart : Kröner, 1974.

und natürlich –

Pierer's Universal-Lexikon der Vergangenheit und Gegenwart oder Neuestes encyclopädisches Wörterbuch der Wissenschaften, Künste und Gewerbe. Altenburg : H. A. Pierer, ⁵1867ff.

So. Die Vorrede wäre überstanden, und wie unser Rätselautor No.41 bei solchen Gelegenheiten zu sagen pflegt: »Now read on«. Allen Lesern viel Freude in unserem Bücherwald.

HEIKO POSTMA

Hannover, im Herbst 1999

I.
RÄTSEL

Wer geistert hier durch die nächtliche Heide?

Daß er für sein neues Buch den »Titel aller Titel« gefunden habe, bekam der Autor aus hoch berufenem Kollegenmund zu hören – vom damals (wie heute) populärsten Erzähler seines Landes. Freilich ist ein Titel allein, so elektrisierend er sein mag, noch keine Kunst, das Buch muß die solchermaßen geweckte Lese-Neugier schon auch befriedigen. Doch das tat der heut gesuchte Schmöker in beispielhaft nervreizender Manier: Bereits in der Vorabdruckphase, als der Roman in wöchentlichen Fortsetzungen herauskam, gab es öffentliche Wetten über den möglichen Ausgang, und selbst Mr. Gladstone, der Premierminister, sagte einmal ein Nobel-Dinner ab, weil er unbedingt herausfinden mußte, wie's mit dem (tatsächlich fulminanten!) Schurken der Geschichte weiterging.

Auch heute noch sorgt die Scharteke für altmodisch wohliges Haarsträuben – 140 Jahre nachdem die seltsame Titelheldin erstmals durch die Buchseiten gegeistert war (bzw. durch die nächtliche Heide bei Hampstead). Das Ding ist ein internationaler Dauerseller geworden, auch wenn ein paar Schöngeister darob die Nase rümpfen, weil's ihnen zu sehr nach Reißer riecht.

Dabei ist überhaupt nicht zu leugnen: Mit diesem Buch hat der Verfasser die Möglichkeiten des Romanschreibens ganz beträchtlich erweitert. Sicher, die öden Moorlandszenerien, die überwucherten Friedhöfe, die düsteren Wetterwolken über einsamen Landhäusern oder angstmachenden Irrenanstalten – die stammen noch aus dem Fundus der alten Schauerromantik, während die mysteriösen Vorgänge um die verwirrte Titelgestalt und deren hinterhältig betrogene Halbschwester eher ins Krimi-Genre führen (das unser Such-Buch immerhin mitbegründete). Doch künstlerisch echt bemerkenswert und innovativ ist die Erzählweise des Romans.

Denn das Buch hat keinen durchgängigen Narrator, nur einen Chronisten – jenen jungen Mann, der das geheimnisvolle Geschehen mit fast schon detektivischer Kombinationsgabe (und der Unterstützung einer couragierten Gefährtin) aufgeklärt hat und der nun, nach Überwindung aller Schrecken, den Fall aktenkundig macht. Das heißt, er legt eine akribische Materialsammlung vor, die aus Briefen, Tagebüchern, Berichten von Beteiligten (auch von Tätern!) besteht, so daß sich am Ende ein höchst interessantes Gesamtbild in Mehrfachbeleuchtung ergibt.

Über den Inhalt der Dokumente soll hier indes nichts weiter gesagt werden. Schon 1860 hatte der Autor alle Rezensenten dringend ersucht, im Spannungsinteresse künftiger Leser »die Katze nicht aus dem Sack zu lassen«. Und auch wenn seitdem eine gewisse Zeit vergangen ist – »künftige« Leser dieses Buches gibt es nach wie vor. Ehrensache mithin, daß sich auch Magister Tinius an die Bitte des Verfassers hält (ein Stück vom Katzenfell hat er ja trotzdem gezeigt...).

Übrigens war das Werk keineswegs der erste Roman unseres Autors. Die bis dahin geschriebenen waren nur reichlich resonanzlos geblieben. Und eigentlich war er sowieso gelernter und zugelassener Advokat. Doch vor Gericht trat er nur selten auf: Er hatte sich als Gehilfe und gelegentlicher Co-Autor des eingangs erwähnten Groß-Kollegen verdingt, mit dem er später zudem noch in ein schwägerschaftliches Verhältnis kam. Die Freundschaft zwischen beiden erhielt allerdings ein paar Dellen, als unser Mann immer erfolgreicher wurde: Selbst an den Größten nagt wohl die Eifersucht. Doch, wie gesagt, den »Titel aller Titel« hat der Star seinem langjährigen Kompagnon, der vor hundertzehn Jahren starb, ja freimütig zuerkannt. Nennen Sie bitte diesen Titel, originalsprachlich oder deutsch, sowie den Namen des Verfassers, der damit seinen Ruhm begründete. Viel Vergnügen beim Knobeln wünscht Ihr

MAGISTER TINIUS

No.2 Wer schlägt hier die Schlafzimmertür zu?

17. JANUAR

Da sind sich die Bewohner des kleinen Ortes in ***shire einmal ganz einig: Es ist eine ziemlich seltsame Frau, die sich seit kurzem in dem leerstehenden, halbverfallenen, notdürftig instandgesetzten Manor-Haus einquartiert hat. Offenbar eine Witwe, denn sie hat einen kleinen Sohn dabei und lebt, mehr schlecht als recht, vom Verkauf selbstgemalter Bilder. Daß sie aber, höflich, doch bestimmt, jede Vertraulichkeit mit den Leuten ablehnt, das bringt die Neugier der Ortsansässigen zum Kochen: Verbirgt sich da am Ende ein Geheimnis?

Ganz besonderes (aber weit liebenswürdigeres) Interesse für die merkwürdig verschlossene Dame zeigt dabei ein junger Gutsbesitzer aus der Nachbarschaft. Er ist der Ich-Erzähler dieses Buches, das vor 150 Jahren erschien, sofort eine zweite Auflage erreichte, danach aber ein bißchen in den Schatten geriet – sehr zu Unrecht. Denn der Roman ist mit höchster Sorgfalt und psychologischer Feinsicht komponiert: Das Geschehen selber wird im Rückblick, aus der Distanz von zwanzig Jahren, geschildert, im Zentrum aber steht das damalige Tagebuch der Heldin, was eine kunstvolle Verzahnung von Erzählzeit und erzählter Zeit ergibt. Die junge Autorin verstand ihr Handwerk unbedingt.

Nicht ganz unschuldig am langwierigen Schattendasein des Werks war freilich die älteste Schwester der Verfasserin, die übrigens, genau wie die mittlere Schwester, auch selber Roman-Autorin war. Sie mochte das heut erfragte Buch nicht leiden, fand, daß allein die »Wahl des Themas« ein »vollkommener Mißgriff« gewesen sei und hielt den ganzen Einfall für »eher morbid«.

Die zeitgenössischen Leser sahen das ein wenig anders. Eine Biographin unserer heut Gesuchten brachte die damalige Wirkung des Romans auf die Formel: »Das Knallen der Schlafzimmertür, die H.H. [die Titelheldin] vor ihrem Mann zuschlug, hallte durch das ganze viktorianische England.« Wow! Es muß wohl in der Tat ein Schock gewesen sein – dies Tagebuch einer jungen Frau, die sich ihrem Mann sexuell verweigert, nachdem sie ihn im eigenen Hause mit einer Geliebten erwischt hat und er keinerlei Bereitschaft zur Reue zeigt. Die Titelheldin geht aber noch einen Schritt weiter: Als ihr, obendrein trunksüchtiger, Gatte sie offen demütigt und dann ein fast provokant ungetarntes Verhältnis mit der Gouvernante des Sohnes anfängt – da verläßt sie das Haus, um künftig von ihrer eigenen Arbeit, der Malerei, zu leben. Ihr Kind nimmt sie mit: Ein Akt, der im wirklichen britischen Leben damals eindeutig illegal gewesen wäre. Und das war mehr als ein Schock: Das war ein Signal – fast dreißig Jahre vor Ibsens »Nora«!

Bemerkenswert bei alledem, wie peinlich die Autorin darum bemüht ist, den Roman von trivialen Sensationsmustern freizuhalten. Es soll ausdrücklich ein Normalfall geschildert werden. Die anfangs 18jährige Heldin ist keineswegs in die Ehe gepreßt worden, im Gegenteil. Und ihr Ehemann ist keineswegs eine Karikatur – nur ein leichtsinnig, leichtlebiger Landjunker, wie man ihn überall antreffen könnte. Aber grad diese Alltagsnähe macht das Buch stark.

So stark wie seine Heldin: Auch der liebenswürdige Gutsbesitzer und Ich-Erzähler muß noch einiges durchstehen, bis ihm die inzwischen legal verwitwete Mieterin des Manor-Hauses ihre Hand anträgt. (*So* herum läuft das bei unserer Autorin! Nicht schlecht für eine Pfarrerstochter...).

Ihre eigene Liebesgeschichte dagegen – sie begann zart und heiter und endete traurig. Ihr Liebster, der Vikar ihres Vaters, starb mit kaum 28 Jahren an der Cholera. Sie selber ist indes nur wenig älter geworden. Schon als Kind hatte sie an Asthma gelitten, später an Tuberkulose. Noch ganz zuletzt hoffte sie, die Krankheit durch einen Aufenthalt an der See besiegen zu können. Vergeblich. Nennen Sie bitte ihren Namen und den (originalen oder gebräuchlichen deutschen) Titel ihres oben vorgestellen – zweiten – Romans. Viel Vergnügen beim Knobeln wünscht Ihr MAGISTER TINIUS

Wer leidet hier unter seelischem Aufruhr?

No.3
18. JANUAR

Das heut erfragte Buch ist nicht der erste Roman überhaupt; aber mit dieser knapp und streng erzählten »Historie« aus dem Jahr 1678 beginnt eine neue Roman-Zeitrechnung: Zum ersten Mal dominiert die Psychologie. Das äußere Geschehen der Ehe-Geschichte ist auf ein Mindestmaß beschränkt und dient nur dazu, die inneren Zustände und Gefühlsverwirrungen der Zentralfiguren zu beleuchten oder zu spiegeln. Doch auch in der Dreiecks-Beziehung selber »passiert« (nach damaligen, erst recht nach heutigen Maßstäben) fast gar nichts: Untreue, Ehebruch, Skandal – nichts davon wird manifest; alles bleibt, sozusagen, platonisch.

Denn der damals 44jährigen Autorin, einer Gräfin (die in literarischen Dingen vom elegantesten Stilisten und klügsten Denker ihrer Zeit und ihres Landes beraten wurde), kam es nicht auf Effekte und Sensationen an. Sie beschreibt mit analytischer Schärfe, wie sich drei Menschen aristokratischer Herkunft in einen Liebesfall verstricken, der ihre Empfindungen irritiert, ihre Haltung durcheinander bringt und ihre Selbstkontrolle gefährdet, was umso fataler ist, als sich das Ganze, sozial präzise gefügt, in der Öffentlichkeit des Königshofes abspielt, dessen Klatschsucht kein Detail übersieht – kein plötzliches Erröten, keine verfängliche Geste, kein unbedachtes Wort. (Gegenüber der Entstehungszeit des Romans ist das Geschehen freilich in eine 120 Jahre ältere Epoche verlegt – an den Hof Heinrichs II., wo die Titelheldin, die einzige fiktive Gestalt dieses auch historisch genau gearbeiteten Romans, als Vertraute Maria Stuarts agiert, der Gattin des damaligen Dauphin).

Und insbesondere diese anmutige, strahlend schöne, betont sittlich erzogene Titelheldin weiß bald nicht mehr ein noch aus: Bei ihrer Heirat war sie eben 16 Jahre alt und wußte nichts von Liebe (schon gar nicht von Liebe zu ihrem Mann). Dann begegnet sie am Hof einem jungen Herzog, der ihretwegen sogleich einen hochmögenden Heiratsplan aufgibt, und auf einmal kommt »Aufruhr in ihre Seele«, kommen ganz neue, nie geahnte Erfahrungen auf sie zu: Leise, kaum vor sich selber eingestehbare Glücksmomente, aber auch Eifersucht oder Trennungsschmerz. Und: Heimlichtuerei – in Gesellschaft, vor allem jedoch vor ihrem Mann.

Schließlich bekennt sie dem Gatten ihre sorgsam unterdrückten, doch nicht länger zu beherrschenden (und geheimzuhaltenden!) Gefühle. Zugleich bittet sie ihn, sich vom Hofdienst, somit aus der Nähe des Geliebten, zurückziehen zu dürfen, was er, aus Rücksicht auf seinen gesellschaftlichen Status, entschieden ablehnt. Doch mehr noch: Obwohl er sich von Beginn an leidvoll bewußt war, daß seine Frau ihn nicht liebt, kann er ihr Geständnis (das ja, kompliziert, zugleich ein Bekenntnis zur Ehe war!) nicht verwinden. Er reagiert mit Eifersucht und haltlosen Bezichtigungen. Kurz darauf verfällt er einem Fieber und stirbt.

Nun wäre die Heldin frei für ihren heimlichen Geliebten. Doch so sehr sich der (seinerseits nicht minder sensible) Herzog auch bemüht: Sie wird ihn nicht heiraten, sondern, grad jetzt, ihrem Mann posthum die Treue halten. Schmerzlich genug, dieser Entschluß: Auch sie erleidet ein Nervenfieber, das sie nicht lange überleben wird.

Der Roman machte bei seinem Erscheinen sogleich Furore, wurde in zeitgenössischen Klatsch-Magazinen (erstaunlich, wie früh es die schon gab!), aber auch heftig debattiert, wobei es vornehmlich um zwei Fragen ging: Hätte sie ihrem Gemahl die Sache nicht besser verschwiegen? Und: Hätte sie ihren Liebsten am Ende nicht trotzdem heiraten sollen?

Die Autorin hatte freilich genau gewußt, was sie tat. Interessant allerdings, daß ihr großer Landsmann Stendhal (der ihr Buch insgesamt bewunderte) Jahrhunderte später boshaft vorschlug, die Heldin hätte ruhig ihre angenehme Liaison mit dem Liebhaber fortsetzen sollen, grad so wie's die (vom gräflichen Gatten getrennt lebende) Autorin selber mit ihrem literarischen Ratgeber und Herzensfreund getan habe, der ja auch ein Herzog war... Nennen Sie bitte den Namen dieser Schriftstellerin und den (originalen oder deutschen) Titel ihres Romans. Viel Vergnügen beim Knobeln wünscht Ihr MAGISTER TINIUS

Wer ist hier reif für die Insel?

No. 4
18. JANUAR

Das Buch, dem unsere heutige Raster-Fahndung gilt, ist das letzte seiner Art: Der Autor hielt seine Manier für erschöpft und geriet in eine ziemlich fundamentale Krise (aus der er nach mehrjährigem Experimentieren aber traumhaft herausfand). Trotzdem nahm der Literaturprofessor Hans Mayer grad dieses Werk sogleich in sein »Imaginäres Romanmuseum des 20. Jahrhunderts« auf: Fast ein Adelsprädikat. Ein bißchen spielerische Provokation steckte in dieser Wahl aber ebenfalls: Der Dichter, heute längst eine (auch posthum noch heiß verehrte) Kultfigur, befand sich seinerzeit obendrein in einem Rezeptionstief. Die Kritiker, vor allem der eine mit dem bilingualen Doppelnamen, schüttelten den Kopf ob seiner selbstgebildeten Exzentrik; die Leser hatten Probleme mit seiner zwar witzigen, aber auch erratischen Erzählweise (samt überbordender Zeichensetzung).

Er lebte damals noch in Darmstadt, wo die Deutsche Akademie für Sprache und Dichtung zu Haus ist (die ihren renommierten Büchner-Preis aber lieber anderen verlieh) und auch sonst allerhand Künstlervolk, was unseren Autor zusätzlich veranlaßte, baldmöglichst das Weite zu suchen – und in der norddeutschen Tiefebene wohl auch zu finden. Er sah seine Kollegen, zumindest die lebenden unter ihnen, lieber weit weg und hielt es mit dem Satz, der Dichter solle alleine gehen.

Konsequenterweise geht es in dem hier erfragten Roman denn auch hauptsächlich um so eine Künstlerkolonie. Der Schauplatz ist eine (natürlich künstliche) »Insel«, eine schwimmende Miniwelt im Pazifik, auf der die berühmtesten Kulturschaffenden der Erde als Staats-Stipendiaten die feinsten Arbeitsbedingungen vorfinden – ein »rosig überhöhtes Pseudo-Worpswede«, wie's der Autor sarkastisch nannte, oder eine multikulturelle Villa Massimo in den Roßbreiten. Nur daß die dort residierenden Maler oder Dichter vor lauter (wenngleich politisch gefährdeter) Idylle keinen Bock mehr aufs Kreative haben. Es ist eben, wie so oft bei diesem Autor, eine reichlich schwarz eingespiegelte Utopie. Und die Düsternis betrifft nicht nur den insularen *Kunst*betrieb.

Der Titel des Kurzromans ist übrigens von einem älteren deutschen Schriftsteller geklau— —, pardon, entlehnt. Auch das ist nichts Ungewöhnliches bei unserem Autor: Tote Kollegen liebte er durchaus. Und seine Dankbarkeit für schöne Lese-Erlebnisse demonstrierte er, indem er reihenweise Motive, ja, ganze Handlungsstränge aus älteren Werken in seine Bücher einmontierte, wenn auch mit der hübschen Einschränkung: »Immerhin wird das Entscheidende sein, ob man's *besser* machte.«

Bei dem hier anstehenden Inselabenteuer hat er sich gleich bei einem ganzen Trio von Altvorderen bedient: Die Grundidee zu diesem Propeller-Eiland stammt vom frühesten (und prägendsten) seiner Hausgötter, von Jules Verne; der Ich-Erzähler, der mit einer journalistischen Besuchs-Erlaubnis für das sonderbare Staatsgebilde versehen ist, reist als Nachfahre von Swifts Lemuel Gulliver zu den vermeintlichen Geistesriesen und akademischen Sonderlingen; und den Weg dorthin legt er buchstäblich auf den Spuren Karl Mays zurück – durch karge Savannen und poröses Felsenland. Nur daß statt der vertrauten Indianer seltsame Mutanden mittraben. Denn das Ganze spielt in der Zukunft: Die neuen Halbwilden sind genetische Irrläufer: Opfer des letzten Atomkriegs. Wie denn überhaupt die prägentechnische, transplantative Manipulationsfreude der modernen Naturwissenschaftler ein vielfach variiertes Thema in diesem pessimistischen Buch abgibt.

Auch darum ist es manchmal kaum zu glauben, daß dieser Roman schon über vierzig Jahre alt sein soll. Nennen Sie bitte den Titel des Werks und den Namen des Verfassers. Viel Vergnügen beim Knobeln wünscht Ihr

MAGISTER TINIUS

No.5 Wer wechselt hier die Wirklichkeiten?

24. JANUAR

Die »ehrbare Bürgersfrau«, die mit »übereinandergeschlagenen Armen« der verrückten Szene zusieht, macht aus ihrer Meinung keinen Hehl: »Der Herr ist wohl nicht recht bei Troste!« Tatsächlich: Auf Außenstehende muß das Ganze etwas abartig wirken. Mitten in den städtischen Grünanlagen steht ein junger Mann, hält den Stamm eines Holunderbaums umschlungen, stammelt den Zweigen sehnsüchtige Liebesworte zu und seufzt, das Bäumchen schüttelnd, »aus tiefster Brust«.

Dem hinzugetretenen Bürgersgatten ist die Sache nur allzu klar: Der Bursche, an seinem Outfit unschwer als Student zu identifizieren, hat »zu viel ins Gläschen geguckt«. Dem wiederum ist der Auftritt »entsetzlich« peinlich, zumal sich inzwischen eine förmliche Bürgerversammlung kichernd und räsonierend vor seinem Baum eingefunden hat. Verwirrt rennt er davon.

Dabei weiß er genau: Er ist zwar im Alltagsleben reichlich tolpatschig, aber er ist keineswegs verrückt. Und: Er hat keinen einzigen Tropfen zu sich genommen. Aber ganz sicher hat er vorhin das Klingen kristallener Glöckchen gehört und gesehen, wie die

Zweige des Holunderbusches smaragden funkelten, und dann hat er ein »Schlänglein« bemerkt und ein Paar »herrlich dunkelblauer Augen«, die ihn »mit unaussprechlicher Sehnsucht« anschauten, und das war »wie ein elektrischer Schlag« für ihn, und er war hin und weg. Doch dann hörte man eine ferne Befehlsstimme, und die Erscheinung löste sich auf.

Der Studiosus kommt ins Grübeln: Hat er da eben nur phantasiert? War es Wirklichkeit? Der Autor, den wir heute suchen, kannte sich in beiden Realitätsebenen aus, der alltäglichen wie der imaginären. Und damit der liebe Leser gar nicht erst ins Zweifeln gerät, ist die handfeste Wirklichkeit in diesem »Märchen aus der neuen Zeit« mit höchster Präzision geschildert: Sämtliche Orts- und Terminangaben sind exakt nachprüfbar (bzw. waren es, als diese Geschichte vor gut 180 Jahren erschien).

Das Ganze spielt in den frühen Abendstunden des letzten Himmelfahrtstags am Elbufer in Dresden. Am nämlichen Tag, »nachmittags um drei Uhr«, hat der schusselige Student auf dem Gemüsemarkt am Schwarzen Tor einen Stand mit Äpfeln und Kuchen umgerannt und einen ersten Aufruhr verursacht. Im übrigen ist er mit zwei sehr honorigen Normalmenschen befreundet, einem Registraturbeamten und einem stellvertretendem Schulleiter, dessen Tochter praktisch seine Verlobte ist. An dieser Wirklichkeit gibt es wirklich nichts zu deuteln.

Doch es will ihm einfach nicht aus dem Kopf: Er hat auch die Holunder-Szene »wirklich gesehen«. Er hat die Kristallglocken wirklich gehört. Er hat sich in die blauen Augen wirklich verliebt. Es war kein Traum. Erstaunlicherweise nimmt der Geheime Archivrat, für den unser Student, zwecks Aufbesserung seines Salärs, kalligraphische Kopierarbeiten erledigt, den Bericht ohne Erstaunen zur Kenntnis: Die kleine Schlange mit den »dunkelblauen Augen« ist seine eigene jüngste Tochter. Und in diese ist der Student verliebt – »das ist nun wohl klar«.

Und »klar« ist ferner: Auch der alte Archivar führt eine Doppel-Existenz und lebt, elementar, in zwei Wirklichkeiten, die, ineinandergeschoben, gleichzeitig bestehen. Die eine ist nüchtern, bürgerlich, vernünftig – die Alltagswelt. Die andere ist phantastisch, abenteuerlich, märchenhaft – die poetische Sphäre. Beide jedoch sind unbedingt real, wie auch der Erzähler schließlich bestätigen muß, der in seinem »Dachstübchen« hockt und den Studiosus beneidet: Der ist zum wunderbaren Ende mit seiner blauäugigen Liebsten nämlich vollends in die Phantastik-Welt abgeflogen (während sich seine lebenspraktischer träumende Ex-Braut den Registrator gegriffen hat, der inzwischen zum Rat befördert wurde). Der Dichter, befangen in den Notwendigkeiten seines armseligen Alltags, beneidet den Studenten wirklich sehr. Da freilich wird er vom alten Archivar korrigiert: Besitzt nicht auch er, der Poet, wenn schon kein »Rittergut«, so doch einen »artigen Meierhof« in dieser andern Wirklichkeit? Natürlich tut er das (wie wir alle übrigens, wenn wir nur wollen und auf die Zeichen achten, zum Beispiel in Holunderbäumen). Nennen Sie bitte den Namen des Autors und den Titel der vorgestellten märchenhaft realistischen Erzählung. Viel Vergnügen beim Knobeln wünscht Ihr

MAGISTER TINIUS

No.6 Wer wird hier leichtfertig betrogen?

12. FEBRUAR

Der Stoff der Novelle ist sehr alt, aber unser heut erfragter Dichter hat ihm, in Deutschland, die klassische Ausprägung gegeben. Und zugleich eine hoch romantische Gestalt. Doch was noch mehr ist: Die entscheidende Anregung dafür fand er in Niedersachsen, genauer – im Schaumburgischen, zwischen Weser und Steinhuder Meer.

Als blutjunger Kornett der preußischen Armee hatte er nach dem Ende des Rheinfeldzugs und dem Frieden von Basel mehrere Jahre in Bückeburg im Quartier gelegen, sich dort in die kaum 14jährige Tochter eines Stabsoffiziers verliebt und das Mädchen im Überschwang geheiratet. Dann war er mit ihr in die nächste Garnison gezogen. Es konnte wohl nicht gutgehen, zumal er, Leutnant unterdessen, schon wenig später huldvollst für eine andere Dame entbrannte, übrigens eine geborene von Briest, wenn auch nicht Effi, sondern Caroline.

Der junge Krieger ließ sich scheiden, nahm, ritterlich, alle Schuld auf sich, heiratete seine (freilich eher kühle) Flamme, erklärte seinen Abschied aus der Armee und lebte fortan als Poet. Doch spurlos waren die Liebesereignisse nicht an ihm vorübergegangen. Sie setzten ihm zu, und als er – mehr als ein Jahrzehnt nach seinen Bückeburger Tagen – den besagten alten Stoff hernahm, um daraus eine neue Erzählung zu formen, da schilderte er die Geschichte seiner eigenen zwei Ehen als Geschichte seines Verrats. Fast überdeutlich, wie sich der Erzähler einmal beim Leser quasi entschuldigt: »Man könnte dies alles, weiß der Schreiber, ordentlich ausführen, vielleicht sollte man's auch. Aber das Herz tut ihm dabei allzu weh, denn er hat ähnliche Dinge erlebt.«

Geschont hat er sich aber keineswegs in dieser Novelle, die »vor vielen hundert Jahren« an einem »großen Landsee« beginnt (wie denn überhaupt das Wasser eine elementargeistige Rolle darin spielt): Der jugendliche Held, ein Ritter, schäkert dort verliebt mit seiner übermütigen Kindsbraut herum, einem »Blondinchen« mit »seeblauen Augen« und »Perlenzähnen«. Er heiratet sie auch und nimmt sie mit auf sein Schloß. Aber letztlich begreift er nicht, wie verwandelt, wie beseelt sie durch diese Ehe geworden ist, obwohl er doch weiß, daß sie kein Mensch ist wie andere. Er hat sich halt in eine Neue verguckt. Die ist kesser, resoluter, irgendwie normaler auch. Leichtfertig, verantwortungslos gibt er seine Ehe preis. Und verliert alles, zuletzt sogar sein Leben.

Wie sehr sich der Autor mit diesem schwankenden Nicht-Helden identifizierte, zeigt sich auch darin, daß er ihn mit den Farben des eigenen Familien-Wappens (gold – veilchenblau) ausstattete und ihm einen seiner eigenen Nachnamen gab. Dies freilich, allzu kenntlich sollte es dann doch nicht sein, in deutscher Übersetzung. Er selber stammte aus einer Hugenotten-Familie von ältestem normannischen Adel. Als Poet gehörte er dabei zu den Größeren seiner Epoche, und die hier vorgestellte Novelle ist sicherlich sein schönstes Werk (böse Zungen lispeln allerdings: sein einzig bleibendes . . .).

Bemerkenswert indes: So anachronistisch, einem zaubrisch-imaginären Mittelalter zugewandt er auch dachte und schrieb, das moderne Prinzip der Mehrfachverwertung eines Erfolgs beherrschte er ganz clever. Eigenhändig verfaßte er das Libretto einer gleichnamigen Oper, die dann von einem seiner engsten Freunde komponiert wurde – dem herausragenden Dichter ihres gemeinsamen Romantiker-Zirkels, der aber ein kaum minder genialer Musiker war. Die Oper hielt sich recht gut im Repertoire, bis sie, Jahrzehnte später, von der identisch betitelten, doch volkstümlicheren Fassung eines jüngeren Tonsetzers abgelöst wurde. Nennen Sie bitte den Titel der Novelle (bzw. Oper) und den Namen des Dichters. Viel Vergnügen beim Knobeln wünscht Ihr

MAGISTER TINIUS

Wer bläst hier seine Depressionen fort? No. 7

16. FEBRUAR

Das ist im Leben häßlich eingerichtet, daß bei den Rosen gleich die Dornen stehn, und was das arme Herz auch sehnt und dichtet, zum Schlusse kommt das Voneinandergehn: Vor gut hundert Jahren war dies schmerzlich schöne Lied ein Seelentrost aller unglücklich verliebten Küchenmädchen und Kaltmamsellen. Doch nicht nur im Dienstbotentrakt, auch in der guten Stube bei den gnädigen Herrschaften kannte man den Text auswendig. Im wilhelminischen Zeitalter war, mit Ausnahme Schillers vielleicht, kein Dichter populärer als der Verfasser dieser Verse. Und selbst heute noch erklingt im sonntäglichen Radio-Wunschkonzert regelmäßig und sonor baritonal dies Entsagungslied, auch wenn der Schlußrefrain dabei hartnäckig falsch zitiert wird, nämlich so: »Behüt dich Gott, es wär' so schön gewesen,/ Behüt dich Gott, es hat nicht sollen sein.« In Wirklichkeit lautet es nicht bloß alemannischer, sondern auch weit kunstvoller: »Behüet'

dich Gott! es wär' zu schön gewesen«. Das Wörtchen »zu« macht den Unterschied zwischen Kunst und Trivialität.

Und noch etwas: Es handelt sich dabei um reinste Rollenlyrik. Der junge Mann, der sich hier den Frust von der Seele dichtet, ist nämlich, und zwar auf Grund bestimmter musikalischer Fertigkeiten, der Titelheld einer ehedem hochberühmten Verserzählung, um die es gegenwärtig, ganz titel-ungerecht, ein bißchen stiller geworden ist. Was ein bißchen unverdient ist, denn das Werk hat Witz und ist in ausgesprochen originellen, bisweilen heiter saloppen, gelegentlich echt hemdsärmligen Trochäen verfaßt. Gewiß, unsere gründlich germanistischen Fachgelehrten wollten schon früh eine Abhängigkeit von Heines »Atta Troll« erkannt haben, aber solch Vorwurf ließ den Autor einigermaßen ungekränkt: Sowas gehörte eben zum »traurig Los der Epigonen«. Außerdem war er, genau wie Heine, ein guter Ironiker.

Und ironisch genug abgefedert ist dieser epische Sang vom Oberrhein allemal – die Geschichte eines Musikus und entlaufenen Juristen, der sich in ein schönes Adelsfräulein verliebt und von ihrem standesstolzen Vater fortgejagt wird; der es dann in Rom zum Leiter des päpstlichen Orchesters bringt und der in der Ewigen Stadt seine Liebste wiedertrifft; der schließlich sein Happy End erlebt, weil der Papst nicht nur ein lebensfroher Mensch ist, sondern auch ein kluger »Psycholog«: Der Heilige Vater verbandelt den Kapellmeister mit der Baronesse, doch vorher ernennt er ihn noch zum »Marchese di Camposanto«. Das dürfte, so das päpstliche Argument, gegenüber dem freiherrlichen Schwiegervater einfach »zweckmäß'ger« sein. Hübsch.

Auch unser heut gesuchter Dichter wurde später in den Adelsstand erhoben, wenn auch nicht vom Papst (mit der Geistlichkeit hielt er es nicht so sehr). Richtig freuen konnte er sich über die Ehrungen, die ihm zuteil wurden, allerdings nie. Es ist traurig: Er schrieb so herrlich leichtfüßige, parodistische, erzkomische Verse; er machte unvergeßliche Nonsens-Gedichte über Philosophie und Vogel-Dung, bereimte respektlos und dauerhaft burlesk die Varus-Schlacht, doch im wirklichen Leben war er mißmutig und depressiv. Seine Selbstzweifel führten immer wieder zu Schreibhemmungen, so daß er von seinen großen Roman-Projekten nur ein einziges vollenden konnte. Er war Doktor der Juristerei und hat die trinkfreudigsten Studentenlieder erdacht, aber eine erhoffte Hochschullaufbahn kam nie zustande. Auch seine Ehe scheiterte bald. So blieb ihm im Grunde nur der Trost aus seinem frühen Erfolgs-Epos: Es ist halt im Leben häßlich eingerichtet, daß bei den Rosen gleich die Dornen stehn. Nennen Sie bitte den Namen des Autors und den Titel dieser Verserzählung. Viel Vergnügen beim Knobeln wünscht Ihr

MAGISTER TINIUS

Und nun, Freunde, wird's philosophisch. Doch keine Angst: Der heut gesuchte Denker gehört zu den wenigen Vertretern seiner Zunft, die nicht bloß sinnieren, sondern auch sinnvoll und – lesbar schreiben konnten (womit, hehe, Hegel und Heidegger also schon mal wegfielen...). Anders als diese beiden war unser Mann allerdings auch kein »Prof«; das heißt, ein Denk-Profi war er unbedingt, aber eben kein professoraler. Im Gegenteil: Über die »Professorenphilosophie« zumal der deutschen Philosophie-Professoren konnte er unnachahmlich lästern. Er selber hatte es dabei nicht nötig, nach Amt und Karriere zu streben: Über gutverzinsliche Wertpapiere wußte er fast soviel wie über Metaphysik, und so kam er zu einem hübschen Wohlstand. Kritikern, die einen Widerspruch zwischen diesem Geschäftssinn und seiner Lehre bemerken wollten, hielt er gelassen entgegen, ein Philosoph müsse im praktischen Leben ja nicht grundsätzlich als »Narr« herumlaufen. Übrigens hat er den größten Teil seines Vermögens einer wohltätigen, wenn auch ziemlich reaktionären Stiftung vermacht.

Davon abgesehen fand er das Leben als solches herzlich schlecht, weshalb er auch besonders hohnvoll über den hannoverschen Gelehrten Leibniz und dessen Nachfolger herzog, die unsere Welt für optimal eingerichtet hielten. Solch »Optimismus« schien ihm eine »ruchlose Denkungsart«. Er dagegen sah das Leben als eine »Kreisbahn aus glühenden Kohlen« mit, immerhin, »einigen kühlen Stellen«. Denn Glücksmomente gibt es schon, doch nie auf Dauer. Stets wird der Mensch von seinen Begierden getrieben, und entweder bleibt er unbefriedigt, dann setzt es Frust und Leid, oder der Wunsch wird erfüllt, dann folgt die Leere. So ist das Leben ein »Pendeln« zwischen Schmerz und Langeweile. Was bleibt da für den weisen Mann? Ruhe bewahren, Musik hören und sämtliche Aktivitäten einstellen.

Vor allem die erotischen. Zumal die Frauen solche Lustanstrengung keinesfalls wert sind. Das hat unser Mann in einem großen, besser gesagt: langen, Aufsatz dargelegt. Es ist gewiß nicht seine scharfsinnigste, wohl aber seine bekannteste (in feministischen Augen fraglos gruseligste) Arbeit. Und er steigt gleich voll ein: Schon der »Anblick der weiblichen Gestalt« lehre, daß die Frau »weder zu großen geistigen, noch körperlichen Arbeiten bestimmt« sei. Zugestanden, junge

Mädchen können »Reiz und Fülle« besitzen (ein »Knalleffekt« der Natur), dies aber nur »auf Kosten ihrer ganzen übrigen Lebenszeit«. Und überhaupt: Dieses ganze »niedrig gewachsene, schmalschultrige, breithüftige und kurzbeinige Geschlecht das ›schöne‹ nennen« – auf solche Idee konnte wirklich »nur der vom Geschlechtstrieb umnebelte männliche Intellekt« kommen! Und wenn die Frauen gar noch als »Damen« auftreten wollen, ist gleich alles zu spät! Wenn es schon Frauen geben muß, dann bitte als »Hausfrauen«. Und die Mädchen gehören von vornherein »zur Häuslichkeit und Unterwürfigkeit erzogen«.

Freilich hat man(n) auch von der Ehe nichts Gutes zu erhoffen. Schließlich »heißt heiraten, seine Rechte halbieren und seine Pflichten verdoppeln«. Kaum überraschend, daß unser Philosoph zeitlebens Junggeselle blieb, denn auch zu seiner Zeit hatten die Gesetze, wie er bitter beklagt, den Frauen schon ziemlich »gleiche Rechte mit den Männern« eingeräumt.

Sein Hausgenosse und liebster Lebensgefährte war statt dessen ein brauner Pudel namens Butz. Bei ihm fand er »Intelligenz ohne menschliche Verstellung«. Wenn der Hund mal unartig war, wurde er allerdings »Du Mensch« gescholten. In seinem Testament hat er rührend für das weitere Wohlergehen des Tieres gesorgt. Nennen Sie bitte den Namen dieses rabiaten Denkers und den Titel des vorgestellten Aufsatzes. Viel Vergnügen beim Knobeln wünscht Ihr

MAGISTER TINIUS

No. 9
25. FEBRUAR

Wer schreibt hier seine Wunschbiographie?

Bisweilen kann Prominenz schon eine arge Last sein, zumal für einen Schriftsteller. Und der heut Gesuchte war vor gut hundert Jahren ein echter Star in seinem Gewerbe. Doch so sehnsuchtsvoll er auch sein Leben lang nach Ruhm gestrebt hatte – als überall herumgereichter Kultmann kam er kaum noch zum Schreiben. Und dann diese ständige Fanpost: Wie war Ihre Kindheit, Herr Doktor? Wie sind Sie zum Schreiben gekommen?

So sah sich der Vielgelesene gezwungen, kurzzeitig ins Ausland auszuweichen, um endlich ungestört sein neues Buch zu Papier zu bringen. Er war gut in Form – in kaum mehr als einer Woche waren 624 Seiten vollgeschrieben. Es war Herbst: Pünktlich zum Weihnachtsgeschäft lag der Band in den Auslagen der Buchläden.

Und um die neugierigen Leserfragen ein für allemal zu befriedigen, gab der Autor zu Beginn ein ausgiebiges Stücklein aus seiner Jugendzeit zum besten: Wie er sich als armer Gymnasiast mit dem Erteilen von Nachhilfestunden mühsam durchschlagen mußte. Wie er heimlich beim Lyrikwettbewerb eines »Unterhaltungsblattes« mitmachte, was der Direktor seines Gymnasiums spitzbekam, aber, trotz scheinbaren Zorns, von Herzen guthieß, zumal der brave Schüler für das eingesandte Werk (ein Weihnachtsgedicht in 32 Strophen!) den Ersten Preis erhielt.

Doch damit nicht genug: Am gleichen Tag hat der vielseitig begabte Junge noch ein weiteres Erfolgserlebnis, diesmal ein musikalisches. Eine selbstkomponierte Motette erscheint im Druck – hinterrücks ediert vom gütigen alten Musiklehrer. Ein wahres Idyll, diese Schulzeit. Vom poetischen Preisgeld kann sich der arme Gymnasiast dann einen Herzenswunsch erfüllen: eine Fußwanderung durchs Nachbarland, die er gemeinsam mit seinem besten Freund unternimmt, einem lieben, wenn auch recht konfusen Burschen. Bei der Gelegenheit erfährt der Leser nebenbei, daß der Spitzname des jung-dichterischen Verfassers »Sappho« gelautet habe. (Klingt ein bißchen quer, oder? Feminin, Liebeslyrikerin, Lesbos – doch wenn er selber es bestätigt...).

Die weitere Handlung spielt dann Jahre später in einem anderen Teil der Welt. Der Autor ist nach Abschluß seines Studiums ein erfolgreicher Mann geworden, als Lebenspraktiker wie als Schriftsteller. Seinem einstigen Schulfreund jedoch ist es übel ergangen: Allerorten heißt er nur »der alte Wirrkopf«. In seiner Zerstreutheit steckt er schon mal Sachen ein, die ihm nicht gehören, und erzählt dann spinnerte Stories darüber. Schließlich stirbt er in den Armen seines Freundes.

Der Schmöker wurde, nicht überraschend, ein großer Erfolg. Freilich: der letzte große Erfolg des Autors. Und auch das letzte Buch in seiner gewohnten (von seinen Lesern heißgeliebten) Manier. Danach wurde fast alles anders.

Denn daß unser Mann hier so angelegentlich aus seiner Jugend erzählte, hatte noch einen weiteren Grund: Er stand im Zenit seines Ansehens, gewiß, doch kurz zuvor hatte sich eine kleine dunkle Wolke am Himmel gezeigt, und die kam aus der Vergangenheit. Noch war alles eher harmlos, aber der Autor war gewarnt. Das Erinnerungs-Werk war sein erster Versuch, mit der neuen Situation auf seine Weise umzugehen. Genutzt hat es allerdings wenig. Nur allzubald kam heraus, daß an dem idyllischen Schul-Szenario so gut wie nichts der Wahrheit entsprach: Es gab kein Gymnasium, keine behutsamen Lehrer, keinen Literaturpreis (und auch kein Studium und keinen Doktortitel). Nur die Armut, die war echt. Ebenso das 32strophige Gedicht. Aber das war nicht zur Schulzeit entstanden, sondern später, im Gefängnis. Was der Roman liefert, ist eine Wunschbiographie: So hätte es sein können, wären die Verhältnisse andere gewesen. Rührend, immerhin, daß der Autor im erfragten Buch nicht nur sein vermeintliches »Ich« schildert, sondern auch dessen elend na v scheiternden Freund. Zwar enthielt er seinen damaligen Lesern den autobiographischen Schlüssel vor, doch zumindest

vor sich selber war er (einigermaßen) aufrichtig. Die Sache mit »Sappho« wiederum – wir wollen sie heute nicht weiter vertiefen. Nennen Sie bitte den Namen des Autors und den Titel des Romans (den der Verfasser freilich nicht »Roman« genannt hat). Viel Vergnügen beim Knobeln wünscht Ihr

MAGISTER TINIUS

No.10 Wer verfällt hier dem Inzest?

6. MÄRZ

Von Anfang an haben Vorahnungen die Geschichte begleitet: Dürfen Geschwisterkinder überhaupt heiraten? Müssen aus solcher Verbindung nicht Monstren und Mißgeburten hervorgehen? In der Familie soll es so einen Fall ja sogar schon mal gegeben haben... Dem jungen Ehemann ist dies Gerede zwar egal gewesen, als er seine Cousine zur Frau nahm; sie aber bekommt plötzlich Skrupel und verweigert sich ihm, was natürlich nicht unbemerkt bleibt und nett nachbarschaftliche Häme erzeugt. Bis der gereizte Gatte einen der Spötter im Duell durchbohrt.

Juristisch hat die Tat keine weiteren Folgen, wohl aber persönlich. Denn der Tote akzeptiert die Sache nicht: Sein Geist rückt den Eheleuten einfach nicht von der Pelle. Höflich, aber beharrlich wäscht das Gespenst überall im Hause seine Wunde. Es taucht im Schlafzimmer auf, selbst in der Küche. Endlich kapituliert das Paar und entschließt sich zu einem Ortswechsel. Gemeinsam mit einigen unternehmungslustigen Bekannten macht man sich auf den abenteuerlichen Weg über die Berge, durch Urwälder und Giftsümpfe, bis der visionsstarke (ohnehin für alle verrückten Projekte empfängliche) Anführer nicht weit vom Meer einen Platz zum Siedeln ausmacht und dort ein Dorf gründet. Das war um 1830.

Der heut gesuchte Roman ist so etwas wie die Chronik dieser Siedlung und dieser Gründerfamilie, deren (ahnungsgeprägte) Geschicke über sieben Generationen hinweg verfolgt werden – von der Geburt der ersten Babies an, über die Zeit, in der das stetig vergrößerte Haus »von Kindern wimmelt«, bis zu dem Tag, an dem der letzte, inzestuös gezeugte Säugling (der nun tatsächlich die längst befürchtete monströse Mißgeburt geworden ist) von den mittlerweile allgegenwärtigen Ameisen gefressen wird.

Und zugleich erzählt das Buch von der Entwicklung des Dorfes: Wie nach und nach das Erwerbsleben zunimmt und, langwierigen Bürgerkriegen zum Trotz, der technische Fortschritt einsetzt; wie Straßen gebaut werden, ein Kanal, ein Telegraphenamt, ein Kino, sogar eine Eisenbahnlinie; wie ein ausländisches Großunternehmen einen eigenständigen Vorort errichtet und – wie sich die Zeit auf einmal umzukehren scheint und dem Verfall entgegenläuft. Ein Streik legt die Produktion lahm und endet in einem (amtlich vertuschten) Massaker. Der Ort verrottet, die Eisenbahn hält nurmehr bei Bedarf, die Einwohner ziehen ab, zuletzt verschwindet selbst der antiquarische Buchladen. Dann greift die Natur selber ein: Zuerst mit einem Jahre währenden Dauerregen, dann mit Sturm. Am Ende ist die einstige Siedlung buchstäblich vom Winde verweht. Das war um 1930.

So chronologisch folgsam, wie hier angedeutet, wird das Geschehen im Buch freilich nicht dargelegt. Der Erzähler dieses mindestens so mythisch-phantastischen wie historischen Romans läßt sich von den Vorahnungen seiner Figuren, ihren Weissagungen aus Tarot-Karten, ihrem Aberglauben, ihren bösen Erinnerungen oder fatalistischen Prophezeiungen nämlich nur zu gern inspirieren und vom linearen Weg abbringen, so daß aus unaufhörlichen Rückblicken und Vorausdeutungen fast ein Kontinuum entsteht, in dem alles gleichzeitig geschieht.

Verstärkt wird dieser Eindruck noch durch den absonderlichen Umstand, daß die melancholischen, von ewiger Schlaflosigkeit und Vergessensangst geplagten Zentralfiguren, die Nachkommen des Gründerpaares, immer wieder dieselben Vornamen tragen. Da kann der Leser schon mal die Generationsfolgen durcheinander kriegen, zumal alle Mitglieder dieser verfallenden Familie an der selben Introvertiertheit und Kontaktarmut leiden. Eine letztlich tragische Konstellation, obwohl das Buch, zumal in der Aufstiegs-Phase, voll grotesker Komik steckt. Vor etwas mehr als dreißig Jahren ist dies große Roman-Epos entstanden. Seinem Verfasser hat es Weltruhm eingetragen. Nennen Sie bitte den Namen des Autors und den (originalen oder deutschen) Titel des Werkes. Viel Vergnügen beim Knobeln wünscht Ihr MAGISTER TINIUS

Wer trödelt hier mit seinen Träumen?

No.11
20. MÄRZ

Als jugendlicher Schwadronneur und Projektemacher war er in die große Welt gestürmt. Alt, eisgrau, abgerissen und gescheitert kehrt er in seine Heimat zurück, grad als die Reste seiner damals zurückgelassenen Habe unter den Hammer kommen. Keiner erkennt ihn, aber jeder weiß ein paar höhnische Stories über sein früheres Leben. Im übrigen steht die Volksmeinung fest: Der seinerzeit so plötzlich Verschwundene sei irgendwo am Galgen geendet. Da offereriert er seinerseits ein paar Auktions-Objekte: die Träume und Illusionen des einstigen Sprücheklopfers, seine wunderbaren »Windeier«. Man lacht den Alten aus.

Dabei hat er sich ganz treffend charakterisiert. Denn tatsächlich sind diese Windeier, diese Gedankenspiele und Phantastereien, das einzig Substantielle an ihm. Das wird ihm, wenig später, ganz klar, als er eine Zwiebel findet und sie als Symbol seiner eigenen Persönlichkeit deuten möchte: Haut um Haut dröselt er ab, um zu ihrem wahren »Kern« vorzudringen. Doch da ist kein Kern. Am Ende hat er alle Schichten abgetragen und steht, buchstäblich, mit leeren Händen da.

Vor 130 Jahren ist das Werk entstanden, dessen hier gesuchter Titelheld mit den netten Worten »du lügst« eingeführt wird. Zwar ist es ein Drama, doch so monologisch und voller Lyrismen, daß der Autor es eigentlich gar nicht für die Bühne gedacht hatte. Zudem glaubte er, außerhalb seiner engeren, auf der Europakarte eher randständig gelegenen Heimat würde kein Mensch etwas damit anfangen können. Ein doppelter Irrtum, wie sich später zeigte.

Gerade mit diesem sperrigen Stück haben Regisseure und Mimen auf allen Theatern der Welt Triumphe gefeiert. Und der Titelheld, der seine Projekte nach dem schönen Prinzip »Geh außen rum« realisieren will – er wurde mehr und mehr als Prototyp des modernen, uneinläßlichen, bindungslosen, innerlich hohlen Menschen begriffen: als Wesen, das nicht nach der Maxime lebt »Sei du selbst«, sondern nach dem Motto »Sei dir selbst genug!« (Apart: Zu den Träumen des Helden gehörte auch der, Kaiser zu werden; er wird dann auch tatsächlich gekrönt – zum »Kaiser der Selbstdarstellung«, von den Insassen eines Irrenhauses).

Nun sollte man aber auch nicht zu böse mit ihm umgehen. Er hat nämlich unbedingt Charme, etwa, wenn er in ausweglosen Situationen mit dem lieben Gott verhandelt und seine Errettung einfordert – unter Berufung auf angeblich längst erbrachte angeblich gute Taten. Außerdem kann er, diesmal zu Recht, darauf verweisen, daß die Spießbürger ihn zwar dauernd als lügenhaften Aufschneider hinstellen, aber seinen vermeintlich selbsterlebten Abenteuergeschichten stets begeistert zuhören. Als Poet ist er echt ein Herrscher. Und mag er kernlos wie eine Zwiebel sein, vielschichtig wie eine Zwiebel ist er eben auch.

Einmal rafft er sich sogar zu einer Tat auf, als er die Braut eines anderen (ziemlich widerstandslos übrigens) entführt, defloriert und (nun gegen mehr Widerstand) verstößt. Auch das ist kennzeichnend für ihn – und elektrisierend für alle Freudianer: Frauen sind ihm entweder kurzzeitiges Lustobjekt oder große Mutter. Darum ist es ihm auch so eine Erlösung, als er nach Jahrzehnten des ziellosen Irrlaufs bei seiner Heimkehr von der treuen Geliebten auf den Schoß genommen und als »ihr Junge« mit einem Wiegenlied in den Schlaf gesungen wird.

Mit wievielen Gestalten der Weltliteratur ist er nicht von klugen Buchdeutern verglichen worden: mit Faust; mit dem Ewigen Juden; mit Odysseus; mit Rip van Winkle; mit dem Taugenichts oder dem Baron Münchhausen. Ein bißchen Ödipus steckt also auch in ihm... (doch, Zwiebel hin, Zwiebel her: eine mythische Gestalt ist er sehr wohl aus eigenem Recht). Nennen Sie bitte den Namen dieses Titelhelden und den seines Autors. Viel Vergnügen beim Knobeln wünscht Ihr

MAGISTER TINIUS

No.12 Wer krankt hier an seinem Aberglauben?

21. MÄRZ

Es dauert eine Weile, bis der heutige Titelheld zum ersten Mal in dem Buch auftauchen kann. Sein Biograph ist nämlich für längere Zeit mit anderen wichtigen Dingen befaßt: Zunächst mit dem Vorwort des Werkes, was bei der Erstausgabe noch vergleichsweise einfach vonstatten ging. Zwar war dem Autor kein rechter Vorspruch eingefallen, doch lieferte er »anstatt der Vorrede« einen Brief an seine Freunde, worin er den Aufbau der Studie ausgiebig darlegt, das Ganze freilich mit so viel blumigen Vergleichen garniert, daß er nur einen einzigen Ausweg sieht: »Ich muß diese Metaphern erklären durch neue«. Was dann auch in reichem Maße geschieht.

Kurze Zeit später wurde jedoch eine zweite Auflage fällig – unser Autor war ein beliebter Mann, und es gibt nicht wenige Leser, die glauben fest, eine schönere (zumindest üppigere) Prosa sei in Deutschland nie geschrieben worden, auch Magister Tinius gehört zu ihnen, doch zurück zur Sache. Inzwischen hatte der Verfasser etliches Material für die Vorrede der Geschichte beisammen, doch nun sah er sich gezwungen, statt dessen die Geschichte der Vorrede auszubreiten.

Es war nämlich so, daß er beim Schreiben dieser Vorrede (er schrieb sie während einer eigens zu diesem Zweck unternommenen Fußwanderung) mehrmals empfindlich gestört worden war, was er nun getreulich protokolliert, so daß der Leser auf netten 96 Seiten bald ein Häppchen »Vorrede«, bald eine große Portion »Störung« geboten bekommt. Erst ist es der Sonnenaufgang, der den morgendlichen Vorredenschreiber aus dem Konzept bringt (»an Vorberichte war nicht zu denken«); dann wird der Wanderautor von einem gleichfalls (zumindest auf den Füßen, weniger im Kopf) mobilen Kunstkritiker eingeholt und muß sich dessen schwachsinnig klassizistische Ansichten zur Architektur sowie zur Dichtkunst des damals noch recht lebendigen Herrn Schiller anhören, was ihn nervt, indes von seiner Vorrede abbringt. Schließlich begegnet er auch noch einer seiner eigenen weiblichen Romanfiguren, speist, hingerissen, mit der jungen Frau zu Mittag und – »mir war, als ob es gar keine Vorberichte zu zweiten Auflagen mehr gäbe in der Welt ...«.

Er schreibt dann trotzdem noch etwas auf seine Tafel, aber das ist keine Vorrede, sondern die Beschreibung einer Mondfinsternis. Ende der Vorrede. Doch wer nun glaubt, jetzt habe die Stunde des angekündigten Titelhelden geschlagen, der irrt sich. Erst folgen noch, versehen mit wuchernden Vorworten und einer längeren »Dedikazion« an die Pflegeschwester des Autors, zwei schöne Erzählungen für die mädchenhaften Leserinnen des Buches. Doch dann geht's auch schon los.

Besagter Held ist ein junger Gymnasiallehrer, der eine relativ starke Karriere macht und zum stellvertretenden Schulleiter, ja sogar (wenn auch durch einen behördlichen Irrtum) zum Pfarrer befördert wird. Den glanzvollen Laufbahnsprung verdankt er freilich dem Umstand, daß die Berufungsinstanzen davon ausgehen, er werde, wie alle seine Vorfahren, mit 32 Jahren das Zeitliche segnen. Sein Pech: Er glaubt sich schon 33 Jahre alt, also außer Gefahr, doch seine

Mutter hatte ihn beschwindelt. Und als er dies herausfindet, sinkt er echt todkrank aufs Lager. Der Aberglaube sitzt einfach zu tief. Aber freuen Sie sich: das Ganze geht gut aus! Denn der Erzähler persönlich kuriert den jungen Mann, und zwar mit der Drohung, er werde schlicht dessen Lebensgeschichte nicht veröffentlichen, wenn er nicht sofort aufstehe und gesund werde. Das hilft. Wie schön für ihn – und erst für uns! Nennen Sie bitte den (Kurz-)Namen des Autors und den (Kurz-)Titel der Geschichte. Viel Vergnügen beim Knobeln wünscht Ihr MAGISTER TINIUS

No.13 Wer sagt hier »Trüffel«?

1. APRIL

Jahrzehntelang hat er an dem großen Buch gearbeitet – hat wissenschaftliche Werke durchforstet und exzerpiert, aber auch Anekdoten und Geschichten gesammelt oder in eigenen Erinnerungen gekramt. Sorgsam hat er an dem Plan gebosselt, die höchst disparaten Gegenstände in ein System zu bekommen, bevor er sich dranmachte, alles mit Eleganz und Esprit zu Papier zu bringen. Jede Schreibminute hat er genußvoll ausgekostet – ganz seinem Thema entsprechend. Nur an die Öffentlichkeit traute er sich mit der Sache nicht, obwohl seine Freunde ihn nachhaltig zu überreden suchten: Er fühlte sich eben nicht als Literat.

Denn eigentlich war er Richter am hauptstädtischen Oberappellationsgericht, hatte in jungen Jahren aber neben der Juristerei auch noch Physik und Chemie studiert. Außerdem verstand er eine Menge von Musik: Während seiner dreijährigen Emigration in den USA spielte er in einem New Yorker Bühnenorchester. Erstaunlich, daß er bei alledem immer noch Zeit zur Jagd fand und zu Aktivitäten, die sein Biograph diskret »Minnedienste« nennt. Freilich war er Junggeselle.

Doch erst als er siebzig war, gab er endlich dem Drängen nach und brachte sein Werk heraus. Er tat es keinen Monat zu früh. Den wunderbaren Erfolg hat er noch erlebt, aber nur kurz: Bei einer Trauerfeier holte er sich auf dem naßkalten Friedhof eine Lungenentzündung. Wenig später war er tot und seine kaum formierte Fangemeinde in Trauer. Am unfaßbarsten schien ihr aber offenbar die Art seines Hinscheidens: «Warum Lungenentzündung? Hätte es nicht wenigstens eine Gastritis sein können?« Angemessener für einen Gourmet.

Der Nachruf hätte ihm aber vermutlich gefallen: Er entsprach dem Geist seiner Schrift. Und die ist bei echten Lebenskünstlern und wahren (also bewußten) Genießern seither zum Buch der Bücher geworden. Übrigens ist sie allen »Feinschmekkern« gewidmet, vielmehr: »huldigend zu Füßen gelegt«.

Die augenzwinkernde Dedikation belegt indes: Unser Autor und Weltmann war ein Ironiker von Geblüt, was sich auch daran zeigt, daß er beim Quellennachweis im Anhang allein die Namen seiner Gemüsefrau, seines Bäckers und seines Patisseurs auflistet. Ohne Grund geschah es schließlich nicht, daß ihn sein hinterbliebener Zeitgenosse Balzac zum stärksten Prosaisten des Landes seit dem 16. Jahrhundert ausrief – nicht zuletzt seines Humors und seines Witzes wegen. Denn dem schwer gelehrten (obschon leicht parodistischen) Untertitel des Buches zum Trotz sind die (fachlich oft echt ehrgeizigen) »Meditationen« über den wahren Nahrungs- und Lebensgenuß nicht mal dann dröge, wenn der Autor mit physikalischer Akribie aufzeigt, welche »Vorgänge« sich etwa beim Weintrinken zwischen Mund und Nasenhöhle abspielen, bevor der Kenner sagen kann: »Beim Styx! Es ist Chambertin!«

Die Chemie (die er, wie erwähnt, ja gleichfalls studiert hat) läßt er hier interessanterweise draußen: »Wir werden der Chemie von dem Moment an folgen, wo sie in unsere Küchen eindrang, um unsere Köche zu erleuchten.« Die hübscheste naturwissenschaftliche Auskunft aber steht gleich am Anfang, wenn dem Menschen nicht fünf, sondern sechs Sinne attestiert werden: Der sechste Sinn ist der Sex-Sinn! (Und das meint er recht ernsthaft!).

Das Buch ist wirklich eine unerschöpflich heitere Enzyklopädie der Genußkultur: «Wer ›Trüffel‹ sagt, spricht ein großes Wort«. Auf der Basis seiner USA-Erfahrungen lieferte der Autor sogar ein Kapitel über amerikanische Tafelfreuden: Es besteht aus sechs Zeilen mit lauter Pünktchen. Und wer einen sechsten Sinn beim Menschen entdeckt, der kann bei den Unsterblichen dann auch eine zehnte Muse aufspüren: In der letzten Meditation (»Mythologie«) wird »Gasterea« gefeiert, die Muse der Feinschmecker, die ihre »Altäre« allerorten haben kann, aber ihren »Tempel« nur am Montmartre, naturellement. Und falls jemand vom vielen Genuß zu dick wird? Auch da weiß unser Lebemann Rat: Roggenbrot und Selters. Allenfalls noch Radieschen. Nennen Sie bitte den Namen des Autors und den (originalen oder deutschen) Titel seines appetitmachenden Buches. Viel Vergnügen beim Knobeln wünscht Ihr

MAGISTER TINIUS

Wer führt hier eine Organklage?

No. 14
1. APRIL

Es geschehe nichts als Unsinn auf der Welt, meint der Erzähler der heut erfragten Geschichte. Und manchmal ist der Unsinn ganz ungeheuerlich – wie bei dem Friseur, der eines Morgens einen menschlichen Körperteil, sauber eingebacken, in seinem Frühstücksbrot entdeckt. Natürlich ist er schockiert, denn dies ist gewiß »kein alltägliches Ereignis«. Zugleich fühlt er sich aber auch mulmig, da er das besagte Glied recht gut kennt – es gehört einem seiner Kunden, einem Staatsbeamten. Fatal: Sollte er den Mann unbewußt, also volltrunken, während des Rasieraktes amputiert haben?

Den Friseur packt das Grausen. Schon sieht er sich im Gefängnis. Da beschließt er das Naheliegende – das Objekt beiläufig auf der Straße zu »verlieren«. Doch Pech: Ausgerechnet an diesem Tag begegnet er so vielen Bekannten wie nie. Und als er das Ding schließlich von einer Brücke in den Fluß wirft, wird er von der (in solchen Fällen ja immer) allgegenwärtigen Polizei beobachtet und verhaftet.

Doch die Schrecknisse des Barbiers sind gar nichts gegen die Erfahrungen des Beamten, dem das körperliche Zentralorgan abhanden kam: Angesichts des »peinlichen« Vorfalls (besser: Abfalls) fürchtet er nicht nur um seine Karriere, sondern auch um seinen gesellschaftlichen Status, zumal er sich gerade mit der Tochter einer Stabsoffizierswitwe verehelichen wollte oder sollte oder zu sollen meinte. Geradezu grotesk aber ist es, daß er sein abtrünniges Teilchen auf der Straße promenieren sieht: Noch dazu trägt es, welch ein Affront, die Uniform eines ranghöheren, also vorgesetzten Beamten!

In seiner Panik will unser Mann sofort eine Suchanzeige aufgeben, doch die Zeitung lehnt das Ansinnen kategorisch ab: Eine Annonce zu »diesem auffallenden Körperteil« könnte dem guten Ruf des Blattes schaden. Ganz ähnlich denkt auch der Wachhabende des zuständigen Polizeireviers: Ein »anständiger Mann« würde sich dies Organ einfach »nicht abreißen lassen«. Basta.

Am Abend kommt es dann zu einer gewissen Entspannung der Lage, wenigstens anfänglich. Der Ordnungshüter, der den Friseur auf der Brücke visitierte, liefert das bewußte Stück ins Haus – er hat es in seinem Taschentuch geborgen. Doch nun ergibt sich für den verminderten Beamten ein neues Problem: Wie ist das Ding in den Körper zu reintegrieren? Ein benachbarter Arzt lehnt die Operation schlankweg ab (er hält das Organ ohnehin für überflüssig), und die jammervolle Bitte des Beamten, es wenigstens »irgendwie« zu befestigen (»in gefährlichen Fällen« könne er es ja »etwas mit der Hand stützen«), läuft ins Leere. Großer Gram.

So schlägt sich der Mann zuletzt die (erhoffte? befürchtete? jedenfalls bevorstehende) Heirat aus dem Kopf. Und verrückt: Kurze Zeit später sitzt das Ding wieder an seiner früheren Stelle, als wäre nichts geschehen! Das soll mal einer begreifen.

»Ganz und gar unbegreiflich« findet es auch der Erzähler der Geschichte. Aber »das Unbegreiflichste von allem«, fügt er empört hinzu, sei doch, »wie Autoren derlei Sujets aufgreifen könnten – das ist schlicht unzulässig.« Tja, wie können sie nur?! Unser Autor konnte es mit ungeheurer Lust. Er war ein teuflisch guter Sarkastiker, Satiriker und Spötter, ein Meister des Grotesken. Übrigens war er selber eine ziemlich seltsame Erscheinung – klein, hutzelig, mit lang hervorspringender, sagenhaft spitzer Nase, fast wie eine seiner erdichteten Karikaturen (er wußte aber auch boshaft scharf mit dem Zeichenstift umzugehen).

Bei alledem war er, der vor 190 Jahren geboren wurde und elend früh, grad 43jährig, starb, der größte Schriftsteller seines (damals noch abhängigen) Landes, auch wenn er nicht in der Landessprache schrieb, sondern in der Sprache des Großreiches, die er erst in der Schule gelernt hatte. Ob er bei seiner Organgeschichte irgendwelche bösen Hintergedanken gehegt hat? Keine Ahnung. Wie der Erzähler zu sagen pflegt: »Da hüllt sich das Geschehen in Nebel.« Nennen Sie bitte den Namen des Autors und den (originalen oder deutschen) Titel der Erzählung. Viel Vergnügen beim Krobeln wünscht Ihr MAGISTER TINIUS

Wer landet hier im Matsch?

No.15
2. APRIL

Der Herr Gerichtsrat mag die modernen Zeiten gar nicht. Er findet eben, daß früher alles viel besser war. Da hat er auf dem Heimweg von einer Abendgesellschaft (viel Punsch!) ein märchenhaftes Abenteuer: Ohne es zu ahnen, gerät er in sein geliebtes Mittelalter und – landet erstmal im Matsch. Denn Straßenpflaster gab's damals natürlich noch nicht, so wenig wie Straßenlaternen. Auch sein weiteres Fortkommen gestaltet sich düster: Die Brücke über den Fluß ist weg, und anstelle seines schmucken Hauses sieht er nur eine feuchte Wiese und ein paar erbärmliche Hütten. Außerdem reden alle Leute ein entsetzliches Kauderwelsch. Er selbst dagegen wird für einen Ausländer gehalten. Kurz gesagt: Der Gute durchlebt den »schrecklichsten Augenblick« seines Daseins und ist heilfroh, als der Alptraum (der ja eigentlich ein Wunschtraum war) zu Ende ist.

Und so wie diese mißglückte Metamorphose verlaufen im Grunde alle Episoden der mehrteiligen, phantastisch eingerahmten, Erzählung: Dem heißen Wunsch folgt die kalte Ernüchterung. Ein biederer Nachtwächter und geplagter Familienvater verwandelt sich in jenen eleganten Offizier und Junggesellen, den er bei seinen Rundgängen so oft beneidet hat. Doch mit der Identität des in Wahrheit Einsamen ausgestattet, beneidet er den Nachtwächter draußen um sein fröhlich kinderreiches Eheleben.

Ein junger Polizeibeamter wiederum wird zum naturschwärmenden Poeten und, weil hier jedem Wunsch nun mal sogleich die Erfüllung folgt, zur Lerche in den Lüften. Kurz darauf findet er sich in einem Käfig wieder. Ein Pechvogel. Dabei hatte es die junge Dame so gut gemeint: Es war ihr Geburtstag, und zum ersten Mal durfte sie mit Hilfe eines netten Requisits eigenverantwortlich die Glücksfee spielen – auch wenn ihr im Dienst die finstere Kollegin fürs Trübe nicht von der Seite wich…

Dies (relativ frühe) Prosastück ist nicht untypisch für den heute gesuchten Autor, obwohl wir von der literarischen Gattung, zu der es gehört, gemeinhin anderes erwarten: eindimensionale Figuren etwa, ohne Entwicklung und Innenleben; in jedem Fall jedoch einen glücklichen Ausgang. Nicht so bei unserem Dichter, der aber grad in diesem Genre seine schönsten Sachen schrieb. Doch selbst Liebesgeschichten enden bei ihm oft traurig, zum Beispiel, weil sich ein Knallfrosch zur Unzeit entzündet; weil ein junger Mann seine Auserwählte zu affig findet, nachdem er sie näher kennengelernt hat; oder weil ein Jüngling einfach eine andere liebt. Der gemeinsame Liebestod eines bizarren Pärchens im Kamin ist da schon fast ein feuriges Happy-End.

Doch auch im wirklichen Leben war der Autor vielschichtiger und schwieriger, als er's nach außen hin gern darstellte. Aus ärmlichsten Verhältnissen stammend, hatte er sich zu einer internationalen Berühmtheit gemausert, und in seinen autobiographischen Schriften erscheint er als pures Glückskind. Im Innern freilich sah es etwas anders aus. Das Geringste ist noch seine maßlose Eitelkeit: Von keinem andern Schriftsteller seiner Zeit existieren so viele Fotos – die meisten zeigen ihn in Frack und Lack und Dandypose. Doch wie seine Tagebücher zeigen, war er schwer neurotisch, selbstquälerisch, hypochondrisch. Er litt eminent unter mangelnder Anerkennung und verwand es nie, daß er erst im Ausland (in Deutschland zumal) gefeiert werden mußte, bevor ihn seine Heimat zur Kenntnis nahm. Übrigens führte er auf seinen Reisen stets ein Seil mit – um einem möglichen Hotelbrand zu entkommen. Trotzdem hat er mehr als fünfzehn volle Jahre als Tourist verbracht und zahlreiche Länder bereist. Auch in der oben vorgestellten Wunscherfüllungs-Geschichte möchte einer der Kandidaten auf Reisen gehen. Doch kaum ist er unterwegs, leidet er unter Kopfweh und geschwollenen Füßen oder den ekligen Giftfliegen im Süden. Nein, auch im Reisen liegt nicht das Glück. Nennen Sie bitte den Namen des Autors und den (originalen oder deutschen) Titel dieser Erzählung. Viel Vergnügen beim Knobeln wünscht Ihr

MAGISTER TINIUS

No.16 Wer hört hier auf seine durstige Seele?

3. APRIL

Er ist ein gutmütiger Mensch, unser heutiger Titelheld – etwas einfältig und sehr friedfertig, auch wenn er von tatkräftigen und sehr wohl kriegerischen Vorfahren abstammt, die einst, buchstäblich vom Duft der großen weiten Welt angelockt, den kleinen Ort gegründet haben, in dem er, der Nachkomme, fest unter dem Pantoffel seiner Eheliebsten die Tage hinbringt.

Bei den Leuten ist er ehrlich beliebt. Er erledigt kleine Botengänge, hilft den Kindern beim Murmelspiel, erzählt tolle Geister- und Indianergeschichten und hat eigentlich nur einen einzigen Charakterfehler: »eine unüberwindliche Abneigung gegen alle Arten von ordentlicher Arbeit«.

Dabei fehlt es ihm keineswegs an Beharrlichkeit: Komplette Tage hindurch kann er mit der Angel am Fluß sitzen oder mit der Vogelflinte durch die Wälder streunen. Doch ist er auch den Nachbarn gern beim Dreschen oder Zäunebauen behilflich. Nur wenn's um die Pflege und Vermehrung seines eigenen Besitzes geht, ergreift ihn wieder diese rätselhafte Trägheit. Und solche Lebenseinstellung war in seinem Lande schon zu seiner Zeit, vor gut 220 Jahren, wenig opportun. Noch weniger, als seine Geschichte erstmals im Druck erschien – übrigens als (angeblich posthumes) Werklein eines fiktiven Verfassers, dessen sonderbarer Name damals auf eine ethnische Gruppe verwies, nicht etwa auf eine Hosenmode. Doch wie auch immer: Wo Zeit Geld ist und Jeder sich selbst der Nächste, muß ein Mensch mit den Grundsätzen unseres Helden einfach zur verschnarchten Witzfigur werden. Und das wurde er dann ja auch – im sprichwörtlichsten Sinne (zumindest für zeitgeistige Fortschrittsfreunde).

Es ist aber auch nicht zu leugnen: Seine Lieblingsbeschäftigung besteht darin, gemütlich in der Kneipe zu sitzen, seine Pfeife zu genießen, den einen oder anderen Schluck zu sich zu nehmen und über die Politik zu räsonieren, solange zumindest, bis sein Eheweib das Lokal entert und die Idylle zerstört. Also, nachvollziehbar ist es schon, wenn er nach so einer Szene seine Flinte packt und, begleitet von seinem treuen Hund, in die Bergwälder am nahen Strom flieht, um sich abzureagieren.

Und weil er, wie gesagt, ein hilfsbereiter Mensch ist, sagt er auch nicht nein, als er dort einmal von einer merkwürdig verschwiegenen Herrengesellschaft gebeten wird, bei einer Open-Air-Party zu kellnerieren. Etwas unheimlich ist es ihm zwar schon, doch andererseits fällt auch manch Tropfen Wacholdergeist für ihn selber ab, und er ist nun mal »von Natur eine durstige Seele«.

Freilich: Sein Erwachen nach dem großen Rausch ist nicht grad erquicklich. Und daß seine Flinte so verrostet ist wie sich seine Gelenke beim Aufstehen anfühlen – das wird nicht seine einzige Überraschung bleiben. Doch unser Held wäre nicht er selber, wenn er aus seinem sonderbaren Erlebnis nicht eine wundervolle, über die Jahre hinweg immer neu ausschmückbare Wirtshausgeschichte machen würde. (Für Zeitgeistunabhängige ist er sowieso ein lebendiges Vorbild geworden und geblieben).

Sein Autor, gemeint ist jetzt der echte, der den Namen des fiktiven Kollegen aber gern und häufig vorgeschoben hat, sein Autor also hielt sich mit der Bewertung dieses Heldencharakters eher zurück. Besser gesagt:

Er verteilte seine satirischen Stiche hübsch auf alle Beteiligten. Denn obwohl er sein Land als ranghoher Diplomat nach außen repräsentierte, nimmt er dessen erwerbsfrohe Prinzipien hier doch ganz munter aufs Korn. Und eine heimliche Sympathie zu seinem tranigen Helden ist allemal spürbar.

Verständlich: Er stammte aus derselben Gegend und hatte sich dort seinerseits bereits als Kind ständig auf Erkundungstouren in die entlegensten Ecken und Winkel begeben – »zur dauernden Angst meiner Eltern und zum Nutzen des Stadt-Ausrufers«. Später führten ihn seine Reisen dann viel weiter weg. Auch in Deutschland ist er gewesen, und in der »wilden und romantischen Gegend« des Odenwaldes hat er eine schöne Geistergeschichte angesiedelt. Möglich, daß er sogar den sagenhaften Stoff zu der heute gesuchten Story aus Old Germany mitgebracht hat. Nennen Sie bitte den Namen des Autors und den Titel dieser Geschichte. Viel Vergnügen beim Knobeln wünscht Ihr

MAGISTER TINIUS

No. 17 Wer singt hier im Regen?

7. APRIL

Ein drückend schwüler Sommertag auf dem Lande: Die Luft flirrt von der Hitze, die Blätter der Bäume hängen schlaff herab, selbst die Maulwurfshügel sind in der heißen Sonne hellgrau gebleicht, und der junge Mann, der unter einer Eiche lagert, schnappt nach Luft. Da plötzlich erscheint eine kleine Wolke am Himmel, ein Windstoß fährt ins Geäst, es gießt in Strömen – und auf einmal glitzert und blinkt das Grün, die Blätter glänzen vor Nässe, der graue Staub wird weggeschwemmt, und der junge Mann steht da, wie tanzend, läßt sich den Schauer aufs Haar prasseln und singt aus voller Kehle ein verrücktes Lied.

Mit dieser impressiven Szene beginnt die heut gesuchte Erzählung. Und so, wie der frische Regenguß auf die ausgedörrte Natur, so wirkte dieser Prosatext vor knapp 130 Jahren auf die Literatur seines Landes. Welch ein Beginn. Es war das Erstlingswerk des 25jährigen Autors, eines studierten Botanikers; doch jeder Leser (erfreulicherweise auch der amtierende Star-Kritiker) begriff sogleich – hier ist ein Großer erschienen, mit einer Eindrucks-Prosa, die schildert, statt zu erklären, die Stimmungen zeigt anstelle langwieriger Analysen. Rasch verbreitete sich der Ruhm des Verfassers über die Grenzen seines Landes hinaus, in Deutschland wurden vorzugsweise Sensibilisten wie Rilke oder Thomas Mann zu tätigen Bewunderern dieses Kollegen, der überdies schon in seiner Debut-Geschichte nachgewiesen hatte, daß er nicht nur in neuartigem Stil erzählen konnte, sondern auch die Bauformen beherrschte.

Sein Text schildert einen Reifungsprozeß in drei Stadien: von der instinkthaften Naturnähe über die Erschütterung und Entfremdung bis zur reflektierten, bewußten Einsicht in das Ganze. Es ist der Weg des jungen Mannes, der eingangs im Regen tanzt und singt. Dies selbstvergessene Treiben freilich bleibt nicht unbemerkt. Und das muntere, kluge Mädchen, das den Naturburschen erst heimlich beobachtet und dann, prompt, offen einschüchtert, läßt nicht locker, bis sie den etwas linkischen Jungen ihrerseits gelockert hat. Was eine wunderbar heitere, sommerlich schöne Liebesgeschichte ergibt und eine glückliche Verlobung.

Und dann das Unglück: In der Wohnung des Mädchens bricht ein Feuer aus. Der junge Mann stürzt sich in die Flammen, wird von einem niederstürzenden Balken eingeklemmt und muß mit ansehen, wie seine Braut im Feuer ums Leben kommt. Er selber zwar wird befreit, doch nun ist er verstört und verzweifelt: Sein »Kinderglaube an das Schöne in der Welt« ist hin. Er wird zum Trinker und Vagabunden, zieht mit Seiltänzern über die Jahrmärkte und beginnt irgendwann ein Verhältnis mit einer anschmiegsamen, doch eher leichtlebig sinnlichen Geliebten. Doch ganz allmählich findet unser Titelheld in die Welt und zu sich selber zurück. Genauer: Er beginnt beides neu zu sehen.

Und an einem Nachsommertag bei frischem, kühlen Wind, trifft er auf einem ländlichen Friedhof ein junges Mädchen. Sie singt ein Lied, das ihn bewegt. Und ganz behutsam verarbeitet er die Erinnerungen an die verlorene Braut. Die Liebesgeschichte dieses Paares ist leise. Und leise führt sie zu einem sehr bewußten Erleben von Treue und Glück.

Der Autor, der zuvor die Schriften Darwins in seine Muttersprache übersetzt und auch als Naturforscher akademische Preise gewonnen hatte, wandte sich danach ganz der Literatur zu. Eine Hochschulkarriere kam ohnehin nicht mehr in Frage: Er war schwer an Tuberkulose erkrankt. Unheilbar. Vierzig große Romane hatte er sich, enthusiastisch, zu schreiben vorgenommen. Nur zwei davon konnte er schließlich vollenden – Meisterwerke, alle beide. Im Alter von nur 38 Jahren ist er gestorben. Nennen Sie bitte seinen Namen und den Titel seiner ersten Erzählung. Viel Vergnügen beim Knobeln wünscht Ihr

MAGISTER TINIUS

Wer badet hier im Egelteich?

No. 18
15. APRIL

Am Anfang der Geschichte scheinen noch einmal alle Kulissen der deutschen Romantik aufgestellt: helle Sonne, grüne Wiese, bunte Falter – und mittendrin ein junger Mann in blauem Frack mit gelben Hosen, den es hinauszieht in die lockende Ferne. Er ist ein begabter Taugenichts, ein »strammer Schlingel«, der an herkömmlicher Alltagsarbeit kein Entzücken findet und lieber in der sonntäglichen Natur umherstreift oder träumend im Grase liegt. Allzu genau nimmt er es nicht mit den Dingen: Geboren, so sagt er in seiner selbstverfaßten Lebensreisebeschreibung, sei er »Anno dazumal«, als »die Gänse noch Adelheid hießen«. Und wenn er, einem spontanen Einfall folgend, in die Welt hinaus taumelt, dann tut er's in »heiterster Laune«, zumal ihm obendrein eine »innere Stimme« geflüstert hat: »Dir wird heut noch besonders was Gutes passieren!«

Doch ach, das Zeitalter der Romantik war da schon lange vorbei, und in der Welt zwischen »Dösingen« und »Trottelheim« hat man keinen Sinn mehr für unbehauste Phantasten (falls man ihn je gehabt hat). Aber auch die inneren Stimmen sind nicht mehr das, was sie mal waren, wie unser vagabundierender Freund schmerzhaft erfahren muß. Gutes passiert ihm eigentlich nie. Als er ein erfrischendes Bad nimmt, merkt er zu spät, daß er kopfüber in einen Blutegelteich gehüpft ist. Als er auf freiem Feld nächtigt, erstickt er fast, weil ihm ein Maikäfer in den offenen Schnarchmund fliegt. Und als er sich auf der Flucht vor verdächtigen Gestalten in einen hohlen Baum rettet, wo er sich prompt verklemmt, attackiert ihn ein Heereszug kampfwilder Ameisen.

Doch nicht nur die Natur ist ungastlich. Noch ärger ergeht es unserem Unglücksraben unter den Menschen: Früh schon wird ihm mit gezieltem Steinwurf ein Schneidezahn ausgeschlagen. Mit einer brennenden Kerze wird ihm, wenig später, die Nase verunstaltet – da war er, beim Fensterln vor einer Mädchenkammer, vom tückischen Schiebefenster gefangengesetzt worden, was die johlenden Dörfler zum Anlaß nahmen, auch noch seine Kehrseite mit Pfeilen zu beschießen (für Zuschauer zweifellos ein praller Anblick).

Die Jagd nach Liebe aber treibt ihn noch weiter ins Verderben: Er wird von den Weibern förmlich verhext, und als er seine hündische Phase endlich hinter sich hat (nach einem bösen »Hexenschuß« ist er nun bucklig geworden), da sägt ihm ein berufsbesessener Arzt kurzentschlossen einen Fuß ab. So kehrt er am Ende heim, gescheitert und geleimt, um den Rest seiner Tage bei freundlichen Verwandten in einem Giebelstübchen als ältlicher Onkel hinzubringen.

Kein Zweifel: Diese fiktiven Lebenerinnerungen eines niedersächsischen Bauernjungen enthalten, wenngleich verschlüsselt, eine Menge echter autobiographischer Substanz – des Autors. Der hatte, kurz vor seinem Tod, gedichtet: »Ewig an des Lebens Küsten/ Wirst du scheiternd untergehn«. Und tatsächlich sah er sich wohl als einen umfassend Gescheiterten, obwohl er schon zu Lebzeiten einer der populärsten Künstler des Landes war und obwohl er in seinem Metier Unvergleichliches geschaffen hatte. Sein Ruhm ist heute, fast hundert Jahre nach seinem Tod, so frisch wie eh und je, doch schon damals hatte unser Autor nicht viel für Begeisterungsstürme des pp. Publikums übrig. Er sah, illusionslos, hinter die Dinge und auch hinter die Gesichter der Menschen. Und was er da sah, wäre zum Heulen gewesen, hätte er es nicht so komisch gefunden.

Außerdem wußte er: Jammern würde eh nichts ändern. Auf seine (naivere) Art weiß das übrigens auch der Held unserer heute gesuchten Erzählung, der selbst seiner übel erworbenen Zahnlücke noch etwas Nettes abgewinnt: Auf diese Weise könne er viel kunstvoller pfeifen als vorher. Der Vogel, scheint mir, hat Humor. Nennen Sie bitte den Namen des Autors und den Titel der vorgestellten Geschichte. Viel Vergnügen beim Knobeln wünscht Ihr MAGISTER TINIUS

Wer verhext hier einen Schotten?

No. 19
22. APRIL

Der junge Lord, ein Peer von Schottland, ist melancholisch. Er trauert exzessiv um seinen verstorbenen Vater, außerdem hat er's auf der Brust. Deshalb raten ihm die Ärzte zu einem Aufenthalt im Süden. So reist er, etwas lustlos, gen Italien. Dort wird sich sein Leben tatsächlich ändern. Anders allerdings, als er gedacht hat. Denn in Rom gerät er in einen elementaren Liebesroman, aus dem keiner der Beteiligten heil herauskommt.

Vor knapp 200 Jahren ist das Buch entstanden – das berühmteste (Erzähl-)Werk der heut gesuchten Autorin, die sich in der Titelheldin unverkennbar selber porträtiert. Zumindest gilt das für die äußere Erscheinung der schwarzhaarigen Schönen mit dem »hohen, etwas vollen Wuchs«, auch für ihren ästhetischen Enthusiasmus, ihr Temperament, ihre ausdauernde Beredtsamkeit und – den eifrig um sie herumscharwenzelnden männlichen Anbeterkreis.

Die Heldin ist nämlich eine gefeierte Poetin und »Improvisatorin«, eine »Frau von Genie«, was den Lord anfangs merklich irritiert, obwohl er rasch von ihrem begeisternden Blick und ihrem Charme verhext ist. Doch die Briten zeigen eben in Gefühlsdingen »eine unbeschreibliche Zurückhaltung«. Unsere Autorin stand dem britischen Wesen ein bißchen skeptisch gegenüber. Dabei war sie eine echte Weltbürgerin (mondän sowohl wie kosmopolitisch): Geboren und aufgewachsen war sie in Frankreich; sie besaß deutsche Vorfahren, war verheiratet mit dem schwedischen Botschafter, und ihr Haus in der Schweiz wurde zum Treffpunkt der internationalen Schickeria.

Nach und nach bringt aber auch ihre Heldin den sittlichen Lord zum Schmelzen: Auf ausgiebigen Streifzügen zeigt sie ihm Rom (was den Roman freilich zeitweise mehr zum Reisebericht macht), und in der Gegenwart der Geliebten beginnt er langsam zu vergessen, daß in Northumberland eine gewisse junge Lady wohnt, die ihm sein Lord Vater zur Braut bestimmt hat. Es folgen die üblichen eifersüchtelnden Begleiterscheinungen des jungen Liebesspiels: Dann aber kommt es zur Verlobung, und nun muß die Signorina endlich doch mit ihrer Lebensgeschichte rausrücken, die sie ihrem Lord bis dahin sorgsam verborgen hat. Sie wußte, warum.

Denn: Sie ist Halb-Engländerin. Schlimmer: Sie ist die Halbschwester seiner Versprochenen. Noch schlimmer: Sie hat Britannien einst im Streit verlassen – zum einen fand sie das Klima zu feucht, zum andern die Society zu öde, vor allem aber hatte sie Ärger mit ihrer Lady Stiefmutter. Tja, nun ist der patriotische Lord ganz durcheinander. Und das Allerschlimmste weiß er da noch gar nicht.

Das erfährt er erst, als er, vorsichtshalber allein, auf die Insel zurückgereist ist: Sein Vater hat ihm, sterbend und brieflich, die Heirat mit dieser »Italienerin« ausdrücklich untersagt. Nun pendelt er endgültig zwischen Liebe und Konvention: Zärtelt ein bißchen mit dem Northumberland-Mädchen, denkt an die italienische Liebste und kann sich, typisch Mann, nicht entscheiden. Das allerdings wird ihm abgenommen, als unsere Titelheldin heimlich nach Schottland reist, die Lage sondiert und ihm den Verlobungsring zurückschickt. Verbunden mit dem Satz: »Sie sind frei!«

So geht der Lord dann, ein bißchen schwunglos, in die väterlicherseits vorverordnete Ehe. Ein paar Jahre später unternimmt das junge Briten-Paar aber eine Reise nach Italien: Im tiefsten Innern ist er nie von seiner Verzauberung losgekommen. Es gibt sogar eine formelle Aussöhnung. Doch die schöne Römerin ist todkrank. Und nach ihrem Begräbnis ist er so »zerrüttet«, daß man um seinen Verstand fürchten muß. Doch er übersteht's. Und anschließend, in England, gibt er »ein Beispiel des wohlgeordnetsten und des reinsten häuslichen Lebens.«

Die Autorin konnte hübsch ironisch sein. Die deutsche Übersetzung, im selben Jahr erschienen wie der Roman, stammt übrigens auch von einer Frau, wurde aber unter dem Namen ihres Mannes, eines Hannoveraners, publiziert... Nennen Sie bitte den Namen der Autorin und den (originalen oder deutschen) Titel des Romans. Viel Vergnügen beim Knobeln wünscht Ihr MAGISTER TINIUS

No.20 Wer hält es hier mit Trickbetrügern?

10. MAI

Er war einer der großen deutschen Mundartdichter, doch nicht in dieser Eigenschaft steht er heute auf unserem literarischen Fahndungsblatt – in nördlichen Breiten wollen seine Gedichte ein bißchen schwer ins Ohr gehen und ins Hirn noch schwerer, leider. Auch daß er hauptamtlich Gymnasialehrer war und abends, im Freundeskreis, am liebsten »Rätselwettkämpfe« ausfocht, soll uns hier, so wichtig es ist, nur am Rande interessieren. Und das gleiche gilt für seine anregenden Aufsätze – etwa die Betrachtung »Vom Tabakrauchen«, worin er den Nachweis führt, daß Pfeiferauchen schon deshalb förderlich sein muß, weil es sämtliche Sinne anspricht und beschäftigt.

In seine berühmte Prosa-Sammlung (und um die soll es heute gehen) hat er dies blaudunstige Traktat aber vorsichtshalber nicht aufgenommen. Obwohl er sonst wenige Furcht kannte: Seine kleinen, hellwachen Geschichten gehen mit eingefahrenen Konventionen recht derb um. Und für einen Theologen und Kirchenrat demonstriert er ein bemerkenswert munteres Einverständnis mit lokalen Kleinganoven oder mobilen Trickbetrügern, die bei ihm ganz unverhohlen als pfiffige Helden agieren und im übrigen auch nicht »aus Gewinnsucht oder Liederlichkeit« zündeln oder stehlen, sondern »aus Liebe zur Kunst und zur Schärfung des Verstandes«.

Aus solch unbestreitbar ehrenwerten Motiven werden dann Richter düpiert, Polizisten überlistet, Spießbürger übers Ohr gehauen, Gastwirte geprellt, und alles dies mit unschuldsvollster Cleverness, was nicht nur unserm Autor merkliches Vergnügen bereitet, sondern auch seinen Lesern, heute ebenso wie vor zweihundert Jahren. Diese Prosa, ursprünglich für einen Volkskalender geschrieben, war echt populär und ist es geblieben.

Er ist aber auch einfach ein hinreißender Erzähler, unser Mann: Er macht es knapp, kurz und pointiert, doch mit nachhaltigster Wirkung. Hundertmal kann man seine Sachen wiederlesen und jedes Mal wieder lachen, wenn die gute Fee, die auf den originellen Namen »Anna Fritze« hört, unerbittlich die märchenhaften drei Wünsche ihrer Kientel exekutiert. Und mit gleicher Kunst bringt der Autor seine Leser zum Weinen – wie bei der lakonisch verdichteten Erzählung aus dem schwedischen Bergwerksort Falun. »Die schönste Geschichte von der Welt«, nannte Ernst Bloch dies Prosastück.

Doch ob Lachen, Weinen, Freude oder Rührung, was der Erzählmeister in eigentlich jedem seiner Texte möchte, ist dies: den lieben Leser auf irgendeine Art zur Nachdenklichkeit zu bewegen. Insofern steht er ganz in der aufklärerischen Tradition – nur schreibt er halt besser als die meisten Vertreter dieser Richtung. Und daß echte Aufklärung sogar aus heillosem Mißverstehen erwachsen kann, hat er in einer seiner hintersinnigsten Fallstudien gezeigt, wenn ein junger, etwas schlichtgestrickter Deutscher, der sich zwecks beruflicher Fortbildung im Ausland aufhält, auf Grund sprachlicher Defizite zwar nichts wirklich kapiert, aber doch eine dauerhafte und redliche Lehre für sein weiteres Leben daraus zieht. Das Lustigste daran ist freilich, daß sich seither die Gelehrten streiten – ist dies nun eine besonders konservative Geschichte? Oder eine geradezu revolutionäre?

Ganz zu fassen ist er nie, unser Kalendermann. Auch das macht ihn so reizvoll. Und wenn ein Deutsches Dichterlexikon etwas ratlos bemerkt, er stehe als Volksdichter »außerhalb der lit. Strömungen«, dann ist das doch ein schönes Lob für seine Eigenart, oder? Nennen Sie bitte den Namen des Schriftstellers und den Titel der vorgestellten Geschichten-Sammlung. Viel Vergnügen beim Knobeln wünscht Ihr MAGISTER TINIUS

No. 21 Wer lobt hier die Kybernetik?

15. MAI

Den Begriff »Held« würde der heutige Titelheld zweifellos zurückweisen. Er ist nicht für pathetische Wendungen, er denkt und formuliert nüchtern: »Ich bin nun einmal ein Typ, der mit beiden Füßen auf der Erde steht.« Für »Kunst und Derartiges« ist er auch nicht. Daß er selber als Zentralfigur eines sprachlichen Kunstwerks herhalten muß, würde ihn irritieren. Er ist zwar der Ich-Erzähler dieses Romans, doch seine Niederschrift heißt ausdrücklich »Ein Bericht«.

Er ist eben Ingenieur. Und mit dem Blick des Ingenieurs sieht er die Welt. Angesichts der Maya-Pyramiden in Mexiko registriert er nur »das verkehrte Verhältnis von Breite und Höhe« bei den Stufen (»viel zu steil«). Und charakteristisch: Er fragt bei diesen rätselhaften Bauwerken nicht nach dem »Warum«, sondern dem »Wozu«. Ein Zweckmensch. Ursachenforschung reduziert sich für ihn auf Funktionszusammenhänge: Es macht ihn verrückt, wenn sein Elektrorasierer nicht läuft und er den Fehler nicht finden kann (zumal er sich im unrasierten Zustand eklig fühlt, unzivilisiert eben).

Was ihn aber echt »ärgert«, ist »das menschliche Ressentiment gegen die Maschine«, sind die Vorurteile gegen die Kybernetik. Dabei kann ein Computer doch wesentlich genauere Erkenntnisse treffen als der Mensch: »Er weiß mehr von der Zukunft als wir, denn er errechnet sie, er spekuliert nicht und träumt nicht, sondern wird von seinen eigenen Ergebnissen gesteuert und kann sich nicht irren.« Und: Er braucht keine »Ahnungen«.

»Ahnungen« jedoch oder mystischen Glauben an »Fügung« oder »Schicksal« lehnt unser Ingenieur ab: »Als Techniker bin ich gewohnt, mit den Formeln der Wahrscheinlichkeit zu rechnen.« Gewiß, selbst er muß einräumen, daß ohne seine Flugzeug-«Panne« alles in seinem anschließenden Leben »anders gekommen« wäre, doch er weigert sich, darin mehr zu sehen als »eine Kette von Zufällen«. Und was er vor allem leugnet: Daß er an dem ganzen Geschehen schuld sein könne.

Dabei ist es eine förmliche Schicksalstragödie antiken Ausmaßes, in der er mitwirkt – eingeholt, wie Ödipus, von seiner eigenen Vergangenheit. Auch dies Inzest-Drama schildert er sachlich und präzis: als Resultat einer Zufallsverquickung.

Seine Sprache freilich verrät, was er selber nicht akzeptieren will – seine Schuld. Er »war bereit«, seine schwangere Geliebte zu heiraten, damals. Er fühlte sich dazu »verpflichtet, gerade in Anbetracht der Zeit«.

(Es waren die 30er Jahre in Zürich, und seine Freundin war eine deutsche »Halbjüdin«). Und »wörtlich« habe er zu ihr gesagt: »Wenn du dein Kind haben willst, dann müssen wir natürlich heiraten«. Auf diese interessanten Pronomina antwortete sie freilich nur mit einem einzigen Substantiv: »Schluß«. Eine Reaktion, die er immer noch nicht recht nachvollziehen kann – die Frau hatte eben »ein unberechenbares Temperament«.

Danach hatte er sie aus den Augen verloren und auch nicht weiter nachgeforscht. Das Kind glaubte er abgetrieben. Doch auch das war ein (bequemer) Irrtum. Während einer Schiffspassage begegnet er, unwissend, wenngleich nicht völlig ahnungslos, seiner Tochter (aber von »Ahnungen« hält er ja nichts...). Er schläft mit ihr, erfährt ihre Identität und hat später seinen Anteil an ihrem Unfalltod. Auch er selber wird sterben: an Krebs. Doch hinter sich kommen wird er nicht.

Der Roman ist vor mehr als vierzig Jahren erschienen: Eines der wichtigsten und aufschlußreichsten Bücher der modernen deutschsprachigen Literatur. Übrigens war auch der Autor ursprünglich Techniker gewesen – Architekt. Nennen Sie bitte seinen Namen und den Titel des vorgestellten Romans. Viel Vergnügen beim Knobeln wünscht Ihr MAGISTER TINIUS

Wer erinnert sich hier an wen?

No. 22
22. MAI

Der junge Mann, um dessen »Erinnerungen« es hier geht, ist Frührentner. An einer der großen (wenn auch nicht unbedingt berühmtesten) Universitäten des Landes zum Doktor promoviert, hatte er mit eben 25 Jahren eine Kriegsverletzung erlitten und sich anschließend, im Hospital, mit Typhus infiziert. Wegen Berufsunfähigkeit zahlt ihm der Staat nun eine angemessene, freilich nicht üppige Pension. Später wird er, in Maßen, seine frühere Tätigkeit wieder aufnehmen. Doch da ist sein eigentliches Metier längst das Memoirenschreiben geworden (von den – z.T. durchaus riskanten – unterstützenden Maßnahmen einmal abgesehen, die er erbringt, damit diese Memoiren buchenswert geraten).

Auf neun Bände hat er es insgesamt gebracht. Den ersten verfaßte er schon ein paar Jahre nach seiner – annähernden – Genesung, als er sich gemeinsam mit einem Partner in der Landesmetropole (»jener großen Senkgrube«) eine kleine möblierte Wohnung genommen hatte, um sein »trost- und sinnloses Leben« von Grund auf zu ändern, wozu das Pfeiferauchen freilich nicht gehörte, das er zeitlebens beibehielt (Spezialmischung: »Navy Cut«). Exakt vierzig Jahre nach dem Debut erschien der letzte Band. Das war vor rund siebzig Jahren. Da stand er kurz vor der Silberhochzeit mit seiner zweiten Gattin, von der man jedoch, ganz im Gegensatz zur ersten, leider früh verstorbenen Gemahlin, in seinen Memoiren so gut wie nichts erfährt. Manche Biographen schließen übrigens aus einem kryptischen Texthinweis, der Doktor sei sogar dreimal verheiratet gewesen. Das mag so sein, ist aber im Grunde unwahrscheinlich.

Andererseits ist er tatsächlich in manchen Dingen, zumal bei Jahreszahlen, verblüffend vergeßlich. Auch das weitere Schicksal seiner anfangs so liebevoll erwähnten »jungen Bulldogge« enthält er seinen Lesern schlicht vor.

Merkwürdig ist aber noch etwas: Den Autorenruhm an diesem Erinnerungswerk heimste nämlich ein Berufskollege unseres bescheidenen Helden ein. Dieser Kollege legte zwar im ersten Buch getreulich seine Quelle offen (»aus den Erinnerungen von — — —«), erweckte aber durchaus den Eindruck, daß die mitgeteilten Erlebnisse des Doktors (es ging vor allem um die Mormonen in Utah/USA) pure Erfindungen, ja, daß sogar der Memoirenschreiber selber, genau wie dessen leicht skurriler Freund und Mitbewohner der kleinen WG, bloße Ausgeburten dichterischer Phantasie seien.

Wir wollen uns hier aus allen Debatten um die historische Authentizität heraushalten. Tatsache ist jedenfalls, daß alle Faktenangaben (Zeitungsnotizen, Fahrpläne etc.), sogar die Adresse des Hauses, in dem der erste Erinnerungsband zu Papier gebracht wurde, überprüfbar sind, was allerdings, zugegeben, noch nichts über die Echtheit dieser Indizien besagen muß. Tatsache ist aber auch, daß der »offizielle« Autor von seinem König in den Ritterstand erhoben wurde – eine Ehre, die der erwähnte Freund des heute Gesuchten kurz zuvor ausdrücklich zurückgewiesen hatte.

Dafür ging der geradezu künstlerische Titel des erfragten ersten Memoirenbandes auf eine Anregung dieses ästhetisch feinfühligen Gefährten zurück, um dessen sonstige Bildungsgüter es gleichwohl nicht zum Besten stand: »Kenntnisse in Literatur: Null. Kenntnisse in Philosophie: Null. Kenntnisse in Astronomie: Null. Kenntnisse in Politik: Schwach.« Allerdings besaß der Freund einige andere Fähigkeiten, die unser Held redlich und unermüdlich rühmte, obschon ihm dessen Essay »Das Buch des Lebens« ein »unsägliches Geschwätz« dünkte. Aber so respektlos äußerte er sich nur anfangs. Nennen Sie bitte den (originalen oder gebräuchlichen deutschen) Titel dieses ersten Erinnerungsbandes, den Namen des offiziellen sowie den des eigentlichen Verfassers und, natürlich, den Namen des genialen Freundes. Viel Vergnügen beim Knobeln wünscht Ihr

MAGISTER TINIUS

No.23 Wer grübelt hier über poetische Regeln?

22. MAI

Der heutige Ratetext gehört zu einer Gattung, die in der Lesewelt leider nur ein kümmerliches Dasein fristet, als literarisches Stief-Wesen sozusagen: Viele achten gar nicht drauf, für andere ist's ein notwendiges Übel. Und mag solch ein Opus als Sprachkunstwerk noch so gelungen sein, allemal wird es zum »Büchlein« kleingeredet, zum – »Libretto« eben.

Es ist wenig Ruhm damit zu erwerben. Ob Oper, Operette, Musical – wird's ein Erfolg, liegt's an der tollen Musik. Wird's ein Flop, trifft den Texter die Schuld. Nun gut, vielleicht stimmen die Vorurteile ja auch. Mutige Tonsetzer haben sich darum, nicht erst seit Carl Orff, die Textbücher gleich selber geschrieben. Und manchmal ist es ihnen sogar gelungen. Wie in unserem Such-Libretto: Das ist nicht bloß trefflich gebaut und dialogsicher, »wohlgereimt und singebar«, es liefert obendrein, trotz turbulenter Handlung, noch eine veritable Reflexion ästhetischer Regelkunde.

Dabei ist das Stück durchaus komisch, was eigentlich gar nicht der Art dieses Meisters entspricht, auch wenn der von sich behauptete, die »Heiterkeit« sei seinem »Charakter eigentümlich«. Genauer trifft dennoch seine Aussage, er habe das Ganze als »beziehungsvolles Satyrspiel« auf ein früheres, themenverwandtes Werk gedacht. Tatsächlich: Hier wie dort geht es um eine Art Lyrikwettbewerb. Um die Auseinandersetzung zwischen Konvention und Moderne, um überforderte Juroren und nicht zuletzt – um die Huld einer schönen Frau, wobei das Stück des »leichtern Genres« auch eine Travestie des Originals darstellt. Es ist eine ganze Sozialstufe niedriger angesiedelt.

Hier waren dem Schöpfer freilich Bedenken gekommen: Die »Ironie« des Plans schien ihm doch zu herablassend, und so ließ er die Sache erstmal liegen. Als er sie, sechzehn Jahre später, neu aufgriff, sah er den »künstlerisch produktiven Volksgeist« denn auch viel freundlicher, vor allem im emphatischen Finale.

Die ursprüngliche Ironie konzentriert sich, gesteigert zum schneidenden Sarkasmus, nunmehr auf eine einzige Person. Und dieser arme Kerl ist – Kritiker (»ein saures Amt, und heut zumal!«). Präziser gesagt, er ist die Muster-Karikatur eines Kritikers: Wie alle Kritiker verübt er sein Tagewerk allein aus Neid und Mißgunst und ärgert sich, daß er dafür weniger Ruhm und Ehre einheimst als ein Poet. Wie alle Kritiker ist er ein gescheiterter Künstler, und was er im Verlauf des Stückes an eigenen Werken vorträgt, ist entweder kläglich oder geklaut – in jedem Fall aber ein sinn- und formwidriges Gestammel. Überdies schleimt er wie alle Kritiker um bekannte Großautoren herum, die er jedoch öffentlich fertigmacht, sobald er eine Gelegenheit dazu findet. Der Herr Librettist muß wahrlich einigen Zorn in der Seele getragen haben...

Den bekannten Großautor hat er dagegen in seinem Stück richtig liebevoll gestaltet. Das ist ein grundvernünftiger Mann – im Handeln wie im Denken. Sehr wohl verliebt in die oben erwähnte Schöne, verzichtet er doch lieber zugunsten eines Jüngeren, den er überdies als hochbegabten Künstler schätzt, selbst wenn dessen avantgardistische Werkproben für reichlich Irritation gesorgt hatten. Merkwürdig: »Kein' Regel wollte da passen,/ Und war doch kein Fehler drin.«

Der alte Poet kommt wahrhaftig ins Grübeln: Kritiker urteilen stets nach überlieferten, gültigen Gesetzen. Müßte man vielleicht diese »Regeln« selber von Zeit zu Zeit darauf überprüfen, ob sie nicht »in der Gewohnheit trägem Gleise« ihre Lebendigkeit eingebüßt haben?

Der Verfasser des Spiels glaubte dies unbedingt, übrigens nicht bloß als Textdichter, mehr noch als Komponist. Vor 130 Jahren wurde das fertige Werk »zum ersten Male« gegeben. Seitdem ist es ein Dauerhit der Opernbühnen. Doch typisch: Die Erstausgabe des Textes kostete damals an der Kasse des »Königl. Hof- und Nationaltheaters« 18 Kreuzer, der billigste »Galerie«-Platz dagegen 30 Kreuzer. Gattungsschicksal. Nennen

Sie bitte den Namen des Gesamtkünstlers und den Titel des Werkes.

Viel Vergnügen beim Knobeln wünscht Ihr MAGISTER TINIUS

No.24 Wer verliert hier Spiel und Verstand?

26. MAI

Der Graf von Saint-Germain war die fraglos schillerndste Gestalt des 18. Jahrhunderts – als Diplomat und als Abenteurer. Ob alles stimmt, was er von sich behauptete, (z.B., daß er 3 000 Jahre alt sei), lassen wir mal dahingestellt sein, genau wie das, was die raunende Mitwelt ihm nachsagte: Er besäße magische Kräfte und habe den Stein des Weisen gefunden sowie das Elixier der ewigen Jugend. Eins dagegen steht definitiv fest: Für die Heldin unserer heut gesuchten Geschichte war der geheimnisvolle Edelmann von lebensentscheidender Bedeutung. In jungen Jahren hatte diese Gräfin *** in Paris, beim »Pharao«-Spiel mit dem Herzog von Orléans einen immensen Verlust erlitten, und ihr Mann verweigerte die Auszahlung. Da wandte sie sich in letzter Not, Ruin und Ehrverlust vor Augen, an den schwerreichen Herrn von Saint-Germain, der ihr auch tatsächlich aus der Klemme half: Nicht mit Barem freilich, sondern (seinem Ruf auch weit gemäßer) mit Magie – mit einer mysteriösen Dreizahlformel. So gewann die leichtsinnige junge Dame tags darauf die Schuldsumme zurück. Doch seitdem hat sie nie wieder an einem Spieltisch gesessen.

Auch nicht, als sie, in ihr Heimatland zurückgekehrt, als Hofdame in der eleganten Sphäre der Residenz verkehrte. Und obwohl sich ihre Söhne zu »wahnsinnigen Spielern« entwickelten, hat sie ihnen niemals die magische Zahlenkombination verraten. Nun ist sie achtzig – ein grell geschminktes, aufwendig, aber altmodisch gekleidetes Fossil aus längst versunkenen Zeiten, herrisch und egoman, doch auf jedem Hofball dabei. Das Verschweigen ihres Familiennamens ist übrigens nicht Magister Tinius anzulasten, sondern dem überaus diskreten, vor 200 Jahren geborenen Autor selbst, der seinerseits aus einem der ältesten Adelsgeschlechter seines Landes stammte, was ihn freilich nicht davon abhielt, die politischen Verhältnisse seiner Zeit trefflich zu verspotten. Der Preis: Verlust seiner Staatsämter und langjährige Verbannung. Doch nur die zweite Maßnahme ärgerte ihn. Die erste bewirkte, daß er nun mehr Zeit zum Schreiben hatte. Zum Beispiel für die heut erfragte Geschichte, seine kunstvollste.

In der tritt nun eine neue Figur ins Spiel: Ein deutschstämmiger Ingenieur – ehrgeizig, verschlossen, hart gegen sich selbst. In der leichtlebigen Metropole des Landes gelten diese deutschen Tugenden freilich nicht viel; und ein Bekannter charakterisiert den jungen Mann mit dem boshaften Bonmot, er habe »ein Profil wie Napoleon« und eine »Seele wie Mephistopheles«. Nicht schlecht beobachtet, wie sich zeigt.

Denn der sparsame Ingenieur, der »ganze Nächte« am Spieltisch zubringt, um die Abläufe zu studieren, doch selber nie etwas setzt, er erfährt beiläufig vom Geheimnis der Gräfin ***. Da packt ihn die Gewinnsucht. Skrupellos verführt er die kleine Gesellschafterin der Greisin, verschafft sich auf die Art Zutritt zum Haus und dringt nachts ins Kabinett der Gräfin vor, um ihr die Zauberzahlen zu entlocken. Sie aber schweigt, und als er seine Pistole zieht, stirbt sie vor Schrecken. Doch nun hat ihn die Besessenheit gepackt: Er besitzt die Stirn, zu ihrer Trauerfeier zu gehen. Erneuter Schock: Aus dem noch offenen Sarg scheint ihm die Alte höhnisch zuzublinzeln. Dann aber hat er eine nächtliche Vision: Die tote Gräfin besucht ihn und nennt ihm tatsächlich die magische Formel. Er eilt ins nächste Casino: Zweimal gewinnt er ungeheure Summen. Doch beim dritten Mal, als er sein gesamtes Vermögen aufs Spiel setzt, fällt die falsche Karte. Und wieder glaubt er das hohnvolle Lächeln der alten Dame auf sich gerichtet. Der Ingenieur endet im Irrenhaus.

Auch dem Autor blieb nicht mehr viel Zeit: Drei Jahre später fiel er im Duell mit einem französischen Emigranten. Seine Landsleute trauerten tief um ihn. Und bis heute ist er ihr eigentlicher Nationaldichter geblieben. Nennen Sie bitte seinen Namen und den (originalen oder in Deutschland gebräuchlichen) Titel der vorgestellten Erzählung. Viel Vergnügen beim Knobeln wünscht Ihr

MAGISTER TINIUS

Wer will hier wissen, ob was los ist?

No.25
20. JUNI

Unsere heutige Titelheldin ist im Grunde immer ein gescheites Mädchen gewesen, schon in der Schule. Oder müßte es heißen – ein »gescheiteltes« Mädchen? Wir lassen das offen. Aber in der Schule war sie definitiv. Das versichert der Autor dieser Geschichte angenehm häufig. Für ihren Schulbesuch spricht auch die Tatsache, daß sie Wörter kennt wie »Massenpsychose« und daß in ihrem Kopf »salzige Zweifel« kochen, während sie dabei ist, auf der Universität des Lebens den Doktortitel zu erwerben.

Ihr Forschungsvorhaben hat es dabei durchaus in sich: Es geht um die Beobachtung von Passanten und um die Frage – muß irgendetwas los sein, wenn zehn Fußgänger auf einer einzigen Straße in dieselbe Richtung gehen? Ein Problem, das unsere Doktorandin, buchstäblich, umtreibt: Sie macht sich umgehend an die Verfolgung der zehn, denn – »es war ihr klar«, mehr noch, sie »wußte, daß etwas los sein mußte« (und allen, die das ungereimt finden, sei gesagt: war & klar, wußte & mußte sind vielleicht etwas unheimliche, aber nicht unreinliche Reime!).

Bemerkenswert ist jedoch in jedem Fall die Hartnäckigkeit, mit der unsere Heldin ihr Projekt verfolgt und ihren Testpersonen auf der Spur bleibt, ja, ihnen förmlich hinterher rennt. Der größeren Flexibilität wegen wirft sie allen womöglich hinderlichen »Ballast« ab: ihre Handtasche, ihren Hut, selbst ihren Rock. Welch ein Bild weiblicher Wissenschaft: »Eine Frau in Hemdsärmeln, ohne Korsett, dagegen im Unterrock ohne Kleid, dagegen mit total verrutschten Strümpfen, die Haare aufgelöst im Winde flatternd, die Hände schüttelnd, wie zur Tat bereit« – einfach »eine Autoritätsperson«!

Und welche Unbill hat sie bei ihrem Problemlösungsverfahren nicht auf sich genommen, etwa mit ihrer elementaren »Schweigetaktik« beim Befragen Betroffener! Selbst körperliches Ungemach bleibt da nicht aus: Es ereilt sie in Gestalt eines zweifachen Wadenkrampfes. Immerhin bleibt ihr der Trost: Wadenverhärtung ist besser als Gehirnerweichung!

Doch dann kommt es zu einer geradezu schicksalhaften Begegnung: Unser Fräulein Doktor (der Autor hat ihr den hohen Titel schon mal prospektiv verliehen) trifft auf ihr männliches Gegenbild! Der Junge hat nämlich keinerlei Bock aufs Verfolgen anderer! Konträr: Wenn mehr als zwei Menschen nur in seine Nähe geraten, wird er kopfscheu und reißt aus (weswegen er, anders als die Titelheldin, niemals eine Schule absolviert hat und auch beim Militär nicht zu gebrauchen war – der nahegehenden Menschenmengen wegen).

So kommt, was angesichts dieser Konstellation einfach kommen muß: Eine rasende Treibjagd per Taxi, eine Autoverfolgung »wie im Kino«. Er: auf der Flucht. Sie: hinterher. Doch, ach: Es geht nicht gut aus. Denn zu dem »Ballast«, den sie anfangs abgeworfen hat, gehörte halt auch ihr Portemonnaie, und der Taxifahrer besteht auf sofortiger Bezahlung. So kann der junge Mann entwischen. Die Appelle der Forscherin an den Chauffeur laufen ins Leere, und als sie das Wort »Idealismus« erwähnt, hält er sie für wahnsinnig, karrt sie an einen öden Ort in der Heide und setzt sie dort aus. Seitdem ist sie der Welt verloren gegangen. Und das liegt fünfundsiebzig Jahre zurück.

Der Autor, der mit einem Opus über eine andere, wenngleich identisch initialisierte Dame viel öffentliche Erregung erreicht hatte, war damals schon recht berühmt: So stritten sich die Kritiker angesichts seiner Texte, ob es sich bei seiner Geisteskrankheit um »Paralyse« oder »Dementia praecox« handle. Heute ist in seiner Heimatstadt ein kunstvoller Platz nach ihm benannt. Nennen Sie bitte den Namen des Autors und den Titel des vorgestellten Prosastücks. Viel Vergnügen beim Knobeln wünscht Ihr

MAGISTER TINIUS

No.26 Wer wartet hier auf seinen dritten Tod?

28. JUNI

Wer er sei, wüßte er wahrlich nicht zu sagen, bekennt der Titelheld gegen Ende des Romans in komischer Resignation. Tatsächlich wären Feststellungen zur Person bei ihm besonders heikel – er ist halt ein besonders exemplarischer Fall. Doch gilt sein Satz im Grunde nicht für alle? Ist einer wirklich, was er »ist«? Ist er an dem zu identifizieren, was er war? Kann er nicht jederzeit ein (wie's so schön heißt) neues Leben anfangen? Eine neue Biographie entwerfen?

Mit solchen »Identitäts«-Fragen hat der Autor, den wir heute suchen, mustergültig experimentiert – in einer ganzen Reihe von Theaterstücken und zahllosen Erzählungen. Es wurde förmlich sein Markenzeichen. Am nachhaltigsten aber trieb er das biographische Spiel in dem hier erfragten Roman, der am Anfang unseres Jahrhunderts entstand.

Der Held, in jungen Jahren ein reicher Nichtsnutz, schildert seinen »seltsamen Fall« persönlich – in einem mehr oder minder amüsierten Rückblick: Wie er um sein Vermögen kam und in Schulden geriet. Wie er einen mies bezahlten Job als Bibliothekar annahm, obwohl er Bücher nicht mochte. Wie er in die Ehe stolperte – eigentlich hatte er das Mädchen nur für seinen schüchternen Freund gewinnen wollen, sich dann aber selber verliebt. Wie ihm die Gemeinschaft mit seiner schlampigen Holden und der keifenden Schwiegermutter zunehmend auf den Geist ging.

Doch plötzlich naht die große Chance. Als seine Mama stirbt, schickt ihm der Bruder 500 Lire für ein würdiges Begräbnis. 500 Lire: das Achtfache seines Monatsgehalts! Er fährt nach Monte Carlo, erwischt in der Spielbank eine Glückssträhne und hat nach dreizehn Tagen die sagenhafte Summe von 82 000 Lire in der Tasche. Da fällt ihm auf der Rückreise eine heimatliche Provinzzeitung in die Hände, die seinen angeblichen Selbstmord im Mühlbach meldet: Die Leiche sei bereits identifiziert.

Er ist kein unredlicher Mensch: Sein erster Gedanke ist, sofort ein Telegramm nach Haus zu schicken. Sein zweiter Gedanke freilich heißt: Freiheit! Neues Leben! Er steigt aus. Und macht sich lustvoll daran, einen neuen Namen, eine neue Herkunft, eine neue Lebensgeschichte zu erfinden – eine neue Identität. Zunächst muß der Bart ab: Glattgesichtig, mit langen Haaren, blaugetönter Brille und Schlapphut sieht er aus »wie ein deutscher Philosoph«. Gut: Er ist ein Philosoph. Schon deshalb darf er nichts dem Zufall überlassen. Seinen Ehering etwa wirft er keineswegs aus dem Zugfenster (er könnte ja eine Spur liefern!), nein, er versenkt ihn akribisch im Bahnhofs-Abort.

Ein symbolhafter Akt. Dies allerdings auch im unangenehmen Sinne: Denn so merkt er gleich, daß ihm die neue Freiheit auch neue Grenzen setzt. Und das geht weiter: Er hat keine Papiere, folglich keine Aussicht auf eine Anstellung, muß also bis an sein Lebensende mit dem Spielgewinn auskommen, ohne das gute Bare auf einer Bank deponieren zu können. Und rasch gelangt er zu der Einsicht, daß ein Mensch ohne Ausweis in der modernen Verwaltungswelt nicht einmal einen kleinen Hund kaufen kann (Steuermarke!), geschweige denn ein Haus (Grundbuch!). Anders gesagt: Er ist frei; aber nur »mit dem Koffer in der Hand«. Doch die Sache geht noch tiefer: Nie wieder wird er eine echte, nämlich aufrichtige, Freundschaft pflegen können.

Dann verliebt er sich. Dann klaut ihm der Schwager seiner Liebsten zwölftausend Lire. Dann wird er in einen Ehrenhandel verwickelt. Und dann gibt er auf: Er fingiert einen

Selbstmord, seinen zweiten sozusagen, und fährt heim, um seine frühere Existenz wieder aufzunehmen. Doch Pech: Seine Frau hat in der Zwischenzeit (zwei Jahre war er fort) nun wirklich den schüchternen Freund von damals geheiratet und auch schon ein Kind geboren. Tja. Erfreulicherweise kann unser Held über all das herzlich lachen. Und jeden Tag besucht er das Grab, auf dessen Stein sein Name steht (auch ein pompös verlogener Spruch) und wartet auf seinen dritten Tod. Nennen Sie bitte den Namen des Autors und den (originalen oder deutschen) Titel des Romans. Viel Vergnügen beim Knobeln wünscht Ihr

MAGISTER TINIUS

No.27 Wer futtert hier, bis der ihm Schweiß ausbricht?

5. JULI

Philosoph sein, sagt unser heutiger Titelheld, »is nich schreiben, sondern leben!« Und während er solchermaßen philosophiert, steht er mit beiden Füßen fest im Lauch und schaut dem »Spiel der Sonnenstrahlen« zu, was ihn denn auch von den amtlichen Philosophen unterscheidet. Die nämlich, so hat der Autor beobachtet, empfehlen zwar anderen die Rückkehr zur Natur, sie selber jedoch zeigen ihr den Hintern und leben »mager wie die Heringe unter Bücherhaufen in geschlossenen Räumen.«

So etwas könnte unserm jungen Helden nicht passieren. Zum einen, weil er ein Bauer ist und schon deshalb meist im Freien zu tun hat – sein Hof liegt im ebenen Marschland an einem gewundenen, von Pappeln umsäumten Fluß. Zum andern sorgt schon seine dralle Magd dafür, daß es bei ihm nicht zu heringshafter Magerkeit kommt. Womit sie den Wünschen ihres Herrn auch wunderbar entspricht, der alles, was die Welt ihm bietet, mit elementarer Lust und jederzeit offenen Sinnen genießt. Und eine gelungene Mahlzeit ist ihm ein besonderes Vergnügen. Diese zum Beispiel: Zunächst eine Kerbelsuppe mit Spargeln. Danach einen Schweinebraten mit Spinat und mehligen Kartoffeln (»viel Senf dazu, um gut Durst zu machen«!). Dann ein halbes Dutzend Pfannkuchen mit Zimt und obendrauf Butter, Zucker sowie Sirup. Abschließend eine Schüssel schöner Erdbeeren. Und hinterher, während der Schweiß dem Bauern wie der Magd von der Stirn tropft: Ein fröhliches Dankgebet, denn das Danken gehört zum Erleben dazu! Zum Schluß noch eine Pfeife, und dann kann sich unser katholischer Epikuräer (wenn er nur wüßte, wer Epikur war...) auf einen hübschen Verdauungsspaziergang begeben. Vielleicht trifft er dabei auch den Pfarrer. Das ist ein Mann vom gleichen Schlag, der lieber zwei Schnäpschen trinkt als einen und so gern Cello spielt, vermutlich, weil man dabei die Pfeife im Mund behalten kann.

Am schönsten aber klingt das Cello, wenn es der Pfarrer auf dem nächtlichen Fluß spielt, während unser Held rudert und seine junge Liebste den Kahn steuert. Dann wird die Stille erlebbar, und selbst unser »Tagemelker« hält einmal seinen Mund, obwohl er gemeinhin nach dem Motto durchs Leben zieht – »das ist zu schön, um zu schweigen« (was nicht nur fürs »Schlemmen und Schlampampen« gilt).

Es ist halt ein Roman der unbändigen, dabei keineswegs unbedachten, Lebensfreude. Der Autor, auch er weiß Gott kein Mann mit Heringsfigur, stammte aus der gleichen Gegend wie sein sinnenfroher Held – aus einem Land, das, zugegeben, mehr für seine üppigen Maler (von andern Üppigkeiten mal abgesehen) als für seine Dichter bekannt ist. Ein Land, in dem man Gott gerne lobt, am liebsten allerdings »mit einem Speckwürfel im Munde«.

Natürlich ist das Buch auch ein Wunschbild, ein fröhlich frommes Idyll, warum das leugnen. Doch die Wirklichkeit bleibt niemals völlig ausgeklammert. Am Ende wird der Fluß begradigt und kanalisiert, die Pappeln am Deich werden gefällt. »Das Herz schreit mir im Leibe!« sagt der Titelheld, dessen Hof nun gleichfalls im Wege steht. Da kauft er sich einen Planwagen, verstaut seine Frau und die drei Babies (klar, daß einer wie er Drillinge erzeugt hat!), nimmt auch die Magd mit, spannt an – und fährt hinaus in die Welt. Nennen Sie bitte den Autor und den Titel dieses schönen Buches. Viel Vergnügen beim Knobeln wünscht Ihr

MAGISTER TINIUS

Wer hält hier Picknick?

No.28
24. JULI

Daß man nie ungestört genießen kann! Die Eß-Episode gehört zu den berühmtesten Passagen des ganzen Buches: Ein Frühstück im Freien, begleitet von kernigen Sprüchen, männlich und rustikal. Mehr als 150 Jahre hat der (seinerseits historische) Roman jetzt auf dem Buckel, aber diese Szene ist so klassisch, daß ein heutiger Waffelfabrikant sie glatt zu einem nussig nougathaltigen TV-Werbespot verhackstückte, in dem alles geboten wird, was im Buche steht – altmodische Waffenröcke, kriegerische Zeitläufte, Beeinträchtigung des Kaugenusses durch feindliche Soldateska und Fortsetzung der Mahlzeit nach beiläufiger Niederwerfung der Störenfriede.

Die vollbusige »schöne Bäckerin« im Reklamefilm ist freilich hausgemacht. Im Buch wirkt statt dessen, weit unangenehmer, ein gaunerischer Gastwirt, der den genußbereiten Herren Titelhelden anstelle des (bezahlten!) Champagners zwei Flaschen minderen Schaumweins aus Anjou in den Picknickkorb praktiziert, was den gastrosophisch erfahrenen Freunden natürlich schon beim ersten Schluck sauer aufgeht. Auch geben sich die originalen Schlemmer selbstredend nicht mit Haselnußbrei und Knusperkrümeln ab: Bei ihrem – im »Schneidersitz« eingenommenen – Imbiß halten sie es mit Koteletts und Brathühnern, eine Menu-Zusammenstellung, die bei den Anhängern des Freiluftfrühstückens bis heute stilbildend geblieben ist.

Übrigens sind es keineswegs die Essensstörer aus dem gegnerischen Lager, vor denen unsere Gourmets besonders auf der Hut sind. Die sind lästig, gewiß, aber wie der Älteste im Bunde so hübsch bemerkt: »Die Kugeln, die am meisten zu fürchten sind, kommen nicht vom Feinde.« Und auch damit hat er eine Weisheit ausgesprochen, die noch den gegenwärtigsten Parteipolitikern zu denken gibt.

Sie sind schon ein paar echte Elementargestalten, diese Kumpanen: Ein Graf, ein Ritter, ein verhinderter Theologe (der jede Unterhaltung mit gekonnten Bibelsprüchen garniert und nach dem heute ein Herrenparfüm benannt ist) sowie ein junger Edelmann, der zwar dauernd im Mittelpunkt steht, aber merkwürdigerweise kein Titelheld ist – das wurde er dann im ersten der beiden Fortsetzungsbände, zwanzig Jahre später, allerdings nur in den deutschen Übersetzungen.

Der Graf wiederum, so witzig er beim Essen parlieren kann: Wenn er erstmal in seine Trübsinnsphase kommt, dann grübelt er nur noch über sein entlaufenes Ehegespons nach. Für ihn ist die Dame einfach ein hundsgemeines, untreues Weibsbild. Für uns Leser allerdings ist sie die wahrscheinlich brillanteste, skrupelloseste, abgefeimteste Intrigantin der gesamten Weltliteratur. Dafür bekommt sie am Ende auch eine schaurigschöne, mondbeglänzte Hinrichtung mit dem Henkerschwert.

Der Autor des Romans, übrigens ein Farbiger (Großvater weiß, Großmutter schwarz), war literarisch unvorstellbar produktiv: Mehr als 500 Bände hat er im Lauf seiner langen Schriftstellerkarriere zu Papier gebracht. Er war einer der ersten »Bestseller«-Produzenten schlechthin. Vieles von dem, was er damals schrieb, ist heute vergessen, doch mindestens zwei seiner Werke werden bleiben, solange überhaupt noch jemand im Bücherlesen einen Genuß finden möchte. Eines dieser beiden Bücher ist das hier gesuchte. Nennen Sie bitte den Autor und den (originalen oder gebräuchlichen deutschen) Titel des Romans. Viel Vergnügen beim Knobeln wünscht Ihr

MAGISTER TINIUS

No.29 Wer sagt hier dem Schreiben ab?

1. AUGUST

Als die kleine Erzählung erschien, war der Autor grad 34 Jahre alt und konnte auf eine Reihe durchaus stattlicher Erfolge zurückblicken. Andererseits war er als Künstler ein erledigter Fall.

Nur seine ersten zwei, drei Romane waren beim Publikum gut angekommen, das die Bücher freilich mehr als exotische Reiseberichte und farbige Sozialreportagen goutierte. Tatsächlich hatte der Autor neben einer Menge naturkundlichem Handbuchwissen genügend eigene, bisweilen abenteuerliche Erlebnisse darin verwertet, etwa seine Flucht vor wilden Südsee-Kannibalen. Denn in den fernen Gegenden war er wirklich gewesen, wenn auch nicht als Tourist. Nun wollte er in seiner Heimat wieder »seßhaft« werden: Die Exotik-Romane waren als Einstieg in die Schriftsteller-Laufbahn gedacht. Das Eigentliche sollte danach kommen.

Es kam auch. Doch der Autor kam damit in die Schußlinie der Kritik. Selbst sein Hauptwerk, der Roman einer Obsession, ein Monument der Weltliteratur, erntete nichts als Hohn. Es sei »dummes Zeug«, schrieb ein Rezensent. Ja, man könne glauben, die neueren Bücher dieses Verfassers seien »hinter Irrenhausmauern« entstanden. Und: »Es wäre tausendmal besser gewesen«, wenn er nach seinem ersten Roman »das Schreiben hätte bleiben lassen.«

Es muß tief verstörend gewirkt haben. Denn genau um diesen Gedanken, die Absage ans Schreiben, geht es in dem heute gesuchten, kurz nach jenem Verriß entstandenen Prosastück, der Geschichte eines sonderbaren Außenseiters und existentiellen Verweigerers. Freilich ist das Ganze kunstvoll chiffriert, zum einen durch die Perspektive: Das Innenleben des stillen Mannes bleibt unzugänglich. Der Titel-«held« wird nur von außen beleuchtet – von seinem Chef, dem Ich-Erzähler der Geschichte, einem Normalbürger mit »gesundem Menschenverstand« und »sachlicher« Grundhaltung, der als Jurist stolz ist auf sein »planvolles Denken«. Zum andern ist der Ort des Geschehens, ganz realistisch, ein Anwaltsbüro in jener Straße, die noch heute, knapp 150 Jahre später, als Nabel der internationalen Geschäftswelt gilt. Komisch »echt« sind auch die Kontrastgestalten der Hauptfigur – seine Kanzleikollegen: Kopisten. Lohnschreiber.

Genau so sah sich offenbar auch der Autor selbst, weshalb es wohl nicht unzulässig ist, den Text als verschlüsselte Parabel auf das literarische Leben zu deuten und – auf die eigene Literaten-Existenz. Dann wäre der planvolle Anwalt (und Spezialist für »tiefgründige Urkunden aller Art«) der Herr Verleger, ein Vertreter des Durchschnittsgeschmacks: nicht ohne Herz für Sonderlinge, aber gewiß ohne Sinn für deren Besonderheit. Oder die Kollegen: Schreiberlinge halt – hektische Tintenkleckser und Eiferer, die, von krankhaftem Ehrgeiz und Verdauungsstörungen befallen, Seite um Seite herunterkritzeln.

Anfangs gilt dies auch für den Titelhelden, der fleißig, manchmal etwas traumverloren, doch zur Zufriedenheit des Chefs, sein »Kopier«-werk absolviert. Bis er eines Tages

anfängt, bestimmte Schreibaufträge abzulehnen, und schließlich (stets von einer höflichen, aber bestimmten Verweigerungsformel begleitet) alle Aktivitäten einstellt, ohne freilich das Büro zu verlassen, in dem er sich auf seine bizarr-bescheidene Weise häuslich eingerichtet hat. Am Ende wird er, der »hoffnungslos Einsame«, in eine (Straf-)Anstalt eingeliefert. Als er schon längst tot und begraben ist, erfährt sein Chef gerüchteweise, der Schreiber solle früher einmal im »Amt für unzustellbare Briefe« tätig gewesen sein.

Auch der Autor stieg wenig später aus: Er gab die Literatur auf und wurde Zollinspektor in seiner Heimatstadt am Hudson River. Mehr als drei Jahrzehnte lang hat er (von einigen Gedichten abgesehen) nichts mehr geschrieben. Erst ganz kurz vor seinem Tod schuf er noch einmal ein Meisterwerk, das aber erst posthum, 33 (!) Jahre später, im Druck erschien. Als er starb, war er ein gänzlich Unbekannter geworden. Nennen Sie bitte seinen Namen und den Titel der vorgestellten Erzählung. Viel Vergnügen beim Knobeln wünscht Ihr

MAGISTER TINIUS

No.30 Wer spielt hier eine ganze Redaktion?

15. AUGUST

Heute wollen wir uns einmal mit dem Rätsel des Zeitungsmachens beschäftigen: Wenn ein Provinzblättchen mehr als 200 Jahre nach seinem Ende noch immer für seine Originalität gerühmt wird und der Name dieses kleinen Journals selbst gegenwärtigen Konsumenten ein Begriff geblieben ist, dann muß das Blatt eine phantastische Redaktion gehabt haben. Oder einen Redakteur mit außergewöhnlicher Phantasie – wie eben den heute gesuchten. Denn unser Nachrichtenlieferant hat nicht bloß seine Zeitung gemacht, er schuf (und verkörperte) auch gleich noch deren versammelten Mitarbeiterstamm: Mal schrieb er seine Artikel im heimatlichen Volkston als schlichter, etwas naiver Zeitungsausträger; mal kommentierte er das Geschehen als dessen gebildeter »Vetter«; und wenn nötig, war er auch noch der kluge »Schulfreund«. Am schönsten aber geriet dies journalistische Rollenspiel, wenn die drei in einer gemeinsamen Disputation auftraten, um sich, beispielsweise, tiefschürfende Gedanken über die neuere deutsche Lyrik zu machen (der Kulturteil nahm in dem Blatt eine ganz beträchtliche Stellung ein, damals).

Erstaunlicherweise war es unserm Blattmacher aber ebenfalls gelungen, eine Reihe »echter« freier Mitarbeiter zu gewinnen. Und diese Beiträger waren nicht irgendwelche Leute, sondern absolute Hochkaräter – Lessing, Klopstock, Hölty, Herder. Kurz gesagt: die Elite der deutschen Literatur (Schiller nicht, der war noch zu klein. Er hätte aber auch nicht mitgemacht – er konnte unseren Mann nicht ausstehen, weil ihm der Spaßvogel, später, einen parodistischen Vers widmete, und Schiller mag Vieles verstanden haben, aber Spaß gehörte nicht dazu). Goethe wiederum steuerte einiges bei, obwohl der Journalmacher auch ihm in die Quere gekommen war, als er eines von Goethes frühen Meisterwerken freundlich, aber deutlich verriß – eine Rezension, die fast so klassisch wurde wie das Buch selbst. Der Frankfurter war indes auch nicht ohne: Ein goethescher Erstdruck in unserm Blatt ist jenes aparte Gedicht, das mit den Worten endet – »Schlagt ihn tot den Hund! Es ist ein Rezensent.«

Die meisten Artikel schrieb der Zeitungsmann gleichwohl selber: heitere Betrachtungen, flapsige Meldungen, ernste Essays, durchtriebene Kobolzereien, ewig komische Biertischdialoge, wunderbar eindringliche Gedichte, lakonische Theaterkritiken. Freilich, wenn mal nichts Rechtes zu berichten war (oder der Herr Redakteur einfach keine Lust hatte), dann konnten die Abonnenten auch schon mal eine Spalte vorfinden, in der nichts stand als – »Lückenbüßer: Man will bemerken, daß die Stummen/ Nicht deutlich sprechen, sondern brummen.«

Der Allerfleißigste war unser Mann aber generell nicht. Als Pfarrerssohn hatte er zwar allerlei Semester Theologie studiert, doch nie ein Examen abgelegt. Trotzdem bekam er mehrere Stellenangebote im Schuldienst, hat sie auch allesamt begeistert begrüßt, dann aber doch lieber abgelehnt. Immer gut war er dafür im Projektemachen: Mal wollte er eine Landkommune im Lauenburger Schloßgarten aufziehen, mal eine Dichterkolonie in der Südsee. So kam er zur Zeitung. Zuerst war er Redakteur bei einem großstädtischen Organ für Wirtschaftsnachrichten. Doch wegen seiner skurrilen Artikel und Themenvorschläge (etwa: Der Einfluß des Mönchswesens auf besagtes Börsenblatt) wurde er bald kopfschüttelnd gefeuert. Doch kurz darauf bekam er seine große Chance und nutzte sie – bei dem heute gesuchten Lokalblättchen.

Es hat nur viereinhalb Jahre bestanden, aber den Namen des Erscheinungsortes kennen die meisten Menschen nur dieses Journals wegen. Umgekehrt blieb der Name unseres Autors zu seinen Lebzeiten beständig mit dieser Zeitung verbunden: Seine sämtlichen Werke, auch diejenigen, die lange nach der Einstellung des Journals entstanden, schrieb er in der alten Rolle des Pressemannes – und es sind hinreißend schöne Texte dabei, die zum dauernden Vorrat der deutschen Literatur gehören. Nennen Sie bitte den Namen dieses Autors und den seiner Zeitung. Viel Vergnügen beim Knobeln wünscht Ihr

MAGISTER TINIUS

No.31 Wer schweift hier durch die Mördergalerie?

15. AUGUST

Der Vortragsredner ist einfach entzückt über die Qualität der Untat: Am hellichten Tag, mitten auf der High Street von Edinburgh (»einer der belebtesten Straßen Europas«), war ein Kassenbote, der eine »namhafte Summe« bei sich trug, erdolcht und seiner Banknoten beraubt worden. Der Täter entkam unerkannt und konnte niemals ermittelt, geschweige denn gefaßt werden.

Das Bemerkenswerteste an diesem Fall aus dem Jahr 1806 aber sei, so findet der Herr Referent, daß der Verbrecher bei der Planung des Unternehmens die klassischen »Regeln« bewußt mißachtete: An sich hätte ihm der »gesunde Menschenverstand« zu »Nacht und Verborgenheit« raten müssen. Daß er den Raubmord auf solch ungewöhnliche Art (und dann noch mit »so ausgezeichnetem Erfolg«) absolvierte, sichere dem Täter unbestreitbar einen Platz in den Annalen der schottischen Metropole, auch wenn er durch amateurhafte Nachahmer um einen Teil seines »wohlverdienten Ruhmes« gebracht worden sei.

Der Vortrag, der hier leider nur auszugsweise präsentiert werden kann, ist komplett abgedruckt in den Protokollen des »Mordkünstler«-Klubs, der seinen Sitz (na, wo schon?) in London hat und dessen ehrenwerte Mitglieder einmal im Monat zusammenkommen, um im Geiste die »Galerie großer Mörder« zu durchwandern. Ausgiebig debattiert und durchaus streng benotet werden dabei die kapitalsten Schandtaten der Geschichte, zum Beispiel der in Ostfriesland verübte Mordversuch am Philosophen Descartes (allerdings: »was er dort eigentlich wollte, hat man niemals herausbekommen, vielleicht wußte er es selbst nicht«). Doch auch aktuelle Verbrechen werden, sobald sie in den »europäischen Polizeiberichten« auftauchen, im Klub diskutiert, rezensiert und, wenn nötig, scharf kritisiert.

Die Mitglieder sind eben Connaisseure: Sie stellen Ansprüche, und sie wissen, daß zu einer vollendeten Tat nun doch »etwas mehr gehört als ein Messer, eine Börse, eine dunkle Gasse und zwei Schafsköpfe, von denen der eine dem andern das Lebenslicht ausbläst«. Fairerweise soll aber festgehalten werden: All die sorgsam aufgestellten und gründlich entwickelten Mörder-Regeln dienen den Klubisten nicht etwa als »Anweisung zur Praxis«, sondern als »Anleitung zum Urteil«. Und dieses Urteil richtet sich keineswegs nach der Menge des vergossenen Blutes. So etwas überläßt man den Lesern gewisser Zeitungen. Der »denkende Mensch« verlangt anderes von einer mörderischen »Meisterleistung«, nämlich Perfektion in Planung und Ausführung.

Anders gesagt: Man beurteilt ein Verbrechen wie ein Bild – nach ästhetischen Maßstäben, was natürlich sofort den Spießer-Einwand provoziert, der »Mordkünstler«-Klub sei »unmoralisch«. Unfug: Haben die Mitglieder nicht klar und deutlich gesagt, daß sie Mord für ein »verdammenswürdiges Verbrechen« halten und daß ein Mörder ihres Erachtens nicht zu den »einwandfreien Charakteren« gehöre? Aber was hat Charakter mit Handwerkskunst zu tun?! Für die moralische Bewertung einer Untat sind ja außerdem schon die Juristen da.

Magister Tinius ist, aus gegebenem Anlaß, beruhigt über die Klarheit dieser Aussage (überdies gefällt ihm, daß die britischen Mordsfreunde den Hammer als ehrenwertes Tatinstrument betrachten). Dennoch ist er nicht unfroh darüber, daß diese Exzentriker-Gesellschaft schon vor rund 170 Jahren ihr morbides Wesen trieb. Doch heutzutage wäre so ein Verein wohl auch ganz undenkbar. Ja, manche Experten wollen wissen, daß selbst jene Geheimprotokolle, nach denen hier gefragt ist, vom Autor in pur parodistischer Absicht verfaßt worden seien. Darüber kann man freilich streiten: Wenn's wirklich so sein sollte, müßte der Autor schon einen ziemlich tief schwarzen Humor besessen haben. Ein Exzentriker war der Mann (der sich übrigens bereits im Titel seiner Memoiren als Drogenkonsument outete, was seinerzeit allerdings nichts Illegales war) in jedem Fall. Nennen Sie bitte den Namen dieses extravaganten Essayisten und den (originalen oder deutschen) Titel seiner Mordstudie. Viel Vergnügen beim Knobeln wünscht Ihr

MAGISTER TINIUS

Wer segelt hier durch die Jahreszeiten?

No.32
22. AUGUST

»August, geef mi mol en lütjen Angostura!« Heute woll'n wir den literarischen Kompaß nämlich auf Nordwest legen und bei achterlichen Winden 'n büschen Richtung Heimat schippern. Ganz sinnig segeln wir auf dem »scheeben Weg no Bremen« oder kreuzen vor der Geestemündung, steuern sutje piano den Altonaer Fischmarkt an und – plieren dabei, binnendeichs, nach jenem salzwasserfesten Roman aus dem zweiten Jahrzehnt unseres Jahrhunderts, der die Nordsee auch für Landratten zu einem Erlebnis gemacht hat. Zu schwer? »Minschenkinners – ne bang warrn!« (Das Leitmotiv des Buches).

Der Autor, eigentlich ein gelernter Buchhalter, hatte den Roman grad mal drei Jahre vor seinem (Seemanns-)Tod fertiggekriegt. In seiner kurzen Laufbahn als Dichtersmann hat er noch allerhand anderes geschrieben – Geschichten, lustige und traurige, Theaterstücke, Betrachtungen; aber dies Buch ist doch sein bestes und schönstes.

Gut, manches daran wirkt, nicht erst heute, irritierend. Mit seiner mythischen Naturhaftigkeit und seinem Schicksalsglauben war's dem Autor bannig ernst: Den Ur-Gewalten der Elemente sind seine kampfesfrohen See-Helden genauso machtlos unterworfen wie dem ewigen Natur-Zyklus aus Werden, Reifen, Fortzeugen und Untergehen. Zumal mit Untergangs-Metaphern ist der Roman geradezu gespickt.

Aber so'n paar Verquastheiten muß man einem Autodidakten wohl zugestehen. Und immer, wenn er handfest seinen Stremel weg erzählt, ist er einfach gut. Denn erzählen kann er: Fesselnd, humorvoll, aufwühlend, leise – je nach Lage. Und ob's um einen Seemannsgottesdienst geht oder um ein Maischollenessen; ob ein achtersinniger Segelmacher porträtiert wird oder ein sterbender Matrose – allemal nimmt der Leser unmittelbaren Anteil. Erzählt wird übrigens auf Hochdeutsch, geschnackt allerdings auf Platt. Und so ist das Ganze auch gedacht – niederdeutsch.

Im Mittelpunkt steht eine Seemannsfamilie: Der (noch junge) Schiffer, fröhlich und verwegen, mit einem Lachen, das alles übertönt, ist felsenfest überzeugt, niemals ein Opfer der See zu werden. Da täuscht er sich, doch er wird lachend untergehen – und seinen lütten Jungen damit in Verzweiflung stürzen. Denn der ist mit unbändigem Willen nur auf eines aus – »no See hen«, was wiederum seiner Mutter tiefen Schmerz bereitet: Sie stammt von einem Heidehof, und ihr graut es vor dem Wasser. Das gesamte Geschehen ist (symbolhaft!) auf ein einziges Jahr komprimiert: Es beginnt im Frühling, wenn die ungeduldigen Fahrensleute selber das Eis brechen, um endlich Freie Wasser zu bekommen. Es folgt der heitere Sommer, in dem nun auch der Junge zum ersten Mal für eine längere Reise mit an Bord darf. Dann der Herbst mit seinen gewaltigen Stürmen, die dem Schiffer mitsamt seinen zwei Leuten, dem Bestmann und dem Smut, den Tod bringen. Ein elender Winter endlich: Noch immer hofft der Junge, in all seiner Unbedingtheit, auf die Rückkehr des Vaters, während die Mutter, erbittert, seinen Willen zu brechen sucht.

Umsonst natürlich. Das letzte Kapitel des Romans (dessen Handlung ins Jahr 1887 zurückdatiert ist) gibt einen Ausblick auf die Zukunft – die Gegenwart des Erzählers: Der Junge von einst ist trotz allem Schiffer geworden. Und er ist noch verwegener, noch tollkühner als sein lachender Vater. Sein Weg ist voraussehbar.

Die merkwürdige Untergangsstimmung auch in diesem, scheinbar euphorischen, letzten Stremel ist überdies politisch unterfüttert: »Mehr als auf die Wacht am Rhein kommt es jetzt auf die Wacht an der See an! England ist Rom und wir sind Karthago«. Drei Jahre später, wie gesagt, ist der Autor in der Schlacht am Skagerrak gefallen, eben dort, wo auch sein lachender Romanheld ertrank. Nennen Sie bitte den Titel des Buches und den (Künstler-)Namen des Verfassers. Viel Vergnügen beim Knobeln wünscht Ihr MAGISTER TINIUS

No.33 Wer mordet hier entflammte Männer?

28. AUGUST

Er war, zumindest als Lyriker, ein Verfechter der »Gelegenheitsdichtung«, das hat er oft betont: Wenn ihn »das Besondere« irgendeines Gegenstands »unwiderstehlich aufregte« und sich mit »etwas Eigenem« verband, dann fühlte er sich bereit, dem Bild eine »entschiednere Darstellung« zu geben. Poetische Systematiker, die sich hinhocken, um, beispielsweise, die Schönheit der Natur in sauber ausgezähltem Versmaß festzuschreiben, waren ihm ein Graus.

Die »aufregenden« Eindrücke wiederum – sie konnten von ganz konkreten Dingen ausgelöst werden. Doch ebenso waren es literarische »Motive« und »Legenden«, die sich ihm »tief in den Sinn drückten«. Oder: »Uraltgeschichtlich Überliefertes«. Und als Musterbeispiel für ein so entstandenes Kunstwerk hat er immer gern das heut erfragte, vor rund 200 Jahren verfaßte Gedicht angeführt, das er für eines seiner besten hielt.

Es ist eine Ballade, und der Stoff ist in der Tat »uraltgeschichtlich überliefert«: Er stammt aus der Antike und handelt von einem Liebesakt, der in einer tödlichen Katastrophe endet. Merkwürdig jedoch ist das angesprochene »Eigene«, das der Dichter hinzugab. Denn in der historischen Quelle (die von emsigen Buchstäblern natürlich längst ausgemittelt wurde) fehlen grad jene zwei Elemente, die die »Eigen«-art des Textes bestimmen: Religion und Vampirismus.

Zeitlich bleibt das Geschehen in der Spätantike, als die heidnische Welt noch bestand, das Christentum aber schon in die Seelen vorgedrungen war. Eine Übergangsepoche: Die neue Moral wird besonders rigide gelebt, während die alten Sitten »wie ein böses Unkraut ausgerauft« werden. Woraus sich subtile Formen der Repression herleiten: Zwar schlachtet man keine Opfertiere mehr, doch dafür gibt es »Menschenopfer unerhört«.

In dieser neuen Zeit übernachtet ein junger Mann, der's noch mit den alten Göttern hält, im Hause seiner bereits getauften, künftigen Schwiegereltern. Seine Verlobte, so waren halt die Bräuche, hat er noch nie gesehen, doch ist er freudig überrascht, als in seinem Schlafzimmer ein weißverschleiertes, einstweilen noch »sittsam stilles« Mädchen auftaucht, in dem er bald ebenjene Verlobte erkennt.

Nur ist sie das nicht mehr. Auf Grund eines elterlichen »Gelübdes« mußte sie ins Kloster; der junge Mann soll dafür mit ihrer kleinen Schwester abgespeist werden. Der aber will, jetzt erst recht, das Original. So tauscht man »Treuezeichen« aus: Sie nimmt eine seiner Locken, gibt ihm ihre Kette, und als die »dumpfe Geisterstunde« schlägt, bekommt auch »Amor« das Seine, und zwar »heftig«. Von der »Jugendkraft« der Liebe »durchmannt« gerät er in wahre »Liebeswut«, während sie »gierig seines Mundes Flammen saugt«, als sich die zwei unter »Lust« und »Tränen« vereinigen.

Doch »auf dem Gange« schleicht die Mutter herum, und angelockt, vielmehr angewidert, »von des Liebesstammelns Raserei« horcht sie, christlich, erstmal an der Zimmertür, bevor sie empört (gibt es etwa »Dirnen« im Hause?!) eintritt und – ihre eigene Tochter erblickt, deren Blöße der Liebhaber »im ersten Schrecken« mit dem »Teppich« zu verhüllen sucht. Überflüssige Rücksichtnahme. Denn nun deckt das Mädchen die furchtbare Wahrheit auf: Sie ist aus dem Grab emporgestiegen! Der junge Mann hat die Liebesnacht mit einer Untoten verbracht, die nur erschienen war, um »seines Herzens Blut« zu saugen. Er wird diese Nacht nicht lange überle-

ben. Sie aber wird, wie alle Wesen ihrer Art, noch viele junge, heiß entbrannte Männer morden. Es sei denn, man übergäbe ihren Leib den Flammen: Dann könnte sie, liebend, den alten, sinnlichen Göttern entgegen eilen.

Der Dichter war fast fünfzig Jahre alt, als er dies schrieb. In seinem Tagebuch heißt die Ballade nur »das Vampyrische Gedicht«. Nennen Sie bitte den endgültigen Titel des Textes und den Namen des Verfassers. Viel Vergnügen beim Knobeln wünscht Ihr

MAGISTER TINIUS

No.34 Wer ist hier der Spießer?

8. SEPTEMBER

Hinterhältiger ist wohl nie ein Buch der deutschen Literatur be- und untertitelt worden: Weckt der Titel (zumindest bei heutigeren Lesern) Gedanken an den Schlager »Aber bitte mit Sahne«, so läßt der Untertitel einen exotischen Reiseroman vermuten oder einen Kriminalreißer oder gar beides. Und damit läge man ziemlich daneben.

Der Meister Autor war halt Humorist. Und er wußte, was der gierige Leser im Buchladen erwartet. Das Trikkigste freilich ist, daß die Angaben auf dem Buchdeckel irgendwie auch wieder stimmen. Denn tatsächlich schreibt der Ich-Erzähler seinen Bericht auf einer längeren Seereise nach Afrika. Doch das einzig Aufregende, das während der Passage passiert, »Feuer im Schiff«, entpuppt sich rasch als blinder Alarm: Der Smutje hatte einen Wollsocken auf der Herdplatte liegenlassen.

Und ein Krimi? Ja, schon, auch. Da gibt es den jahrzehntelang ungeklärten, mithin ungesühnten Mord an einem brutalen Viehhändler. Und es gibt einen Bauern, von dem die Bevölkerung ganz genau weiß: Der war's. Der »Held« des Romans wiederum – er wird äußerlich allen absonderlichen Titelbild-Erwartungen gerecht: Dick und glatzköpfig, findet er sein Behagen darin, kaffeetrinkend mit seiner Angetrauten auf dem Sofa zu sitzen. Ein Spießer, wie er im Buche steht.

Doch Vorsicht. Auch dieser Eindruck träfe die Sache nicht. In diesem Buch stimmt überhaupt kein erster Eindruck. Und die weltläufig dargebrachten Meinungen des Ich-Erzählers sind besonders eng, also erneut irreführend.

Als falsch erweist sich auch das gesunde Volksempfinden, was die Person des »Mörders« angeht. In Wirklichkeit hat der unheldische Held das Kriminalrätsel längst gelöst, den Tathergang rekonstruiert (es war Totschlag im Affekt), den Täter allerdings, den er mochte, nie preisgegeben. Ein Verschweigen, das durchaus mit Unannehmlichkeiten verknüpft war, denn im allgemeinen Verdacht stand kein anderer als sein eigener Schwiegervater, und entsprechend nett war die Behandlung, die er und seine Frau seitens der Nachbarn erfuhren...

Doch erst, als der wirkliche Täter (es war der allseits geschätzte Briefträger) gestorben ist und aufgebahrt in der Kapelle liegt, lüftet unser Held das Geheimnis. Voller Ironie selbst dies: Er erzählt es, unter dem Mantel der Verschwiegenheit, einem Freund, freilich in einem Wirtshaus der braven Kleinstadt. Am Tag der Beerdigung folgt dann keiner der ehrbaren Ortsbewohner dem Sarg des toten Mörders. Das wahre Spießertum zeigt sein Gesicht.

Der Autor hat allerlei Eigenes in diesen Roman hineingelegt. Auch er schien, von außen betrachtet, ein typisches Philisterleben zu führen. Täglich besuchte er seinen Stammtisch, er gehörte gleich mehreren Geselligkeits-Klubs an, doch innerlich war er so autonom wie die Hauptperson seines hier erfragten Buches, bei dem er sich noch eine weitere hübsche Boshaftigkeit leistete: Als erkennbaren (obschon dann höflicherweise nicht beim Namen genannten) Schauplatz wählte er grad jenen Ort, an dem er selber im Gymnasium am Abitur gescheitert war, an den er auch nach seinen mehrfachen Mißerfolgen in bürgerlichen Berufen stets zurückkehren mußte, weil seine Mutter dort lebte, und wo man ihn, den vermeintlichen Versager, entsprechend verspottet hatte. Tiefsitzend. Als er das besagte Buch schrieb, war er knapp 60 Jahre alt – und ein Großer, was aber nicht alle wußten. Er selber hielt's übrigens für sein bestes Werk. Nennen Sie bitte den Namen des Autors sowie Titel und Untertitel des Romans. Viel Vergnügen beim Knobeln wünscht Ihr MAGISTER TINIUS

Wer zerbricht hier am Leistungsdruck?

No.35
13. SEPTEMBER

Die Geschichte ist so einfach wie traurig: Ein 14jähriger Gymnasiast, ein sehr braver und bemühter, nach dem einhelligen Urteil der Lehrer auch »nicht unbegabter«, doch halt eher durchschnittlicher Schüler, soll es nach den Vorstellungen seines Vaters, wenn schon nicht zum Primus, dann wenigstens doch zu einem Spitzenplatz in der Klasse bringen. Schwächere Zensuren wertet der Vater sogleich als Resultat mangelnden Fleißes, und entsprechend sind seine Züchtigungen. Allmählich hält der Junge dem Druck nicht mehr stand und faßt Selbstmordgedanken. Nach einer Geschichtsstunde, in der er nurmehr konfuses Zeug reden konnte, ertränkt er sich im Fluß.

Der Text, um die Jahrhundertwende entstanden, ist eine der markantesten Arbeiten seiner Autorin. Geradlinig erzählt, unpathetisch und ohne Anklagegebärde, mit Verständnis für alle Beteiligten, wird hier ein tragischer Fall entwickelt: Es geht nicht ums Verurteilen, sondern um die Offenlegung von Motiven, grad auch von solchen Motiven, die den Figuren selber gar nicht bewußt geworden sind oder die sie, halb bewußt, niemals eingestehen würden, nicht einmal vor sich selber. Der psychologische Feinblick der Autorin ist bemerkenswert.

Selbst diffizilste seelische Vorgänge werden ausgeleuchtet: Der Vater pflegt, wenn »sein« Sohn nur ein »befriedigend« nach Hause bringt, die Mutter dafür verantwortlich zu machen und sie wegen ihrer mangelnden Kontrolle der Hausaufgaben zu rügen – eine Demütigung, die dem sensiblen Jungen (der bei all diesen Szenen anwesend ist) mehr wehtut als die Prügel. Seine ohnmächtige Wut aber wird er gegen sich selber richten.

Denn natürlich weiß er, daß der Vater nur sein Bestes will. Der hat es aus niedrigsten Verhältnissen zum Verwaltungs-Beamten bei der staatlichen Eisenbahn gebracht: Ein korrekter Kleinbürger, geprägt von dem Gedanken, seine »Vorgesetzten zufrieden zu stellen«, und von der vagen Hoffnung, bei der nächsten Beförderung »berücksichtigt zu werden«. Ein dienstliches Lob vom »Herrn Subdirektor« vermittelt ihm bereits ein »rauschhaftes Glücksgefühl«.

Sein Sohn aber soll es noch weiterbringen – zum Musterschüler, zum Doktor summa cum laude, zum Staatsmann womöglich. Jeden halben Gulden, den er erübrigen kann, trägt er akribisch zur Bank: auf das Sparbuch seines Jungen.

Und die »Welt, die er begreift«, verlangt eben Erziehungsmaßnahmen, wie er sie anwendet: Der Sohn soll lernen, lernen, lernen, und das mit Fleiß. Spielsachen waren von Beginn an überflüssig: »Ein Kind, das Phantasie hat, braucht keine.« Ferienreisen: »Ein tüchtiger Mensch braucht keine, will keine. Hab ich Ferien?« Der Junge möchte so gern Flötespielen »Laß die Dummheiten – lern!«

Als er bemerkt, daß seine Frau plötzlich besseres Essen auf den Tisch bringt, reagiert er mißtrauisch (überprüft sogar die Lebensmittelpreise!): Das Geld muß für die Zukunft des Sohnes gespart werden. Oder verdient sie etwa hinter seinem Rücken dazu? Das wäre ja noch schöner! Die Frau eines Beamten! Sie tut es aber wirklich. Und langsam lernt sie, sich gegen seine Methoden zu wehren. Am Ende ist sie der stärkere Teil. Für den Jungen ist es da aber schon zu spät.

Die Erzählung gehört zu den reifsten Werken der Autorin, die schon über siebzig war, als sie den Text publizierte – eine der ganz großen Schriftstellerinnen deutscher Sprache. Für manche, darunter Magister Tinius, sogar die größte überhaupt. Dabei kam sie aus einer Gegend, in der Deutsch keineswegs die Volkssprache war. Sie selber stammte freilich aus dem einheimischen Ur-Adel und war, wie's einer Komteß zukam, zweisprachig aufgewachsen. Mit 18 Jahren heiratete sie ihren Vetter, einen Physiker, der in der k.u.k. Armee bis zum Feldmarschall aufstieg, das literarische Schaffen seiner Gattin aber nicht nur bewunderte, sondern, fünfzig Ehejahre hindurch, auch tatkräftig förderte. Nennen Sie bitte den Namen der Autorin und den Titel der vorgestellten Erzählung. Viel Vergnügen beim Knobeln wünscht Ihr MAGISTER TINIUS

No.36 Wer gibt hier seiner Vision die Sporen?

14. SEPTEMBER

Mit dem Doktor Faust scheint der Titelheld der heute gesuchten Geschichte zunächst nicht viel zu tun zu haben: Er ist weder Zauberer noch Schwarzkünstler wie der Protagonist des alten Volksbuchs; im Gegenteil, er haßt Aberglauben und Beschwörungskulte. Er ist weder Magister noch Professor wie Goethes strebsamer Heros; im Gegenteil, er hat sich, in ärmlichen Verhältnissen aufgewachsen, seine Kenntnisse mühsam selber beigebracht. Auf seinem Weg durch die Welt hat er auch kein unschuldiges Kleinbürgermädchen verführt; im Gegenteil, er wurde seinerseits von einer herb-blonden Großmannstochter zum Gatten erwählt. Überhaupt führte, anders als bei Faust, sein Leben kaum über seinen Geburtsort hinaus, und im Magierzentrum Wittenberg war er gleich gar nicht – er hat näher am Wasser gebaut.

Doch andererseits: So unnachgiebig und kompromißlos, wie er schon als Knabe und später dann bis zu seinem (buchstäblichen) Untergang auf seiner Vision herumreitet – das hat unbedingt faustische Ausmaße. Und gewiß, er schließt nicht direkt einen Teufelspakt, um sein großes Zukunftsprojekt zu verwirklichen; aber ein obskurer Handel, auf den er sich einmal einläßt, trägt einen merklichen Pferdefuß, so daß er, der große Klare, bei den Leuten prompt in den Ruch gerät, mit Satan im Bunde zu stehen. Auch seine Hybris kann es mit der Fausts aufnehmen, besonders wenn er, vom hohen Roß herab, kleinmütige Zweifler zurechtstutzt. Und dann erst sein Ende – gespenstisch, geradezu.

Der Autor jedenfalls, der schon eine frühere Erzählung um das schön schaurige Puppenspiel vom Doktor Faust hatte kreisen lassen, wollte hier ganz offenbar seine persönliche (und zugleich heimatverbundene) Version des berühmten Stoffes liefern. Auffallend, wie oft er in der Inkubationsphase des Werks Goethes Drama und dessen Einfluß auf seine eigene Dichter-Existenz erwähnte. Und zu solchen öffentlichen Selbstbekundungen hatte er mehrfach Gelegenheit: Sein 70. Geburtstag fiel in jene Zeit, und er wurde von den Journalen hoch gewürdigt – unser Autor zählt zu den Großen der deutschen Literatur. Freilich war er damals schon schwer krank. Seine umfangreiche Novelle hat er noch fertigstellen können. Aber sie wurde sein letztes Werk. Doch auch sein bestes.

Interessant, daß der faustische Titelheld darin ein ganz ähnliches Zukunfts-Unternehmen plant wie sein goethescher Vorreiter im zweiten Teil der Tragödie. Und daß der Experte, bei dem sich unser (akribisch realistischer!) Autor fachmännisch-technischen Rat holte, ausgerechnet Eckermann hieß – das grenzt ja schon fast an Schwarze Magie (obwohl hier, rein farblich, der Begriff Weiße Magie näher läge).

Spökenkiekereien gibt es aber auch in der – trickig dargebotenen – Erzählhandlung nicht zu knapp, auch wenn der Held sie lieber verbannt sähe. Doch so nüchtern diesseitig er sich gibt – vor einem boshaft mephistophelischen Widerpart bewahrt es ihn nicht. Nur daß auch dieser »Geist, der stets verneint« und ihn durch ewige Nörgeleien, Einsprüche, Verweigerungen zum Zorn, doch ebenso nach vorn treibt, kein eleganter Beau ist, sondern ein derbdreister Kerl vom Land, der freilich mit dem Mundwerk genau so gut umgehen kann wie Gustaf Gründgens. Oder sollte man lieber sagen – as de oole Henry Vahl?

Wie auch immer. In Goethes Drama gilt die Wette, daß der Mensch verliert, sobald er dem Versucher nachgibt: sobald er erschlafft und aufhört zu streben. Und genau so ergeht es unserm Helden: Sonst so stur beharrlich, hört er, müde geworden, ein einziges Mal auf die platten Einwände seines Gegenspielers, macht Flickwerk statt Sanierung – und verschuldet damit eine Katastrophe, die er selber dann nicht überleben mag. Nennen Sie bitte den Namen des Autors und den Titel dieser Erzählung. Viel Vergnügen beim Knobeln wünscht Ihr

MAGISTER TINIUS

No.37 Wer klagt hier über Zivilisationswüsten?

15. SEPTEMBER

Die Entstehungsgeschichte dieses Roman-Zyklus zog sich etwas hin und verlief spürbar unordentlich: Zuerst erschien der vorletzte Band, drei Jahre später der zweite, kurz darauf der fünfte und letzte. Dreizehn Jahre dauerte es dann, bis der dritte Band herauskam. Und erst achtzehn Jahre nach dem Beginn der Serie legte der Autor den Eröffnungsroman vor. Der Handlungszeitraum umfaßt sogar 65 Jahre. Konkret: die Zeit zwischen 1740 und 1805.

Im Zentrum aber steht immer derselbe Held, auch wenn er, im Lauf der Dekaden, auf unterschiedlichste Kampf- und Spitznamen hört. Der früheste Ökelname verdankt sich dabei seiner Weigerung, mit der Flinte auf Menschen zu zielen; ein anderer seinem scharfen Blick; der berühmteste seinem rustikalen, naturstofflichen Outfit. Bei seinem (chronologisch) ersten Auftritt ist er ein etwas einfältig, aber grundredlich wirkender junger Mann; am Ende ein Greis, der, bestrahlt vom letzten Licht der untergehenden Sonne, sein Leben beschließt. Das letzte, kraftvoll gesprochene Wort des Alten lautet: »Hier!!« Ganz, als habe ihn der Große Geist Wahconda persönlich zu sich gerufen. (Der beste Freund des alten Trappers reitet da schon längst in den Ewigen Jagdgründen).

Er gehört zu den unvergeßlichen Gestalten der Weltliteratur, auch wenn er selber von sich sagte: »Ich habe Tag meines Lebens nie in einem Buch gelesen«. Er fand eben, Wälder seien das Schönste. Und darin liegt auch seine Tragik: Zeitlebens hat er versucht, im Einklang mit der Natur zu sein. Immer wieder ist er in neue Einsamkeiten aufgebrochen. Doch jedesmal hat ihn die Zivilisation eingeholt: Hat Siedlungen errichtet, Straßen gezogen, Wege eingezäunt, Wälder gerodet, Flüsse und Seen leergefischt, kurz – hat Raubbau betrieben an den »Schätzen der Wildnis«, die nun vor der »Verwüstungswut der Menschen verschwinden«.

Gewiß, auch unser Held ernährt sich von Jagd und Fischfang, aber er sieht strikt darauf, nicht ins Gleichgewicht der Schöpfung einzugreifen: »Man muß nicht zwanzig Tauben schießen, wenn man nur eine einzige essen will.« Und ein spätgewonnener, nachdenklicher Freund des Helden, ein Richter, wagt (zum Amüsement der umstehenden Geschäftsleute) sogar die Prophezeiung: »Es wird eine Zeit kommen, wo das Gesetz nicht nur das Wild, sondern auch die Bäume in Schutz nimmt.« Nur als kleiner Hinweis: Der Roman entstand vor mehr als 175 Jahren.

Übrigens wußte der Autor genau, warum er so zornig war: Er hatte es selber erlebt, wie die reich bewaldete Landschaft seiner engeren Heimat binnen kurzem in eine öde Steppe verwandelt wurde. Überhaupt hat er es seinen fortschrittsgläubigen Landsleuten recht kräftig gegeben – und doch, wie kein zweiter, die europäische Sehnsucht nach seiner Heimat angespornt. Dies nicht zuletzt durch seine Naturschilderungen: Er hatte halt »Chlorophyll in den Adern«, wie es sein einfühlsamster Fan (und deutscher Übersetzer) so schön ausdrückte.

Ein zeitgenössischer Leser dieser Romane, ein (seinerseits hochbegabter) nachsommerlicher Realist aus den böhmischen Wäldern, ließ sich von den weiträumigen Landschaftsbildern des exotischen Verfassers sogar ausdrücklich zum eigenen Tun anregen. Und auch ein schreibender Spurenleser aus dem sächsischen Felsengebirge um Radebeul bediente sich an dieser Quelle, obgleich er wohl mehr an der blutsbrüderlichen Freundschaft zwischen dem roten Häuptling und dem heute gesuchten (Titel-)Helden interessiert war. Nennen Sie bitte den Namen des Autors und den (originalen oder deutschen) Titel des Roman-Zyklus. Viel Vergnügen beim Knobeln wünscht Ihr MAGISTER TINIUS

Wer wandert hier von Buch zu Buch?

No.38
25. SEPTEMBER
20. MAI

Unser heutiges Bücherrätsel führt auf leicht abschüssiges Gelände – ins Gebiet der literarischen Adaption nämlich, oder vielmehr: der Adoption literarischer Gestalten. Womit natürlich sofort die Frage im Raum steht: Gibt es ein geistiges Eigentumsrecht an einer Kunstfigur, wenn sie erstmal das Studio ihres Schöpfers verlassen hat? Oder darf ein späterer Kollege ihren Lebensfaden einfach weiterspinnen, sie womöglich gar revitalisieren, ohne als Plagiator und Trittbrettfahrer zu gelten?

Was unseren heutigen Fall noch zusätzlich kompliziert, ist die Tatsache, daß er nicht allein zwei hochrespektable Schriftsteller aus zwei hochrespektablen Literaturnationen betrifft, sondern, daß bereits der Original-Autor ganz munter fremdgegangen war, als er im Jahr 1820 sein unheimliches Geschöpf in die Welt setzte. Denn so monströs einzigartig dieser Horrorheld auch wirkt, er hat zwei diabolische Vorläufer: Ahasver, den Ewigen Juden, und Dr. Faustus, den Teufelsbündler. Beide freilich waren damals längst zu mythischen Charakteren mutiert, somit poetisches Gemeineigentum. Das mag die Tat entschuldigen.

Den Pakt mit dem Teufel hat der Unhold aber wirklich abgeschlossen. Er sichert ihm dauernde Jugend, absolutes Wissen, grenzenloses Reisen (unser Mann stammt halt, wie sein Autor, von jener Insel im Westen, wo das braune Starkbier die Phantastik anheizt). Der Preis übrigens: Ewige Verdammnis. Doch der satanische Vertrag enthält eine Ausstiegsklausel: Der Sünder kann erlöst werden, wenn er einen Nachfolger stellt...

Und genau den sucht er über hunderte von Jahren (und Buchseiten) in allen Ländern der Erde, als er vom Taten- und Wissensdrang erstmal kuriert ist. Sein Hoffen richtet sich dabei, an sich nicht unklug, auf das Elend dieser Welt: In Gefängnissen und Irrenhäusern, in den Slums der Vororte und den Kerkern der Inquisition – überall sucht er nach dem Einen, dessen Verzweiflung so groß ist, daß sie das Gewissen besiegt. Allein, er findet niemanden, und so holt ihn schließlich der Teufel. Doch fünfzehn Jahre später (elf Jahre nach dem Tod seines Schöpfers) war er wieder da: in einem anderen Land, in der Novelle eines anderen (jüngeren, noch begabteren) Autors. Und diesmal hat er bei seiner Nachfolgersuche sogleich Erfolg.

Denn endlich hat er (geleitet von seinem realistischen Adoptiv-Erzeuger) begriffen, wo der neuzeitliche Bourgeois wirklich zu packen ist: am Portemonnaie. Beim Geld hört jedes Gewissen auf. Und auch dies hat er schnell kapiert: Wenn's ums Geld geht – Sparkasse. Spezielle Zielpersonen: die Bank-Kassierer, die tagtäglich »vor den Reichtümern sitzen wie die Katze vor der Maus im Käfig«. Fast mühelos ermittelt unser Fahnder denn auch so einen Bankangestellten, der grad einen hübschen Kreditbrief gefälscht hat und im Begriff steht, sich ins Ausland abzusetzen. Nur eine klitzekleine Erpressung ist jetzt noch nötig – und schon hat die arme Seele Ruh.

Der korrupte Kassierer wiederum: Er stürzt sich kaltlächelnd in ein orgiastisches Treiben. Und als auch ihm schließlich religiöse Bedenken kommen, da weiß er genau, wo ein rascher Abnehmer für seinen Pakt zu finden ist. Dort nämlich, wo selbst der Papst sein Konto hat – an der Börse, diesem Schauplatz der menschlichen Komödie.

Ein bankrotter Spekulant übernimmt den satanischen Vertrag denn auch ohne Bedenken und stößt ihn gleich nach erfolgter Sanierung wieder ab. Bald notiert der Pakt als börsengängiges Papier, das aber mit jedem Verkauf an Wert verliert, bis es irgendwann vom Markt verschwindet. Der Kapitalismus macht Teufelspakte überflüssig.

Die Eingangsfrage nach der moralischen Berechtigung literarischer Adaptionen dürfte damit aber geklärt sein: Ja, man darf, wenn man es kann und wenn man etwas Neues zu sagen hat. Beides hat der jüngere Autor glänzend nachgewiesen. Bleibt nur noch die Aufgabe an den Leser: Nennen Sie bitte die zwei Verfasser und den Namen ihres gemeinsamen Titelhelden. Viel Vergnügen beim Knobeln wünscht Ihr MAGISTER TINIUS

No.39 Wer bleibt hier frei bis in den Tod?

28. SEPTEMBER

Der Autor, nach dem heut gefragt ist, war ein Dandy der erlesensten Sorte: Ein Globetrotter aus Passion, ein Grandseigneur und Lebemann. Als studierter Jurist brachte er es bis zum Kabinetts-Chef eines Ministeriums, aber regelmäßiger Dienst konnte ihn auf die Dauer nicht entzücken. Fein und umfassend gebildet, wie er war, betätigte er sich lieber als amtlicher Experte für Denkmalspflege. Das ließ sich auch viel schöner mit seiner Reiselust verbinden. Als Philosoph und Menschenkenner war er, natürlich, ein Skeptiker und so ganz nebenbei auch noch einer der farbechtesten Novellisten seiner Zeit. Sein Erzählstil ist herb und kunstvoll verknappt: Psychologie gibt's bei ihm nur zwischen den Zeilen. Da kündigt sich die Moderne an.

Auf einer seiner Touren durch den Süden Europas lernte er eine einheimische Gräfin kennen. Das war folgenreich, in zweifacher Hinsicht: Er gab ihrer kleinen Tochter Unterricht in seiner Muttersprache; wirksam offenbar, denn das Mädchen wurde später Kaiserin seines Landes. Noch bedeutsamer allerdings war die andere Sache. Denn die Gräfin machte ihn mit einer »wahren Geschichte« aus ihrer Heimat bekannt – und daraus formte er seine berühmteste Erzählung.

Es ist die Geschichte einer jungen Frau von »wilder Schönheit« und geradezu animalischen Reizen. Ihre Haut ist kupferfarben, ihr Haar schwarz mit bläulichem Schimmer, ihre Augen sind groß und schrägstehend, ihre Zähne so weiß »wie geschälte Mandeln«. Doch was die Männer (zumal einen bestimmten Mann, der ihretwegen seine bürgerliche Existenz ruiniert) so verrückt macht, ist ihr Wesen: Sie lügt, sobald sie den Mund auftut, aber sie lügt ohne Unrechtsbewußtsein und so, daß jeder ihr glaubt. Ihre Launen sind so wechselhaft wie das Wetter im nahen Gebirge. Sie ist eine Kriminelle, aber sie hat die Unschuld einer geschmeidigen Raubkatze, und genau so lockt sie die Männer an, die sie fallenläßt, wenn sie von ihnen genug hat.

Niemals würde sie sich einfangen und in einen Käfig sperren lassen, schon gar nicht in den goldenen Käfig der Ehe. Sie ist frei und lacht über alle maskulinen Besitzansprüche. Als ihr Gefährte schwer verwundet darniederliegt, eilt sie zu ihm und pflegt ihn aufopfernd; aber sie macht Schluß mit ihm, als er ihr langweilig wird, zumal ihr auch gerade ein anderer, sportiverer, Typ durch den Kopf spukt, der freilich bald darauf ein Opfer seiner eigenen (recht risikoreichen) Grandezza wird. Das schmerzt sie nur kurz, doch zu ihrem früheren Liebsten zurückkehren wird sie nicht, all seinen (etwas weinerlichen) Bitten zum Trotz. Sie ist schicksalsgläubig und -ergeben, sie weiß, daß dies Eifersuchtsdrama böse ausgehen wird, aber sie bleibt gefaßt bis zuletzt: Sie wird sterben, als Opfer männlicher Gewalt, aber sie wird niemals ihre Freiheit aufgeben.

Und so wurde sie nicht nur zur Titelheldin dieser Erzählung, sondern mehr: zu einer der elementarsten Frauengestalten der Weltliteratur. Selbst der deutsche Denker Friedrich Nietz-

sche war hingerissen: »Endlich die Liebe – die Liebe als Fatum, als Fatalität, zynisch, unschuldig, grausam, und eben darin Natur!«

Und wenn Nietzsche wohl auch mehr von der Vertonung des Stoffes inspiriert wurde (»diese Musik scheint mir vollkommen, sie kommt leicht, biegsam, sie schwitzt nicht«), so rühmte er doch gleichermaßen die Komposition der Novelle: Sie habe »die Logik in der Passion, die kürzeste Linie, die harte Notwendigkeit«. Und damit war alles gesagt. Nennen Sie bitte den Namen des Autors und den Titel der vorgestellten Geschichte. Viel Vergnügen beim Knobeln wünscht Ihr MAGISTER TINIUS

No.40 Wer lauert hier im Gebälk?

4. OKTOBER

Ganz gewiß wäre Niedersachsen die letzte Region, mit der man diesen Autor in Verbindung brächte – dafür reden seine Dörflergestalten doch ein bißchen zu guttural. Aber es ist so: Der Mann hat tatsächlich eine kleine niedersächsische Vergangenheit, denn einige Semester studierte er in Göttingen, und sogar in Hannover ist er mal gewesen, der Hauptstadt des damaligen Königreichs. Seine Studienfächer an der Georgia Augusta waren Geschichte und Ästhetik. So gesehen ist es komplett unverständlich, daß ihm der berühmteste Dichter seines Landes später entgegenschleuderte, er habe nicht bloß ein »vernageltes Weltbild«, er sei auch »ohne ästhetische Zucht« und schreibe »ohne Nachdenken und Mäßigung«. Das sind so die Nettigkeiten unter Kollegen. Übrigens gibt es durchaus Sachverständige, die meinen, nicht jener boshafte Kritiker, sondern unser heutiger Suchautor sei der Größere gewesen.

Als er sich in Göttingen historisch und literarisch bildete, hatte er sein heimatliches Theologiestudium bereits abgeschlossen: Predigten hielt er einstweilen nur auf der Kanzel und dies unter seinem echten Namen. Allgemein bekannt wurde er aber bald darauf unter seinem Pseudonym, das ursprünglich gar nicht als solches gedacht war: Eigentlich hieß so nur der Titelheld und Ich-Erzähler seines ersten Romans. Doch der Name klang so klagvoll sprechend und war obendrein so bibelfest, daß ihn der wortmächtige, gewaltig konservative, aber nicht minder sozialkritische Schriftsteller fortan für sich selber reklamierte.

Bibelfest, standhaft und gottesfürchtig ist auch die heut gesuchte Erzählung (zumindest deren Botschaft, ihre »Helden« sind es weniger...). Es ist eine wahrhafte Horror-Story, die jedem unter die Haut geht, obwohl sie recht freundlich-idyllisch, ja, geradezu behaglich beginnt, an Ostern nämlich, mit einer Tauf-Feier in einem schmucken neuerbauten Haus. Doch der schwarze Schrecken lauert, buchstäblich, im Gebälk. Und die ausgelassene Fröhlichkeit der Taufgäste wird noch vor dem Abendbrot in entsetzten Schauder umschlagen.

Dabei haben die Gäste das Allerteuflischste nicht einmal selber erlebt. Das wird ihnen, genau wie dem Leser, nur rückschauend berichtet, so sinnlich dramatisch allerdings und so unvermutet in die Gegenwart springend, daß es einem schon grausen kann: Wie da eine ganze Talschaft durch eigene Schuld, durch Leichtsinn und Trägheit, nicht zuletzt durch Gottlosigkeit der rasenden Pest zum Opfer fällt und wie der Auslöser dieser todbringenden Epidemie zwar am Ende besiegt, doch nie vernichtet wurde, vielmehr weiterhin, bis zum heutigen Tag, die Menschen bedroht und nur auf seine Freisetzung wartet...

Ein mitreißendes Prosastück, das virtuos den Spannungsbogen von gegenwärtiger Rahmen- und historischer Binnenhandlung schlägt. Und sicher: Die Geschichte vom Schwarzen Tod böte genug konkrete Schrecken für eine (zur Zeit des Verfassers eigentlich angesagte) realistische Erzähllage. Doch der menschenkundige Autor wußte recht gut, daß er seine lesende Klientel am besten packen konnte, wenn er mit ein paar übersinnlichen Mitteln an ihre unterschwelligen Ängste rührte, um sie aus ihrer Bequemlichkeit und ihrer Ausrichtung am materiellen Zeitgeist herauszunötigen.

Dabei war er als reformierter Pastor und Schulmann keineswegs gegen irdischen Wohlstand. Nur gehört dazu eben das rechte gottesfürchtige Bewußtsein. Nennen Sie bitte den (bürgerlichen oder literarischen) Namen des Autors und den Titel der vorgestellten Erzählung. Viel Vergnügen beim Knobeln wünscht Ihr

MAGISTER TINIUS

Wer steht hier vorm Roman-Gericht?

No. 41
5. OKTOBER

Ob der heut gesuchte Roman wirklich ein Roman ist oder nicht doch eher der (tückische) Versuch des Autors, seine Leser ins grüne Labyrinth des Deliriums zu versetzen, muß offen bleiben. Fest steht: Das Buch ist ungemein komisch. Und kaum beschreibbar. Fangen wir darum ganz von vorn an: mit dem Autor.

Der Autor, dessen bürgerlicher Name in vier unterschiedlichen, doch allemal amtlichen Versionen überliefert ist, hat zeitlebens keine Zeile unter diesem bürgerlichen Namen publiziert. Statt dessen benutzte er einen Haufen Pseudonyme, praktisch für jede Unterabteilung seiner Produktion ein anderes (so daß die Nachwelt-Editoren noch immer rätseln, ob sie sein Gesamtwerk tatsächlich ganz zusammenhaben...). Warum er dies tat, ist ungewiß. Vermutlich wollte er damit Gott ein Schnippchen schlagen, aber das ist eine komplizierte Geschichte: Er war ein etwas verquerer, also durchaus landestypischer Katholik. Wie auch immer: Für den hier erfragten Roman, seinen ersten, schuf er sich zunächst einen Verfasser samt Verfassernamen (unter dem er heute übrigens in den meisten Lexika geführt wird). In der Vorstudie des Buches, die er sieben Jahre früher in der Zeitschrift seines College veröffentlichte, hatte er sich freilich noch anders genannt – »Bruder Barnabas«.

Der besagte fiktive Verfasser schreibt also seinen Roman. Dieser Roman handelt davon, daß ein junger Germanistik-Student, der sich schwer an Heines »Harzreise« abquält (schließlich ist Deutsch für ihn Fremdsprache), einen Roman schreibt. Dieser Roman wiederum handelt davon, daß ein patriotischer Poet einen Roman schreibt, dessen Figuren mit ihren Rollen und Charakteren unzufrieden sind, worauf sie sich ausgiebig über das Schreiben von Romanen unterhalten, bis sie auf die Idee kommen, einen der ihren zu beauftragen, einen Roman zu schreiben. Daraufhin schreibt der betreffende junge Mann einen Roman, in dem all die rebellischen Romanfiguren auftreten, dessen Hauptfigur aber ihr Autor ist, jener patriotische Poet, dem sie dann in einem ausgedienten Kino einen hohnvollen Strafprozeß machen.

Zeit genug für solcherlei Aktivitäten haben sie, weil ihr patriotischer Autor dauernd schläft und in diesen Ruhephasen nicht merkt, daß sich seine Figuren anderweitig beschäftigen. Sein Hauptschurke, zum Beispiel: Er soll, laut Handlungsplan, ein unschuldiges Mädchen vergewaltigen und noch schlimmere Sachen tun. Er will aber lieber anständig sein. Außerdem gefällt ihm das Mädchen. So heiraten die beiden heimlich, ohne

Wissen ihres Autors, und eröffnen, da sie ja irgendwie leben müssen, einen Kaufmannsladen.

Der Aufenthaltsort dieser Figuren ist übrigens ein schäbiges Hotel in der Landesmetropole, in dem auch ihr schläfriger Autor wohnt. Und noch ein weiterer der Romanhelden ist seinerseits Dichter: ein – altvorderer – Epiker, der unaufhörlich patriotische Heldendichtung absondert. In diesen vorzeitlichen Heldenliedern nun wird einmal, ganz kurz, eine winzige Flußinsel erwähnt, die einen tierisch verwässerten Namen trägt. Und dieser Inselname wurde dann zum Titel des Gesamtromans.

Das Buch erschien vor genau 60 Jahren. Samuel Beckett, der das »Warten auf Godot« damals noch vor sich hatte, war begeistert und empfahl es James Joyce. Der urteilte: »A real funny book« – und las hinterher nie wieder einen Roman. (Zugegeben: Er hatte schlechte Augen und lebte ja auch nicht mehr lange; aber das Buch ist wirklich komisch).

Der heutige Suchautor starb vor 33 Jahren, freilich am 1. April, der in seinem Lande »Fool's Day« heißt, weshalb sich (obgleich mehrere Jesuiten-Patres seinem Begängnis beiwohnten) hartnäckig der Schalksglaube hält, er lebe noch. Für seine Fans ist er aber so oder so unsterblich. Nennen Sie bitte seinen (Autoren-) Namen und den (originalen oder gebräuchlichen deutschen) Titel des vorgestellten Romans. Viel Vergnügen beim Knobeln wünscht Ihr

MAGISTER TINIUS

Wer bringt hier sein Volk zum Singen?

Er ist einer der populärsten deutschen Dichter, zumindest, was die Bekanntheit seiner Texte angeht: Obwohl selbst sein 200. Geburtstag schon einige Jahre zurückliegt, sind seine Lieder noch immer, und nicht nur bei den Fischer-Chören, in aller Munde.

Ein Ort der besinnlichen Einkehr, den er in seinen »Wanderliedern eines rheinischen Handwerksburschen« besang, wurde zur Zeit der deutschen Teilung sogar vom Ost- wie vom West-Fernsehen zum Kulissenschauplatz volksmusikalischer Sendereihen erhoben. Wenn das kein Zeichen war! Unseren Dichter hätte es mit Sicherheit gefreut: Er stammte zwar aus Dessau an der Elbe, ließ sich aber ebenso gern, schon des Wein-Reims wegen, vom Rhein anspornen. Doch auch wenn er ein gesamtdeutscher Patriot war (Teilnehmer an den Befreiungskriegen von 1813!) – den größten Ruhm zu Lebzeiten brachten ihm die glühend teilnahmsvollen Gesänge über den Freiheitskampf eines südländischen Volkes. Die trugen ihm auch prompt jenen Beinamen ein, unter dem ihn die Literaturhistoriker lange Zeit führten, schon um ihn von anderen poetischen Trägern seines nicht eben raren Namens abzuheben.

Apropos Namen: Das Lied, in dem er die tiefinnere Mobilität eines gewissen Berufsstandes umdichtet, dem namentlich er sich besonders nahe fühlte, zählt zum lyrischen Vorrat selbst jener Heutigen, die mit Poesie sonst wenig oder nichts am Hute haben. Und doch: Fast scheint es, als hätte grad die Volkstümlichkeit dieser Lyrik, ihre Sangbarkeit, den Namen des Autors verdunkelt. Es ist schon vertrackt: Die Komponisten (patente Kleinmeister darunter, aber auch einsame Genies) haben diese Dichtungen unvergänglich gemacht, aber sie zugleich als reine Lyrik beinah ausgelöscht. In Lesebüchern, Sammlungen, Anthologien sucht man sie meist vergeblich. Und bezeichnend – selbst die schönsten Texte kann man kaum lesen (oder aufsagen), ohne daß einem die entsprechenden Melodien unwillkürlich durch den Kopf wandern.

Welch hohe, eigenständige Qualität manche dieser Verse aber aufweisen, zeigte sich, als Deutschlands beliebtester Rezitator vor einiger Zeit mit dem Hauptwerk unseres Poeten auf Tournee ging und den Gedicht-Zyklus ohne die obligate Klavierbegleitung zu Gehör brachte – als schlichtes sprachliches Kunstwerk.

Kuriosum am Rande: Den Lyrikband (er heißt »Lieder des Lebens und der Liebe«), in dem der besagte Zyklus zum ersten Mal erschien, hat der Autor aparterweise einem Komponisten gewidmet, nämlich Carl Maria von Weber, dem »Meister des deutschen Gesanges als ein Pfand seiner Freundschaft und Verehrung«. Dennoch war es nicht Weber, sondern ein jüngerer, noch größerer Tonsetzer, der diese verkargten Strophen aus Fremdheit, Isolation, Wahn, Kälte und Vereisung in Musik gefaßt hat (und der auch noch eine weitere, etwas leichtfüßigere Gedichtreihe unseres Autors vertonte).

Doch einmal mehr demonstrieren diese Texte auch, wie intensiv und mitleidend sich dieser Autor in andere hineinversetzen konnte. Sein eigenes Leben dagegen war zwar beklagenswert kurz (mit eben 33 Jahren erlag er einem Schlagfluß), aber es verlief ohne Misere: Er war unbeschwert aufgewachsen, konnte studieren, was ihm Spaß machte, hatte einen angenehmen Brotberuf, war glücklich verheiratet und besaß die Muße, das zu tun, was er am liebsten tat – reisen und dichten. Nennen Sie bitte den Namen des Poeten und den Titel des vorgestellten Gedicht-Zyklus. Viel Vergngügen beim Knobeln wünscht Ihr MAGISTER TINIUS

No.43 Wer zündelt hier an der Zollschranke?

27. OKTOBER

Den schönen Prosatext hat der Autor bei Lebzeiten nie veröffentlicht, obwohl er damit »eine neue Form der Literatur« ausprobieren wollte. Es ist das Szenarium für einen Spielfilm, doch so plastisch und erzählerisch abgefaßt, daß sich der Leser alle Leinwandaktionen vollkommen klar vorstellen kann. Und mehr noch: Das komplett (und zwar brillant!) dialogisierte Buch hätte ohne jede Änderung als Drehvorlage verwendet werden können.

Doch dazu kam's nicht: Es war kurz nach dem 2. Weltkrieg, die Filmbranche kriselte, und die Produktionsfirma mußte ihre ehrgeizigen Pläne aufgeben. So unterblieb auch die Publikation des Buches. Dabei verstand unser heut gesuchter Autor, eigentlich ein Lyriker, sein Filmhandwerk durchaus. Er hatte in den Kriegsjahren für ein Studio gearbeitet, dessen Chef auf die gute Idee gekommen war, namhafte Schriftsteller (u.a. Graham Greene) zu verpflichten, Stories fürs Kino zu schreiben. Bedingung: Es mußten Originale sein, keine Bearbeitung ihrer schon bekannten Sachen. Unser Mann war sofort Feuer und Flamme gewesen. Für technische Medien hatte er sich schon immer interessiert: Den Großteil seines (unregelmäßigen) Einkommens bezog er als Mitarbeiter beim Rundfunk. Und seine ersten Filmarbeiten waren Skripts für Dokumentar-Streifen.

Dokumentarische Elemente enthält sogar das hier anstehende Spielfilmprojekt: Es geht um ein historisches, seinerzeit rund hundert Jahre zurückliegendes Ereignis – eine kühn anarchische, ebenso gewitzte wie illegale Protestaktion aus der Heimat des Verfassers.

Unser Mann war damals schon erkennbar auf dem Weg, der größte und wortmächtigste Poet dieses nebligen Keltenlandes zu werden, das seine Selbständigkeit bereits im 16. Jahrhundert eingebüßt hatte (sie vor kurzem allerdings, per Volksentscheid, zumindest teilweise wieder zurückholte). Und um das Verhältnis zur ungeliebten Zentralmacht kreist unsere Story.

Der (im Volksmund: »ausländischen«) Regierung hat es nämlich gefallen, überall in der Region »Wegezölle« einzuführen, unter denen besonders die kleinen Leute zu leiden haben. Jeder schimpft über diesen »Legalisierten Straßenraub«, und nur der einheimische »Schlagbaum-Trust« ist es zufrieden – er kassiert kräftig mit.

Zu den empörtesten Gegnern der Maut zählt dabei die Nichte des Friedensrichters, eines hintergründig dekadenten Lords. Noch empörter ist sie jedoch über die (vermeintliche) Feigheit ihres Jugendfreunds, der grad aus Indien heimgekehrt ist, um sein väterliches Erbe anzutreten: Dies »Muttersöhnchen« will einfach nicht gegen den Zollzwang vorgehen!

Was sie allerdings nicht ahnt: Der junge Mann hat längst die Weichen für eine direkte Aktion gestellt. Bald kommt es allerorten zu nächtlichen Brandanschlägen auf die Zollhäuser: Schlagbäume werden abgefackelt, Beamte verhöhnt. Und stets treten die rußigen Rebellen, unter ihnen der Pastor, als Frauen verkleidet auf – im Namen einer biblisch widerständigen Weibsgestalt und ihrer Nachwuchshorde. Da helfen der militärisch präsenten Staatsmacht weder Spitzel noch armselig getarnte Scotland-Yard-Inspektoren: Die Titel-«Heldinnen« zündeln alttestamentarisch keltisch weiter...

Der kühne Anführer aber wird einmal fast gestellt und kann sich nur mit knapper Not retten – ins Schlafzimmer seiner heimlich Geliebten. Nun muß er sich entlarven: Da erkennt sie ihren Irrtum, und es folgt der Kuß der Küsse. Halbzeit. Doch am Ende erkennt auch der Premierminister seinen Irrtum: Und erneut brennen zum glorreichen Finale die Zollschranken, aber diesmal amtlich.

Der Film wurde dann, viel später, doch noch realisiert. Leider verdient der Streifen (trotz eines hinreißenden Peter O'Toole in der Rolle des dekadenten Lord Onkel) bestenfalls die Note drei minus: Der Regisseur wollte nämlich schlauer sein als der Autor und das war dumm. Unser Originaldichter hat es nicht mehr erlebt. Durch exzessives Saufen gesundheitlich ruiniert, war er während einer Lesetournee durch die USA gestorben – mit 39 Jahren. Nennen Sie bitte seinen Namen und den (originalen oder deutschen) Titel des Film-Buchs. Viel Vergnügen beim Knobeln wünscht Ihr

MAGISTER TINIUS

Wer kombiniert hier mit Zahlen?

No. 44
31. OKTOBER

Ein Buchtitel, der allein aus Ziffern besteht, ist (außerhalb der reinen Mathematik) zumindest ungewöhnlich. Die Zahlenkombination auf dem Deckel des heute gesuchten Werkes dürfte freilich jeden Wissenden elektrisieren – und manchen in einen Erinnerungstaumel stürzen. So wurde diese Chronik der aufwühlenden Ereignisse denn auch fast zwangsläufig zu einem der großen Verkaufserfolge der deutschen Nachkriegszeit, und der (hochveranlagte) Verfasser konnte seinen – ohnehin nicht geringen – Ruhm auch noch auf das Feld der Literatur ausdehnen.

Denn das darf man ohne Übertreibung sagen: Mag dem debutierenden Autor gern ein Redaktor zur Seite gestanden haben – das Buch ist einfach mitreißend. Und die Generation der heute 50 bis 60jährigen (vor allem natürlich deren maskuline Hälfte) ist durch die Lektüre dieser markanten, emotionalen Prosa in hohem Maße geprägt worden. Da nimmt sich auch Magister Tinius nicht aus.

Es ist, bei aller erzählerischen Ausschmückung, letztlich ein Tatsachenbericht: die Geschichte eines, ja, Männerbundes, der in schwerer Zeit Großes, wenn nicht Einzigartiges geleistet hatte. Und echte Männer sind sie alle, die Protagonisten: Männer, die in Schlamm und Dreck ihren Kopf hinhalten. Männer, die brennen, auch wenn's wie aus Kübeln regnet. Männer, denen beim Klang der deutschen Hymne ein Schauer über den Rücken läuft. Männer aber auch, die selbst vor der größten Bewährungsprobe noch scherzen und »lebensgefährliche Kalauer« absondern können.

Und es sind Männer, die sogar »in zermürbenden Vorpostengefechten«, im Angesicht der »zähen Gegner« und der »zu erwartenden Angriffswellen« immer wieder ein aufmunterndes Wort für die Kameraden finden: »Vergeßt die Deckung nicht!« Kernig. Kein Wunder darum, daß sie dann, in der alles entscheidenden Situation, »jeden Millimeter Boden verteidigen«; daß sie »hinhaltenden Widerstand leisten«, damit »dem Gegner kein Schußfeld bleibt« und seine »Generaloffensive« im Sande verläuft, worauf sie dann ihrerseits, im rechten Moment, mit »blitzartigen Vorstößen« und gezielten »Bomben« die passende Antwort geben können.

Dabei ist unser Autor, der Anführer dieser Männergruppe, keineswegs ein Verfechter der Aggressivität. Im Gegenteil, er schreibt stets fair und voller Respekt vor den Kämpfern auf der anderen Seite, speziell vor seinem direkten Pendant, der es immerhin schon im Twen-Alter bis zum Major gebracht hatte. Doch echte, fast kindliche Verehrung zollt unser Chronist nur einem Einzigen: Denn so triumphal das Ganze schließlich endete, es wäre nicht möglich gewesen ohne den einen – »den Vater des Sieges, der die taktischen Pläne schmiedete.« (Er nennt ihn selten beim Namen, meistens nur »den Chef«, das genügt).

Und ritterlich ist in der großen Chronik am Ende auch den Frauen der Helden ein Abschnitt gewidmet: Jenen Frauen, die grad dann, als es übel um ihre Männer stand, »versuchten, auch weiterhin zuversichtlich und tapfer zu sein.«

Ein kleines Kuriosum noch. So ganz am Rande erwähnt unser Autor (der hinterher noch mit vielen anderen Büchern herauskam, eines heißt »Der Chef«) in seinem Erstlingswerk ein Buch, dessen Titel gleichfalls nur aus einer Zahlenfolge besteht und das in der Nachkriegszeit gleichfalls für Furore gesorgt hatte – allerdings mehr bei der Generation der heute 70 bis 80jährigen (zu der auch der heute Gesuchte gehört: als »alter Landser«). Doch das ist mal klar: Die magischen Titelzahlen unseres Suchbuchs sind unvergleichlich schöner! Nennen Sie bitte den Namen des (noch immer übersensiblen, notorisch pessimistischen) Autors und den Titel des vorgestellten Werkes. Viel Vergnügen beim Knobeln wünscht Ihr

MAGISTER TINIUS

Wer hat hier nichts als Flausen im Kopf?

No.45
1. NOVEMBER

Manchmal hat das Mädel echt verrückte Einfälle. Zum Beispiel – 20 Pfund Weizenmehl auf einer mehrtägigen Wandertour bergauf bergab durch Wald und Höhle im Rucksack mitzuschleppen, um es der Mutter an derem Urlaubs(!)ort zu überreichen. Aber die junge Dame (Medizinstudentin im 1. Semester) ist auch unheimlich stur: Jedes Angebot ihrer männlichen Weggefährten, sie vom Extraballast zu befreien, weist sie entschieden zurück. Was sie sich einmal in den Kopf gesetzt hat, zieht sie durch, da kennt sie nichts. Und so herzlich und aufgeschlossen sie normalerweise durch die Welt läuft – wenn sie unbilliges Verhalten wittert, kann sie bei ihrem Temperament zur wahren Kratzbürste werden: Als der Wanderbund an eine innerdeutsche Grenze kommt und der Zöllner Umstände wegen des Mehls macht, kippt sie dem Pedanten den weißen Stoff kurzentschlossen vor die Füße. »Unüberlegt«, hätte ihre Mutter gesagt. »Aus dem Gefühl heraus«, sagt ihre Autorin. »Das Mädle hat Kurasch'!« staunt ergriffen einer ihrer schwäbischen Kommilitonen.

So ist sie eben, unsere heut erfragte Heldin: Unbekümmert, burschikos und schrecklich impulsiv. Luschig dazu: Doch bei Dingen, die sie ehrlich interessieren, kann sie mit »Energie und Intelligenz« ihre Defizite an Systematik und Ordnungsliebe erstaunlich gut wettmachen. Und sie behält ihren Witz auch in queren Situationen. Kurz: Sie ist einfach liebenswert. Das fanden offenbar auch die jungen Leserinnen, die den Lebensweg der Berliner Arzttochter quasi von Beginn an verfolgt haben: Kurz nach dem Ende des 1. Weltkriegs tauchte sie als puppenspielende Range zum ersten Mal zwischen zwei Buchdeckeln auf. Danach ging's fast wie im Zeitraffer: Sieben Jahre später, im zehnten und letzten Band, war die Kleine Großmutter, doch munter wie eh und je. Und mögen heutige Progressiv-Pädagoginnen darüber auch die Nase rümpfen, aber die Buchreihe gibt es nach wie vor: Zwar auf neun Bände eingedampft und sprachlich leider dem neueren Zeitgeist folgend (»total hops«, wie unsere Heldin damals kommentiert hätte), doch immerhin – die Auflage geht weit in die Millionen. Ist Beliebtheit also doch vererbbar? Scheint fast so.

Und das gilt nicht nur für weibliche Leser. Magister Tinius bekennt freimütig – auch er hat, im avancierten Knabenalter, diese Mädchenbücher durchschmökert: Leicht verlegen

(ein richtiger Junge las Karl May), aber schwer begeistert. Gewiß, nicht so sehr von den ersten Folgen in Puppenstube oder Kinderheim. Aber wenn's dann um die nervige Vorbereitung aufs »Abiturientenexamen« geht und ums Studium im fernen Schwabenland, da konnte man(n) sich schon mitfiebernd identifizieren.

Ein bißchen schade ist allerdings, daß die blonde Titelheldin, anders als ihre zwei Budengenossinnen (und früheren Kränzchenschwestern), ihr Studium nicht abschließt, sondern reichlich rasch in die Ehe stürmt. Noch dazu mit einem eklig überlegenen Langweiler. Aber so ganz konnte wohl auch die Autorin nicht aus ihrer Haut. Sie dachte halt konservativ. Außerdem strikt national und zeitweilig noch mehr als das: Am Ende ihres letzten Buches überhaupt wird der neue Reichskanzler jubelnd gefeiert. Das war 1933, und der Mann hieß Adolf Hitler.

Ein furchtbarer Irrtum der Autorin: Als Jüdin erhielt sie sogleich Publikationsverbot, alle ihre Bücher wurden aus den Bibliotheken entfernt, ihr Vermögen konfisziert. Kurz vor dem 2. Weltkrieg war sie noch in England zu Besuch, aber sie kehrte wieder zurück – letztlich mochte sie wohl an die deutsche Barbarei nicht glauben. Sie starb 1943: Ermordet in der Gaskammer von Auschwitz. Nie mehr werden wir ihre fröhlichen Bücher wirklich unbefangen lesen können. Nicht einmal ihre schönste Serie von dem Mädchen, das selbst »im weißen Haar« den Kopf noch voller Flausen hat. Nennen Sie bitte den Namen der Autorin und den Titel dieser Erzähl-Reihe. Viel Vergnügen beim Knobeln wünscht Ihr MAGISTER TINIUS

No.46 Wer verschickt hier eine Leiche?

13. NOVEMBER

Der heutige Rätselroman, vor 110 Jahren erschienen, steht für ein Phänomen, das man neuerdings wohl »Kultbuch« nennt – nicht zu verwechseln mit »Bestseller«: Der Bestseller ist Sache der Allgemeinheit, das Kultbuch Sache der Freaks (früher: »Enthusiasten«). Der Bestseller ist bloßes Lesefutter, das Kultbuch hingegen Objekt rasanter Spleenpflege.

Schön zu studieren an der damaligen Wirkung unseres heut erfragten Werkes: Nicht nur, daß Chefredakteure großer Zeitungen ihren Mitarbeitern untersagten, pro Artikel mehr als ein Zitat aus diesem Roman zu verwenden; nein – es gab förmliche Fan-Clubs, die sich allein im Namen dieses Schmökers versammelten. Bei ihren Fest-Diners wurde als Toast der einzige Trinkspruch ausgebracht, der sich im Buch findet (»auf dein Wohl, Vetter! In meinem Hause soll mit dem Wein nicht gespart werden«), und die Menufolge glich von der sähmigen Fleischsuppe bis zum Chester-Käse mit Sellerie exakt jenem »durch und durch britischen, aber nahrhaften« Mahl, das der junge John F. im Roman von seinem Bruder Morris einfordert, nachdem er ausgehungert und abgerissen von seinem Zwangsaufenthalt an der See zurückgekehrt ist, und zwar zu Fuß. John und Morris sind zwei (*nur* zwei!) der Hauptpersonen in diesem quirligsten, temporeichsten, freilich auch munter makabersten Roman der spätviktorianischen Epoche.

Der fröhliche Umgang mit dem Makabren war's wohl, notabene,

auch, der den Aufstieg des Buches zum Bestseller verhinderte: Vom Autor (genauer: vom Prominenteren des Autoren-Duos) war man einfach Ernsthafteres gewohnt. Der Mann war schließlich berühmt für große, durchaus aktionsgeladene, aber eben seriöse Prosawerke aus seiner wildgebirgigen Heimat, auch für eine geniale Psycho-Studie und den seebärigsten Abenteuer-Klassiker der Welt. Und nun so etwas. Shocking.

Dabei hat dieser leichthändige, irrwitzig durchkonstruierte Großstadtroman, den der Star-Autor gemeinsam mit seinem 19jährigen, talentierten Stiefsohn schrieb, sogar das gleiche Zentralmotiv wie das besagte See-Stück: Beide Male geht es um einen Haufen Geld, hinter dem alle her sind, der aber nur einem zusteht. In diesem Fall ist das der letzte Überlebende einer Art Wettgemeinschaft.

Alles ganz legal, versteht sich, und notariell beglaubigt, wenn auch ziemlich verrückt. Weniger legal, aber umso komischer ist, was nun passiert: Zwei Greise sind von den einst siebenunddreißig Fond-Einzahlern noch übrig geblieben – sorgsam bewacht (und bevormundet) von ihren emsigen Erben. Da kommt der eine, wie's aussieht, bei einem Eisenbahnunglück an der Kanalküste ums Leben. Entsetzen bei seinen Neffen: Das Vermögen ist futsch! Doch der ältere hat die horrible Idee: Man müßte den Tod des Onkels solange geheimhalten, bis auch der zweite Kandidat abgegangen ist. Gesagt, getan: Die Leiche wird stiekum in einen Bottich gepackt und als Bahnfracht nach Hause gesandt. John, der jüngere, muß, um den Schein zu wahren, noch ein bißchen an der See ausharren. Er wird sehr hungrig und zu Fuß heimkehren ...

Denn zwei Dinge ahnen die Neffen nicht. Erstens: Der Onkel ist gar nicht tot (sie haben ihn mit einem gleichgekleideten Reisenden verwechselt), er hat nur den glücklichen Moment des Zugunglücks genutzt und ist mitsamt dem Familienscheckbuch entwischt. Zweitens: Ein Scherzbold vertauscht im Gepäckwagen alle Frachtadressen. Und damit beginnt eine grotesk fulminante Irrfahrt der Faßleiche: Denn der un(frei)willige Empfänger schiebt sie sofort trickig an seinen Lieblingsfeind weiter, und der zum nächsten und so fort, bis das obskure Objekt zum einigermaßen happigen Ende aus dem Roman hinausgekarrt wird. Wahnsinn. Nennen Sie bitte den Namen des Senior-Autors, nach Möglichkeit auch der seines Partners und den (originalen oder deutschen) Titel des Romans. Viel Vergnügen beim Knobeln wünscht Ihr

MAGISTER TINIUS

Wer spielt hier auf Zeit – und überhaupt?

No.47
24. NOVEMBER

Der Titel des heute gesuchten Buches wurde umgehend zum geflügelten Wort: ein Zeichen, daß der Herr Autor (mal wieder) den Nerv seiner Zeit getroffen hatte. Die Formel ist aber auch heute, fast 240 Jahre später, noch unbedingt beliebt. Ein paar Wortfindungsprobleme hatte allerdings der damalige deutsche Übersetzer. Doch mit der kleinen Einhilfe eines Freundes, zufällig des brillantesten Literaten seiner Epoche, schuf er dann einen Begriff, der förmlich Kulturgeschichte machte – und natürlich auch das erfragte Büchlein zum Siege führte.

Es ist ein fiktiver Erlebnisbericht, geliefert von einem gleichfalls fiktiven Verfasser, einem Geistlichen mit großem Namen, den zeitgenössischen Lesern wohl vertraut: Der Pfarrer gehörte nämlich schon zu den Zentralfiguren eines anderen (noch berühmteren, noch verrückteren) Prosawerks desselben Autors. Überdies ist er der Namensvetter und angebliche Nachfahr einer legendären Gestalt des Welttheaters – »eines Burschen von unendlichem Humor und voll von den herrlichsten Einfällen«. Freilich hatte dieser witzige Ahnherr nur einen einzigen Bühnenauftritt gehabt, und selbst dabei wäre das Wort Auf-*Tritt* noch zuviel gesagt...

Doch als unser gleichnamiger Pfarrer in einer politisch nicht ganz unpikanten Situation dringend einen Reisepaß benötigt, bekommt er das Dokument auf völlig unbürokratische

Art und in einem (gemessen am üblichen Behördengang) sensationellen Tempo ausgestellt – weil ihn der zuständige Beamte für seinen besagten Vorfahren hält! Närrisch. Aber bei weitem nicht das einzig Närrische an diesem Buch, das vor Einfällen und Spielereien geradezu überquillt, auch wenn sich der Autor (gegenüber seinem oben erwähnten anderen Opus) hier ein wenig zurücknimmt.

Permanent einbezogen ist bei allem der Leser, der vom Erzähler gleichsam in einen Dauerdialog verwickelt wird – in eine Konversation, die sich durchaus auch mal zu einer Streiterei auswachsen kann: Unterhaltungs-Literatur im doppelten Sinn. Überhaupt wirkt der ganze Bericht, als würde er grad im Moment abgegeben, und zwar mündlich. Der gottesgelehrte Ich-Erzähler, sämtliche Sinne auf Empfang geschaltet, läßt sich nämlich nur allzu bereitwillig von seinen Gedanken ablenken, zum Beispiel, um mittendrin die Vorrede des Buches zu entwerfen, und dann muß der Leser eben mit auf diese Extratouren. Die Beschreibung eines schlichten (wenn auch, zugegeben, ein klein bißchen amourösen, also ein klein bißchen verlängerten) Händedrucks mit einer Dame vor einer Garagentür zieht sich auf diese Weise über sage und schreibe zweiundfünzig assoziationssatte Seiten hin! Genial. Im artistisch ironischen Umgang mit Erzählzeit und erzählter Zeit ist unser Autor schlicht der Champion. Beim Verbaltricksen mit erotisch unterfütterten Zweideutigkeiten ist er es sowieso...

Dabei war der Mann, genau wie der Ich-Erzähler seines heut gesuchten Buches, ein Geistlicher – ein protestantischer Pfarrer (obwohl er in einem erzkatholischen Lande zur Welt gekommen war). Sein Leben, zumal sein vielfältiges Liebesleben, gestaltete er aber mehr nach weltlichen Gesichtspunkten, wobei er sich auch keineswegs genierte, tiefempfunden tränenreiche Liebesbriefe, die er an eine ferne Geliebte nach Übersee gesandt hatte, wortwörtlich in ein grad anstehendes Romankapitel einzubauen. Den Haushalt ließ er sich aber auch zur Zeit seiner Amouren gern von seiner Ehefrau führen. Außerdem liebte er die Jagd zu Pferde, besonders in Gesellschaft aristokratischer Freunde und Freundinnen: Darüber konnte er, am Sonntagmorgen, schon mal vergessen, daß seine Gemeinde in der Kirche auf den Gottesdienst wartete. Trotzdem war er bis zu seinem frühzeitigen Tod (er starb »an diesem hinterhältigen Husten«) bei allen, die ihn kannten, wunderbar beliebt. Nennen Sie bitte den Namen dieses Autors und den (originalen oder gebräuchlichen deutschen) Titel des vorgestellten Buches. Viel Vergnügen beim Knobeln wünscht Ihr MAGISTER TINIUS

Wer prunkt hier mit einem Alabasterbusen? No.48

29. NOVEMBER

Heute müssen wir ein düsteres Kapitel aus der Geschichte der Literatur aufschlagen: Es geht um Fälschungen, speziell um einen (bedauerlicherweise auch noch gut verkauften) Roman aus dem vorigen Jahrhundert, den ein junger, an sich echt begabter Schriftsteller nicht nur im Stil, sondern, was schwerer wiegt, auch im Namen eines damals hocherfolgreichen Kollegen verfaßt hat.

Das Gemeinste aber ist, daß er diesen Namen für alle Zeiten lächerlich machte, indem er die Eigenarten und bevorzugten Sujets des Autors, eines sonst honorigen Regierungsrates, abgrundtief parodierte, was die Leser natürlich erst merken konnten (falls sie es merkten), nachdem sie das Buch schon erworben hatten. Gehört sich so etwas?

Denn schon der Titel des unseligen Werkes ist eine geradezu astronomische Irreführung, die sich im 9. Kapitel unversehens als gastronomischer Scherz zu erkennen gibt. Den Untertitel wiederum bildet ein realpathetisches Schiller-Zitat (aus »Wallenstein«), das der jugendliche Skribent aber dreist als »Sprüchwort« deklariert! Dabei war er als Schwabe ein Landsmann Schillers und kurz sogar noch dessen Zeitgenosse. Er hatte allgemein wenig Respekt.

Zugegeben: die Handlung des Romans hat er hingekriegt. Was er in diese Residenz-Romanze an scheuer Liebe und lastenden Geheimnissen, an ersten Küssen, mitternächtlichen Schauerszenen und wonnefeuchten Träumen hineinpraktizierte, an giftigen Intrigen, reißenden Duellen und thränenerstickter Eifersucht, an inniger Versöhnung und einem nicht enden wollenden Happy End – das mußte jeden Leihbibliothekar entzükken.

Aber das ist noch gar nichts gegen die Ausdruckskunst, mit der das Liebespaar geschildert wird: Das Mädchen ist nicht nur siebzehn und »wunderherrlich« mit ihrer Haartracht nach dem »allernagelfunkelneuesten Geschmack« und den Augen wie »Feuerrädchen«, nein – über den »Liliensammet« ihrer »blühenden Wangen«

und ihren »jugendlichen Alabasterbusen« fliegt auch jäh ein »brennendes Rot«, als sie »ihn« erblickt, wie er, im feudalen Ballsaal, melancholisch dekorativ an eine Säule gelehnt, dasteht. Er: eine »schlanke Gestalt« mit »glänzenden schwarzen Locken« (überhaupt: »ganz schwarz gekleidet«) mit einem »feinen, schönen Gesicht« von »gespensterhafter Blässe«, auf dem ein »geheimer Gram« zu liegen scheint. Natürlich ist er ein polnischer Edelmann, der in einsamen Stunden mit seiner »vollen, klaren Männerstimme« polnische »Nationallieder« singt. Der Fremde heißt Graf Emil (sie dagegen Ida), und den Gram wird sie ihm schon bald von den bleichen Wangen hexen – mit einem »Zauberblick« aus ihren »Veilchenaugen« oder mit ihrer »Schwanenbrust«, die sich hebt und senkt, »als wolle sie alle sechsunddreißig Schnürlöcher ihres Korsettchens zumal zersprengen«. Da klingen dann auch in Emils Busen »alle

Saiten« in »namenloser Seligkeit«, und selbst der reiche Onkel (vielmehr: »Oheim«) Dagobert ist von der Brautwahl seines Neffen beglückt.

Der Roman hatte eine doppelte Wirkung: Sein Verfasser verdiente sich damit eine Menge Taler sowie eine Stelle als Feuilletonredakteur in Stuttgart. Doch die Prosa des armen Parodierten (eine seiner Novellen ist bis heute lieferbar!) kann seitdem kein Mensch mehr lesen, ohne grinsend an dies alte Schelmenstück zu denken.

Lustig ist indessen, daß ein Freund des jungen Ketzers später behauptete, der alabasterne Residenz-Roman sei ursprünglich völlig ernstgemeint gewesen, nur halt grottenschlecht. Erst auf seinen Freundesrat hin, habe der Autor das »Machwerk« in eine funkelnde Satire umgeformt. Schwer überprüfbar: Der junge, wie gesagt außerordentliche, Erzähler starb schon wenig später – erbärmlich früh, mit 25 Jahren. Er hat allerdings, denn die kritische Lesewelt nahm sein Sakrileg naturgemäß nicht stillschweigend zur Kenntnis, noch eine ernsthafte Rechtfertigung seiner unernsten Fälschertat nachgeliefert. Diese Kontroverspredigt war die erste philologisch seriöse Auseinandersetzung mit Kitsch und Kolportage. Aber so witzig wie das Roman-Fake ist sie nicht. Nennen Sie bitte den Namen des Autors und den Titel der vorgestellten Scharteke. Viel Vergnügen beim Knobeln wünscht Ihr MAGISTER TINIUS

Wer will hier nur seine Ruhe haben?

Heute wird es einmal richtig nostalgisch. Denn wir begeben uns in die gute alte (Nachkriegs-)Zeit, als abends noch ganze Familien vorm Radio saßen, wie gebannt dem bunten Mischprogramm lauschten und sich auf das wöchentliche Hörspiel freuten.

Das Hörspiel hatte damals seine große Zeit und entwickelte sich zu einer ganz arteigenen Kunstform – mit dem unverächtlichen Nebeneffekt, daß die jungen, z.T. hochbegabten, aber durchweg minder bemittelten Autoren etwa der Gruppe 47 mit den Honoraren ihre ehrgeizigen Roman-Pläne finanzieren konnten. Zentralwerke jener Ära wie »Haus ohne Hüter«, »Die größere Hoffnung« oder das »Paradies der falschen Vögel« wurden damals praktisch vom gebührenzahlenden Rundfunkteilnehmer gesponsort.

Doch genug der sentimentalen Vorrede. Zur Sache. Es geht um ein Hörspiel – um eines der erfolgreichsten jener Epoche zudem, eines, das auf dauernden Wunsch solcher Hörer, die noch nicht zu den TV-Game-Shows abgeschwirrt oder zu Videoten mutiert sind, immer mal wieder im aktuellen Sendeplan erscheint. Anders gesagt: Es ist ein Klassiker.

Ein Familienklassiker überdies. Nur, daß das Familienleben halt nicht besonders harmonisch verläuft. Im Mittelpunkt steht ein junger Mann, vom dem seine Tante sagt, er sei achtundzwanzig Jahre alt. Er selber neigt allerdings mehr zu der Ansicht, schon achtunddreißig zu sein: eine Verachtung des modischen Jugendlichkeitswahns, die er durchaus mit seinem Autor teilt. Der machte sich auch immer älter, als er war, und als er, eben vierzigjährig, Stief-Großvater wurde, kaufte er sich einen Handstock und legte sich einen gebeugten Gang zu.

Besagter Hörspielheld nun: Er ist ein kontemplativ epikuräischer Charakter. Zu deutsch: Er möchte gut leben und in Ruhe gelassen werden. Er wohnt abgeschieden auf dem Lande, nur umgeben von seinen Haustieren und einigen schwarzgefiederten Zeitgenossen in den Gartenbäumen. Einen Beruf übt er nicht aus: Er ist wohlhabend, denn er hat das Vermögen seines unglücklichen Onkels Fabian geerbt. Als geräusch- und lichtempfindlicher Skeptiker liebt er es, bis Mittags im Bett zu bleiben, obwohl er kein guter Schläfer ist und oft bereits im Morgengrauen erwacht. Besser gesagt: mit dem Morgen-Grauen.

Denn wenn er, als geübter Philosoph, seine Gedanken auch von Widrigkeiten freizuhalten vermag, auf seine Träume hat er keinen Einfluß. Und nachts flattern ihm eben die dreiundzwanzig Familienmitglieder durchs Hirn, die er sich allesamt vom Hals geschafft hat – inklusive des Erbonkels, was ihm nachträglich aber leid tut (zur Tatzeit ahnte er noch nichts von dessen Testament und seiner Universalerbenschaft). Überhaupt ist er nicht von Natur aus familienfeindlich. Großzügig unterstützt er mehr als sechzig arme Angehörige (samt ihrer unehelichen Kinder). Er kann es nur nicht leiden, wenn die Mischpoche aufdringlich wird.

Oder wenn sie ihn zu erpressen sucht. Denn das ist klar: So ein umfangreicher, dabei rascher Verwandtenschwund läßt sich nicht absolut geheimhalten und weckt Begehrlichkeiten. Und so kommt's, wie's kommen muß: Als ihn seine letzte Tante aufsucht und nicht nur eine »Rente« von ihm verlangt, sondern schlimmer – seine Heirat mit ihrer Tochter Iris, tja, da muß auch sie dran glauben. Nummer 24.

Ist er nun endlich allein? (»Endlich allein« hieß übrigens, programmatisch genug, ein Buch, das der heut gesuchte Autor noch kurz vor seinem Tod collagierte: netter Titel). Doch nein, weit gefehlt: Denn nun wird unser abseitiger Held mit einem anderen, diesmal echt gefährlichen, Onkel konfrontiert. Den freilich erledigt die Haushälterin, und zwar nach exakt jener Methode, die sie heimlich bei ihrem Herrn studiert hat... Jetzt wird sie noch lange seinen Haushalt führen. Und in ihrer Stimme liegt ein »neuer Ton«, als sie sagt: »Wir essen um halb acht. Und wir stehen früher auf – ab morgen. Und trinken weniger.« Pech. Dabei wollte der junge Mann doch nur seine Ruhe haben. Nennen Sie bitte den Titel dieser Radio-Idylle und den Namen des Autors. Viel Vergnügen beim Knobeln wünscht Ihr MAGISTER TINIUS

No.50 Wer flieht hier nach Amerika?

30. DEZEMBER

Der Autor war sich ganz sicher: Was er da unter der Feder hatte, war genau das richtige Futter für die Leser der »Gartenlaube«, der erfolgreichsten deutschen Familienzeitschrift des 19. Jahrhunderts. Reißerisch, aber auch sittlich; einheimisch, aber auch exotisch; unterhaltsam, aber auch bildend – so liebten es die kleinbürgerlichen Abonnenten, und all das gab ihnen der heut erfragte Roman durchaus.

Zwei Handlungsteile hat das Buch. Der erste Abschnitt, eine »Mordgeschichte« im »Förster- und Wilddiebs«-Milieu, spielt im waldigen Gebirge nahe der böhmischen Grenze. Der zweite Teil, die Geschichte der Sühne, ist dann im fernen Amerika angesiedelt – zwischen den »Ozark-Mountains und den Shawnee-Hills«, unter deutschen Auswanderern und eingeborenen »Rothäuten«.

Der junge deutsche Held, ein »Wilderer und Pascher«, ist ein wahrer »Trotzkopf«, der auch schon im Gefängnis gesessen hat, weil er zu treffsicher mit dem Jagdgewehr umgehen kann – jedenfalls nach Ansicht des gräflichen Försters, eines freilich unangenehmen Wichtigtuers, der obendrein im Krieg von 1870/71 der Vorgesetzte des jungen Mannes war und schon damals ein »Schikanierer«.

Man ahnt es bereits: Das kann nicht gutgehen. Im nächtlichen Gebirge lauert der Wildschütz dem Förster auf. Zwar schießt der Grüne zuerst, doch nur die Kugel des Gesetzesbrechers trifft, tödlich, ihr Ziel.

Sechs Jahre gehen hin. Da begegnen wir dem flüchtigen Mörder aufs Neue, jetzt in den »Indian Territories« südlich von Kansas. Halb ist er wie ein »Trapper«, halb wie ein Goldgräber gekleidet: Er hat in Dakota beim Bau der »Nordpazifikbahn« geholfen, hat in den »Diggings« ein Vermögen gemacht und es in San Francisco wieder verloren. Es schmerzt ihn aber nicht: »Ich habe nie am Geld gehangen und will nur frei sein.« So verdingt er sich auf der Farm eines deutschen Siedlers.

Überhaupt gewinnt man in diesem Roman den Eindruck, die USA bestünden im wesentlichen aus ehemals deutschen Kolonisten, die unaufhörlich über deutsche Fragen diskutieren und das deutsche Wesen als prinzipiell überlegen betrachten. Oder aus geflüchteten Revolutionären mit schlechtem Gewissen. Doch natürlich treten auch ein paar »Arapaho«-Indianer auf, etwa der »große Häuptling Gunpowder-Face«, der auf einer Hirschjagd verunglückt, aber »den Tod eines gläubigen Christen« stirbt und auch christlich begraben wird, obwohl mehrere andere Häuptlinge dabei herbgesichtig abseits bleiben – sie halten es nach wie vor mit »Manito«.

Doch auch unseren Helden ereilt am Bergfels sein Schicksal. Zwar kann er mitten im »Indian Territory« noch ein richtig deutsches Weihnachtsfest feiern – mit Tannenbaum, Christengeln, Krippenfiguren, Mandelkuchen und einem festlichen Lied; zwar erlebt er auch noch eine stille Liebe zur Schwester seines neugewonnenen Freundes (und als sie von einer Giftschlange gebissen wird, rettet er kühn ihr Leben); doch dann wird sein Freund in den Bergen vermißt. Unser Held steigt ihm nach, stürzt ab und kommt zu Tode. Seine Untat von einst ist abgegolten.

Wie gesagt: Der Erstdruck des Romans erschien in der »Gartenlaube«, was manche Zeitgenossen als etwas ehrenrührig für den – hochkarätigen – Autor ansahen. Der freilich winkte auf seine typische Art ab: »Aus der Schüssel, aus der 300 000 Deutsche essen, eß ich ruhig mit.« Schwerer wiegt ohnehin der Einwand, daß er, der Märker, die geschilderte US-Szenerie bloß aus den Büchern von J.F. Cooper oder Bret Harte kannte, selbst aber nie jenseits des Großen Teiches war, obschon er in jüngeren Jahren durchaus heftig an ein Leben »in den Kordillieren« gedacht hat. Im »schlesischen Gebirge« allerdings, an der böhmischen Grenze, ist er oft gewesen: in der »Sommerfrische«. Nennen Sie bitte den Namen des Autors und den Titel dieses Romans. Viel Vergnügen beim Knobeln wünscht Ihr

MAGISTER TINIUS

Epilog Wer sündigt hier um ein Buch?

Genau neunzig Jahre nach seinem Tod ist der merkwürdige Mann, 1936, noch zum Titelhelden eines Dramas geworden. Buchenswert, auch wenn das Stück kein Bühnenrenner wurde und sein Dichter in die Reihe jener »zu Unrecht Vergessenen« gehört, denen enthusiastische Liebhaber immer mal wieder einen Gedenk-Essay widmen und engagierte Verleger einen Editionsversuch, ohne daß der etablierte »Kanon« deshalb revidiert würde. Dabei verdiente dieser einzelgängerische, scharfsichtige, grüblerische Schriftsteller wahrhaftig jede Aufmerksamkeit. Und insbesondere mit den Prosawerken des 1953 Gestorbenen sind wir noch längst nicht durch.

Heut aber ist, wie gesagt, eines seiner zahlreichen Dramen gesucht. Und natürlich – die Zentralfigur dieses historisch visionären Dokumentarspiels, jener evangelische Pfarrer (und Absolvent der ur-lutherischen Universität Wittenberg), der aus Bücher-Leidenschaft zum Raubmörder wurde: Ein monomanischer Sammler und Jäger. Das Stück zeigt ihn als uralten Mann auf seiner letzten Lebensstation.

Biographisch hält sich dies »Drama des Gewissens« dabei weitgehend an die Fakten, so, wie sie in den Kriminalreports des »Neuen Pitaval« verzeichnet sind, aber ebenso in der »Allgemeinen Deutschen Biographie« (woran man sieht: Prominenz als großer Deutscher kann man auf die unterschiedlichste Weise erringen; und immerhin – allein die populäre »Gartenlaube« hat unserem Helden seinerzeit nicht weniger als drei umfängliche Darstellungen gewidmet).

Im Jahr 1764 war er als Sohn eines einfachen Schäfers in der Niederlausitz zur Welt gekommen. Das Schäfer-Wissen machte er sich auch rasch zu eigen: Über die Wirkung von Kräutern wußte er schlicht alles – speziell über die Wirkung giftiger Kräuter… Die intellektuelle Begabung des Hütejungen blieb, ebenso wie seine Neigung zur Mystik, indes nicht lange unbemerkt. Er bekam Förderung, wurde aufs Gymnasium geschickt, auf die Hochschule, und dort verfiel er den Büchern – er wollte alles Wissen der Welt aus ihnen saugen. Nicht unfaustisch. (Oder entspricht es mehr dem Famulus Wagner?).

Wie auch immer: Einen von Fausts universitären Titeln erwarb er denn auch für sich. Er betätigte sich als Haus-, dann als Gymnasiallehrer; bekam eine kleine Pfarre im Thüringer Wald, dann eine einträglichere in Sachsen. Allein: nicht einträglich genug. Obwohl er eine reiche Witwe heiratete (und schnell beerbte), anschließend, weil's so fein gegangen war, gleich noch eine weitere gutpostierte Witwe zum Altar führte – seine Bücher, seine Bücher verschlangen einfach zu viel Geld. Und er brauchte die Bücher doch: 60 000 Bände sollen in seiner Scheune gestanden haben (das erfragte Drama läßt es, bescheidener, bei 31 473, aber auch das wäre ja keine Kleinzahl). Dabei gehörte er nicht zu dem Typ Sammler, der sich die alten Scharteken nur ins Regal stellt. Nein, er war ein süchtiger Leser – er wollte die Schätze heben, die diese Bücher bargen.

Zuerst unterschlug er Gelder aus seiner Kirchenkasse (beiläufig: die einzige Untat, die man ihm vor Gericht einigermaßen sicher nachweisen konnte). Dann wurde die Beschaffungskriminalität heftiger. Hier blieb die Justiz allerdings bis zuletzt auf Indizien und Zeugenaussagen angewiesen: Er selber hat die Verbrechen nie gestanden. Ausgeführt waren sie jedoch nicht ohne Kunst. Tatort jeweils: die Postkutsche nach Leipzig. Wenn alleinreisende Kaufleute unterwegs waren, pflegte er hinzuzusteigen und den Insassen in ein faszinierend geistreiches Gespräch zu verwickeln. Freundlich bot er dem Gefährten dann eine Prise aus seiner Schnupftabakdose an, und das war's. Denn im Gefäß war kein Schmalzler: Der pflanzenkundige Herr Pfarrer hatte ein weit betäubenderers Pülverchen hineinpraktiziert. Anschließend: Ausraubung des Reisenden und Gang zum Antiquar. So wuchsen stetig die Regalreihen.

Wohl fiel bisweilen ein Verdacht auf ihn. Doch niemand wagte es, den gelehrten, bei seiner Gemeinde hoch geschätzten Geistlichen ernsthaft solch räuberischer Verbrechen zu bezichtigen. Außerdem hatte er stets gute Erklärungen für seine Abwesenheiten parat. Doch der Erfolg machte ihn dreister. Er griff zum Hammer. In Leipzig erschlug er einen Kaufmann und erbeutete dreitausend Taler in Wertpapieren. Auf die nämliche Art mordete er eine Witwe. Doch diesmal griff die Polizei zu. Er landete in Untersuchungshaft, die sich, bedingt durch die Wirren der Befreiungskriege und weitere bürokratische Verschleppungen, über mehr als zehn Jahre hinzog. In dieser Zeit fand die Polizei in seinem Pfarrhaus nicht nur viele Bücher, sondern auch eine Reihe von Perücken und Kostümer sowie, wohlversteckt, einen Hammer, der exakt in die Wunden der Witwe paßte Die Kirche enthob den Buch-Sünder seines Amtes. Die Gattin ließ sich scheiden. Die Kinder sagten sich von ihm los. Das Gericht verurteilte ihn wegen Raubmordes zu zehn Jahren Zuchthaus und zu zwei weiteren Jahren wegen Veruntreuung von Kirchgeldern. Seine Bibliothek sah er nie wieder. Aber er besaß ein »marmornes Gedächtnis«: Er hatte die Bücher quasi auswendig gelernt. So verblüffte der Greis, als er 71jährig in die Freiheit zurückkehrte, noch jahrelang so manchen Bildungsbürger mit seinen ungebrochen frischen Literaturkenntnissen. Gleichwohl: Er war zum Außenseiter geworden. Wo er hinkam, war sein schlimmer Ruf ihm schon vorausgeeilt. So zog er, geächtet, von Ort zu Ort. Erst ganz zuletzt wurde er in Gräbendorf bei Königswusterhausen noch einmal seßhaft. Zum Büchersammeln hatte er nicht genug Geld. Statt dessen schrieb er jetzt selber noch mehrere Bücher – eschatologische Werke zumeist, über die Offenbarung des Johannes, auch eines über den »Jüngsten Tag«: »Ob, wie und wann er kommen wird«.

Seine eigenen letzten Tage und sein ganz persönliches Jüngstes Gericht erlebt unser Mann in dem erfragten Drama. Doch bevor er den Leipziger Strafprozeß noch einmal im Geiste durchlebt (»Gewissen ist ein fremdes Wort«) und bevor er, visionär, auf der Ewigen Anklagebank Platz nimmt (wo Luzifer selber seine Verteidigung übernimmt), entwickelt er noch seine eigenwillige Theologie des Büchersammelns: »Um ein Buch kann jede Sünde getan werden und ist schon in der Absicht vergeben.«

An diesem Gedanken hält er fest in Ewigkeit: »Allein das Buch ist das Elixier des Lebens«. Nennen Sie bitte den Verfasser dieses Stückes und den Namen des Titelhelden. Viel Vergnügen beim Knobeln wünscht Ihr

HEIKO POSTMA

II.
LÖSUNGEN

ACHTUNG:
DIESEN TEIL ALLEIN ZUR ÜBERPRÜFUNG
DER EIGENEN ERGEBNISSE VERWENDEN!

WER AUFLÖSUNGEN NACHSCHLÄGT, OHNE EINEN SERIÖSEN RATEVERSUCH
UNTERNOMMEN ZU HABEN, ODER NACHGESCHLAGENE LÖSUNGEN
GEGENÜBER ARGLOSEN DRITTEN ALS SELBSTGEWUSSTE AUSGIBT,
HANDELT MORALISCH HÖCHST UNFEIN.

M.T.

No.1

Wer geistert hier durch die nächtliche Heide? — Wilkie Collins, *The Woman in White (Die Frau in Weiß)*

(William) Wilkie Collins wurde am 8. Januar 1824 in London geboren. Sein Vater war der Landschaftsmaler William Collins, sein Taufpate (und Namenspatron) dessen Kollege David Wilkie. Collins besuchte mehrere Londoner Privatschulen, begleitete seine Eltern auf einer mehrjährigen Italienreise, arbeitete kurz bei einer britischen Tee-Import-Firma, absolvierte eine Juristen-Ausbildung und wurde zum Barrister berufen. Er wollte aber lieber Schriftsteller sein. 1848 brachte er sein erstes Buch heraus – eine Biographie seines Vaters. Danach schrieb er mehrere Theaterstücke, ein Reisebuch über Cornwall und eine ganze Reihe von Aufsätzen und Geschichten für Dickens' Zeitschrift »Household Words«, die 1859 in dem (gleichfalls von Dickens edierten) Popularperiodikum »All the Year Round« aufging. In diesem Magazin erschien vom 26. November 1859 bis zum 25. August 1860 auch der Vorabdruck des Romans *Die Frau in Weiß*, dessen Buchausgabe am 15. August 1860 herauskam. Bereits am Erscheinungstag wurde die gesamte 1. Auflage verkauft. So etwas wünscht sich jeder Autor.

Die Frau in Weiß, der »Titel aller Titel« (das emphatische Diktum stammt von Charles Dickens), begründete Collins' Ruhm. Sein erster Roman lag da aber schon zehn Jahre zurück: *Antonia* heißt er – ein Historienwälzer über den Untergang Roms. Seinen ersten kriminalistisch-mysteriösen Roman hatte er 1852 vorgelegt – *Basil*. Und dies Genre wurde dann sein eigentliches Metier. Nach der *Woman in White* kamen noch Großreißer wie *No Name*, *Armadale* oder, vor allem, *The Moonstone*. Danach ging's freilich leicht bergab mit Wilkie Collins.

Nicht zuletzt durch den *Moonstone* kam aber auch Charles Dickens auf mysteriösere Gedanken. 1868 schrieb er zusammen mit Wilkie Collins den Roman *Der verschwundene Erbe*, zwei Jahre später ging er ohne seinen Kompagnon an das »Geheimnis des Edwin Drood«, das er infolge plötzlichen Ablebens unaufgelöst hinterließ. Wie's hätte ausgehen können, deutet wiederum der hinterbliebene Wilkie Collins an – in seinem Spätroman *The Haunting Hotel*.

Zu dieser Zeit war Collins schon schwer krank. Außerdem seit Jahrzehnten opiumsüchtig. Verheiratet war er übrigens nie, lebte aber mit zwei Gefährtinnen. Die eine war Caroline Grave, die er zu mitternächtlicher Stunde als geheimnisvoll diffuse Nebelerscheinung kennengelernt hatte. Eine Begegnung, die er dann zur Auslöser-Szene der *Frau in Weiß* umformte. Die zweite Liebste hieß Martha Rudd. Mit ihr zeugte er drei (illegitime) Kinder. Am 23. September 1889 ist Wilkie Collins in London gestorben.

Wilkie Collins, Die Frau in Weiß (Dt. v. Arno Schmidt) München : dtv, 1968.

Arno Schmidt, »Der Titel aller Titel!«. in: Der Triton mit dem Sonnenschirm. Großbritannische Gemütsergetzungen. Karlsruhe : Stahlberg, ²1971. S. 154-192.

Ders., Enter Conte Fosco in: Trommler beim Zaren. Karlsruhe : Stahlberg, 1966, S. 283-292.

No.2

Wer schlägt hier die Schlafzimmertür zu? — Anne Brontë, *The Tenant of Wildfell Hall (Die Herrin von Wildfell Hall)*

Sie war die jüngste der drei »taubengrauen Schwestern«, wie unser Mann aus Rätsel No.4 das englische Autorinnen-Trio einmal genannt hat; nicht grad zu Recht, übrigens: Auf dem berühmten Gruppenbild, das Branwell Brontë 1834 von seinen Schwestern malte (und auf dem er sein eigenes Konterfei in der Mitte auslöschte) trägt Charlotte ein bräunliches, Emily ein grünes und Anne ein blaues Kleid; grau transparent sind lediglich die Krägen. Anne wurde am 17. Januar 1820 geboren, und zwar in Thornton bei Bradford. Erst im April desselben Jahres zog die Familie an jenen magischen Ort, der mittlerweile zur literarischen Pilgerstätte geworden ist – nach Haworth in Yorkshire, wo der Vater die Pfarrersstelle bekommen hatte. Patrick Brontë, ursprünglich Webergeselle, dann Schulmeister, später Cambridge-Absolvent – er hat in dem Pfarrhaus seine gesamte Familie überlebt: seine Frau Maria geb. Branwell, die schon ein Jahr nach dem Einzug starb; seine beiden ältesten Töchter Maria und Elizabeth, die 12- bzw. 10jährig der Tuberkulose zum Opfer fielen; seine Schwägerin Elisabeth Branwell, die ihm den Haushalt führte und die Kinder betreute; seinen Sohn Branwell, den gescheiterten Hoffnungsträger, der nur 31 Jahre alt wurde und opiumsüchtig, dem Alkohol verfallen, im September 1848 starb. In Annes *Tenant of Wildfell Hall* dient Branwell in gewisser Weise als »Vorbild« für Arthur Huntingdon, den haltlos verkommenden Ehemann der Heldin Helen Huntingdon.

Schließlich begrub der Pfarrer auch noch seine drei jüngsten Töchter. Emily starb drei Monate nach ihrem Bruder an galoppierender Schwindsucht. An der gleichen Krankheit starb ein knappes halbes Jahr später auch Anne – am 28. Mai 1849. Sie hatte noch einmal das Meer sehen wollen und war deshalb mit Charlotte und einer Freundin ins Seebad Scarborough gereist. Dort liegt sie nun beerdigt. Sechs Jahre später war auch Charlotte tot: Sie hatte sich, schwanger, bei einem Spaziergang erkältet. Als einzige der genialen Schwestern hatte sie geheiratet – den Hilfsgeistlichen ihres Vaters. Mit einem früheren Hilfsgeistlichen aus Haworth, William Weightman, war wiederum Anne quasi verlobt gewesen. Er starb an der Cholera.

Bereits als Kinder hatten die Brontë-Geschwister literarisch Bemerkenswertes geleistet: Die Chroniken der Phantastik-Reiche »Angria und Gondal«, entstanden aus nächtlichen Spielen und unermüdlichen »Wanderungen« um den Tisch des Pfarrhauses herum. »Gondal« ist dabei gleichsam der Privat-Kosmos von Emily und Anne: Die beiden hielten sich aneinander »wie Zwillinge«. Mag sein, daß Charlottes spätere Herb-Urteile über Annes *Wildfell Hall*-Roman dadurch geprägt sind: Eifersucht. Im Jahr 1846 machten die autonomiegewohnten drei dann ernst mit dem Schriftstellerberuf: Als Gouvernanten und Lehrerinnen hatten sie sich unglücklich gefühlt – fremdbestimmt; am längsten noch, fast fünf Jahre, hielt es Anne in diesem Job aus. Ohnehin hatte sie, was sich dann auch in ihren Romanen zeigt, den stärksten Wirklichkeitssinn der drei. Unter den (männlichen) Pseudonymen Currer, Ellis und Acton Bell publizierten Charlotte, Emily und Anne einen Gedichtband. Im gleichen Jahr schrieb jede der Schwestern einen Roman: »The Professor«, »Wuthering Heights« und *Agnes Grey*. Ihren beginnenden Ruhm haben sie noch erlebt. Das meistverkaufte Buch zu Lebzeiten der Brontës war, erwartbar, Charlottes Zweitwerk »Jane Eyre«. Danach aber folgte auf der familiären Sellerliste (Emilys erratischer Liebesroman »Wuthering Heights« benötigte wohl eine neue Lesergeneration) bereits Annes *Herrin von Wildfell Hall*. Manchmal irrt sich die Mitwelt. Manchmal behält sie aber auch recht.

Anne Brontë, Die Herrin von Wildfell Hall (übers. v. Sabine Kipp, Nachw. v. David Wells) Zürich : Manesse, 1990.

Charlotte, Branwell, Emiliy, Anne Brontë, Angria & Gondal (hrsg. v. E. Maletzke, übers. v. H. J. Schütz) Frankfurt/Main : Frankfurter Verlagsanstalt, 1987.

Elsemarie Maletzke u. Christel Schütz (Hrsg.), Die Schwestern Brontë. Leben und Werk in Texten und Bildern. Frankfurt/Main : Insel, 1986.

Heiko Postma, Die verwegenen Dichterträume der Pfarrerstöchter. Die drei Schwestern Brontë und ihre Welt. In: Hannoversche Allgemeine v. 20.2.1988.

No.3

Wer leidet hier unter seelischem Aufruhr? — Marie de LaFayette, *La Princesse de Clèves (Die Prinzessin von Cleve)*

Als die *Princesse de Clèves* im Jahr 1678 bei Barbin in Paris erschien, waren weder die Gattung des Textes noch der Name der Autorin auf dem Titelblatt vermerkt: Im Vorwort erst wird das Buch als »Histoire« (»Geschichte«) bezeichnet; in einem Brief hat es die Verfasserin »Memoiren« genannt – der Begriff »Roman« war grad ziemlich diskreditiert. Daß er es nicht blieb, lag wesentlich an Madame de LaFayette und dieser *Prinzessin von Cleve*. Ihr Verlangen nach Anonymität wiederum begründete die Autorin selber mit der »Furcht«, die Nennung ihres Namens könnte »das Urteil der Leser beeinträchtigen«. Ein respektabler Gedanke: wahre Vornehmheit. Zwar stammte die Comtesse nur aus dem einfachen Adel, 1634 war sie als Marie-Madeleine Pioche de la Vergne in Paris zur Welt gekommen, doch mit 21 Jahren hatte sie halt den Grafen de LaFayette geheiratet und war in die Kreise des französischen Hofes vorgestoßen. Bei alledem war sie, wie jeder Leser unschwer merkt, außerordentlich klug und gebildet, und wie alle, die sie kannten, inflammiert bezeugen, außerordentlich schön und reizvoll. Ihr Herr Gemahl fand diese Kombination möglicherweise zu anstrengend, jedenfalls zog er sich nach ein paar Ehejahren (und der Zeugung zweier Kinder) auf seine Güter in der Provinz zurück, während Madame in Paris blieb und dort ihren berühmten Salon eröffnete: Alle, die in der zeitgenössischen Literatur Rang und Namen besaßen, waren bei ihr zu Gast – Molière etwa, Racine oder Lafontaine. Vor allem aber einer, der geistreichste unter ihnen: der Herzog von La Rochefoucauld, Madame de LaFayettes ästhetischer Berater, gelegentlicher literarischer Partner und in anderen Belangen eben ihr lieber Freund. Über das nähere Verhältnis der beiden wollen wir hier keine detaillierteren Spekulationen anstellen. Stendhal nannte es in seiner Studie »Über die Liebe« (in der er fordert, die Prinzessin von Cleve hätte sich dem Herzog von Nemours »hingeben sollen«) boshaft »l'amour à l'italienne«. Die öffentlichen Debatten zur Erscheinungszeit der *Prinzessin von Cleve* waren zwar nicht weniger freimütig, beschränkten sich aber auf die (Entsagungs-)Entscheidung der *fiktiven* Aristokratin. Es war der »Mercure galant«, der noch im Erscheinungsjahr des Buches die Rundfrage an seine Leser richtete, »ob die Prinzessin [...] recht daran tat, ihrem Mann ihre Liebe zum Herzog von Nemours zu gestehen, oder nicht?« Mit den eingegangenen Antworten konnte das Magazin dann die nächsten drei (!) Nummern füllen. Der überwiegende Teil der Leser-Beiträge hatte übrigens die Tendenz – »nur kein Geständnis!«. Im Jahr 1680 starb schließlich La Rochefoucauld. Danach zog sich Marie de LaFayette aus dem Salonleben zurück. Am 26. Mai 1692 starb auch sie – dort, wo sie geboren war und ihr Leben verbracht hatte, in Paris.

Madame de LaFayette, Die Prinzessin von Cleve (übers. v. H. Broemser u. G. von Uslar, m. e. Essay u. e. Bibliographie v. Jürgen von Stackelberg) Hamburg: Rowohlt, 1958 (= Rowohlts Klassiker 28)

No.4

Wer ist hier reif für die Insel?

— Arno Schmidt, *Die Gelehrtenrepublik*

Nach Darmstadt, wo er, symbolhaft genug, in der Inselstraße wohnte (Nr. 42), war Arno Schmidt nicht zuletzt deshalb gezogen, um der rheinland-pfälzischen Justiz zu entrinnen: Auf Grund seiner Erzählung *Seelandschaft mit Pocahontas* war 1955 eine Strafanzeige wg. »Gotteslästerung und Pornographie« gegen ihn ergangen, und er wohnte damals mit seiner Frau Alice in Kastel bei Saarburg. So suchte er im Hessischen Aufnahme, fand sich allerdings unversehens unter lauter Kollegen wieder. Das Straf-Verfahren wurde dann ein Jahr später eingestellt: Hermann Kasack, der Präsident der Darmstädter Akademie, hatte ein gutartiges Gutachten über Schmidt geliefert.

Trotzdem siedelten die Eheleute 1958 nach Bargfeld um, und Arno Schmidt konnte endgültig der Solipsist in der Heide werden. Zur Welt gekommen war er am 18. Januar in Hamburg. Nach dem Tod des Vaters, eines Polizisten und früheren Berufssoldaten, zog die Familie in die Heimat der Mutter, ins schlesische Lauban. In Görlitz legte Schmidt sein Abitur ab und machte eine Lehre als Textilkaufmann bei den Greiffenberger Greiff-Werken, wo er anschließend als Graphischer Lagerbuchhalter tätig war. Daneben: literarische Studien und Versuche. Im Krieg Soldat, blieb er 1946 in Cordingen hängen. Zum ersten Mal: Lüneburger Heide. Nach seinem Ausscheiden als Dolmetscher bei der Hilfspolizeischule Benefeld wählte er die Existenz des Freien Schriftstellers. Und weil er seine juvenilen Schreibversuche (klugerweise, wie die posthumen Editionen zeigten) für sich behielt, war sein literarischer Start furios. Seine Rastertechnik; seine ausgedünnte, diskontinuierliche Erzählweise; seine exzessive Metaphorik; sein Klarglas-Witz, zusammen mit seiner eigenwillig sinnzeigenden Orthographie und dem »Schmelz der Interpunktion«; das reduzierte Personal seiner Bücher (etwa der postatomaren Nachkriegs-Robinsonade *Schwarze Spiegel)* und, nicht zum wenigsten, seine schwer belesenen Zitatkolonnen und Anspielungen auf seine literarischen, antiklassischen, Hausgötter – all das machte ihn, genau wie seine vehemente Oppositionshaltung (»Dagegen-Schmidt«) zu einer Elementargestalt der deutschen Nachkriegsliteratur.

Und all das findet sich auch in der 1957 erschienenen *Gelehrtenrepublik*, dem »Kurzroman aus den Roßbreiten«: Der Titel referiert Klopstocks »Teutsche Gelehrtenrepublik« (und Klopstock zählte im Hause Schmidt allein wegen seiner phonetisch grundierten Rechtschreibreformkonzepte zu den Höchst-Heiligen). Die Kernhandlung des Buches folgt Jules Vernes Roman »Die Propellerinsel«, dem sich auch die technischen Abmessungen von Schmidts insularem Nachbau verdanken (Jules Verne war nun überhaupt das erste Buchidol des Knaben Schmidt gewesen). Die Anreise, namentlich auch die Reisebegleiterin – sie sind inspiriert von Karl Mays »Ardistan und Dschinnistan«: Sitara und der Weg dorthin. Und aus dem schwarz utopischen Roman »Gullivers Reisen« konnte der Swift-Nachfahre Schmidt nicht nur die hohnvolle Episode in der »Akademie von Lagado« gebrauchen.

Dennoch: Eine ganze Menge von dem, was Marcel Reich-Ranicki dann in seinem Schmidt-Essay »Selfemadeworld in Halbtrauer« zu bemäkeln hatte, muß auch Arno Schmidt selber längst bewegt haben – das Leerlaufen der »kaleidoskopischen Komposition« und der »Momentaufnahmen« etwa. Dazu das Böswort, Schmidt feiere seine Originalität, als habe es nie einen Joyce gegeben. Als der Aufsatz 1967 in der ZEIT erschien, war Schmidt jedenfalls schon kräftig dabei, seine Komplexe abzuarbeiten. Nach seinem ersten Bargfelder Roman mit dem bezeichnenden Titel *Kaff auch Mare Crisium* (lesbar, unter anderem, als – ein Autor im Meer der Krisen) und einigen Experimenten mit mehrschichtig konstruierten Erzählformen *(Kühe in Halbtrauer)* saß Schmidt gerade an seinem Großprojekt *Zettels Traum.* Und als der ganze Ballast weg war, konnte, befreit, das wirkliche magnum opus folgen: *Die Schule der Atheisten.* Am 3. Juni 1979 ist Arno Schmidt an den Folgen eines Gehirnschlags im Celler Krankenhaus gestorben. Und seither ist er Kult (wie man heute so sagt).

Arno Schmidt, Die Gelehrtenrepublik. Kurzroman aus den Roßbreiten. Karlsruhe : Stahlberg, 1957.

Marcel Reich-Ranicki, Selfmadeworld in Halbtrauer. Das Werk Arno Schmidts. In: DIE ZEIT v. 13.10.1967.

Heiko Postma, Aufarbeitung und Vermittlung literarischer Traditionen. Arno Schmidt und seine Arbeiten zur Literatur. Frankfurt/Main : Bangert & Metzler, 1982.

Ders., »Ich habe mich aber auch stets bei ihm bedankt«. Arno Schmidt und Jules Verne. In: Th. Krömmelbein u. M. Lowsky (Hrsg.), Arno Schmidts Hausgötter. Erste Folge. Frankfurt/Main : Bangert & Metzler, 1991, S. 212-253.

No.5

Wer wechselt hier die Wirklichkeiten? — E. T. A. Hoffmann, *Der goldne Topf*

Das »Mährchen aus der neuen Zeit« (so der plastische Untertitel des *Goldnen Topfes)* erschien 1814 im 3. Band der *Fantasiestücke in Callot's Manier.* Geschrieben hat es E. T. A.

Hoffmann, damals Musikdirektor in Dresden, im Herbst des Vorjahres, während er gleichzeitig an der Oper komponierte, für die sein Freund aus Rätsel No.6 das Libretto verfaßt hatte: »Ich arbeite ungeheuer! – was kann man in böser Zeit Besseres tun!« Die Herstellung der Buchausgabe seiner Fantasiestücke verzögerte sich beim Verlag dann leider erheblich, was der ärgerliche Autor, zu Recht, auf »die Säumnis« seines »Vorredners« zurückführte. Der prominente (und deshalb auch ausgeguckte) Autor des Vorworts aber war kein anderer als der Suchbuchschreiber unseres Rätsels No.12 (in dem es ja gleichfalls vorwiegend um Vorredensäumnisse geht).

Von der besonderen Qualität des *Goldnen Topfes* aber war Hoffmann schon überzeugt, als er den Text noch unter der Feder hatte: »Gott lasse mich nur das Mährchen enden, wie es angefangen – ich habe nichts Besseres gemacht.« Die Angst, das Werk nicht fertigstellen zu können, war dabei nicht unberechtigt: Das Land befand sich im Krieg; Dresden war vollgestopft mit Truppen und Gefangenen; in der Stadt grassierten Seuchen und Krankheiten; es herrschte Hungersnot. Doch Hoffmann schaffte es: In der Sylvesternacht 1813 bekam er die Reinschrift fertig (und konnte sich erst verspätet den lieben Champagner »einnippen«, wie er seinen Alkoholkonsum, untertreibend, zu nennen pflegte).

Eine »böse Zeit« war es für ihn trotzdem. Ernst Theodor Wilhelm Hoffman (das A. für *Amadäus*, nicht etwa Amadeus, fügte Hoffmann erst 1815 anstelle des *Wilhelm* und aus Verehrung für Mozart seinen Namen bei) – er wurde am 24. Januar 1776 in Königsberg geboren. Er studierte Jura, machte seine Examina, wurde Assessor in Posen, und soweit lief alles ziemlich normal. Dann zeichnete er treffende Karikaturen von einigen örtlichen Honoratioren und wurde an einen polnischen Ort namens Plozk strafversetzt. Doch es kam noch schlimmer: Als die napoleonischen Truppen Warschau besetzten, wohin sich Hoffmann inzwischen wieder hochgearbeitet hatte, verlor er seinen Posten und in der preußischen Hauptstadt Berlin hatte man keinen Bedarf an weiteren Beamten. So wurde Hoffmann Kapellmeister in Bamberg: Zwischen den unterschiedlichsten Sphären zu wechseln (wie im *Goldnen Topf* der Student Anselmus oder der Archivarius Lindhorst, der in Dresden als honoriger Bürger lebt und zugleich als elementargeistiger Feuersalamander in Atlantis) – das war auch Hoffmanns Leben. Er war Musiker und Theatermann, Zeichner und Maler, Literat und Jurist, und die meiste Zeit alles zugleich.

Nach dem Ende der Franzosenzeit bekam er eine Stellung am Berliner Kammergericht und hat sich gegen die hochgestellten Rechtsbeuger im preußischen Justizministerium tapfer behauptet. Als Richter bei der »Untersuchung der sogenannten demagogischen Umtriebe« (Hoffmann) eingesetzt, geriet er am Ende selber noch in die Schußlinie. Da war er schon schwer krank – *tabes dorsualis*, was die Ärzte mit Ausbrennen zu kurieren suchten: »Riechen Sie nicht den Bratengeruch?« begrüßte er einmal seinen Besucher (sein Sinn für schaurigen Humor verließ ihn nie). An den Beinen und zuletzt auch an beiden Armen gelähmt, ist E. T. A. Hoffmann am 25. Juni 1822 in Berlin gestorben.

E. T. A. Hoffmann, Sämtliche Werke (hrsg. m. e. biograph. Einl. v. Eduard Grisebach). Leipzig : Hesse, o. J. [1899].

Hans Mayer, Die Wirklichkeit E. T. A. Hoffmanns. In: Von Lessing bis Thomas Mann. Wandlungen der bürgerlichen Literatur in Deutschland. Pfullingen : Neske, 1959, S. 198-246.

Volker Klotz, Warum die in Hoffmanns Märchen wohl immer so herumzappeln? Ein paar Hinweise zum 200. Geburtstag von E. T. A. Hoffmann. In: Frankfurter Rundschau v. 24.1.1976.

No.6

Wer wird hier leichtfertig betrogen? — Friedrich de la Motte Fouqué, *Undine*

Der (Konflikt-)Stoff der Undine, der Nymphe, die sich in einen sterblichen (aber schönen) jungen Mann verliebt, dadurch eine

Seele gewinnt, doch ihr Glück verliert – der taucht (um's der feuchten Elementargeist-Sphäre angemessen zu formulieren) schon in der Literatur der Antike auf und ist seither in allerlei Melusinen- und Magelonen-Stories immer wieder variiert worden: Auch unser Dichter aus Rätsel No.15 hat eines seiner bezwingendsten Prosastücke über so ein sehnsuchtsvolles Wasserwesen geschrieben. Die unmittelbare äh=Quelle für Fouqués *Undine*, die 1811 in der – vom Autor selbst edierten – Zeitschrift »Die Jahreszeiten« erstmals im Druck erschien, war das »Liber de nymphis, sylphis, pygmaeis et salamandris et de caeteris spiritibus« von Paracelsus, diesem, so der Romantiker, »rätseltiefen Naturphilosophen«, aus dessen Zauberbuch ihm das Meermädchen »als lichtzarte Perle, einer milden Wehmutsträne vergleichbar« entgegengefunkelt hatte. Nun mußte er sich nur noch selber dem Ritter Huldbrand von Ringstetten anverwandeln: Der Zusatz »de la Motte« in seinem Namen verweist auf eine kreisförmige Wallanlage um die normannische Stamm-Burg der Fouqués – auf eine »Ringstätte« mithin; und ihr Familien-Wappen zeigt einen goldenen Querbalken über einer goldenen Kugel im veilchenblauen Feld. So ging's.

Friedrich Baron de la Motte Fouqué wurde am 12. Februar 1777 in Brandenburg an der Havel geboren. Sein Urgroßvater hatte nach der Aufhebung des Edikts von Nantes Frankreich verlassen, sein Großvater war ein Jugendfreund des Preußenprinzen Friedrich, und bei der Taufe des künftigen Poeten stand dieser Friedrich, inzwischen der »Alte Fritz«, Gevatter. À la bonheure. Da er traditionsgemäß für die Offizierslaufbahn auserkoren war, trat Fouqué 1793 als Kornett bei den Kürassieren ein. Seine Garnison lag in Aschersleben, und dort hat er die, damals grad 12jährige, Marianne von Schubaert, die Tochter eines Oberstleutnants, wohl zum ersten Mal gesehen. Während eines Heimaturlaubs übernachtete er dann auch einmal in Nennhausen bei Rathenow im Gutshause Derer von Briest, wo er die mit einem Herrn von Rochow verheiratete Tochter Caroline kennenlernte. 1796 wurde das Regiment nach Bückeburg kommandiert: Drei Jahre lang lebte Fouqué dort, unternahm Abstecher an den nahegelegenen »großen Landsee«, das Steinhuder Meer, verliebte sich intensiv in Marianne und heiratete sie am 20. September 1798. Da war sie immer noch nicht sechzehn.

Mehrere Jahre lebte das Paar nun wieder in Aschersleben. Fouqué begann zu dichten, besuchte dann und wann Berlin – und irgendwann stieß er dort auf Caroline von Rochow, deren Gemahl inzwischen durch Selbstmord abgegangen war. Man traf sich öfter. Fouqué ließ sich von Marianne scheiden, überschrieb ihr seinen gesamten Besitz und nahm 1802 seinen Abschied vom Militär. Am 9. Januar 1803 heiratete er Berthalda, pardon, Caroline. Zehn Jahre später, zur Zeit der Befreiungskriege, ist er dann doch noch einmal wieder als Soldat (oder, wie er es sah, als Ritter) in die Schlacht gezogen und hat es sogar bis zum Major gebracht. 1812 hatte er aber noch seine *Undinen*-Novelle zu einem Opernlibretto verarbeitet: Unser Multi-Genie aus Rätsel No.5 hatte an dem »höchst vortrefflichen Meisterwerk« solchen Gefallen gefunden, daß er es unbedingt vertonen wollte, und da sagte Fouqué nicht nein. Kriegsbedingt verzögerte sich das Projekt, doch am 3. August 1816 fand in Berlin die Uraufführung statt. Die Bühnenbilder hatte Schinkel entworfen, und wie Fouqué begeistert berichtete, erreichte die »mit sinnigster Pracht ausgestattete Darstellung ihren leuchtendsten Gipfel durch eine Schluß-Phantasmagorie, wo Undine in den Oceanischen Hallen ihrer krystallinischen Heimatwelt erscheint, auf einem Korallenthrone sitzend, vor ihr im Todesschlummer knieend Huldbrand, das Haupt in ihren Schoß gelegt.« Unausweichlich: »Allgemeinster Beifall begleitete und krönte das Kunstwerk«.

1845 kam dann Albert Lortzings »Undine« heraus, mit der Fouqué aber nichts mehr zu tun hatte. Er war schon am 23. Januar 1843 in Berlin gestorben.

Friedrich de la Motte Fouqué, Werke (hrsg. v. Walther Ziesemer). Berlin u.a.: Bong, 3 Bde., o.J.

Ders., Undine. Eine Zauberoper in drei Aufzügen. In: Dichtung der Romantik. Erzählungen 4: Märchendichtung (hrsg. v. K. Balser, R. Buchwald u. K.F. Reinking), S. 307-346. Wiesbaden Berlin : Vollmer, o.J.

Arno Schmidt, Fouqué und einige seiner Zeitgenossen. Biographischer Versuch. Darmstadt : Bläschke, 2. verbesserte und beträchtlich vermehrte Auflage, 1958.

Norbert Miller, Ein Meister des Längeren Gedankenspiels. Zum 200. Geburtstag von Friedrich de la Motte Fouqué. In: Süddeutsche Zeitung v. 19./20.2.1977.

No.7

Wer bläst hier seine Depressionen fort? — Joseph Viktor von Scheffel, *Der Trompeter von Säkkingen*

Im Jahr 1854 erschien dieser »Sang vom Oberrhein«, das unbesorgt saloppe Versepos in vierfüßigen Trochäen, in dem der entlaufene Jung-Jurist Werner Kirchhof als Trompeter (und Gedichtemacher) durch die Lande zieht, die Liebe der »holden« Freiherrn-Tochter Margareta erbläst, vom Alten abgewiesen wird, in Rom musikalische Karriere macht und endlich durch die Lebensklugkeit des Papstes auch sein amouröses Happy End erlebt. Es steckte gar nicht so wenig an eigenen Wünschen, Träumen oder auch Frustrationsbewältigungen des Autors darin, angefangen damit, daß er diesen spielerischen deutschen Sagen-Sang (»Jetzt, mein Lied, nimm dich zusammen!«) in Capri gedichtet hat: »Hier begann ich die Beschwörung. Unbarmherzig dichtend schritt ich/ Auf dem Dach, – es widerhallte/ Metrisch, und der Bann gelang mir«.

Die Monate in Italien, im Traumland seiner »Jugendwünsche«, waren die glücklichste Zeit im Leben Joseph Viktor von Scheffels, der damals freilich, bürgerlich, noch kein »von« im Namen führte: Er wurde erst 1876 geadelt – zu seinem 50. Geburtstag. Da war er allerdings schon mürrisch, grob und händelsüchtig geworden, schwer depressiv, und hatte auch schon einige Aufenthalte in Heil- und Pflegeanstalten hinter sich. Aber von Italien träumte er nach wie vor. Das tat er bis zu seinem Tod. Scheffel war am 16. Februar 1826 als ältester Sohn eines Oberbaurates in Karlsruhe geboren worden. Anfangs lief alles mustergültig: Das Gymnasium schloß er 1843 als »Primus omnium« ab. Anschließend wollte er Maler werden. Der Vater verlangte ein Jurastudium. Der Sohn studierte Jura (aber es fraß an ihm). Staatsexamen und Promotion erledigte er dann mit Bestnoten. Während der Heidelberger Studienzeit hatte er (als Hörer beim bösen D.F. Strauß und beim aufsässigen G.G. Gervinus!) auch gleich mit seinem (katholischen) »Christentum abgerechnet und den Dogmenglauben über Bord geworfen«. So mußte er, wie er's in seinem Frankenfahrerlied (»Wohlauf, die Luft geht frisch und rein«) so schön ausdrückt, »seitwärts durch den Wald als räudig Schäflein traben«, weil die »Pfarr'« ihn nicht unter den Wallfahrern sehen mochten.

Deprimierender noch: seine Erfahrungen mit der Revolution von 1848. Scheffel verstand sich als Republikaner und engagierte sich für »einen Wandel der deutschen Verhältnisse zur Herstellung eines national geeinten Verfassungslebens«. Doch schon bald mußte er feststellen, daß die »Märzrevolution« ganz schlicht »verduftet« war. Im Heidelberger »Criminalbureau« beendete Scheffel dann seine juristische Ausbildung und kam in Kontakt mit der feuchten Tafelgesellschaft der »Engeren«: Für diese Vereinigung dichtete er seine verrücktesten und dauerhaftesten Verse, gesammelt im *Gaudeamus!*, den »Liedern aus dem Engeren und Weiteren«. Das tiefsinnige Gedicht *Guano* steht darin verzeichnet, seine Reflexion über exotischen Vogelmist und hegelsche Philosophie, doch ebenso das unverwüstliche Kampflied *Als die Römer frech geworden.*

Danach kamen Stagnation und Enttäuschung. Sein Habilitationsplan zerschlug sich. Bei seiner Bewerbung um eine Professur in Zürich wurde ihm der (zweifellos hinreißende) Autor des Romans »Auch Einer«, F. Th. Vischer, vorgezogen. Der Roman *Ekkehard* (verfaßt 1855, nach der Rückkehr aus Italien) gelang ihm, erschöpfte ihn jedoch nervlich. Spätere Romanpläne, etwa sein großangekündigtes Projekt über den Sängerkrieg auf der Wartburg, blieben stecken, wurden aufgegeben oder endeten als Fragmente. 1857 versuchte er sich eine Zeitlang als fürstlicher Bibliothekar in Donaueschingen, auch dies wurde ihm bald zur Last. 1864 heiratete er Caroline von Malsen, lebte mit ihr in der Schweiz, doch schon drei Jahre später, gleich nach der Geburt des gemeinsamen Sohnes, trennte sich das Paar. In Radolfzell baute sich Scheffel ein Haus und lebte dort als Landwirt und Jäger. Die Wintertage verbrachte er in Karlsruhe. Hochgeschätzt von seinen Lesern. Hochgeehrt von den Großen des Landes. Tief zerfallen mit seiner Umgebung. Am 9. April 1886 ist er in Karlsruhe gestorben. Scheffels resignatives Lebensfazit: »Still liegen und einsam sich sonnen/ Ist auch eine tapfere Kunst.«

Joseph Viktor von Scheffel, Sämtliche Werke (hrsg. v. Johannes Franke). Leipzig: Hesse & Becker, o.J. [1916].

Theo In der Smitten, »Daß bei den Rosen gleich die Dornen stehn...« Joseph Viktor von Scheffels Trompeter von Säkkingen. In: die horen, Bd. 167, 3/1992, S. 72-81.

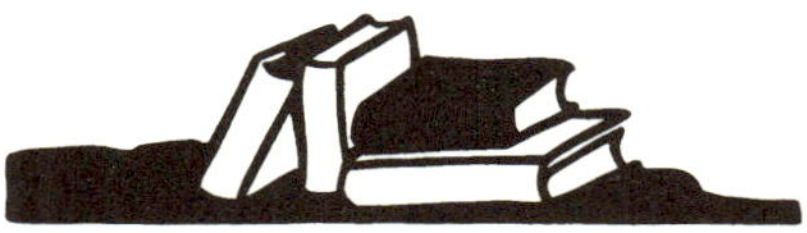

No.8

Wer leuchtet hier das (Ehe-) Leben ab? — Arthur Schopenhauer, *Über die Weiber*

Der Aufsatz *Über die Weiber* findet sich in Schopenhauers letzter Publikation, dem 2. Band der *Parerga und Paralipomena*, erschienen im November 1851 bei A. W. Hayn in Berlin. Der Text bildet das XXVII. Kapitel der Sammlung und füllt die §§ 362 bis 371. Das unmittelbar vorausgehende Kapitel heißt übrigens *Psychologische Bemerkungen* und enthält feine Beobachtungen wie jene, »daß wir, sogar nach langer Zeit, den Tod unserer Feinde und Widersacher fast so sehr betrauern, als den unserer Freunde, – wann wir nämlich sie als Zeugen unserer glänzenden Erfolge vermissen.« Mag sein, daß Schopenhauer, der am Ende seines Lebens doch noch zu Ruhm gekommen war, dabei an den verstorbenen Kollegen Hegel (»Monsieur Nichtwisser«) gedacht hat. Wie auch immer, zur Strafe mußte er ertragen, daß er seinerseits, posthum, von gierigen Psychologen heimgesucht wurde, die sich auf seinen Pessimismus, doch lieber noch auf seine Abneigung gegenüber Frauen stürzten. Natürlich wurden sie fündig, noch dazu an der intimsten Quelle – bei seiner Mutter.

Doch ob dies Mutter-Sohn-Verhältnis nun komplexauslösend war oder nicht: absonderlich genug dargestellt hat es sich schon. Arthur Schopenhauer war am 22. Februar 1788 in Danzig zur Welt gekommen. Sein Vater war Kaufmann, seine Mutter eine örtliche Senatorentochter. 1793 verlegte der Vater sein Handelshaus nach Hamburg, doch es florierte so wenig wie die Ehe: Am 20. April 1805 stürzte er durch eine Speicherluke in die Tiefe und war sofort tot. Selbstmord? Fast anzunehmen; und es gibt Bekannte Schopenhauers, die berichten, er habe noch im Alter seiner Mutter die Schuld am »blutigen Tode« seines »besten Vaters« gegeben. Anschließend jedenfalls zog die Witwe Johanna Schopenhauer mit ihrer Tochter Adele in den Musenort Weimar, verkehrte mit Goethens, schrieb Romane und (gar nicht so üble) Reisebücher und litt unter der Gegenwart ihres Sohnes Arthur: »An meinen Gesellschaftstagen«, schrieb sie dem Twen, »kannst du abends bei mir essen, wenn du dich dabei des leidigen Disputierens, das mich verdrießlich macht, wie auch alles Lamentierens über die dumme Welt und das menschliche Elend enthalten willst, weil mir das immer eine schlechte Nacht und üble Träume macht und ich gerne gut schlafe.« Ist ja irgendwie verständlich. Zum Bruch kam es allerdings, als sich der Sohn mit einem der – nicht direkt seltenen – »Cicisbeos« (wie sie diese Herren nannte) der Mutter anlegte. Jajaja, oedipale Eifersucht. Schopenhauer, ursprünglich Kaufmannslehrling, nahm nun doch, in Göttingen, ein Studium auf: erst Medizin, nach einem Semester dann Philosophie.

Weltfremd wurde er dadurch indes nicht. Als 1819 das Danziger Handelshaus Abraham Muhl & Co bankerott machte, wo Mutter und Schwester ihr gesamtes Vermögen angelegt hatten, Schopenhauer selbst immerhin einige tausend Taler – da führte er seine Verhandlungen so fachkundig (und knallhart!), daß er, anders als Johanna und Adele, die sich Fachleuten anvertrauten, am Ende fast ohne Verluste aus der Sache herauskam. Und das weinerliche Argument ob seiner Geschäftshärte, das nicht auszurottende »wenn alle so dächten«, das konterte der Philosoph mit dem kühlen Verweis: »Wenn alle Menschen dächten wie ich, so würde überhaupt mehr gedacht, und es gäbe dann wahrscheinlich weder Bankrotte noch Kriege noch Faro-Tische« [»Faro« = »Pharao«]. Der Geldaffaire wegen hatte der frisch promovierte Dr. Schopenhauer sogar seine Italienreise abgebrochen. Die ist aber allein schon im Hinblick auf seinen *Weiber*-Aufsatz von Belang. Denn in Venedig hatte er sich sehr wohl eine »Geliebte« zugelegt, eine »Dulcinea« namens Teresa. Freilich: Ihretwegen versäumte er, ein Empfehlungsschreiben Goethes in der Tasche, ein Treffen mit dem hochverehrten Lord Byron. Der war nämlich »auf dem Lido« zu Pferde an dem jungen Paar vorbeigesaust; Teresa schrie aufgeregt – »Ecco il poeta inglese!« und »konnte den ganzen Tag diesen Eindruck nicht loswerden. Da beschloß ich, Goethes Brief nicht abzugeben. Ich fürchtete mich vor Hörnern. Was hat mich das schon gereut!!«

Ein Jahr später habilitierte sich Schopenhauer in Berlin. Da der junge Privatdozent seine Vorlesungen jedoch zur nämlichen Stunde abhielt wie der Modestar (und Examensprüfer…) Hegel, agierte er vor überwiegend leeren Reihen und stellte seine Lehrbemühungen nach zwei Jahren ein. Als 1831 die Cholera ausbrach, verließ er fluchtartig die Stadt: Auch ein Pessimist darf um seine Gesundheit besorgt sein. Hegel übrigens, der Optimist, blieb. Und starb an der Cholera. So geht's zu in der Welt. Schopenhauer zog dann nach Frankfurt am Main. Um den freigewordenen Lehrstuhl Professor Hegels bewarb er sich nicht. Fast hätte er aber in Berlin sogar noch geheiratet – die Hofschauspielerin Medon. Daraus wurde nichts, aber in seinem Testament hat er sie noch Jahrzehnte später bedacht. Wie auch seinen Pudel: Schopenhauer war lebenslang ein Freund der Tiere. Und nicht nur das: Er hat sich leidenschaftlich gegen Tierversuche und Vivisektion (»wissenschaftliche Tierfolter«) eingesetzt. Den Hauptteil seines Besitzes (70 000 rheinische Gulden allein an Geldbeständen) vermachte er freilich dem Berliner Fond zur Unterstützung der in den (Revolutions-)Jahren 1848 und 1849 invalide gewordenen preußischen Soldaten. Am 21. September 1860 ist Arthur Schopenhauer in Frankfurt gestorben.

Arthur Schopenhauer, Sämtliche Werke (hrsg. v. Eduard Grisebach). Leipzig: Reclam, o. J. [1890].

Ders., Briefe (hrsg. v. Eduard Grisebach). Leipzig: Reclam, o. J. [1894].

O. F. Damm, Arthur Schopenhauer. Eine Biographie. Leipzig: Reclam, o.J. [1911].

Gaston Keller, Glück – ein schlechter Traum. Arthur Schopenhauer und die intellektuelle Tendenzwende. In: Deutsche Zeitung v. 20.1.1978.

No.9

Wer schreibt hier seine Wunschbiographie? — Karl May, *»Weihnacht!«*

Im Sommer 1897 erhielt der berühmte Reiseschriftsteller *Dr. Karl May, genannt Old Shatterhand, Radebeul-Dresden, Villa Shatterhand* (so stand's auf seinen Visitenkarten) einen Brief aus Regensburg. Absender: die Redaktion der (erz-)katholischen Familienzeitschrift »Deutscher Hausschatz in Wort und Bild«, zu deren herausragenden Autoren Karl May seit 1881 gehörte. Ein Großteil seiner »klassischen« orientalischen oder amerikanischen Reiseerzählungen war hier im Erstdruck erschienen; den Anfang hatte *Giölgeda Padishanün* gemacht, das Werk, das später, als grüngoldenes Kompaktbuch, *Durch Wüste und Harem* hieß, bevor es dann den May-Titel schlechthin bekam: *Durch die Wüste.* Die Werke, natürlich keine »Romane«, sondern selbsterlebte Abenteuer-Reports eines »Vielgereisten«, wurden folglich in der Ich-Form dargeboten – von Dr. May selber, der sich im wilden Kurdistan oder in den Schluchten des

Balkan »Kara ben Nemsi« nannte, in den »dark and bloody grounds« dagegen »Old Shatterhand«. Ein überlegener Geist, der es liebt, sich erst kleinreden zu lassen, um in entscheidender Sekunde umso größer dastehen zu können, und der, dem geistlichen Anliegen seines verlegerischen Brötchengebers zu entsprechen, seine eingeborenen Mitmenschen nicht nur per Fausthieb niederschmettert, sondern auch per Endlosdebatte christlich zu missionieren trachtet. (In Kürschners Literaturkalender stand hinter Karl Mays Namen ein kleines »k« als Konfessionsangabe).

Nun also die Anfrage. Im Pustet Verlag, wo der »Hausschatz« erschien, hatte man einen Hinweis erhalten, Karl May habe zwischen 1883 und 1887, also schon zu seinen frommen Hausschatz-Zeiten, im Dresdner Verlag H. G. Münchmeyer »Hintertreppen-Romane der allerbedenklichsten Sorte herausgegeben«. Und jetzt wolle man wissen, was es damit auf sich habe. Das war eine Drohung. Doch mehr noch: Es war ein Wink, der erste, aus einer Vergangenheit, die May für sich abgehakt hatte und von der er glaubte, sie sei damit objektiv weg. (Dieser Leichtsinn war lebenslang charakteristisch für ihn). So tat er erstmal das, was seine Romanhelden in bedrängter Lage zu tun pflegen – dreist entschlüpfen: »Ich werde die Münchmeyersche Verlagsbuchhandlung«, schrieb er in seinem Antwortbrief, »gerichtlich belangen und Ihnen das Resultat mitteilen«. Selbstverständlich »belangte« er niemanden, denn er wußte: der Hinweis traf zu. Tatsächlich hatte er, aus Geldverlegenheit (anspruchsvolle Gattin!), doch ebenfalls aus alter Verbundenheit zu Münchmeyer, schließlich wohl auch aus Spaß an der Sache, fünf solcher Kolportage-Reißer verfaßt – die meisten freilich pseudonym, den zweiten, *Die Liebe des Ulanen*, aber unter vollem Namen.

Nun ist das Verfertigen von sogenannten Schundheften nichts Schlimmes und allenfalls in berufskatholischen Augen eine Sünde. Zudem bestünde nicht der geringste Anlaß, sich für das *Waldröschen* zu schämen (das May unter dem bezaubernden Pseudonym »Capitain Ramon Diaz de la Escosura« schrieb – stolz will ich den Spanier, selbst wenn er aus Sachsen stammt) und auch nicht für einen Sozialreißer, wie *Der Verlorene Sohn oder Der Fürst des Elends* einer ist. Doch die Zeiten waren halt so. *Wie* leichtfertig aber May mit den Dingen hantierte, die ihn doch existentiell betrafen, zeigt ein Indiz: Als er sich im selben Herbst 1897 in das böhmische Dorf Birnai an der Elbe zurückzog, um *»Weihnacht!«* zu schreiben und seine Wunschbiographie zusammenzuphantasieren, da stützte er die frühe Erfolgsbahn des Knaben Karl – bedenkenlos auf das 32strophige, angeblich preisgekrönte Weihnachtsgedicht. Doch eben dieses Gedicht hatte er schon einmal romanhaft verwertet – in eben jener inkriminierten Monumental-Scharteke *Das Waldröschen*, deren Verfasserschaft er grad noch bestritten hatte! Wird schon keiner merken, was?

Gewiß, der Anlaß für den Rückzug aus dem Trubel war echt gegeben. Karl May, der ein Jahr zuvor, freilich nicht ohne Stolz, seinen Text *Freuden und Leiden eines Vielgelesenen* publiziert hatte, war wirklich ein Star: Er gab Autogrammkarten heraus, die ihn als (bemüht durchs Fotoatelier schleichenden) Trapper zeigten oder als Wüstenfuchs im Burnus. Aber ein bißchen mulmig scheint ihm die Scharlatanerie um »Schar-lieh« dann wohl doch geworden zu sein, so daß er ins neue Buch auch real autobiographische Elemente einbaute, nur halt, wo's weh tat, projiziert auf den schusseligen »Freund« Carpio, der im Wilden Westen »Old Jumble« heißt, der alte Wirrkopf, und der dauernd in Diebstahlsverdacht gerät. Und da wurd's ernst.

Karl May war am 25. Februar 1842 im erzgebirgischen Ernstthal geboren worden. Sein Vater war Webermeister, doch es war die Zeit des Weberelends. Karl, schon früh von Kolportage geprägt und andererseits bildungsgierig, besuchte das Lehrerseminar in Waldenburg. Wegen Diebstahls von Weihnachtskerzen wurde er von der Anstalt verwiesen und durfte erst nach Intervention seines Pastors die Ausbildung an einem anderen Seminar fortsetzen und beenden. Seine erste Lehrerstelle verlor er wg. einer verbotenen Liebschaft, seine zweite und letzte wg. eines Eigentumdelikts: Angeblich hat er Uhr und Pfeife seines Zimmernachbarn einverständlich eingesteckt, Zimmernachbar und Richter sahen es anders. Wie auch immer: May mußte 1862 sechs Wochen ins Gefängnis, und anschließend wurden seine Examenszeugnisse kassiert. Das hieß: Berufsverbot als Lehrer. So geriet er, die Psychologen haben die Motive dafür gut benannt, auf die schiefe Bahn. Hochstaplerische Trickbetrügereien (als Augenarzt Dr. Heilig schrieb er Rezepte und ergaunerte sich Anzüge; als Seminarlehrer Lohse klaute er Pelze, als Polizeileutnant von Wolframsdorf konfiszierte er Goldstücke) brachten ihn vier Jahre lang in die Strafanstalt Zwickau (wo er das 32strophige Weihnachtsgedicht nun wirklich schrieb), danach noch einmal vier Jahre ins Zuchthaus nach Waldheim.

Erst 1874 kam er wieder frei und begann seine Karriere als Schriftsteller. Von einer kurzen Kittchen-Episode wg. Amtsanmaßung (!) abgesehen, hat er seine hochstaplerischen Bedürfnisse danach nurmehr in sublimierter Form befriedigt. Aber die Komplexe Gefangennahme, Flucht und Rache nehmen in seinen Büchern schon einen ziemlichen Raum ein – »hochinteressant«, um eines von Mays Lieblingswörtern zu gebrauchen. Er begann als Redakteur schlichter Familienblätter im Münchmeyer Verlag und als Erzähler erzgebirgischer Dorfgeschichten, vor allem aber exotischer Novellen. Seine berühmten geographischen, historischen oder linguistischen Detailkenntnisse bezog er aus Lexika oder Handbüchern, seine Anregungen lieferten Autoren wie unsere Rätselmänner No.28 und 37. Irgendwann hieß May Herr Doktor. Und mit der Zeit wurden die Blätter, für die er schrieb, seriöser. 1896, ein Jahr vor dem kleinen Regensburger Menetekel, erwarb er in Radebeul bei Dresden die »Villa Shatterhand«. Geschafft. Für kurze Zeit.

Doch plötzlich ging's Schlag auf Schlag. In der »Frankfurter Zeitung« bezweifelte der dortige Literaturchef Fedor Mamroth, daß Karl May jemals die fernen Länder bereist habe. Dann kam sein falscher Katholizismus ans Licht, dann sein falscher Doktortitel, dann seine Kolportage-Aktivitäten. May, der inzwischen wirklich mal in den Orient gereist war (und die Zeitungsredaktionen von dort aus mit Alibi-Postkarten traktiert hatte...) versuchte eine Ausflucht nach der andern, führte nun wirklich einen Prozeß nach dem andern: Vergebens. Schließlich kamen seine sorgsam verschwiegenen Vorstrafen ans Licht. Ihm blieb wenig erspart.

Der Roman *»Weihnacht!«*, der mit seiner autobiographischen Grundierung schon auf ein neues Erzählen hinwies, blieb tatsächlich sein letztes traditionelles Reise-Buch. Der folgende Band in der Ausgabe der *Gesammelten Reiseerzählungen* (Mays »Ausgabe letzter Hand«) hieß dann, nicht unbezeichnend, *Am Jenseits*. Zuletzt lichteten sich die Wolken über ihm wieder ein wenig. Doch Karl May war gezeichnet. Am 30. März 1912 ist er in Radebeul gestorben. Ach ja – »Sappho«: Darüber liest man am besten bei unserm Rätselmann No.4 nach.

Karl May, Gesammelte Reiseerzählungen. Freiburg i. Br. : Fehsenfeld, [1892-1910], 33 Bde.

Ders., Illustrierte Werke. Dresden Niedersedlitz : Münchmeyer, [1901-1907], 25 Bde.

Ders., Gesammelte Werke. Radebeul b. Dresden : Karl-May-Verlag, [1913-1945], 65 Bde.

Hans Wollschläger, Karl May in Selbstzeugnissen und Bilddokumenten. Reinbek : Rowohlt, 1965 (= Rowohlts Monographien 104).

Gert Ueding (u. Reinhard Tschapke), Karl-May-Handbuch. Stuttgart : Kröner, 1987.

Heiko Postma, Old Shatterhand & Old Jumble. Notizen zu Karl Mays Roman »Weihnacht!«. In: die horen, Bd. 178, 2/1995, S. 13-19.

No.10

Wer verfällt hier dem Inzest? —
Gabriel García Márquez, *Cien años de soledad (Hundert Jahre Einsamkeit)*

In welchem Jahr Gabriel García Márquez geboren wurde, ist nicht ganz gewiß: War's 1927 oder 1928? Manche sagen dies, manche das. Aber es ist eine hübsche Diffusion, grad bei diesem Autor, der immer wieder (und besonders in dem Roman *Hundert Jahre Einsamkeit)* zeigt, daß die »Wirklichkeit« nicht bloß aus Fakten und fest-stellbaren Phänomenen besteht, sondern genau so aus dem Bewußtsein von ihnen, aus der Art, wie die Menschen mit ihnen umgehen oder sie historisch überliefern. Besser überliefert ist der Tag seiner Geburt, der 6. März. Und auch der Ort: das kolumbianische Dorf Aracataca in der Provinz Magdalena. Aracataca wurde dann im literarischen Márquez-Kosmos zu »Macondo«, dem Schauplatz des *Soledad*-Romans – sofern Macondo nicht, wie's während des großen Aufschwungs geschieht, die Züge der realen Großstadt Barranquilla annimmt, wo García Márquez zur Schule ging und wo er, beim »Heraldo«, seine Laufbahn als Journalist begann.

Seine Kindheit aber verlebte er in Aracataca. Sein Vater, Gabriel Eligio García, ein abgebrochener Mediziner, war als Telegrafist in das Dorf gekommen (das Telegrafenamt spielt ja auch im Buch eine fundierte Rolle) und hatte dort die Liebe der schönen Luisa Santiaga Márquez Iguarán errungen. Das Mädchen stammte aus einer der altehrwürdigen Familien: Sie war die Tochter des Obristen und (linken!) Bürgerkriegshelden Nicolás Márquez Mejía. Und da das junge Paar bald ins aussichtsreichere Riochaca umzog, wuchs der kleine Gabriel bei seinen Großeltern auf. Prägend: die Geschichten, insbesondere die Erzähltechnik der Großmutter; die phantasievoll faktensicheren Erziehungsmethoden des Großvaters. Der Ort Aracataca stand damals ganz im Zeichen der United-Fruit-Company – eine der Bananenplantagen, die Gabriel und der Oberst auf ihren Streifzügen besuchten, hieß übrigens Macondo. Das große Massaker, bei dem die Miliz dreitausend streikende Arbeiter erschoß, hatte im Jahr 1928 stattgefunden. 1935 starb der Großvater, und der Junge zog zu seinen Eltern nach Barranquilla.

Als García Márquez fünfzehn Jahre später, nach dem Tod der Großmutter, den Ort seiner Kindheit wiedersah, war nichts mehr so, wie er es kannte: »Ein Geisterdorf«, über das »die Zeit hinweggegangen war«. Gewiß, die Häuser und die Straßen waren noch dieselben. Und doch war alles anders. Und überall der »Staub«. Auch die US-Company war verschwunden. Da entstand der Plan, den Roman *Hundert Jahre Einsamkeit* zu schreiben.

Es hat dann doch noch ziemlich lange gebraucht, bis es soweit war. Und eine ganze Reihe von erzählerischen Vorstufen, bis sich der Autor reif für das Unternehmen fühlte. Er hatte in Bogotá kurzzeitig Jura studiert, war anschließend Journalist geworden und hatte auch erste Geschichten geschrieben. Als Reporter des »Espectador« bereiste er, bis die Zeitung verboten wurde, Europa. Zeitweilig lebte er als Vertreter der kubanischen Presseagentur Prensa Latina in New York, 1961 ging er nach Mexiko, wo er für eine Frauenzeitschrift arbeitete. 1955 war sein erster Roman *La hojarasca (Laubsturm)* in Bogotá erschienen, sechs Jahre später der zweite: *El colonel no tiene quien le escriba (Der Oberst hat niemanden, der ihm schreibt).* 1965 setzte er sich dann ans große Werk, das zwei Jahre später, 1967, in Buenos Aires herauskam: *Hundert Jahre Einsamkeit,* sein erster Welterfolg, die Geschichte des Ortes Macondo und der Familie Buendía, die mit dem Ur-Paar José Arcadio Buendía und Ursula Iguarán einsetzt, über sieben Generationen hinwegläuft und so unvergeßliche Gestalten hervorbringt wie den Obersten Aureliano (und seine siebzehn Söhne von siebzehn verschiedenen Frauen), wie Remidios, die Schöne, die einfach so gen Himmel fährt, oder wie Pilar Ternera, die Ortshure, die sämtliche männlichen Protagonisten des männerreichen Buches kundig bedient hat, bevor die Handlung bei Rodrigo angekommen ist, dem kurzlebigen Baby mit dem lang befürchteten Schweineschwänzchen, das Aureliano der Soundsovielte mit seiner Tante Amaranta Ursula erzeugt hat. Eine mythologisch phantastische Historie des lateinamerikanischen Besiedlungs- und Entwicklungswegs in nuce liefert der Roman so nebenbei auch noch.

Acht Jahre nach diesem opus magnum lieferte García Márquez ein weiteres absolutes Meisterstück: *El otoño del patriarca (Der Herbst des Patriarchen).* 1982 erhielt er den Nobelpreis für Literatur – unumstritten, wie selten ein Preisträger.

Gabriel García Márquez, Hundert Jahre Einsamkeit (a. d. Span. übertr. v. Curt Meyer-Clason). Köln : Kiepenheuer & Witsch, 1970.

Eberhard Geisler, Gabriel García Márquez. in: Kritisches Lexikon zur fremdsprachigen Gegenwartsliteratur (hrsg. v. H. L. Arnold), München : edition text + kritik, 1983ff.

Dagmar Ploetz, Gabriel García Márquez. Reinbek : Rowohlt, 1992 (= Rowohlts Monographien 461)

No. 11

Wer trödelt hier mit seinen Träumen? — Henrik Ibsen, *Peer Gynt*

An sich ist Peer Gynt ein Held nordischer Volkssagen. Henrik Ibsen hat ihn in seinem Drama zum aufschneiderischen, immer nur Projekten nachhängenden, nie zu sich selbst findenden, am Ende desillusionierten Un-Helden gemacht und, wie er sich's wohl dachte, zum Sinnbild des norwegischen Nationalcharakters. Als er das Stück schrieb, im Jahr 1867, lebte er schon seit mehreren Jahren außerhalb seines Heimatlandes, in Italien.

Geboren wurde er am 20. März 1828 in Skien. Sein Vater, ein Kaufmann, wohlhabend, lebensprall und trunksüchtig, machte acht Jahre später Bankrott. Das gab keinen direkten Sturz ins Elend, aber einen merklichen sozialen Abstieg, der den Jungen nicht kaltließ. Er mußte seine Schule verlassen, machte später eine Apotheker-Lehre in Grimstad und scheiterte bei dem Versuch, das Abitur nachzuholen, an Mathematik und Griechisch. Immerhin hatte er sich bei seinen externen Vorbereitungen auf das »examen artium« soviel mit der Antike beschäftigt, daß ein *Catilina*-Drama dabei heraussprang. Das Verschwörer-Stück, 1849 beendet, Ibsens erstes, entstand aber gleichermaßen unter dem Eindruck der europäischen Revolutionen des Vorjahrs. Und als der junge Mann 1850 nach Kristiania ging, um Medizin zu studieren, nahm er sogleich Fühlung zu den einheimischen revolutionären Zirkeln auf: Es müßte sich doch auch in Norwegen etwas bewegen lassen.

Und zumindest bekam Ibsen, grad mal 22 Jahre alt und Verfasser eines ungespielten Theaterstücks *(Catilina* wurde erst 1876 uraufgeführt, da war der Autor fast schon weltberühmt), die Gelegenheit, auf der norwegischen *Bühne* etwas zu bewegen: Er wurde zum künstlerischen Leiter des Bergener Theaters berufen, verpflichtet als Dramaturg und Regisseur. Auch als Dramatiker – mit dem Ziel, ein norwegisches Repertoire zu erstellen. In den sechs Jahren seiner Tätigkeit in Bergen hat er mehr als hundert Stücke inszeniert und fünf nationalromantische Norweger-Dramen selber geschrieben *(Fru Inger til Østeraad*, zum Beispiel, oder *Hærmændene paa Helgeland)*. 1862 wechselte er in die Hauptstadt, um Chef des »Norske Teatret« zu werden, was ein künstlerisches, von der Presse wüst kritisiertes Fiasko wurde und mit dem Bankrott der Bühne endete. Kurz zuvor aber hatte Ibsen noch sein erstes wirklich nennenswertes (Gegenwarts-)Stück fertiggestellt: *Kjærlighedens Komedie (Komödie der Liebe)*, 1859. Danach rettete er sich auf die Stelle eines »artistischen Beirats« am Kristiania-Theater, schrieb seine *Kongs-Emnerne (Die Kronprätendenten)* und verließ 1864 das Land Richtung Süden – ausgestattet mit einem staatlichen Reisestipendium, das später vom norwegischen Reichstag in ein reguläres Dichter-Jahressalär umgewandelt wurde. So ließ sich's leben.

Die nächsten vier Jahre verbrachte er überwiegend in Rom; danach zog er nach Dresden, München, wieder nach Rom, zurück nach München. Von zwei Kurzbesuchen in Norwegen abgesehen. hielt er sich insgesamt 27 Jahre im Ausland auf. Erst 1891 kehrte er endgültig in die Heimat zurück – als angesehener Mann und europäischer Großdramatiker. Eine andere Heimkehr als die seines Peer Gynt.

Den künstlerischen Durchbruch Ibsens aber hatten in der Tat die zwei Stücke gebracht, die er unmittelbar nach seinem Weggang schrieb. Zuerst, 1866, *Brand*, das Drama eines hart entschiedenen Pastors, eines Mannes des »Alles oder Nichts«, der jeglichen Kompromiß schon aus Prinzip ablehnt. Sodann, ein Jahr später, *Peer Gynt*, das große Spiel vom Träumer, vom Mann des »Geh außen rum«. Zwei antagonistische, doch komplementäre Dramen.

In München dann, Mitte der 70er-Jahre, begann Ibsen (in seiner, wie's berufene Vor-Leser so zu nennen pflegen, dritten Werkphase, der noch eine vierte und letzte folgen sollte) mit jenen sozialkritischen Familien- und Decouvrierungs-Dramen, die das Theater der Zeit veränderten, den Naturalismus anregten und bis heute das Repertoire der internationalen Bühnen bestimmen: *Samfundets støtter (Die Stützen der Gesellschaft)* machten den Anfang, es folgten *Et Dukkehjem (Nora oder Ein Puppenheim)*, *Gengangere (Gespenster)*, *En folkefiende (Ein Volksfeind)* und *Vildanden (Die Wildente)*. Ein Hochkaräter nach dem andern, bis Ibsen, als auch *Hedda Gabler* in München uraufgeführt war, Deutschland verließ und nach Hause ging, nach Kristiania, ins heutige Oslo. Auch dort schrieb er weiter, doch nun waren es introvertiertere, symbolhafte, kaum mehr von äußerem Geschehen bestimmte Dramen wie *Bygmester Solness (Baumeister Solness)*, *Lille Eyolf (Klein Eyolf)* oder sein »dramatischer Epilog« *Nå vi døde vågner (Wenn wir Toten erwachen)*. Am 23. Mai 1906 ist Henrik Ibsen in Kristiania gestorben. Sein Ruhm hat seither nicht nachgelassen. Doch merkwürdig: In den 20er Jahren war sein weltweit meistgespieltes Stück – *Peer Gynt*. Und das ist bis heute eine stete Herausforderung geblieben.

Henrik Ibsen, Sämtliche Werke. Volksausgabe in fünf Bänden (hrsg. v. Julius Elias u. Paul Schlenther; Übers. d. *Peer Gynt:* Christian Morgenstern). Berlin : S. Fischer, o.J. [1907].

Hans Georg Meyer, Henrik Ibsen. Velber : Friedrich, 1967 (= Friedrichs Dramatiker des Welttheaters 46).

Heiko Uecker (u. Joachim Trinkwitz), Henrik Ibsen. In: Die Klassiker der skandinavischen Literatur. Düsseldorf : Econ, 1990, S. 114-119.

No.12

Wer krankt hier an seinem Aberglauben? — Jean Paul, *Leben des Quintus Fixlein*

Der komplette Titel des 1795 fertiggestellten, 1796 beim Buchhändler Lübeck in Bayreuth erschienenen Werkes ist rankenreicher als die dürre Kurzfassung und lautet so: *Leben des Quintus Fixlein, aus funfzehn Zettelkästen gezogen; nebst einem Musstheil und einigen Jus de tablette, von Jean Paul.* Der *Musstheil* wird im Inhaltsverzeichnis präzisiert als *Musstheil für Mädchen* und enthält die Prosastücke *Der Tod eines Engels* und *Der Mond, eine phantasirende Geschichte*, wobei dem zweiten Text noch erst die *Dedikazion an meine Pflege=Schwester* ***Philippine*** vorangeht. Die *Jus de tablette* (zu deutsch: Brühwürfel), die auf die eigentliche Fixlein-Handlung folgen, sind exakt *Einige Jus de tablette für Mannspersonen* und bieten treffliche Abhandlungen (z.B. *Über die natürliche Magie der Einbildungskraft*, auch eine, ihrerseits, nämlich in die Reflexionen über die *eigennützige Liebe*, eingefügte *Physische Note über den Zitteraal)*, darüber hinaus mehrere Erzählungen wie die vom *Rektor Fälbel* und *seiner Primaner Reise nach dem Fichtelberg*, was, selbstredend, nicht ohne neuerliche Vorrede vonstatten gehen kann, schon deshalb, weil die Teilnehmer der Fichtelbergreise vorweg klassifiziert werden müssen: »Da ich die Hunde nie mitzählen werde – sie bestanden aus zwei Spitz=, drei Wachtelhunden der Primaner und einem Saufinder des Rektors – so setz' ich die Marschsäule nur vierzehn Mann stark an, nämlich einen Dozenten, zwölf Eleven und eine Tochter des Schul=Doge. Letztere fuhr, wie eine Athenerin, allein in einem Kabriolet«. Interessant, daß Jean Paul wenig später schrieb: »Ich habe mehr Plan und Absicht in meinen Schriften, als man gewöhnlich glaubt.«

»Jean Paul« ist freilich ein verblüffend kurzer Name für einen, der eigentlich Johann Paul Friedrich Richter hieß. Doch er nannte sich so seit dem 9. Mai 1792. Als »Jean Paul« konnte er darüber hinaus in seinen Büchern selber, als Kunstfigur, mitspielen, etwa im *Hesperus,* seinem ersten Bestseller, aber eben auch, als handlungsknotenlösender »Gevatter«, im *Quintus Fixlein.* Versteht sich, daß »Quintus« keineswegs der Vorname des Titelhelden ist; der lautet: Egidius Zebedäus. »Quintus« bezeichnet vielmehr den Rang, den der junge Lehrer in der Hierarchie des Gymnasiums von Flachsenfingen einnimmt. Flachsenfingen ist einer der Hauptschauplätze im deutschprovinziellen Erzählkosmos Jean Pauls, und ein »Quintus« unterrichtet halt Quintaner, anders gesagt, er steht in der schulischen Wertordnung an zweitunterster Stelle. Umso sensationeller, daß Fixlein, per Protektion (und im amtlichen Vertrauen auf sein baldiges Ende), nicht bloß rasend schnell zum Konrektor, sondern gar, dies allerdings durch eine bürokratische Namensverwechslung, zum Pastor aufsteigt. Jean Paul war schon ein wunderbarer Ironiker.

Und im kirchlich-schulischen Rang- und Ordnungswesen kannte er sich von klein auf aus: Als er in Wunsiedel/Fichtelgebirge geboren wurde (und zwar in dem Jahr, »wo der Hubertusburger Friede zur Welt kam; – und zwar in dem Monate, wo mit ihm noch die gelbe und die graue Bachstelze, das Rotkehlchen, der Kranich, der Rohrammer und mehrere Schnepfen und Sumpfvögel anlangten, nämlich im März; – und zwar an dem Monatstage, wo, falls Blüten auf seine Wiege zu streuen waren, gerade dazu das Scharbock= oder Löffelkraut und die Zitterpappel in Blüte traten, desgleichen der Ackerehrenpreis oder Hühnerbißdarm, nämlich am 21. März; – und zwar in der frühesten frischesten Tagzeit, nämlich am Morgen um 1 ½ Uhr; was aber alles krönt, war, daß der Anfang seines Lebens zugleich der des damaligen Lenzes war. Den letzten Einfall, daß ich und der Frühling zugleich angefangen, hab ich in Gesprächen wohl schon hundert Male vorgebracht; aber ich brenn ihn hier absichtlich wie einen Ehrenkanonenschuß zum 101. Male ab, bloß damit ich mich durch den Abdruck außerstand setze, einen durch den Preßbengel schon an die ganze Welt herumgereichten Bonmot-Bonbon von neuem aufzutragen«); als, kurz gesagt also, Jean Paul am 21. März 1763 in Wunsiedel geboren wurde, war sein Vater »Tertius« an der örtlichen Schule und zugleich Organist. Später bekam Vater Richter, und zwar genau wie dann der junge Fixlein durch Protektion einer grundherrlichen Aristokratin, die Pfarrerstelle in Joditz, nahe Hof; danach eine bessere in Schwarzenbach, doch schon 1779 war er tot, und nun lebten die Witwe und die Kinder unterhalb der Armutsgrenze.

Jean Paul versuchte sich zwar, unter kärgsten Konditionen, als Theologiestudent in Leipzig, aber es lief nicht, außerdem dachte der zottige »Kandidat Richter« (als solcher tritt er später auch in seinem Roman *Der Komet* auf) mehr ans ausufernde Bücherschreiben als ans systematische Schriftlesen. So schlug er sich als Hauslehrer durch, schrieb seine genialen, aber ungewürdigten Frühsatiren *(Grönländische Prozesse)*, suchte Verleger, hungerte, schrieb weiter, suchte Fürsprecher, hungerte weiter, schrieb seinen ersten Roman *Die unsichtbare Loge* und schickte das Manuskript im Juni 1792 an Karl Philipp Moritz, den Verfasser des »Anton Reiser«. Und wenn K. Ph. Moritz keine weiteren Verdienste hätte (er hat sie aber, in höchstem Maß) – für seinen Antwortbrief an Jean Paul könnte er allein jeden Ehrenplatz in der deutschen Literatur beanspruchen: »Und wenn Sie am Ende der Welt wären, und müßt ich hundert Stürme aushalten, um zu Ihnen zu kommen, so flieg' ich in Ihre Arme! Wo wohnen Sie? Wie heißen Sie? Wer sind Sie? Ihr Werk ist ein Juwel; es haftet mir, bis sein Urheber sich mir näher offenbart!« (Anfangs hatte Moritz sogar an einen Streich geglaubt, den ihm Goethe, Herder oder Wieland mittels eines falsch deklarierten Skripts spielen wollten; dann revidierte er: »Aber nein, das ist noch über Goethe, das ist ganz was Neues.«)

So wurde Jean Paul Jean Paul. Denn für einen Verleger konnte K. Ph. Moritz noch sorgen, bevor er, wenige Monate später, im Alter von 37 Jahren starb, ohne Jean Paul persönlich kennengelernt zu haben. Der wiederum kam, statt dessen, für längere Zeit nach Weimar, wo er mit Goethe speiste (»auch frisset er entsetzlich«) und Schiller traf (»voll scharfer schneidender Kälte, aber ohne Liebe«) und von beiden höchst kühl abgefertigt wurde. Doch Jean Paul wußte sich zu revanchieren – etwa in seinem *Titan*, wo ein unangenehmer Mensch auftritt, der so aussieht wie Schiller und so redet wie Goethe. Oder im *Quintus Fixlein*, wo sich in der »Geschichte meiner Vorrede zur zweiten Auflage« (die übrigens, da sich der Druck dieser zweiten Auflage verzögerte, erstmal als separates Büchlein erschien, ganz ohne den eigentlichen *Quintus*-Rest) der »Herr Kunstrath Fraischdörfer aus Haarhaar« (Haarhaar »heißet bekanntlich [!] das Fürstentum, in welchem die Geschichte, die ich nun bald [!] unter dem Namen *Titan* edire, vorfällt. Daher kenn' ich den Kunstrath Fraischdörfer recht gut, er aber mich gar nicht«), wo sich also der bornierte Herr Kunstrath Fraischdörfer wandernd in die Gedanken des Vorredenschreibers drängelt und dabei ausgerechnet Schiller lobt und dies ausgerechnet mit Ansichten, die den jeanpaulinischen diametral entgegengesetzt sind: »Überhaupt«, so der Kunstrath Fraischdörfer (hinter dem man, allein des aparten Zischlauts in der Namensmitte wegen, gut den Goethe-Freund und »Kunstberater« Meyer erblicken könnte, der, auf Grund seines schwäbischen Idioms, allgemein nur »Kunscht-Meyer« hieß), »überhaupt müsse man aus der Form immer mehr alle Fülle auskernen und auspelzen, wenn anders ein Kunstwerk jene Vollkommenheit erreichen solle, die Schiller fordere. Vollends Humor, dieser sei ebenso verwerflich als ungenießbar«. Hübsch auch, was Jean Paul 1803 über den klassischen deutschen Musen-, Goethe- und Schillersitz Weimar insgesamt zu sagen wußte: »Sonst fand ich an Weimar nichts so schön als das Tor nach – Meiningen zu.«

Er ist dann wirklich nach Meiningen gezogen, darauf nach Coburg, zuletzt nach Bayreuth. Dort lebte er bis zu seinem Tod am 14. November 1825. Seine letzten Worte waren: »Wir wollen's gehen lassen.«

Jean Paul, Werke (nebst e. Biographie v. Rudolph Gottschall). Berlin : Hempel, o. J.

Uwe Schweikert (u.a.), Jean Paul Chronik. Daten zu Leben und Werk. München Wien : Hanser, 1975.

Norbert Miller, Die Unsterblichkeit der zweiten Welt. Jean Pauls literarische Anfänge und die Entstehung seiner Romanwelt. In: Jean Paul, Sämtliche Werke. München Wien : Hanser, 1985, Abt. II, Bd. 4, S. 9-85.

No. 13

Wer sagt hier »Trüffel«? — Jean-Anthelme Brillat-Savarin, *Physiologie du Goût (Physiologie des Geschmacks)*

Der Untertitel des großen, Ende 1825 erschienenen Buches lautet: *Betrachtungen über transzendentale Gastronomie; theoretisches, historisches und zeitgemäßes Werk, allen Pariser Feinschmeckern gewidmet von einem Professor, Mitglied mehrerer gelehrter Gesellschaften*, und die augenzwinkernde Ironie macht deutlich, warum ein Mann wie Balzac grad die Sprachkunst und den Witz des Verfassers so rühmte. Jean-Anthelme Brillat-Savarin wurde am 1. April 1755 in Belley geboren, dem Hauptort der Jura-Region Le Bugey. Seit jeher hatte seine Familie Staatsbeamte und Juristen hervorgebracht, und diese Tradition wollte auch Brillat-Savarin fortsetzen: Er studierte Rechtswissenschaften in Dijon, kümmerte sich an der Universität aber auch angelegentlich um die Fächer Physik und Chemie. Anschließend bekam er in seiner Heimat eine Richterstelle, die er zur allgemeinen Zufriedenheit ausfüllte, ohne daß er sich dabei überarbeitete. Zumindest fand der Bürger und Lebemann genügend Muße, sich weiterhin in den Naturwissenschaften fortzubilden, ein Literaturkenner zu werden, Musik zu betreiben, auf die Jagd zu gehen (auch auf die nach schönen Damen), vor allem aber – seine gastrosophischen Fähigkeiten zu vervollkommnen.

Und so hätte es für Brillat-Savarin weitergehen können, tat es aber nicht. Unausweichlich kam das Jahr 1789 und mit ihm die Französische Revolution. Dem Genußmenschen wurde die Politik aufgenötigt: Seine Mitbürger wählten ihn zum Abgeordneten der Konstituante. Gut konservativ, wie er bei seiner Lebensart einmal eingestellt war, versuchte er in Paris zu retten, was nicht mehr zu retten war: Er wetterte gegen die am Reißbrett geplante Einteilung des Landes in bürokratisch abgezirkelte Departements; er kämpfte gegen die Einführung von laienhaften, aber halt populären Geschworenen-Gerichten, und seinen Wählern gefiel das auch gut. Genutzt hat es freilich nichts: Die Justizreform kam und die zentralistische Verwaltungsreform ebenfalls. Seine Heimatregion hieß jetzt »Departement de l'Ain«, und dort wurde Brillat-Savarin 1791 zum Gerichtspräsidenten ernannt, behielt das Amt jedoch nur ein Jahr – bis zum Sturz der Monarchie, worauf ihn die sturen Bewohner seiner Heimatstadt Belley umgehend zum Bürgermeister wählten. Das allerdings war so gutgemeint wie letztlich fatal. Denn nun warfen die vorgesetzten Revolutionsbehörden ein Auge auf ihn, zumal der Maire keinen Konflikt scheute. Die Zitation vors Revolutionstribunal, mithin die Guillotine, stand unmittelbar bevor, und nur das Eingreifen einer gewissen Madame Prôt, der Gattin eines jakobinischen Politikers, die von Brillat-Savarins musikalischen Fertigkeiten (und, vermutlich, von seinem Charme) bezwungen war, rettete sein Leben – und damit, schließlich ja auch, das große Buch! Sie sei bedankt.

An das Buch dachte Brillat-Savarin aber einstweilen noch nicht. Einstweilen dachte er daran, dem Bürger Robespierre und dessen terroristischen Mit-Citoyens zu entwischen. Im Herbst 1793 emigrierte er aus Frankreich – erst nach Köln, dann in die Schweiz, zuletzt in die USA. Er arbeitete als Sprachlehrer in Hartfort, als Mitglied eines Bühnen-Orchesters in New York, und als Feinschmecker litt er unter der Eßkultur der Neuen Welt. 1796 kehrte er nach Frankreich zurück. Unter dem neu installierten Direktorium bekam er eine Stelle als Regierungs-Kommissar am Versailler Gerichtshof. Danach berief ihn der Erste Konsul ans neue Oberappellationsgericht von Paris. In dieser Position blieb er bis zu seinem Tod am 2. Februar 1826. Zum Jahrestag der Hinrichtung Ludwig XVI. hatte Brillat-Savarin, ohnehin bereits stark erkältet, an einem Gedenkgottesdienst in der Kirche Saint-Denis teilgenommen: Die Grippe wuchs sich zu einer Lungenentzündung aus – binnen zehn Tagen war er tot. Es war Monsieur Grimond de la Reynière, der Autor des »Almanach des Gourmands«, somit der (bis dahin!) führende Geschmacksexperte der Nation, der in seinem Nachruf besonders die Todes-*Ursache* beklagte und dem Dahingegangenen von ganzem Herzen eine Gastritis als angemessenen Wegraffer gegönnt hätte. Und noch eines bemerkte der Überlebende, der den Verstorbenen nie zu Gesicht (geschweige denn, an seine Tafel) bekommen hatte: »Wie hat nur ein so umfassendes, so pikantes Talent sich so lange verstecken können!« In der Tat: mehr als fünfundzwanzig Jahre lang hatte Brillat-Savarin zwar keineswegs im Verborgenen gespeist, doch nur im Stillen an seinem Buch gearbeitet. Danken wir seiner Muse *Gasterea,* daß er sich endlich doch noch entschloß, das große Werk der Öffentlichkeit zu servieren.

Brillat-Savarin, Physiologie des Geschmacks oder Transcendentalgastronomische Betrachtungen (m. Einl. u. Anm., dt. v. Robert Habs). Leipzig: Reclam, o. J. [1915]

No.14

Wer führt hier eine Organklage? — Nikolaj Gogol, *Nos (Die Nase)*

Die aberwitzige Geschichte, in welcher der Friseur Iwan Jakowljewitsch aus Petersburg, wohnhaft am Wosnessenskij-Prospekt, am Morgen des 25. März in seinem Frühstücksbrot, das seine Gattin Prasskowja Ossipowna persönlich gebacken hat, eine menschliche Nase entdeckt, die »keinem anderen« gehört als seinem Kunden, dem Kollegienassessor Platon Kusmitsch Kowaljow, der auf Grund dieses Organverlustes in heillose Schwierigkeiten gerät, zumal ihm eine Heirat bevorsteht, bis das Glied, nach Niederschlagung der Ehe-Aussichten, plötzlich wieder an seinem vorschriftsmäßigen Platz sitzt – diese Geschichte, 1835 entstanden, ist eines von Gogols real-grotesken Meisterstücken. Vielschichtig deutbar, wie es bei großen Texten so sein muß, und auf eine Art erzählt, die sich nicht festlegt, vielmehr alles »in Nebel hüllt«. Charakteristisch für den Autor, der geradezu körperlich darunter litt, wenn seine Texte – von der Presse, vom Publikum – einseitig interpretiert wurden: Von seinem Roman *Die toten Seelen* verbrannte er zuletzt, bereits todkrank, das Manuskript des fast fertigen zweiten Teils, weil er fürchtete, das Buch könnte mißverstanden bzw. falsch ausgelegt werden. Und nach der Uraufführung seiner, bis heute: unschlagbaren, Korruptions-Komödie *Der Revisor* war er über den Erfolg der Premiere entsetzt, den er für eine Fehldeutung seiner – konservativen – Absichten hielt: Die Lächerlichkeit und Borniertheit von Provinzbeamten auf die Bühne zu bringen – das hatte er im Sinn gehabt, keinen Aufruf gegen das zaristische System insgesamt. (Manchmal weiß das Kunstwerk mehr als der Autor. Übrigens hatte Zar Nikolaus I. persönlich, gegen den Widerstand seiner beamteten Zensorenschaft, 1836 die *Revisor*-Aufführung am Petersburger Staatstheater durchgesetzt: »Hier haben alle etwas abgekriegt«, soll er gesagt haben, »und ich am meisten«). Gogol aber war derart verwirrt, daß er erstmal für ein paar Jahre ins Ausland ging: nach Baden-Baden, nach Paris, in die Schweiz (wo er den Mont Blanc erstieg!), nach Neapel und Rom.

Geboren wurde Nikolaj Wassiliwitsch Gogol am 1. April 1809 in der ukrainischen Stadt Ssorotschinszky, wo es eine Entbindungsklinik gab: Seine älteren Geschwister waren gleich nach der Geburt gestorben, auch bei Nikolaj standen die Überlebenschancen anfangs schlecht, und kränklich blieb er Zeit seines kurzen Lebens. Seine Eltern besaßen in der Nähe von Ssorotschinszky das Gut Wassiljewka. Der Vater war ein Lebemann: gastfreundlich, temperamentvoll, Regisseur im Liebhabertheater, Komödienschreiber. Er starb früh, was die Familie in dauernde finanzielle Bedrängnis brachte. Gogol besuchte die Schule in Poltawa, kurz darauf das neugegründete »wissenschaftliche Gymnasium« in der Kreisstadt Njeshin, wo er zunächst einmal Russisch lernen mußte. Bis dahin hatte er nur Ukrainisch gesprochen, die Volkssprache. 1828 verließ er die Anstalt mit einem glänzenden Abschlußzeugnis in der Tasche und ging nach Petersburg, um dort - Staatsbeamter zu werden, was erstmal nicht klappte. Im Selbstverlag brachte er aber sein erstes literarisches Werk, ein idyllisches Versepos, heraus. Es erntete hohnvolle Verrisse. Und Gogol tat zwei weitere Dinge zum ersten Mal: Er floh außer Landes (nach Lübeck, wenn auch nur für sechs Tage) und verbrannte die nicht verkauften Exemplare des Büchleins. Dann wollte er Schauspieler werden. Das hätte er zweifellos gekonnt. Doch offenbar war das klassizistisch russische Theater noch nicht reif für einen gnomhaft sarkastischen Komiker wie ihn. Das Petersburger Staatsschauspiel (eben jene Bühne, die wenige Jahre später den *Revisor* herausbrachte) lehnte ein Engagement Gogols jedenfalls rundheraus ab. Kurzzeitig versuchte er sich als Journalist, bekam dann doch noch eine Stelle als subalterner Beamter im hauptstädtischen Departement für öffentliche Gebäudeverwaltung, besuchte aber abends die Kunstakademie, weil er nun Maler werden wollte: Er konnte ätzende Karikaturen zeichnen. Nebenbei schrieb er weiter, jetzt Prosa.

Und das brachte in schließlich in den Zirkel unseres Dichters aus Rätsel No.24. Gogol bewunderte den Mann, Rußlands eigentlichen Nationalpoeten, aus tiefstem Herzen (verdankte ihm übrigen den Plot zu seiner Erzählung *Der Mantel,* auch die Anregung zum *Revisor)* und schloß sich ihm leidenschaftlich an. Nun ging es mit ihm aufwärts: Er bekam eine Stelle als Lehrer, später als Geschichts-Dozent an der Petersburger Universität. Seine Erzählsammlung *Abende auf dem Vorwerk von Dikanjka* machte Furore, und Gogol war auf einmal wer. Bis zum *Revisor,* wie gesagt. Danach hielt er sich nur noch selten und für kurze Zeiträume in Rußland auf. Die Nachricht vom Duell-Tod seines Idols und Förderers erhielt er in Paris. 1848 unternahm er eine Pilgerreise nach Jerusalem. Er litt an der Wassersucht, magerte noch mehr ab, seine Kräfte verließen ihn, hinzu kam die öffentliche Empörung in Rußland über seinen Roman *Die toten Seelen*. Schwer depressiv, von religiösen Zwangsvorstellungen beherrscht, kehrte Gogol nun in die Heimat zurück und lebte zuletzt in Moskau. Er verweigerte jede Nahrungsaufnahme, marterte sich mit geistlichen Askese-Ritualen, verbrannte seine Manuskripte und starb schließlich am Morgen des 21. Februar 1852 im Hause des Grafen Tolstoj.

Nikolaj Gogol, Werke (Ausw., Übers., Nachw. v. Xaver F. Schaffgotsch). München Wien Basel : Desch, 1955.
Wolfgang Storch, Nikolaj Gogol'. Velber : Friedrich, 1967 (= Friedrichs Dramatiker des Welttheaters 42).

No. 15

Wer landet hier im Matsch? – Hans Christian Andersen, *Lykkens Kalosker (Die Galoschen des Glücks)*

»Seht ihr«, knurrte der Philosoph, »Andersen, der kann das Märchen von den *Galoschen des Glücks* erzählen, ich aber kann das Märchen von dem Schuh erzählen, welcher drückt.« Als philosophische Selbstbeschreibung mochte das gut zutreffen; als Selbst-*Entlarvung* allerdings auch: Der Satz offenbart, daß Søren Kierkegaard von Andersens Märchen *Die Galoschen des Glücks* bestenfalls den Titel gelesen haben konnte.

Denn eine Verherrlichung des Glücks oder eine Verkennung von Schmerz und Leid und existentiellem Schuhdrücken ist diese 1838 erschienene Rahmen-Geschichte in sechs Teilen nun wahrhaftig nicht. Ironisch genug, wie allein die kleine Glücksfee eingeführt wird (deren Kleiderschnitt »zu gewagt« für eine normalmenschliche dänische Dienstbotin wäre): Sie ist eines der Kammermädchen bei einer der Kammerjungfern des Glücks und besorgt üblicherweise die kleineren Glücksmomente im Leben der Leute, zum Beispiel, daß ein anständiger Mann »von einer vornehmen Null« gegrüßt wird. Diesmal jedoch darf sie, weil sie »Geburtstag« hat, die besagten Überschuhe unter die Menschen bringen: Wer sie anzieht, wird augenblicklich an die Stelle und in die Zeit versetzt, wo er am liebsten sein will; jeder Wunsch wird sogleich erfüllt, und der Mensch wird endlich einmal glücklich auf Erden. So zumindest glaubt die Fee. Neben ihr freilich steht die Trauer, die diesen Optimismus bezweifelt. Und sie behält recht. Jedesmal.

Vielleicht hätte Kierkegaard den Text lesen sollen, bevor er ihn verwarf. Ein anderes Andersen-Buch kannte er dagegen genauer – den Roman *Kun en Spillemand (Nur ein Spielmann)*, ein Jahr vor den *Galoschen* publiziert. Den nahm er in seiner ersten eigenen Schrift »Aus den Papieren eines noch Lebenden, gegen seinen Willen herausgegeben von S. Kierkegaard«, 1838, förmlich auseinander, wobei er den Dichter einen »Jammerlappen« nannte. Als Andersen davon erfuhr, erlitt er einen Schock und benötigte, so steht's in seinem Tagebuch, ein »kühlendes Pulver«. Zwei Jahre später indes schlug er zurück: In seinem Lustspiel *Eine Komödie im Grünen* ist eine der Personen ein aufgeblasener Friseur namens Dalby, der unaufhörlich philosophische Betrachtungen absondert, kraus komisches Zeug alles, doch vernehmbar von Søren Kierkegaard, nämlich aus eben jenem Buch, in dem Andersen geschmäht worden war. Nun schäumte der Denker.

Irgendwie ist das schon verrückt. Søren Kierkegaard und Hans Christian Andersen – die zwei größten Dänen überhaupt; Zeitgenossen; beide Bürger Kopenhagens; Flaneure noch dazu, die einen Gutteil ihrer Mußestunden auf der selben Straße, dem Strøget, zubrachten: Sie haben sich wechselseitig mit rarer Intensität verabscheut. Und dabei waren sie einander, von ihrer Sprachkunst mal ganz abgesehen, in puncto Empfindlichkeit, Eitelkeit, Selbstbeobachtung, ja, Selbstquälerei durchaus ähnlich. Bei Andersen ist dies allerdings erst so recht offenbar geworden, als, zwischen 1971 und 1977, seine Tagebücher ediert wurden – 12 umfangreiche Bände, die sein wirkliches Innenleben aufdeckten. Bis dahin hatten die selbstgestrickten Legenden ihren Zweck erfüllt, die er in seinen Autobiographien vorgelegt hatte (*Mit Livs Eventyr – Das Märchen meines Lebens* hieß die letzte, 1855 beendete Fassung) oder auch in seinem Märchen vom *Grimme Aelling*, dem *Häßlichen Entlein*, dem Pechvogel in der Entenwelt, der aber, wie sich dann herausstellt, in Wahrheit ein schöner Schwan war.

Andererseits war aber eigentlich nie zu überhören (außer von Søren Kierkegaard...), daß der Dichter in seinen 150 Märchen ziemlich traurige Töne anschlug und die fröhlichen mit beträchtlicher Ironie unterfütterte. Im *Fliegenden Koffer* bleibt eine große Liebe ohne Erfüllung, weil ein Feuerwerkskörper das Fluggerät vernichtet, so daß der jugendliche Liebhaber seine Prinzessin nicht mehr erreichen kann und fortan als Märchenerzähler durch die Welt ziehen muß (wie Hans Christian Andersen...). Im Märchen vom *Schweinehirten* verzichtet dagegen der junge Prinz dankend auf seine ursprünglich Auserwählte, weil sie ihm zu affektiert ist, obwohl sie doch die Melodie von »Ach, du lieber Augustin« auf dem Klavier spielen kann – das »war zwar das einzige, was sie konnte, aber das spielte sie mit *einem* Finger.« Und in der *Kleinen Seejungfrau* geht's traurig aus, weil der angebetete Prinz, ahnungslos, einfach schon ein anderes Mädchen liebt. (Hier, übrigens, hat Andersen das Nymphen-Motiv unseres Rätseldichters No.6, den er auf einer seiner Deutschland-Reisen besucht hatte und sehr mochte, feinherb variiert). Der feurige Liebestod im Kamin wiederum, den der *standhafte Zinnsoldat* gemeinsam mit der hereingewehten Spielzeug-Tänzerin erleidet – er kündet auch nicht unbedingt von märchenhafter Daseinszuversicht. Vollends finster wird es in Andersens allerletztem *Eventyr*, in dem die Titelheldin *Tante Zahnweh* alles zugrunde richtet, sogar die poetische Schaffenslust eines dichtenden Studenten. Schmerz und Leid behielten das letzte Wort bei Hans Christian Andersen, der zu diesem Zeitpunkt schon an Leberkrebs erkrankt war. Am 2. April 1805 war er als Sohn eines Schustergesellen und einer Wäscherin in Odense/Fünen geboren worden. Weltberühmt, und insofern war's doch märchenhaft gewesen, starb er am 4. August 1875 in Kopenhagen.

Hans Christian Andersen, Sämmtliche Märchen (Dt. v. Julius Reuscher). Leipzig : Abel & Müller, o. J.

Ders., Sämmtliche Märchen (übers. v. H. Denhardt). Leipzig : Reclam, o.J.

Erling Nielsen, Hans Christian Andersen in Selbstzeugnissen und Bilddokumenten. Hamburg : Rowohlt, 1958 (= Rowohlts Monographien 5).

Renate Schostack, Der häßliche Schwan. Die märchenhafte Lebensgeschichte des Hans Christian Andersen. In: Frankfurter Allgemeine v. 2.8.1975.

Lotte Eskelund, Register einer Seele. Die Tagebücher des Hans Christian Andersen. In: Frankfurter Allgemeine v. 22.1.1977.

No.16

Wer hört hier auf seine durstige Seele? — Washington Irving, *Rip van Winkle*

Washington Irving wurde am 3. April 1783 in New York geboren – als 11. Kind eines Kaufmanns und Nachkomme schottischer Vorfahren. Zeitlebens, im Grunde, war er unterwegs: aus Freude an »neuen Gegenden« und aus Vergnügen an »Sitten- und Charakter«-Studien, wie er es einmal in einer *Auskunft des Verfassers über sich selbst* formulierte. Als Kind erkundete er die entlegeneren Ekken von New York (wo ihn seine besorgten Eltern öfter mal vom »Stadt-Ausrufer« einsammeln lassen mußten); im etwas fortgeschritteneren Knabenalter durchstreifte er dann die »benachbarten Dörfer« und die Gegend am Hudson, wo er vermutlich auch, am Fuße der Catskill-Mountains, auf jene kleine Ansiedlung gestoßen ist, die noch zur Zeit der holländischen Kolonisten angelegt wurde, als »der gute Peter Stuyvesant« das Heft fest in der Hand hielt – den Wohnsitz seines späteren Helden Rip van Winkle: »Ich machte mich mit allen in Geschichte oder Sagen bekannten Plätzen vertraut. Ich kannte jeden Fleck, wo ein Mord oder ein Raub begangen, oder ein Geist gesehen worden.«

Einen Geist gesehen zu haben, behauptet ja auch der brave, wenngleich nie ganz weingeistfreie, Rip standfest – sogar mehrere Geister: Sonst wär's doch nicht möglich gewesen, daß er Jahre seines Lebens, die ihm wie ein einziger Rausch vorkamen, im Wald verschlafen und versäumt hätte. Wie der alte Dorfbewohner Peter Vanderdonck, immerhin der »Abkömmling« eines »Geschichtsschreibers«, unabweislich erklärt, muß es sich bei der altertümlich gekleideten, sonderbar verschwiegenen Herrenrunde, die den Waldgänger Rip zum Kellnerieren bat, um den »großen Hendrick Hudson« selber und dessen Schiffsmannschaft gehandelt haben. Alle zwanzig Jahre nämlich halte der tote Entdekker des Flusses mit seinen Leuten »eine Art von Sabbath« in dieser Gegend ab, mit Trank und »Kegelschieben«, indem es »ihm vergönnt sei, auf diese Weise den Schauplatz seiner Unternehmungen wieder zu besuchen.«

Auf den jungen Washington Irving allerdings wartete, bevor er sich den Geistern des Hudson literarisch zuwenden konnte, der Ernst des realen Lebens: Er studierte Jura, was ihm indes keinen Spaß machte. So gab er's auf und wurde Kaufmann, was indes mit einer Pleite endete. Und weil es ihm auch gesundheitlich nicht gut ging, tat er das, was er sowieso am liebsten tat: Verreisen. 1804 trat er eine zweijährige Europa-Reise an. Denn Amerika mit seinen »mächtigen Seen«, seinen »Wasserstürzen«, seinen »unbegrenzten Ebenen«, seinen »pfadlosen Wäldern« war zwar unübertroffen an »Schauspielen der Natur«, doch Europa zeigte halt »allen Zauber der Geschichte und Dichtkunst vereinigt«: »Mein Heimatland war voll von jugendlichen Versprechungen; Europa war reich an alten aufgehäuften Schätzen.« Und als er zurückkam, stand sein Berufsziel fest: Kulturhistorischer Reise-Schriftsteller. Das wurde er dann auch – elegant, amüsant, pointiert, feuilletonistisch und auf der ganzen Welt gelesen.

Insgesamt siebzehn Jahre seines Lebens hat Washington Irving in Europa zugebracht, die meisten davon als Privattourist, einige aber auch als US-Diplomat: Zunächst, von 1829 bis 1832, als Gesandtschafts-Sekretär in London. Dann noch einmal, als er sich eigentlich schon längst auf seinen Landsitz »Sunnyside« am Hudson zurückgezogen hatte, von 1842 bis 1845, als Botschafter am spanischen Hof in Madrid. Spanien kannte er schon vorher recht genau, wie nicht nur sein damals immens gelesenes, übrigens dem Paten und Namenspatron unseres Rätselmanns No.1 gewidmetes, *Alhambra*-Buch zeigt. Auch in Deutschland ist er ein Jahr lang gewesen, was seinen literarischen Niederschlag in der heiter verspukten Geschichte *Die Geisterbraut* fand, angesiedelt auf den »Höhen des Odenwalds«, im Schlosse des »Barons von Landshort«. Und weil sich Irving nun einmal für die »Eigentümlichkeiten alter und örtlicher Gebräuche« interessierte und sein Vergnügen daran fand, der »Alltags-Realität der Gegenwart zu entweichen«, um sich »in der dunklen Größe der Vergangenheit zu verlieren«, da dürften ihm auf seiner Deutschland-Reise wohl auch die 1800 in Bremen erschienenen »Volkssagen« von »Otmar« (J. K. Chr. Nachtigal) nicht entgangen sein, in denen sich der Stoff der *Rip van Winkle*-Geschichte findet, den Washington Irving später, kunstvoll und eigenwillig, ins Amerikanische transponierte. (Im fortgeschrittenen 20. Jahrhundert kam der Stoff dann, hübsch, wieder zurück – in der Adaption unseres Rätselautors No.21, der für Identitätsprobleme und biographische Experimente ja stets zu haben war).

Personelle Camouflagen hat aber auch Washington Irving schon gern getrieben. Man sieht's an den verrückten Pseudonymen, unter denen er seine Schriften publizierte: Mal schrieb er als Jonathan Oldstyle, Gent., mal als Launcelot Langstaff, Esq. Seine *Geschichte New Yorks* erschien 1809 unter dem Verfassernamen »Diedrich Knickerbocker« (»Knickerbocker« war der Ökelname, den die Anglo-Amerikaner den niederländischen Einwanderern anhängten). Dann wieder verbarg sich Irving hinter einem »Geoffrey Crayon, Gent.«, und wenn es ihm gefiel, mischte er die Herrschaften auch mal zum Doppel. So geschehen in seinem meistgelesenen Prosaband *The Sketch Book of Geoffrey Crayon, Gent. (Gottfried Crayons Skizzenbuch)* von 1819/20, und zwar bei der Geschichte des Rip van Winkle. Als Herausgeber dieses Sittenbilds aus den Catskill-Bergen fungiert der Gentleman Geoffrey, der folglich, von einer knappen (wenngleich quellenkundlich nicht unebenen) Nachbemerkung abgesehen, nur im Vorwort aktiv wird, worin er den »verstorbenen« Diedrich Knickerbocker, den alten »Bücherwurm«, als Historiker New Yorks, speziell der »holländischen Geschichte der Provinz«, mit den netten Worten würdigt: »Jetzt, da er gestorben und dahin ist, kann es wohl seinem Ansehen nicht viel Schaden bringen, wenn man sagt, daß seine Zeit auf bedeutendere Arbeiten hätte verwendet werden können. Er war indessen ein Mann, der sein Steckenpferd auf seine Art zu reiten wußte.« Unter den hinterlassenen Papieren dieses Diedrich Knickerbocker nun (dessen »Hauptverdienst«, so der Editor, die »gewissenhafte Treue« gewesen sei sowie die »unverdächtige Glaubwürdigkeit« bei seinen »historischen Sammlungen«) habe sich auch das *Rip van Winkle*-Manuskript gefunden, dessen bedingungsloser Wahrheitsgehalt somit hinreichend bezeugt wäre.

Die aufsehenerregenden Ereignisse selber spielen sich dann anfänglich zur Endphase der britischen Kolonialherrschaft ab: Folgerichtig heißt die Stammkneipe des durstigen Titelhelden »George III.«. Wenn der wiedererwachte Rip von seiner wacholderstarken Begegnung mit den stumm gespenstischen Kegelbrüdern aus dem Wald zurückkommt, trägt das Lokal allerdings einen neuen Namen – »George Washington«. Rip van Winkle hat nichts Geringeres verschnarcht als den gesamten amerikanischen Unabhängigkeitskrieg. Doch umso mehr kann er hinterher von seinem großen Abenteuer erzählen. Auch Washington Irving hatte hinterher noch manches zu erzählen. Am 28. November 1859 ist er dann aber auf seinem Landsitz am Hudson-Ufer gestorben.

Washington Irving, Sämmtliche Werke (anon. Übers.). Ffm : Sauerländer, 1826-1837, 74 Bde.

Ders., Gottfried Crayons Skizzenbuch (anon. Übers.) Halle a. d. S. : Hendel, o.J.

No. 17

Wer singt hier im Regen? — Jens Peter Jacobsen, *Mogens*

Seine Leidenschaft waren Wörterbücher. In die konnte er sich förmlich versenken. Er studierte sie, um seine Sprache noch präziser zu machen, um die Dinge, die er beschrieb, noch genauer zu erfassen, um seelische Empfindungen noch nuancierter, sinnliche Eindrücke noch sensibler schildern zu können. Und es ging ihm nicht bloß um die Sprache der Gegenwart: Für seinen (zumindest der Form nach) historischen Roman *Fru Marie Grubbe* (1876) durchforstete er in Archiven alte Briefe und Tagebücher, um sich die Alltagsgeschichte des 17. Jahrunderts zu vergegenwärtigen und sich den damaligen Sprachgebrauch, vor allem aber die dänischen Dialekte aus jener Zeit anzueignen. Ähnliches plante er wohl auch bei seinem zweiten Roman *Niels Lyhne* (1881), der zwischen 1830 und 1864 spielt, doch da reichte seine Kraft nicht mehr aus.

Jens Peter Jacobsen war am 7. April 1847 in der nordjütischen Kleinstadt Thisted geboren worden. Er ging in Kopenhagen zur Schule und begann 1867 sein Studium der Botanik. Zwar hat er nie ein Examen abgelegt, doch fachlich konnte er etwas vorweisen: Für die Botanische Gesellschaft Kopenhagen erstellte er 1870 ein Verzeichnis aller Pflanzen auf den Inseln Læsø und Anholt, und für seine systematische Erforschung dänischer Süßwasseralgen erhielt er 1873 die Goldmedaille der Universität Kopenhagen. Daß sich seine (etwas scherzhaft selbstgestellte) Laufbahn-Alternative »Leier oder Mikroskop« noch im gleichen Jahr von allein (und zugunsten der Leier, sozusagen) entschied, liegt daran, daß 1873 seine Tuberkulose offen ausbrach. Die Karriere des Botanikers Jacobsen war beendet.

Nun also Literatur. Gedichte hatte er seit seinem neunten Lebensjahr geschrieben (und sie, klug, stets für sich behalten); 1872 war sein erster Prosatext, die Erzählung *Mogens*, erschienen und von Georg Brandes, dem maßgeblichen Kritiker und Theoretiker, gefeiert worden. Noch wichtiger aber als das Zusammenspiel mit Brandes (die beiden gründeten im gleichen Jahr die Kopenhagener »Literaturgesellschaft«) dürften für Jens Peter Jacobsens erzählerischen Werdegang seine Darwin-Übersetzungen gewesen sein – 1871 mit den »Origins of Species« begonnen, 1874 mit »The Descent of Man and Selection in Relation to Sex« abgeschlossen. Schon im *Mogens* zeigt Darwins Denken Wirkung, vor allem am Ende, wenn sich der leiderfahrene junge Mann, nach Überwindung seiner Rebellions-Phase, ruhig den Gesetzen der Natur unterstellt und die Wirklichkeit so nimmt, wie sie ist, ohne nach irgendwelchen metaphysischen oder religiösen Sinngebungen zu suchen. Niels Lyhne, Jacobsens letzter Roman-Protagonist, der junge Mann, der bis zuletzt seinen Atheismus zu leben versucht, sollte es schließlich, emphatischer allerdings, auf den Punkt bringen: »Die Erde wird erst dann unser, wenn jene Welt der dunklen Seligkeit geplatzt ist wie eine Blase. Und welche Kraft und Glut wird es dem Leben geben, wenn alles darin Raum findet und nichts mehr jenseits liegt.«

Mit Jacobsens eigener »Kraft und Glut« ging es dagegen ständig bergab. Nach Abschluß seiner zweiten Novelle *Et Skud i Taagen (Ein Schuß im Nebel)*, 1875, lebte er die meiste Zeit wieder im Haus seiner Eltern, in Thisted. Nur manchmal brach er aus – fuhr ein halbes Jahr nach Montreux, für mehrere Monate nach Rom. Als seine zwei großen Romane fertig waren und ihm »klarer und klarer« wurde, daß sein »ehrgeiziger Jugendtraum« von »vierzig Bänden« sich »nie erfüllen« würde, zog er noch einmal für ein paar Jahre in die Nähe seiner Freunde, nach Kopenhagen, schrieb dort 1882 auch noch einen seiner schönsten Prosatexte überhaupt – *Der burde have været Roser (Da hätten Rosen hingehört)*. Am 30. April 1885 aber ist er in Thisted gestorben.

Sein Œuvre ist vergleichsweise schmal geblieben, doch es war folgenreich. Unverkennbar für Thomas Mann, der Jacobsens Prosa intensiv studierte – und mehrfach betonte, daß der Däne zu jenen »großen Schriftstellern« gehöre, »die meinen erzählenden Stil beeinflußt haben«. Rainer Maria Rilke wiederum schrieb im zweiten seiner »Briefe an einen jungen Dichter«: »Von allen meinen Büchern sind mir nur wenige unentbehrlich, und zwei sind sogar immer unter meinen Dingen, wo ich auch bin. Sie sind auch hier [in ›Viareggio bei Pisa (Italien), am 5. April 1903‹] um mich: die Bibel, und die Bücher des großen dänischen Dichters J e n s P e t e r J a c o b s e n.« Als Beginn der Jacobsen-Lektüre empfahl Rilke übrigens die Novelle *Mogens:* »Eine Welt wird über Sie kommen, das Glück, der Reichtum, die unbegreifliche Größe einer Welt.«

Jens Peter Jacobsen, Sämtliche Werke (Dt. v. M. Mann, A. Strodtmann, R.F. Arnold u. Ella Brand. M. e. Einl. v. Karl Quenzel). Leipzig : Hesse & Becker, o.J.

Claudio Magris, Ein Buch, das den Nerv seiner Zeit traf. Vor hundert Jahren veröffentlichte Jens Peter Jacobsen seinen Roman »Niels Lyhne«. In: Süddeutsche Zeitung v. 4.11.1980.

Anni Carlsson, Das Leben rechnet nicht mit Träumen. Klassikerausgaben – kritisch betrachtet: Jens Peter Jacobsen. In: DIE ZEIT v. 16.10.1981.

Samuel Bächli, Von der Kraft der Schwachen. Der dänische Dichter Jens Peter Jacobsen, der vor hundert Jahren starb. In: Frankfurter Allgemeine v. 27.4.1985.

Heiko Uecker (u. J. Trinkwitz), Jens Peter Jacobsen. In: Die Klassiker der skandinavischen Literatur. Düsseldorf : Econ, 1990, S. 119-123.

Rainer Maria Rilke, Briefe an einen jungen Dichter. Wiesbaden : Insel, 1949 (= Insel Bücherei 406).

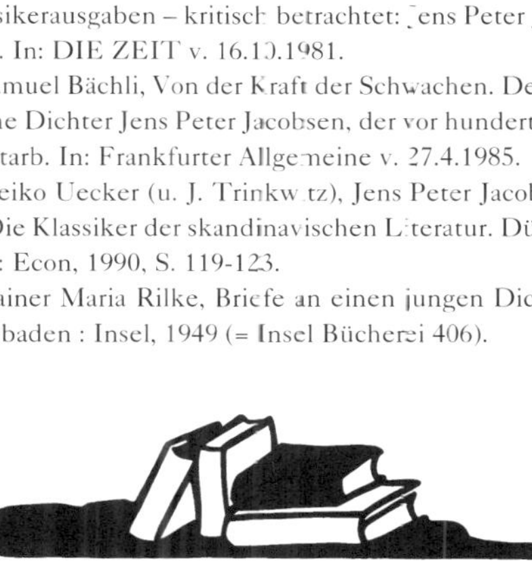

No. 18

Wer badet hier im Egelteich? — Wilhelm Busch, *Der Schmetterling*

»Man wußte eigentlich nicht recht, wie man mit ihm dran war«, schrieb Theodor Heuss über Wilhelm Busch. Das könnte man gut auch im Präsens formulieren. Es bezog sich aber auf die irritierte Mitwelt des Eigenwilligen: Da war der Mann nun populär wie kein zweiter Künstler, war der beliebteste »Freudenlieferant« (Heuss) des wilhelminischen Zeitalters, der meistzitierte sowieso, und dann vergrub er sich in einem abgeschiedenen Bauerndorf in Niedersachsen und lebte als kauziger Onkel im Oberstübchen des Pfarrhauses von Mechthausen bei seinem Neffen (genauso, wie es sein »Peter«, der Ich-Erzähler des *Schmetterling*, am Ende der desillusionierenden Lebensweltfahrt tut). Seltsamer noch: Wenn ein runder Geburtstag ins Haus stand, der siebzigste, zum Beispiel, im Jahr 1902, und mit ihm eine Schar aufrechter Gratulanten und Presseleute – dann verzog sich der Jubilar an einen noch entlegeneren, noch unzugänglicheren Ort, nach Hattorf, um jenen öffentlichen Auftritten zu entkommen, die sich heute mit Begriffen wie »Event« oder »Medienereignis« verbinden. Deren Vordergründigkeit und Instrumentalisierung hatte Wilhelm Busch schon damals gut, vielmehr bös, durchschaut. Und gehaßt: »Diese Jubiläen- und Denkmälerwirtschaft ist förmlich widerwärtig.« Interessant, daß er dabei noch eines festhielt: »Es ist aber schwer für den einzelnen, sich dem Schwindel zu entziehen.«

Andererseits hat sich Busch im praktischen (Buch-)Geschäftsleben unbedingt clever verhalten. Über Absatz-Strategien bei seinen Bildgeschichten oder deren Vermarktungsmöglichkeiten belehrte er sogar noch seinen Verleger, und seinen Erben hinterließ er ein hübsches Vermögen. Daß auch ein weise Zurückgezogener in geldwirtschaftlichen Dingen kein »Narr« sein müsse, hatte Wilhelm Busch überdies bei seinem philosophischen Meister lernen können, unserem Rätselmann No.8, dessen definitives Porträt er gezeichnet hat – als Rückansicht mit Pudel auf einem Bild im Bild. In Frauenfragen scheint sich der lebenslange Junggeselle Busch wohl ebenfalls an seinem Vor-Denker orientiert zu haben – wie, nicht zuletzt, die »Hexenschüsse« des *Schmetterlings*-Freunds Peter bestätigen. Vor allem aber hatte er die gleichen Vorstellungen von der Welt und ihren Bewohnern: Lauter bornierte, selbstgefällige, auf ihren Vorteil bedachte, schadenfrohe, quälgeistige Wesen sind es, die, boshaft triebgesteuert, in den Karikatur-Szenarien und Aberwitz-Versen Buschs herumwimmeln, jederzeit an jedem Ort mit Sorgfalt darauf bedacht, dem lieben Nächsten, ritze-ratze voller Tücke, eine Lücke in die Brücke zu sägen oder sonst etwas Übles anzutun. Wilhelm Busch sei der »Illustrator der Erbsünde«, hat Theodor Heuss geschrieben, und in dieser Funktion sei er »in die Unsterblichkeit gestolpert«.

»Man leidet eben, wo man ist«, hätte ihm Busch vermutlich entgegnet. Das Klügste schien ihm da wirklich noch, die Welt, wie sie einmal ist, mit Humor zu betrachten, jedenfalls mit einem Humor, wie er ihn definiert hat, als er das tiefschwarze Gedicht vom Vogel ersann, der arglos auf einen Ast flatterte und plötzlich festsitzt: Er kann nicht weg, weil ein hinterhältiger Vogelfänger den Baum mit Leim präpariert hat, während von der andern Seite, gleichfalls in Vorfreude auf einen Leckerbissen, ein scharfkralliger Kater hinzuschleicht. Buschige Lebensmetaphern. In dieser Situation, angesichts dieser ausweglosen Perspektiven zu »quinquilieren« – das zeugt von Humor. Und solche Art Humor besitzt denn auch der gerupfte Held des 1895 erschienenen *Schmetterling*. Noch in anderer Hinsicht zeigt diese anti-romantische Lebens-Geschichte autobiographische Züge. So erfolgreich Wilhelm Busch mit seinen bösen Bilderbüchern war – sein wirkliches Ziel hatte woanders gelegen: in der Malerei, und zwar in Bildern, wie sie Frans Hals oder Brouwer gemalt hatten. Daran gemessen, sah er sich als Gescheiterten.

Am 15. April 1832 war Busch in Wiedensahl als Sohn des Dorfkaufmanns geboren worden. Nach seiner Konfirmation studierte er am Polytechnikum in Hannover Ingenieurswesen, absolvierte das Vorexamen mit Auszeichnung, ging im März 1848 revolutionär zur Sache und »erkämpfte« sich »die Rechte des Rauchens und des Biertrinkens« (wie sein flapsiges Pathos ausweist, hat er nicht mal eine so würdige Sache wie die deutsche Revolution ernst genommen). Doch zumindest die erste seiner »Märzerrungenschaften« hat er sich zeitlebens »mutig bewahrt«, das exzessive Rauchen – mit der Nebenwirkung mehrerer Nikotinvergiftungen allerdings (»Aber das bedenke stets:/ Wie man's treibt, mein Kind, so geht's«).

Mit dem Maschinenbau ging's nicht, das merkte Busch, und so trieb es ihn, zum Ärger seines Vaters, an die Kunstakademie Düsseldorf. Dort freilich fühlte er sich nicht angeregt und gefördert, er vermißte Vorbilder, darum zog er weiter – an die Akademie der Künste in Antwerpen. Nun erlebte er seine Vorbilder hautnah, hatte die Meisterwerke der alten Niederländer täglich vor Augen, doch nun fühlte er sich eingeschüchtert, zweifelte an seinem Talent und erlitt einen Zusammenbruch. Heimkehr nach Wiedensahl. Er hat dann, ein Jahr später, 1854, sein Kunststudium in München noch einmal wieder aufgenommen, doch Brouwer, Frans Hals & Co hatten ihn mit ihrer »göttlichen Leichtigkeit der Darstellung, die nicht patzt und kratzt und schabt« zu sehr »geduckt«, als daß er's »je gewagt hätte«, sein Brot »mit Malen zu verdienen«. (Dabei hat er erstaunliche Bilder gemalt, nur genügten sie nicht seinen Vorstellungen). Immer wieder zwischen München und Wiedensahl pendelnd, überlegte Busch zeitweilig sogar, ob er nicht nach Brasilien auswandern solle, um dort Bienenzüchter zu werden. Von Bienenzucht verstand er echt was: Für das »Bienenwirtschaftliche Centralblatt« hat er mehrere Aufsätze verfaßt. Von seiner Bildergeschichte *Schnurrdiburr oder Die Bienen* gar nicht zu reden.

Die freilich entstand erst 1869, als seine neue Karriere schon längst im Gang war. Elf Jahre zuvor, im Herbst 1858, hatte ihn der Chef des »Münchener Bilderbogen« und der »Fliegenden Blätter« als Zeichner engagiert – jener Caspar Braun, der dann 1864 das erste (und bis heute berühmteste) Buschbüchlein herausbrachte: *Max und Moritz*. Und so ging es weiter. *Hans Huckebein – der Unglücksrabe* erschien auf der Bildfläche, auch die *Fromme Helene* (und, wie gehabt seit Max und Moritzens letztem Streich, nahm's auch mit diesen Figuren ein garstiges Ende). Es kamen 1875 die *Abenteuer eines Junggesellen*, deren Held, Tobias Knopp, an seinem Single-Dasein vor allem eines bedauerlich findet: »Keiner wird, wenn ich begraben,/ Unbequemlichkeiten haben«. Danach schaute Wilhelm Busch öfter mal wieder in Hannover vorbei, um Affen-Studien zu treiben. Im dortigen Zoo, versteht sich: *Fipps der Affe*, auch wenn er seine Scherze dann in Bremen treibt, ist also genuiner Hannoveraner (»Der Fipps, das darf man wohl gestehn,/ Ist nicht als Schönheit anzusehn./ Was ihm dagegen Wert verleiht,/ Ist Rührig= und Betriebsamkeit«).

Und nachdem auch Fipps, der Störenfried aller braven Spießer, 1879 von einer rachedurstigen Menschenmeute in die Enge getrieben und vom Büchsenschuß eines gewissen Dümmel hinweggerafft worden war, kam die Zeit für Wilhelm Buschs Hauptwerke: für *Plisch und Plum* natürlich; doch insbesondere für *Maler Klecksel* und für *Balduin Bählamm*, den *verhinderten Dichter*, die beiden gescheiterten Künstler in den beiden Metiers von Wilhelm Busch. Er hatte nun einmal den bösen Blick aufs eigene Tun: Seine Sachen seien »vor allen Dingen lustig und dann nicht viel mehr«, hat er mal gesagt. In den 90er Jahren entstanden dann seine zwei großen Prosatexte *Eduards Traum* und *Der Schmetterling*, schließlich seine zwei altersherben Lyrik-Bände *Schein und Sein* und, 1904 erschienen, *Zu guter Letzt* – »Als neulich am Sonntag der Herr Pastor/ Eine peinliche Pause machte,/ Weil er den Faden der Rede verlor,/ Da duckt' sich der Küster und lachte.« Am 9. Januar 1908 ist Wilhelm Busch im Pfarrhaus von Mechthausen gestorben.

Wilhelm Busch, Sämtliche Werke und eine Auswahl der Skizzen und Gemälde (hrsg. v. Rolf Hochhuth, eingel. v. Theodor Heuss). Gütersloh : Bertelsmann, o. J. [1959], 2 Bde.

Joseph Kraus, Wilhelm Busch in Selbstzeugnissen und Bilddokumenten. Reinbek : Rowohlt, 1970 (= rm 163).

Christian Schultz-Gerstein, Künstler oder Witzbold? Wilhelm Buschs raffinierte Kunst zu unterhalten. In: DIE ZEIT v. 10.11.1972.

Golo Mann, Genie, Schliff und Form. Zum 150. Geburtstag von Wilhelm Busch. In: Süddeutsche Zeitung v. 10./11./12.4.1982.

Volker Klotz, Was gibt's denn da zu lachen? Bemerkungen zu Wilhelm Buschs Bildergeschichten. In: Frankfurter Rundschau v. 17.4.1982.

No. 19

Wer verhext hier einen Schotten? — Germaine de Staël, *Corinne ou l'Italie (Corinna oder Italien)*

»Was will die Frau von mir?« stöhnte Goethes Mutter in einem Brief nach Weimar. Da war sie, in Frankfurt, von Madame de Staël heimgesucht worden, die nach Materialien für ihr geplantes Buch über Deutschland fahndete. Germaine konnte bisweilen von erdrückender Präsenz sein – »als wenn ich einen Mühlstein am Halse hängen hätte«, schrieb die Frau Rat, »ich atmete freier, da sie fort war.« Und Benjamin Constant, Germaines langjähriger (Vorzugs-)Geliebter, vertraute seinem Tagebuch an: »Ich habe niemals eine Frau gekannt, die einen so ununterbrochen in Anspruch nahm, ohne sich dessen bewußt zu sein«. Ihr Biograph Christopher Herold nannte sie »Mistress to an Age«.

Geboren wurde Anne Louise Germaine Necker, die spätere Baronin de Staël-Holstein, am 22. April 1766 in Paris. Ihr Vater war der Bankier Jacques Necker (1732-1805) aus Genf, einer der reichsten Männer Europas und zweimal Frankreichs Quasi-Finanzminister: Als Ausländer und Protestant durfte er den Staat zwar sanieren, doch nicht vom Kabinett aus. (Seine – zweite – Amtsenthebung am 11. Juli 1789 war der wesentliche Anlaß für den Sturm auf die Bastille, drei Tage später. Danach wurde die Entlassung zwar zurückgenommen, doch nun war die Französische Revolution nicht mehr aufzuhalten). Germaines Mutter Suzanne geb. Curchod, gleichfalls Schweizerin, unterhielt den glanzvollsten literarischen Salon von Paris, in dem die künftige »Herrin eines Zeitalters« praktisch aufwuchs: Zwar hatte sie keine gleichaltrigen Spielkameraden, dafür verkehrte sie mit Diderot und d'Alembert. Sie war ein Einzelkind, da es ihre Mama ausdrücklich abgelehnt hatte, sich »alle neun Monate aufs Rad flechten« zu lassen. Davon abgesehen, hielt es Madame Suzanne mit den (Einzel-)Erziehungsmethoden ihres Landsmanns Rousseau, was nun wiederum die Tochter nervend fand. Sie hat sich später subtil gerächt: Im *Corinne*-Roman ist Lady Edgermond, die böse Stief(!)mutter der Titelheldin (und leibliche Mutter der kleinen blassen Lucile aus Northumberland), präzis nach dem Vorbild Mme. Neckers gearbeitet – eine »kalte, förmliche Frau«, die sich von den »Ideen« Corinnes »eben so belästigt« fühlt wie von ihren »Handlungen«: »Es war ihr nicht genug, daß ich dieselbe Lebensart führte als sie, ich sollte sie auch aus denselben Beweggründen führen; die Fähigkeiten, welche sie nicht besaß, sollten, meinte sie, als eine bloße Krankheit angesehen werden.«

Einstweilen aber sollte, im wirklichen Leben, die Tochter erstmal heiraten. Sie war inzwischen siebzehn. Der schwedische Botschafts-Sekretär Eric Magnus Staël hatte sich seit langem um sie beworben, doch im Hause Necker hatte man einen Nobleren ins Auge gefaßt – William Pitt, damals dreiundzwanzig und schon britischer Ex-Finanzminister (insofern also 1783 ein Kollege des grad zum ersten Mal gefeuerten Jacques Necker). Doch Germaine mochte nicht – sie wollte einfach nicht in »dieses unglückselige England«. Eine Antipathie, die noch zwanzig Jahre später auf das *Corinne*-Buch abfärbte und zumal auf dessen britischen Protagonisten Lord Oswald Nevil, der zwar ein schottischer Peer ist, am Ende aber ja ins englische Northumberland zieht, um dort das Musterbild eines tadellos häuslichen englischen Ehemanns abzugeben.

Germaine Necker aber wurde 1786 Madame de Staël: Eric Magnus war inzwischen Baron und zum schwedischen Botschafter in Frankreich befördert worden. Direkt glücklich wurde die Ehe freilich nicht, und nur das erste von Germaines Kindern hat der Gatte gezeugt, der 1802 an den Folgen eines Schlaganfalls starb. Als sich die Revolution radikalisierte, floh die Familie 1792 in die Schweiz, nach Coppet am Genfer See, im Kanton Vaud, wo Jacques Necker ein paar Jahre zuvor ein Schloß erworben hatte. Fern von Paris zu leben, hielt Madame de Staël allerdings nur schwer aus. Sie schrieb ihre ersten literarischen und politischen Studien im Exil, 1799 aber kehrte sie, illegal, in die französische Hauptstadt zurück. Sie hatte Glück, denn die Regierung schritt nicht dagegen ein, hätte es auch nicht mehr gekonnt, denn sie wurde, justament am Tage von Germaines Ankunft, von Napoleon Bonaparte gestürzt. Das allerdings war Pech. Denn Napoleon hielt die Publizistin für gefährlich. 1803 ließ er Madame de Staël aus Paris entfernen: Es wurde ihr untersagt, sich der Metropole auf weniger als vierzig Meilen zu nähern.

Worauf sie zunächst einmal durch Deutschland reiste – und nicht nur Goethes Mutter besuchte, sondern auch Goethe selber, dazu Schiller, Wieland, Fichte und all die andern. Deutsch gelernt hatte sie unter anderem bei Wilhelm von Humboldt. Und als Goethe 1808, von Karlsbad aus, die »freundliche Nachbarin und Halb-Landsmännin« mahnte, »ja bald ihre Bemerkungen über uns ehrliche Deutsche« herauszugeben, da setzte sie sich in Coppet an den Schreibtisch. Zwei Jahre später war ihr Buch *De l'Allemagne* fertig, ihre, bis heute, berühmteste Schrift überhaupt – entstanden unter tätiger Mithilfe des deutschen Romantikers August Wilhelm Schlegel aus Hannover, den sie in Berlin kennengelernt hatte und der dreizehn Jahre lang, bis zu ihrem Tod, zu ihrer Entourage gehörte. Als ihr ergebener Sklave, wie manche sagten.

August Wilhelm Schlegel, ihren Dienstmann, hatte Germaine eigentlich auch auserkoren, die deutsche Übersetzung von *Corinne ou l'Italie* anzufertigen. Eine Parallel-Übersetzung übrigens in des Worts verwegenerer Bedeutung. Madame war nach einer Italienreise von dem Gedanken befeuert, dies Buch zu schreiben: In Rom hatte sie die harfeschlagende, Spontan-Verse deklamierende Improvisations-Künstlerin Isabella Peregrini erlebt und sich entschlossen, die Titelheldin Corinna (die sie, natürlich, nach ihrem eigenen üppigen Äußeren gestaltete) als »Improvisatorin« anzulegen. Außerdem hatte sie sich, in Neapel, schwer verliebt – in Dom Pedro de Souza (den späteren Ministerpräsidenten Portugals), der also im ersten, glücklichen, Teil des Romans das Vorbild für Lord Nevil abgibt. Im zweiten war's dann ein anderer. Denn: Zwischen *Corinne*-Plan und *Corinne*-Fertigstellung lagen mehrere Jahre und mehrere Veränderungen, auch mehrere andere Projekte, von mehreren anderen Liebhabern gar nicht zu reden, so zog sich die Sache hin. Mal wurde geschrieben, dann wurde umgeschrieben, dann wurde etwas ganz anderes geschrieben, doch immer sollte zugleich auch die deutsche Übersetzung gemacht werden. Einer solchen Zumutung jedoch entzog sich sogar der Knecht AuWi Schlegel und brachte seinen, notorisch geldknappen, Bruder Friedrich ins Spiel. Friedrich Schlegel wiederum – er sagte zwar begeistert zu, überließ die Übersetzer-Arbeit indes seiner Frau Dorothea. Und Dorothea (ehemals Brendel Mendelssohn) machte es dann – und ärgerte sich mit dem Text herum, den sie von der chaotisch produzierenden Germaine immer nur bogenweise zugeschickt bekam. Doch 1807 waren beide Damen fertig und die Werke konnten erscheinen. Auf dem Titelblatt der deutschen Ausgabe stand: »Corinna oder Italien. Aus dem Französischen der Frau von Staël übersetzt und herausgegeben von Friedrich Schlegel«. Und ein deutscher Kritiker lobte: »Die Übersetzung von Hrn. Schlegel ist so, wie man sie von einem so gewandten, kenntnisreichen Schriftsteller erwarten kann, d. h. vortrefflich.«

Auch Germaine de Staëls alter Widersacher Bonaparte bekam das Buch, in der französischen Fassung, in die Hände. Und erklärte es für Schund. Jahre später, auf St. Helena, nahm er sich die *Corinne*-Lektüre dann noch einmal vor – widerwillig, denn hinter der Titelheldin erschien ihm dauernd Germaines Bild: »Ich kann sie sehen, ich kann sie hören, ich kann sie fühlen, ich möchte davonlaufen, ich werfe das Buch hin. Ich werde aber durchhalten; ich möchte sehen, wie es endet, denn ich glaube doch, daß es ein interessantes Werk ist.«

Nach dem Sturz Napoleons war Madame de Staël, die 1811 den (22 Jahre jüngeren)

Schweizer Offizier Albert Rocca geheiratet hatte, nach Paris zurückgekehrt. Am 14. Juli 1817 ist sie dort gestorben. Beigesetzt wurde sie in Coppet, dem Ort, den sie in der Zeit ihrer Verbannung zum Treffpunkt der europäischen Kultur gemacht hatte.

Germaine de Staël, Corinna oder Italien (übers.u. hrsg. v. Friedrich Schlegel). Leipzig : Reclam, o. J.

Dies., Corinna oder Italien (übers. v. M. Bock, m. e. Vorw. v. Fr. Spielhagen). Hildburghausen : Bibl. Inst., 1868.

Dies., Über Deutschland (n. d. Übers. v. R. Habs hrsg. u. eingel. v. S. Metken). Stuttgart : Reclam, 1962.

Christopher Herold, Madame de Staël. Herrin eines Jahrhunderts (übers. a. d. Amerikan. v. L. von Sauter). München : List, 1966.

Carola Stern, »Ich möchte mir Flügel wünschen«. Das Leben der Dorothea Schlegel. Reinbek : Rowohlt, 1990.

No.20

Wer hält es hier mit Trickbetrügern? — Johann Peter Hebel, *Schatzkästlein des rheinischen Hausfreunds*

Als 1803 die *Allemannischen Gedichte* herauskamen, Johann Peter Hebels Erstbuch, das er, aus Scheu, ohne Namensnennung erscheinen ließ (nur auf dem Widmungsblatt stand ein bescheidenes »J.P.H.«), da mochte unser Rätselautor No.12 nicht stillhalten – er mußte einfach der erste sein, der diese Verse »öffentlich« lobte. Das tat er dann in der »Zeitung für die elegante Welt«, und später baute er diese Rezension noch in eine seiner spitzigsten Erzählungen ein. Das Erstaunlichste daran: Er war von der »Anmut« der Mundartverse so hingerissen, daß er an diesem »allemannischen Dichter« Sachen rühmte, die seiner eigenen Schreibweise nun überhaupt nicht entsprachen – »er ist ohne Phrasen-Triller«; mehr noch – »poetische Blumen ersetzt er durch Poesie«. Und dann der nachhaltigste Satz: »Er ist zu lesen, wenn nicht *einmal*, doch *zehnmal*, wie alles Einfache.« Schließlich der Gipfel: Lesern, die »gar keinen Sinn« für solche »Dichtkunst« besäßen, empfahl er »statt dieser allemannischen Drossel aus dem Schwarzwalde« lieber »eine da geschnitzte Kuckucks-Uhr«. Und was der Rezensent nicht einmal wußte (wenn auch möglicherweise ahnte): Er war der oberste Hausgott Johann Peter Hebels, weit höher als Goethe.

Trotzdem, Drossel hin, Kuckucksuhr her: »Zeig, chuuch e wenig d' Schiiben a,/ 's isch, daß me besser luege cha!« – für Nordohren bleibt das alleweil ein bißchen unzugänglich. Leider. Aber der Satz vom Einfachen, das man, wenn nicht einmal, so doch zehnmal lesen könne – der gilt ja für alles, was Hebel geschrieben hat, der's zudem mit der Einsicht hielt: »Was ist denn Schreiben anderes als Sprechen?« Lag's daran, daß er Lehrer war?

Am 10. Mai 1760 wurde er in Basel als Kind ganz einfacher Dienstleute geboren. Sein Vater starb schon ein Jahr später, seine Mutter mußte den Jungen allein durchbringen. Auch sie starb früh, als Hebel dreizehn war. Er hat sie nie vergessen, und als er 1819 vom Großherzog Ludwig zum Prälaten ernannt wurde, mithin zum höchsten Würdenträger der badischen Landeskirche, da war seine erste Reaktion: »Was würde meine Mutter sagen!« (»Aus ihm ist etwas geworden«, hat er mal über den biblischen König und Poeten David geschrieben, den »Nachkommen der frommen Ruth, die auf den Feldern von Bethlehem Ähren auflas«). Hebel besuchte die Volksschule in Hausen, die Lateinschule in Schopfheim, dann das »Gymnasium illustre« in Karlsruhe, auf dem er 1778 sein »Abschlußexamen« bestand – exakt 30 Jahre bevor er dort Direktor wurde. Eine Schulkarriere dieser Art hatte er freilich nicht angestrebt, als er sein Theologie-Studium in Erlangen aufnahm. Er wollte Landpfarrer werden. Es blieb ihm verwehrt. Nach Beendigung des Studiums übernahm er zwar einige ländliche Hilfspredigerstellen, doch dann blieb nur der Schuldienst. Sieben Jahre war Hebel »Präzeptoriatsvikar« am Pädagogium in Lörrach, dann wurde er zum »Subdiakon« befördert und nach Karlsruhe berufen – Stadt und Anstalt kannte er zur Genüge: »Was für einen Fluch mir der Himmel auflegte, daß er mich nach Karlsruh sendete...«. Und noch einmal: »Wie feind der Himmel einem Menschen sein muß, den er zum Schulmeister und in eine Stadt verdammt hat!«

Doch, mit der Zeit, fand er an beidem mehr Gefallen, an Karlsruhe und am »Informieren«, wie das Unterrichten damals hieß: »Wenn man das einmal angefangen hat, man ist wie behext und kann sich nimmer von der süßen Plage losmachen.« Seine Schüler waren jedenfalls angetan. Lehrer Hebel habe, berichtete ein Ehemaliger, in den Stunden ein »so glückliches Gepräge inneren Friedens und lebendigen Geistes« geboten, daß ihm allein dieser Anblick »die Herzen gewann«. Wenn er die Augen aufriß und die Brauen herabzog, verkündete dies allerdings »ein nahendes Donnerwetter«. Danach ging der Unterricht übergangslos weiter, der Lehrer demonstrierte mit »lächelnd zuckenden Mundwinkeln« sein »inneres Behagen«, und in den Herzen der Schüler »erwachte« wieder der »Frohsinn«. Mit manchen dieser Schüler blieb Johann Peter Hebel lebenslang befreundet.

Und er kniete sich wirklich hinein. Seine Geschichte *Kannitverstan*, beispielsweise, in der »ein deutscher Handwerksbursche« in Amsterdam durch Unkenntnis der Landessprache, mithin auf dem Umweg über den Irrtum, »zur Wahrheit und ihrer Erkenntnis« kommt – diese Geschichte hat Hebel zunächst einmal, als Übungstext für die nächste Schulstunde, in lateinischer Sprache niedergeschrieben und dann erst ins Deutsche übersetzt und publiziert! Ausgerechnet diese Geschichte! Wunderbar. Aber daß er sie überhaupt geschrieben und publiziert hat, ist schon wieder eine andere Geschichte: nicht minder schön. Das Gymnasium Karlsruhe besaß nämlich seit langem das markgräfliche Privileg zur alleinigen Herausgabe des offiziellen Landeskalenders – eine hübsche Ergänzung des Schul-Budgets. Leider stagnierte seit einiger Zeit der Absatz, was der kluge Pädagoge Hebel vorrangig auf den sperrigen Titel des Ganzen zurückführte: »Kurfürstlich badischer gnädigst privilegierter Landeskalender für die badische Markgrafschaft lutherischen Anteils«. So etwas signalisierte für Hebel nur die »treuherzige Warnung« – »Kaufe mich nicht«. Dann wurde eine staatliche Kalenderreformkommission ins Leben gerufen, der auch Hebel angehörte: Jahrelang wechselten Gutachten und Gegengutachten, schließlich wurde Johann Peter Hebel, inzwischen Kirchenrat, zum Redakteur des neuen Unternehmens bestimmt. Mit dem Jahrgang 1808 sollte es losgehen. Als erstes änderte er den Titel: »Rheinländischer Hausfreund« hieß der Kalender nun. Hebel gestaltete auch die Typographie neu, entwarf die Illustrationen und binnen weniger Jahre brachte er die Auflage auf 40 000 Exemplare. Das wiederum lag an seinen einzigartigen Texten.

So traten Hebels schlitzohrige Helden, der Zundelfrieder und der Zundelheiner, nicht zu vergessen der Rote Dieter, ihren Siegeszug an. Selbst Goethe fand die Prosastücke »allerliebst«, begann, die Kalender zu sammeln und beauftragte seinen Verleger Cotta, die fehlenden Anfangsjahrgänge antiquarisch aufzutreiben. Und Cotta, der Mann mit dem Gespür fürs Klassische, tat noch ein Übriges: Er brachte Hebel dazu, die gelungensten Kalendergeschichten auzuwählen und in einem eigenständigen Buch herauszubringen, natürlich im Cotta Verlag. 1811 erschien dort, in Tübingen, die erste Auflage vom *Schatzkästlein des rheinischen Hausfreunds*. Und jetzt konnten alle, nicht nur die Badener, die Bergwerksgeschichte vom *Unverhofften Wiedersehen* lesen oder die Geschichte von den *Drei Wünschen* und der »Bergfey Anna Fritze«. Und so viele mehr.

Johann Peter Hebel war ein berühmter Mann geworden – Mitglied der Ersten Kammer im badischen Parlament noch dazu. Er trug das Kommandeur-Kreuz des Zähringer Löwenordens (»ich möchte Sie sehen in dem Augenblick, wo Sie dieses lesen«), doch er lebte gelassen sein Leben. Seinem studentischen Spitznamen »Knaster« machte er weiterhin Ehre. Zwar fehlt seine Abhandlung *Vom Tabakrauchen* im *Schatzkästlein*, doch in den *Allemannischen Gedichten* hatte er ja vernehmlich genug den *Allezeit vergnügten Tabakraucher* besungen: Ob Frühling, Sommer, Herbst oder Winter – »Eineweg schmeckt's

Pfifli guet«. Merke: »So etwas ist des Lesens zweimal wert.« Doch irgendwann meldete sich, wie in seiner Geschichte vom *Unverhofften Widersehen*, auch bei ihm der Tod: Am 22. September 1826 ist Johann Peter Hebel im Haus seines Jugendfreundes Michael Zeyher in Schwetzingen gestorben.

Johann Peter Hebel, Werke. Berlin : Grote, [2]1869, 2 Bde.

Ders., Sämtliche poetische Werke nebst einer Auswahl seiner Predigten, Aufsätze und Briefe (hrsg. u. erl. v. E. Keller). Leipzig : Hesse, o.J. [1905], 6 Bde.

Uli Däster, Johann Peter Hebel in Selbstzeugnissen und Bilddokumenten. Reinbek : Rowohlt, 1973 (= Rowohlts Monographien 195)

Christian Schultz-Gerstein, Der Kammerdichter. Die gesprächige Poesie Johann Peter Hebels. In: DIE ZEIT v. 30.11.1973.

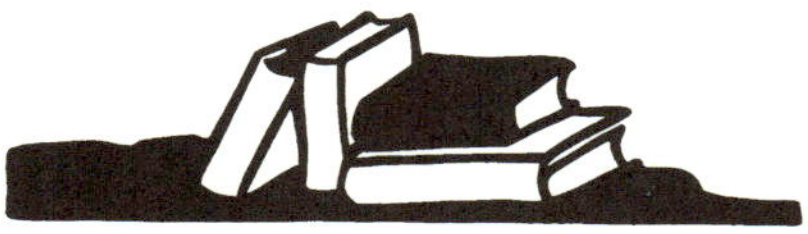

No.21
Wer lobt hier die Kybernetik?

— Max Frisch, *Homo faber*

Er war der Star einer ganzen Leser-Generation: Max Frisch, geboren am 15. Mai 1911 in Zürich, gestorben am 4. April 1991 in seiner Heimatstadt. In den 50er und 60er Jahren verkörperte er geradezu den Typus des modernen intellektuellen Literaten: politisch engagiert, ästhetisch reflektiert, ideologiekritisch. Noch dazu weltläufig: Repräsentant der Suhrkampkultur. Mit seinen Texten hat er Standards gesetzt (und Bewußtsein geprägt): mit seinem *Tagebuch 1946-1949*, in dem er, skizzenhaft, ungeschützt, nachdenklich, ganz Privates festhielt, aber ebenso die Situation der west-östlichen Nachkriegszeit beleuchtete und dann wieder eigene Buchpläne, Ideen, Stoffe ausprobierte; mit seinen Theaterstücken, den szenischen Parabeln wie *Biedermann und die Brandstifter* oder *Andorra* (weniger mit *Graf Öderland*, dem Schauerspiel vom anarchisch ausbrechenden Staatsanwalt »mit der Axt in der Hand«, das er selber für sein wichtigstes hielt); und – mit seinen Romanen, mit *Stiller* und *Homo faber* vor allem, den beiden (1954 und 1957 erschienenen) gegenläufigen, doch, wie Frisch selber angab, »komplementären« Zeit-Dossiers, zu denen dann, 1964, noch das dritte biographische Experimentier-Werk kam: *Mein Name sei Gantenbein*.

Diese Gegenwartsromane Max Frischs: Sie wirkten nicht nur urban und unverquast, sie waren überdies modern, also problembewußt, erzählt (ohne dabei an Lesbarkeit einzubüßen), und sie lieferten, nicht zuletzt in ihrer Eigenschaft als Liebes-, Ehe- und Eifersuchtsgeschichten, ein beträchtliches Identifikations-Potential. Bei Max Frisch erkannten sich sensible Leser wieder. Hier fanden sie, was sie bewegte. Oder bewegte es sie, weil sie es bei Max Frisch gelesen hatten? Der etwas hinterhältige, neuerdings (da auch dem Ex-Champion Frisch das postmortale Rezeptionstief nicht erspart geblieben ist) auffallend gern zitierte Satz Friedrich Dürrenmatts scheint eben darauf hinzudeuten: Frischs Problem sei – »wie macht man aus sich selber einen Roman?«

Doch die Frage des antipodischen Freundes zielte schon tiefer – auf das große Thema Max Frischs nämlich, das Thema der »Identität« im »Zeitalter der Reproduktion«: Ist so etwas wie persönliche Identität in einer von Entfremdung und allseitiger Vereinnahmung gezeichneten Gesellschaft überhaupt noch möglich? Ein psychisches und soziales Problem, aus dem sich ein erzählerisches herleitet: Läßt sich eine fiktive »Biographie« mit den konventionellen Methoden des Romans heute noch darstellen? Um beide Fragen geht es im *Stiller*, dem Buch, das mit dem Satz beginnt: »Ich bin nicht Stiller.« Ein Mann sitzt da im Gefängnis, weil er vorgibt, ein anderer zu sein, und diese behauptete Identität auch mit einer Reihe abenteuerlicher, angeblich selbsterlebter Geschichten abzusichern trachtet, während der Staatsanwalt in einer endlosen Kette von Verhören und Gesprächen zu beweisen versucht, er sei sehr wohl dieser hartnäckig verleugnete Stiller. Das Merkwürdige dabei: Aus dem ganzen Puzzle von Zeugenausagen, Briefen, Gegenüberstellungen, Gesprächsnotaten, Personaldokumenten stellt sich schließlich doch die »Biographie« jenes Bildhauers Anatol Stiller her. Und zwar, ironisch genug, von ihm selber fixiert – dem Ich-

Erzähler (der es dann am Ende auch akzeptieren muß, Stiller zu sein).

Drei Jahre später folgte Max Frischs Kontrastprogramm: der Roman *Homo faber*. Schon äußerlich als Gegen-Entwurf zu erkennen: *Stiller* ist ein umfangreiches, bisweilen weitschweifiges Buch; *Homo faber* ein dünnes, knapp gefaßtes. Von Grund auf gegensätzlich auch die beiden Titelhelden: Anatol Stiller ist Bildhauer, also Künstler; Walter Faber (von Freunden scherzhaft, aber treffend, »homo faber« genannt – Technikmensch, sozusagen) ist Ingenieur, zur Kunst hat er keine Beziehung. Während Stiller Zusammenhänge oder Wirkungskohärenzen bezweifelt, ist Faber, der Kybernetiker, von einer rationalen Ordnung der Dinge absolut überzeugt. Doch beide Protagonisten kommen ins Trudeln: Stiller muß einsehen, daß Zusammenhänge existieren; Fabers berechnete Welt zeigt von Beginn an Risse – erst eine Flugzeugpanne, und dann funktioniert der Elektrorasierer nicht. Und wenn sich aus den ungeordneten, zufälligen, fragmentarischen Dokumenten in Stillers Erzählung am Ende ein sinnvolles Ganzes ergibt, so löst sich Fabers anfänglich präziser »Bericht« fortschreitend in Einzelteile auf – am Schluß, wenn ihm, dem Krebskranken, auch noch die Schreib*maschine* genommen wird, sind es nurmehr mühsam aufs Papier gekritzelte Gedankensplitter. Und ausgerechnet dieser Gegenwartsmensch Faber, der keine Traditionsbindungen akzeptieren mag, wird von der Vergangenheit eingeholt. Ausgerechnet er, der alles verwaschen Mythische leugnet, gerät in einen geradezu archaischen Mythenstoff hinein.

Daß aber beide Romanfiguren, der Künstler Stiller wie der Techniker Faber, eine Menge mit ihrem Autor gemeinsam haben, ist nicht zu übersehen: An der Universität Zürich hat Max Frisch vier Jahre lang (1930-34) deutsche Literatur studiert, bevor er die Sache aufgab. Danach studierte er, nochmal vier Jahre (1936-40), an der Eidgenössischen Technischen Hochschule Zürich Architektur. Nebenher schrieb er, die ganze Zeit über, Feuilletons für die Neue Zürcher Zeitung und auch schon seine ersten Prosastücke und Romane. Ein Jahr nach dem Erwerb seines Hochschuldiploms eröffnete er ein eigenes Architektur-Büro und baute, beispielsweise, 1949 das Freibad Zürich-Letzigrund. 1942 hatte er geheiratet. Mitte der 50er-Jahre, nach einem längeren Aufenthalt in den USA, unternahm er (so, wie es sein Stiller versucht, auch sein Rip van Winkle) eine Art Befreiungsaktion: Er gab sein Architekturbüro auf, später auch seine Ehe, und begann sein Leben als Freier Schriftsteller. Gestorben ist er dann wie sein Walter Faber: am Krebs.

Max Frisch, Stiller. Roman. Frankfurt/Main : Suhrkamp, 1954.

Ders., Homo faber. Ein Bericht. Frankfurt/Main : Suhrkamp, 1957.

Hans Mayer, Dürrenmatt und Frisch. Anmerkungen. Pfullingen : Neske, 1963.

Alexander Stephan, Max Frisch. In: Kritisches Lexikon zur deutschsprachigen Gegenwartsliteratur hrsg. v. H. L. Arnold). München : text + kritik, 1978ff.

Volker Hage, Max Frisch. Reinbek : Rowohlt, 1983 (= Rowohlts Monographien 321).

Heiko Postma, Gegen die Vergeblichkeit (zum 75. Geburtstag von M. Frisch). In: Hannoversche Allgemeine v. 15.5.1986.

No.22
Wer erinnert sich hier an wen?

— Arthur Conan Doyle, *A Study in Scarlet (Eine Studie in Scharlachrot)*

Elementar. Wenn Sie den Rätseltext methodisch exakt untersucht und die versteckten Indizien korrekt ermittelt haben, wenn Sie den tückisch eingefügten *red herrings* klug ausgewichen und zu den richtigen Schlüssen gekommen sind, dann müßte das Resultat Ihrer (krimino-)logischen Deduktionen eindeutig sein: Der gesuchte Memoiren-Schreiber ist Dr. Watson. Der gesuchte erste Band seiner großen, zuletzt neun gewichtige Bücher umfassenden Rückblicks-Reihe ist die *Studie in Scharlachrot*, deren »Teil 1« den Titel trägt: »Aus den Erinnerungen von John H. Watson M.D., ehemals Mitglied des Medizinischen Dienstes der Armee« (»Teil 2« dokumentiert hingegen die Vor-Geschichte des Falles, die sich in Utah/USA unter den dortigen Mormonen zutrug). Der Erstdruck des Werkes erschien 1887 in »Beeton's Christmas Annual«, die Buchausgabe ein Jahr später im Londoner Verlag Ward, Lock & Co. Der gesuchte offizielle Verfasser (in der Sprachregelung der seriösen Wissenschaft: der »Herausgeber«) ist Sir Arthur Conan Doyle – Doktor der Medizin auch er (seit 1885), und am 9. April 1902 von King Edward VII. zum Ritter geschlagen. Eine Auszeichnung, die der gesuchte Freund Dr. Watsons (und Protagonist seiner Reminiszenzen) explizit abgelehnt hatte, wie im Bericht über die *Drei Garridebs* vermeldet wird. Sein Name: Sherlock Holmes. Seine Profession: Beratender Detektiv.

Den Buchtitel *A Study in Scarlet* hat Holmes dabei, in Anlehnung an gewisse Maler-Usancen, selber vorgeschlagen: »Warum sollten wir nicht ein wenig Kunstjargon verwenden? Der scharlachrote Faden des Mordes verläuft durch das farblose Knäuel des Lebens, und unsere Pflicht ist es, ihn zu entwirren«. Überhaupt ist es Holmes gewesen, der den Doktor zur literarischen Verwertung des Falles angeregt und ermuntert hat. In späteren Jahren wird er bisweilen über die angeblich zu romantisch sensationelle Erzählweise seines Dauer-Chronisten herziehen. Das muß den Leser nicht stören. Ärgerlicher ist schon, daß der gute Dr. Watson recht schusselig mit Daten-Zahlen-Fakten umgeht. Über seine Ehe mit der reizenden Miss Mary Morstan, beispielsweise, gibt er grad noch ein paar Auskünfte: Er hat die Tochter des verstorbenen Captain Morstan kennen- und liebengelernt, als er mit Holmes das *Zeichen der Vier* untersuchte (das war jener Fall, in dem der Doktor zum ersten Mal die Kokain-Sucht des Detektivs beklagte). Doch über den frühen Tod seiner Gattin liefert er nur vage Andeutungen. Und von der Existenz der zweiten Mrs. Watson erfahren wir bloß durch einen beiläufigen Hinweis von – Sherlock Holmes, der sich (im Fall des *Erbleichten Soldaten)* beklagt, »der gute Watson« habe ihn 1903 »einer Gattin wegen« verlassen: »die einzige selbstsüchtige Aktion, an die ich mich in unserer Verbindung erinnere.« (Da Dr. Watson im *Abenteuer vom adligen Junggesellen* seine damals »kurz bevorstehende Hochzeit« erwähnt, dieser Fall aber deutlich *vor* dem *Zeichen der Vier* anzusetzen ist, vor seiner Begegnung mit Mary Morstan also, haben einige der erwähnten seriösen Wissenschaftler [»Sherlockians«] überdies die These statuiert, der Doktor sei insgesamt *drei*mal verheiratet gewesen. Wir halten diese Deduktion gleichwohl nicht für zwingend und führen die, zugegeben: manifeste, Verwirrung auf die ebenfalls bereits erwähnte Lässigkeit Dr. Watsons im Umgang mit konkreten Daten zurück).

Auffallend indes, daß Sherlock Holmes die Geschichte vom *Erbleichten Soldaten* (und nicht nur diese) persönlich erzählt; anders gesagt, daß er seinem Biographen, seinem »Boswell«, wie er sich ausdrückt (zu deutsch: seinem Eckermann), die Chronisten-Feder gelegentlich aus der Hand genommen hat – ohne freilich, wie gleich hinzugesetzt werden muß, dessen narrative Qualitäten zu erreichen. Doch in der Tat: Vor allem in späteren Jahren scheint der sonst so tatkräftig vitale Memoirenschreiber manchmal ein wenig zu ermüden. Vielleicht lag's daran, daß seine Arztpraxis, die er nach einer längeren Phase der Rekonvaleszenz (s.u.) in London eröffnete, doch aufreibender war, als er angenommen hatte. So wäre auch zu erklären, daß bisweilen sogar Conan Doyle selber, der Herausgeber, einen Beitrag zu Dr. Watsons Memoiren-Werk lieferte. Etwa beim allerletzten Auftritt des Ermittler-Paares, 1912, wenn Holmes, der sich längst als Bienenzüchter in sein Cottage am Südhang der Sussex-Downs zurückgezogen hat, von der britischen Regierung reaktiviert wird, um das Vereinigte Königreich vor deutschen Agenten zu retten, und der ergraute Dr. Watson dabei als Chauffeur mitrast, den Bericht *His last Bow* aber von Sir Arthur schreiben läßt.

Doch, Achtung: Dies ist nur der letzte Holmes-Watson-Fall in der real-historischen Ordnung der Geschehnisse. Die letzte von Dr. Watson selbst geschilderte Verbrecherjagd der beiden nämlich gilt dem Fall des *Krie-*

chenden Mannes. Und der letzte Bericht, den Watson, der »Sturmvogel des Verbrechens« (so Holmes), überhaupt aufgezeichnet hat, betrifft die Ereignisse in *Shoscombe Old Place.* Conan Doyle hat den Report im März 1927 im amerikanischen »Liberty Magazine« erscheinen lassen. Einen Monat später kam dann auch das britische Stammblatt »The Strand Magazine« damit heraus. Und im selben Jahr noch wurde die Geschichte Teil von Dr. Watsons neuntem und letzten Memoirenband *The Case-Book of Sherlock Holmes.* Diese Datierungs-Sachen wirken echt kompliziert, insofern mag der Doktor für manche Dinge entschuldigt sein. Denn es kommt ja noch hinzu, daß er selber die ganze Serie schon viel früher für beendet halten mußte: Am 4. Mai 1891 glaubte der Brave seinen Freund Sherlock Holmes, »den besten und klügsten Menschen«, den er »jemals gekannt hatte«, tot – zerschmettert, ertrunken in den reißenden Wasserstürzen der Reichenbach-Schlucht. Was sich an jenem Tag exakt abgespielt hat, werden wir nie erfahren. Dr. Watson, durch eine getürkte Nachricht zu einem Patienten gerufen, war beim Finale dieses *Finalen Problems* nicht dabei. Wir sind auf den geheimnistuerischen Bericht des Jahre später zurückgekehrten Holmes angewiesen, der (im *Leeren Haus)* unwahrscheinlich klingende Dinge über einen Zweikampf mit Professor Moriarty erzählte. Doch irgendwie scheint kein anderer als Arthur Conan Doyle, der Herausgeber, seine Finger im Spiel gehabt zu haben. Er mochte den Detektiv nicht. Und in seinem Tagebuch steht unterm 4. Mai 1891: »Killed Holmes«. Verdächtig.

Die Anfänge dieser bewegenden Beziehung zweier Großbriten aus dem Zeitalter der Queen Victoria sind etwas leichter zu verfolgen. Als er seine scharlachroten Erinnerungen zu Papier brachte, war Watson einfach noch besser drauf. Zwar verrät er uns seinen Geburtstag nicht, dafür ein anderes freudiges Ereignis: 1878 wurde er an der Universität London zum Doktor der Medizin promoviert. Anschließend absolvierte er in Netley einen Lehrgang für Armee-Ärzte und trat als Assistenzarzt bei den (seither weltberühmten) »Fünften Northumberland-Füsilieren« ein, die seinerzeit in Indien stationiert waren. Kurz darauf brach der Zweite Afghanistan-Krieg aus. In der »verhängnisvollen Schlacht von Maiwand« wurde der junge Doktor schwer verwundet: Eine »Jezail-Kugel« traf seine Schulter, zerschmetterte den Knochen und versehrte die Schlüsselbein-Arterie. Im Hospital von Peshawar kam auch noch der Typhus hinzu. (Viel gerätselt wurde in der seriösen Wissenschaft über eine spätere Bemerkung Dr. Watsons, wenn er, im *Zeichen der Vier,* sein nach wie vor lädiertes »Bein« beklagt. Man ist allgemein zu der Auffassung gelangt, der tapfere Doktor sei damals in Maiwand an *zwei* Stellen getroffen worden und nur zu bescheiden gewesen, auch die zweite Verwundung gleich im ersten Band seiner Erinnerungen zu erwähnen – eine würdige Deutung, der wir uns aus voller Überzeugung anschließen).

Doch, wie auch immer: Nach seiner vorläufigen Genesung in die Heimat zurückgekehrt und mit einer kargen Pension von 10 ½ Shilling pro Tag ausgestattet, quartierte er sich in London (der »großen Senkgrube«) in einem Guest-House ein, prophetischerweise auf dem Boulevard »The Strand«. Aber weil das auf Dauer zu kostspielig wurde, suchte er nach einem Partner für eine möblierte Wohnung. Durch Vermittlung eines ehemaligen Untergebenen, des »jungen Stamford« aus dem St. Bartholomew-Hospital (three cheers for young Stamford!), kam es dann, im Labor des Krankenhauses, zur legendären Begegnung Dr. Watsons mit Sherlock Holmes, der, gerade mit einer chemischen Analyse beschäftigt, den Eintretenden mit den unvergänglichen Worten begrüßte: »Sie sind in Afghanistan gewesen, wie ich bemerke.« Der Beginn einer wunderbaren Freundschaft. Anschließend: Umzug in die Räumlichkeiten Mrs. Hudsons. Anschrift: 221 B Baker Street.

Nach Abschluß des ersten gemeinsamen *Scarlet*-Falles (bei dem natürlich die Scotland-Yard-Inspectors Gregson und Lestrade, die, laut Holmes, »Einäugigen unter all den Blinden dort«, sämtliche Offizial-Ehren einheimsten) muß Dr. Watson wohl in Kontakt zu seinem Kollegen Dr. Doyle gekommen sein. Das Weitere ist bekannt: Die »Heiligen Schriften« konnten erscheinen. Arthur Conan Doyle war am 22. Mai 1859 in Edinburgh geboren worden. 1876 begann er an der Universität seiner Vaterstadt Medizin zu studieren. Er fuhr als Schiffsarzt auf einem Walfänger und eröffnete 1882 in Southsea bei Portsmouth eine Praxis. Weil die Patienten nur spärlich kamen, fing er an zu schreiben, und das wurde dann nach und nach sein eigentliches Metier. Am 7. Juli 1930 ist Sir Arthur Conan Doyle in seinem Landhaus Windlesham in Sussex gestorben. Über einen eventuellen Tod von Mr. Holmes und Dr. Watson liegen dagegen keine Nachrichten vor.

Arthur Conan Doyle, Sherlock Holmes – Werkausgabe in neun Einzelbänden (n. d. Erstausg. neu u. getreu übers.). Zürich : Haffmans, 1984ff.

Ders., The Penguin Complete Sherlock Holmes (with a preface by Christopher Morley). Harmondsworth : Penguin, 1981.

Ders., The Annotated Sherlock Holmes (edited, with an Introduction, Notes, and Bibliography by William S. Baring-Gould). London : Murray, 1968, 2 Volumes.

Zeus Weinstein (Hrsg.), Sherlock Holmes Handbuch. Zürich : Haffmans, 1988.

Heiko Postma u. Rainer Wagner (Hrsg.), Galerie der Detektive. 123 Porträts von Sherlock Holmes bis Nero Wolfe. Hannover : Revonnah, 1997.

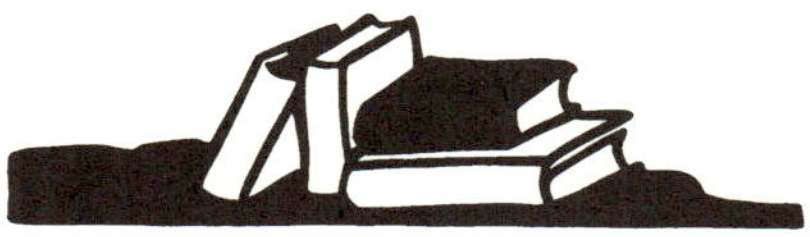

No.23

Wer grübelt hier über poetische Regeln? — Richard Wagner, *Die Meistersinger von Nürnberg*

Im Jahr 1851 veröffentlichte Richard Wagner im Leipziger Verlag Breitkopf & Härtel eine umfängliche *Mitteilung an meine Freunde,* in der er seine »Entwicklung als dramatischer Komponist« darlegte und, nebenbei, auch seinen – freilich wieder aufgegebenen – Plan zu einer *»komischen* Oper«, betitelt *Die Meistersinger zu Nürnberg,* vorstellte. Zeitpunkt und Ort dieser Publikation waren zumindest ungewöhnlich: Schließlich wurde der Verfasser damals im Königreich Sachsen steckbrieflich verfolgt. Er war in Deutschland persona non grata und lebte, falls er nicht grad durch halb Europa hetzte, in Zürich – im Schweizer Exil.

Richard Wagner war am 22. Mai 1813 in Leipzig als Sohn eines Polizeiaktuars (der noch im gleichen Jahr starb) geboren worden. Er studierte Musik an der Universität seiner Vaterstadt und begann eine Laufbahn als Kapellmeister mit den üblichen Provinz-Stationen: Chordirektor in Würzburg, Musikdirektor in Magdeburg, dann in Königsberg und Riga. Gleichzeitig fing er an, Opern zu komponieren, deren Textbücher er stets selber verfaßte. In Magdeburg dirigierte er etwa die Uraufführung seines *Liebesverbots.* Und noch eines fing er in dieser Zeit an: Schulden zu machen. Wagner, seit 1836 mit der Opernsängerin Minna Planer verheiratet, floh vor seinen Gläubigern bis London, bis Paris, wo er sich jahrelang als Musikschriftsteller durchschlug, ehe er 1842 nach Deutschland zurückkehrte. In Dresden wurde er zum Königlich Sächsischen Hofkapellmeister ernannt. Hier fanden die Uraufführungen seines *Rienzi,* seinen *Fliegenden Holländers,* schließlich seines *Tannhäusers* statt. Dann kam die Revolution, und der kleingewachsene Königliche Hofkapellmeister erklomm die Barrikade: »Ich will zerbrechen die Gewalt der Mächtigen, des Gesetzes und des Eigentums.« Das war im Mai 1849. Anschließend Flucht.

In der erwähnten *Mitteilung* vergegenwärtigt er sich noch einmal die Situation des Jahres 1845, als er seine »große romantische Oper« fertiggestellt hatte: *Tannhäuser und der Sängerkrieg auf der Wartburg.* Die stoffliche Anregung dazu verdankte Wagner, tatsächlich, zwei großen romantischen Poeten: Soweit es um den Minnesangs-Wettstreit ging, stützte er sich im wesentlichen auf die Erzählung »Der Kampf der Sänger« unseres Rätseldichters No.5; bei den Venusberg-Eskapaden des Titelhelden orientierte er sich an Heinrich Heines herbwitzigem Poem »Der Tannhäuser. Eine Legende«. Echt wagnersch jedoch, wie er die beiden Handlungsstränge verknüpfte und seinen Helden zum doppelt geächteten Außenseiter machte – zum Neutöner, der die konservativen Kollegen künstlerisch provoziert; und zum Erotiker, der, schockierend, seine Sinne im Venusberg auslebt; der von den tonangebenden Kunst- und Moral-Aposteln verbannt wird, und dem dennoch die Zukunft gehört.

Nach dieser »verzehrenden« *Tannhäuser*-Arbeit gönnte sich Wagner, wie er in der *Mitteilung* erzählt, eine Erholungsreise »in ein böhmisches Bad«. Es war Marienbad. Und hier, der »Theaterlampenluft« entronnen, kam er auf die *Meistersinger*-Idee: »Wie bei den Athenern ein heiteres Satyrspiel auf die Tragödie folgte, erschien mir auf jener Vergnügungsreise plötzlich das Bild eines komischen Spieles, das in Wahrheit als beziehungsvolles Satyrspiel meinem ›Sängerkriege auf der Wartburg‹ sich anschließen konnte.« Ob die »Heiterkeit« Wagners »Charakter« so »eigentümlich« war, wie er bei dieser Gelegenheit bemerkt, lassen wir mal dahingestellt sein; interessant ist, daß er als zusätzliches Motiv den »wohlgemeinten Rat guter Freunde« erwähnt, die eine Oper »leichteren Genres« von ihm gefordert hatten, weil ein solches Werk »mir den Zutritt zu den deutschen Theatern verschaffen, und so für meine äußeren Verhältnisse einen Erfolg herbeiführen sollte«. (Was die äußeren Verhältnisse auch nötig hatten).

Der szenische Entwurf gelang ihm rasch: Im Mittelpunkt stand Hans Sachs, der Schuster und Poet, ihm »entgegen« die »meistersingerliche Spießbürgerschaft, deren durchaus drolligen, tabulatur=poetischen Pedantismus ich in der Figur des ›Merkers‹ einen ganz persönlichen Ausdruck gab.« Die Handlung war turbulent (und verdankte sich, wieder einmal, ganz wesentlich unserm Rätselmann No.5, diesmal der Geschichte von »Meister Martin, dem Küfner, und seinen Gesellen«): Der Zunftälteste verspricht seine Tochter dem Sieger eines »öffentlichen Wettsingens«; der »Merker« will antreten, da »entsteht ihm ein Nebenbuhler in der Person eines jungen Rittersohnes«. Weil der verliebte junge Adlige aber kein »Meister« ist, muß er vor der Zunft ein Probelied präsentieren, das der Merker als nicht regelkonform durchfallen läßt. Stolz will der Ritter nun die Braut entführen, woran ihn jedoch Hans Sachs hindert, der zugleich noch den Merker verulkt, dem er obendrein ein geheimnisvolles neues Wettbewerbslied zuspielt, das in Wirklichkeit der junge Ritter geschrieben hat. Beim Preissingen fällt der Merker damit eklatant durch, der Neutöner hingegen triumphiert und tritt, wenn auch erst auf »humor«-volles Zureden Hans Sachsens, sogar noch in die Zunft der Meistersinger ein.

Von wenigen, freilich bezeichnenden, Ausnahmen abgesehen, entsprach die Handlung dieses Marienbader Entwurfs also durchaus der später realisierten. Und eine satyrische *Tannhäuser*- und *Sängerkriegs*-Travestie bot sie überdies. Dennoch führte Wagner den »schnell erfundenen und enworfenen Plan« damals nicht aus. Vorrangig, weil es ihn drängte, den *Lohengrin* zu schreiben, so daß er unvermutet »in die sehnsüchtig ernste Stimmung zurückgetrieben ward«. Dann aber auch (was ihm erst hinterher, beim Abfassen der *Mitteilung*, »klar geworden« ist), weil ihm das ganze Unternehmen *Meistersinger* zu sehr auf »Ironie« abgestellt schien und nicht auf »Heiterkeit«.

Sechzehn Jahre später, 1861, holte er den Entwurf plötzlich wieder aus der Schublade. Und merkwürdig: Erneut war ein *Tannhäuser*-Erlebnis vorangegangen – die desaströse, ausgepfiffene, bejohlte, verrissene Pariser Erstaufführung der neuen Fassung. Wagner stand unter Schock. Er mußte etwas tun. Eine »ernste, schwermütige Dichtung«, so glaubte er, würde ihn »ruinieren«, weshalb er sich, noch in Paris, aber im »Geist einer ruhig lächelnden Resignation« an die textliche Ausarbeitung des alten *Meistersinger*-Stoffes machte, überzeugt, daß »mit dem ganzen Leben nur ein Wahrhaftes zu gewinnen sei: Ruhe des Gemüts in der Entsagung.« Man sieht: Er hatte inzwischen unsern Rätselphilosophen No.8 studiert. Und das merkt man auch, wenn Hans Sachs seinen »Wahn«-Monolog vorträgt. Wie sich überhaupt der Hans Sachs gegenüber Marienbad verändert hat: Der alternde Witwer denkt nun zeitweise daran, die schöne Meisterstochter Eva womöglich selber zu ersingen. Die wäre auch nicht direkt abgeneigt gewesen, doch Hans Sachs ruft sich noch rechtzeitig zurück: »Mein Kind,/ Von Tristan und Isolde/ Kenn' ich ein traurig Stück:/ Hans Sachs war klug und wollte/ Nichts von Herrn Markes Glück.« (Womit Wagner, fein, auch auf sein vollendetes, doch einstweilen noch unaufgeführtes Musikdrama *Tristan und Isolde* anspielte). Vor allem aber ist Hans Sachs in diesem Spiel (dem Wagner noch die alte Gattungsbezeichnung »Oper« ließ) der Mann, der klug über die »Regeln« der Kunst nachdenkt. Im Gegensatz zu Sixtus Beckmesser, dem »hochgelahrten Herrn Stadtschreiber« und »Merker«, der nach Kritiker-Weis' ein neues Kunstwerk allein nach alten Gesetzen zu beurteilen versteht, was bei innovativer Kunst zwangsläufig auf ein Ver-Urteilen hinausläuft, während er selber unfähig ist, auch nur ein Schlicht-Gedicht zu verfertigen.

Bis zum Januar 1862 hatte Wagner das Textbuch der *Meistersinger* fertig. Gleich darauf begann er in Biebrich, wohin er nun umgezogen war, mit der Vertonung. Doch so schnell ging es dann doch nicht. Erst fünf Jahre später beendete er die Partitur. Und es dauerte bis zum 21. Juni 1868, ehe das Werk im Königlichen Hof- und Nationaltheater München, in Anwesenheit Seiner Majestät König Ludwig II. von Bayern (dem die Oper »in tiefster Ehrfurcht gewidmet« ist), zur Uraufführung kam.

Richard Wagner hatte einiges durchlebt, seit er 1849 aus Deutschland geflohen war: Er hatte in London, Paris, Brüssel und in mehreren italienischen Städten Konzerte gegeben; in Zürich war ihm von Otto Wesendonck eine Villa eingerichtet worden (und mit dessen Gattin Mathilde hatte ihn eine tristaneske Liebesgeschichte verbunden). Er hatte Franz Liszt kennengelernt, und 1857 war dessen Tochter Cosima auf ihrer Hochzeitsreise bei Wagner zu Besuch gewesen – gemeinsam mit ihrem frisch Angetrauten, dem Dirigenten Hans von Bülow. 1860 hatte der sächsische König eine Amnestie erlassen und Wagners Rückkehr nach Deutschland ermöglicht. Vier Jahre später lernte Wagner dann »seinen« Märchen-König kennen, Ludwig II. von Bayern, und zog nach München, wo er seine Musikdramen aufführen konnte: 1865 *Tristan und Isolde*, 1868, wie gesagt, *Die Meistersinger von Nürnberg*. Dirigent war jeweils Hans von Bülow. Dessen Gattin Cosima freilich lebte da längst bei Richard Wagner: Der 28. November 1863, steht in ihrem Diarium, sei der Tag gewesen, »an dem wir uns fanden und verbanden«. (Wagners Ehefrau Minna starb übrigens 1866 in Dresden).

Nach den *Meistersingern* nahm Wagners Großkarriere ihren Weg: Er bekam sein Festspielhaus in Bayreuth, und zur Eröffnung, 1876, erschien sogar Kaiser Wilhelm I., um dem *Ring des Nibelungen* beizuwohnen. Ein Jahr später empfing Queen Victoria den Meister in Schloß Windsor. Nicht unedel – für einen ehemaligen Barrikadenkämpfer. Im August 1870, ein Jahr nach der Geburt ihres dritten gemeinsamen Kindes, hatten Richard Wagner und Cosima von Bülow geheiratet. Im Herbst 1882 reiste die Familie zu einem längeren Aufenthalt nach Venedig. Dort, im Palazzo Vendramin, ist Richard Wagner am 16. Februar 1883 gestorben.

Richard Wagner, Gesammelte Schriften (hrsg. v. J. Knapp). Leipzig : Hesse & Becker, o. J. [1914], 14 Bde.

Hans Mayer, Richard Wagner in Selbstzeugnissen und Bilddokumenten. Hamburg : Rowohlt, 1959 (= Rowohlts Monographien 29).

No.24

Wer verliert hier Spiel und Verstand? — Alexander Puschkin, *Pikovaja dama (Pique Dame)*

Seine historischen Dichtungen konnte er durchaus als Familien-Geschichten schreiben: Alexander Sergejewitsch Puschkin, geboren am 26. Mai 1799 in Moskau, stammte sowohl väterlicher- wie mütterlicherseits aus ältestem (wenn auch im Lauf von 600 Jahren verarmten…) Adel: In seiner fulminanten, formal kühnen, »romantischen Tragödie« über den Thron-Usurpator Boris Godunow gehört ein geschichtsechter Gawrila Puschkin zu den Hauptfiguren. (Das »Bravo, Puschkin!«, das der Dichter nach Beendigung des Stückes ausrief und aufschrieb, galt allerdings seiner eigenen poetischen Leistung). Und in seinem, freilich Fragment gebliebenen, Roman *Der Mohr Peters des Großen* ging es um jenen Ibrahim Hannibal, der, in Abessinien geboren, als Sklave nach Rußland verschleppt worden war und es dort bis zum Admiral des Zaren gebracht hatte: Puschkins Urgroßvater. Seine Mutter war eine geborene Hannibal. (Etwas zwiespältig stand der kraushaarige Dichter zu dieser Seite seiner Herkunft aber wohl schon: Einerseits träumte er gelegentlich von »seinem Afrika«; anderseits heißt es in einem seiner Gedichte – »Aber ich, Windbeutel und ewiger Müßiggänger,/ häßlicher Nachkomme von Negern«).

Manch einer der ahnherrlichen Puschkins war allerdings als eigenwilliger Rebell aufgefallen (einige wurden auch als Aufrührer gehenkt), doch grad diesem Familien-Zug fühlte sich der adlige Poet besonders verpflichtet. Sein Leben lang trat er leidenschaftlich für die Freiheit ein, wobei seine Freiheitsvorstellungen ihre soziale Quelle nicht verleugnen: Nach »eigener Laune« wollte er leben, »edel und unabhängig«. In Rußland, schrieb er einmal, »gehören die Schriftsteller dem Hochadel an. Der aristokratische Stolz verbindet sich bei ihnen mit der Selbstliebe des Dichters.«

Puschkin besuchte das (Elite-)Lyzeum von Zarskoje Selo bei St. Petersburg und trat 1817 eine Stelle als Kollegiensekretär im Außenministerium an. Im selben Jahr schrieb er seine große Ode *Freiheit*, was den Behörden nicht entging. 1820 wurde er auf Befehl des Zaren verbannt – zwar nicht nach Sibirien, wie er befürchtet hatte, immerhin weit weg: in den Süden, nach Bessarabien und »in die Wüsten Moldawiens«, wo er, unverändert elegant widersetzlich, seine Zeit mit »aristokratischen Mahlzeiten und demagogischen Gesprächen« hinbrachte. Gnädigerweise hatte er im amtlichen Auftrag reisen dürfen. Auch als Poet war Puschkin inzwischen berühmt, vor allem durch seine folkloristische, ironisch witzige Verserzählung *Ruslan und Ludmilla*.

Nach drei kaukasischen Jahren wurde er endlich nach Odessa beordert. Zurück in »Europa«: »Die Restaurants, die italienische Oper gemahnen mich an die gute alte Zeit und lassen mich wieder aufleben.« Dabei allerdings kam er unübersehbar in Kontakt zu allerlei politischen Geheimbündlern, zumal im Salon der berüchtigten Polin Karolina Sobanska (der Schwägerin unseres Rätselromanciers No.38b). Doppelte Konsequenz: Puschkin wurde auf das Gut seiner Eltern in Michailowskoje im Gouvernement Pskow verbannt und, unehrenhaft, aus dem Staatsdienst entlassen.

Nun freilich hatte er viel Zeit. Er schrieb seinen *Boris Godunow*, begann sein Versepos *Eugen Onegin*, sein eigentliches Hauptwerk, schrieb viele Gedichte, Elegien meist, schwängerte ein Bauernmädchen und sehnte sich nach Moskau. Am – fehlgeschlagenen – Dekabristen-Aufstand vom Dezember 1825 konnte er schon auf Grund seiner Verbannung nicht teilnehmen: Glück für ihn, denn mit den meisten der später hingerichteten Aktivisten war er befreundet gewesen, und auch so hatten ihn die Untersuchungsbehörden im Verdacht, ein Mitverschwörer zu sein. Als das ausgeräumt war, durfte Puschkin nach Moskau zurück. Der neue Zar Nikolaus I. empfing ihn in Privataudienz, und nun hatte der Dichter ein neues Problem. Jetzt galt er seinen linken Kollegen als Zarenknecht. Geld besaß er auch keines, dafür beträchtliche Schulden: Puschkin war ein exzessiver Spieler – insofern besitzt seine Erzählung *Pique Dame*, die er im Herbst 1833 schrieb und im folgenden Frühjahr veröffentlichte, sehr wohl autobiographische Elemente.

Autobiographisch auch noch in einem weiteren Sinne. Denn es geht in dieser Geschichte ja nicht nur um manische Spielleidenschaft, wie sie der Gräfin *** in Paris fast zum Verhängnis geworden wäre, hätte ihr nicht der mysteriöse Herr von Saint-Germain mit seiner zauberhaften Kartenformel (Drei-Sieben-As) aus der Not geholfen. Es geht nicht nur um die berechnende Geldgier des deutschstämmigen Ingenieurs Hermann, der, Jahrzehnte später, in einem Petersburger

Spielsaal von der Sache erfährt und, so gewissenlos wie brutal, alles daransetzt, um hinter die legendäre Zahlenkombination zu kommen. Es geht darüber hinaus auch um das Wirken magischer Mächte, um böse Vorbedeutungen. Denn gewiß, manche Schlüsselstellen dieser unheimlichen Erzählung ließen sich, sozusagen vernünftig, »aufklären«: Die gewinnsichernde Formel des Grafen könnte ein Zufallstreffer gewesen sein; die Traum-Vision des Ingenieurs eine Folge seiner nervlichen Überreiztheit. Doch wenn dann, am Spieltisch, statt des gesetzten Asses die Pik-Dame fällt, ihm höhnisch entgegenblinzelt und ihn rettungslos in den Wahnsinn treibt – wieder ein Zufall? Oder doch Schicksal? Schwarze Magie?

Vollends ist es nicht zu leugnen: Alexander Puschkin war von solchen Irrationalismen schon angetan, so satirisch-realistisch er in *Pique Dame* auch die Petersburger Hofgesellschafts-Szenerie schildert, in der die uralte Gräfin ***, herrisch anachronistisch, ihren Platz zu behaupten sucht. Und Puschkin scheint es auch nie vergessen zu haben, daß ihm einmal prophezeit wurde, er werde im Alter von 37 Jahren eines gewaltsames Todes sterben, wenn es ihm nicht gelinge, einem »weißen Mann« auszuweichen.

Im Winter 1828 lernte er in Moskau die schöne Natalja Nikolajewna Gontschwarowa kennen. Zwei Jahre später verlobten sich die beiden, 1831 fand die Hochzeit statt. Das Paar wohnte in St. Petersburg: Puschkin arbeitete wieder im Außenministerium und wurde bald auch von Zar Nikolaus I. (der außerdem sämtliche Schulden des Dichters beglich) zum Kammerjunker ernannt. Der Freiheitsmann Puschkin war nicht besonders glücklich über diese Umarmungen des Monarchen. Hektisch, von Unrast getrieben, reiste er im Lande hin und her. In Nischny Nowgorod, wo er einmal Station machte, hielt man ihn für einen getarnten zaristischen Revisor: Er erzählte es einem befreundeten Kollegen, und der (es war unser Rätselfreund No.14) machte eine grandiose Komödie aus dem Vorfall. Puschkin aber schied 1836 ein weiteres Mal, diesmal freiwillig, aus dem Staatsdienst aus. Wenig später erhielt er einen anonymen Brief: Seine Frau habe ein Verhältnis mit dem Franzosen Georges d'Anthes. Umgehend forderte Puschkin den Mann zum Duell. Freilich war d'Anthes der Adoptivsohn des niederländischen Botschafters in Rußland, und Exzellenz fürchtete diplomatische Verwicklungen. So wurde das Duell hinausgeschoben. Was die Sache noch undurchsichtiger macht: Georges d'Anthes war der Verlobte von Natalja Nikolajewnas Schwester, die er am 10. Januar 1837 auch brav heiratete. Kurz darauf kam ein zweiter anonymer Brief mit den selben Anschuldigungen wie zuvor. Diesmal reagierte Puschkin mit einem – d'Anthes bewußt beleidigenden – Schreiben an den Botschafter. Und diesmal forderte ihn d'Anthes auf Pistolen. Am 27. Januar 1837, nachmittags um fünf, kam es in St. Petersburg zur finalen Begegnung auf zehn Schritt Distanz und Schußwechsel bis zum Tod (so die Bedingungen). Doch schon die erste Kugel von Georges d'Anthes traf ins Ziel. Zwei Tage später starb Alexander Puschkin im Alter von 37 Jahren.

Alexander Puschkin, Sämtliche Romane und Erzählungen (übers. v. Fega Frisch). München : Buchenau & Reichert, o.J.

Gudrun Ziegler, Alexander S. Puschkin in Selbstzeugnissen und Bilddokumenten. Reinbek : Rowohlt, 1979 (= Rowohlts Monographien 279)

No.25

Wer will hier wissen, ob was los ist? — Kurt Schwitters, *Auguste Bolte*

Als dies Rätsel in der HAZ erschien, schaffte *Auguste Bolte* einen irren Doppelrekord: Sie erreichte die absolut geringste Zahl an eingesandten Lösungen in der Geschichte der Serie und zugleich den höchsten prozentualen Anteil an falschen Antworten. Stark!

Was den Wert dieser Leistung noch steigert: die HAZ erscheint in Hannover! Das ist jene Stadt, in der Kurt Schwitters am 20. Juni 1887 geboren wurde, worauf sich die lokalen

Kunst-Köpfe heutigentags viel zugute halten, weshalb sie auch bei all den originellen Schwitters-»Events« (wie sie diese Veranstaltungen zum 99. Geburtstag des Meisters oder zum 111. gern nennen) zu besichtigen sind, vor allem, wenn eine TV-Kamera in der Nähe ist oder wenigstens ein Pressefotograf. Es sind dies dieselben Leute, die von ihrem Kurt Schwitters nur als »KuSchwi« reden, doch Unsereinen dann, mit großen Augen, fragen, woher eigentlich der komische Name »Rewônnaverlach« käme. Und so erklären wir dann geduldig [Quatsch, gelogen: hämisch! *Anm. d. Verl.*], der Name »Revonnah Verlag« verdanke sich einem Text von Kurt Schwitters, betitelt *Hannover*, erschienen 1920.

In diesem sprachkundigen Prosastück, in dem der Autor (der seit 1915 mit der Sprachlehrerin Helma Fischer verheiratet war) unter anderem den Nachweis führt, daß Hannover eine »Großstadt« ist und ein »Rathaus« besitzt, empfiehlt er darüber hinaus, Hannover »am besten nur von vorn« zu lesen. Und nun kommt's: »Liest man aber Hannover von hinten, so ergibt sich die Zusammenstellung dreier Worte: ›re von nah‹.« Alles klar? »Re von nah«! Bei der Rückübersetzung des Wortes übrigens, wenn man Hannover von hinten wieder nach vorn liest, ergäbe sich, so Schwitters, die Formel »Vorwärts nach weit«, was den lokalpatriotischen Poeten zu der Schlußfolgerung veranlaßte: »Hannover strebt vorwärts, und zwar ins Unermeßliche.«

Das erklärt Vieles, wenn auch noch nicht den hohen prozentualen Anteil an Falschmeldungen im Fall *Auguste Bolte*. Freilich sollte man mit diesen Rätselfreunden nicht zu streng sein. Fast haben sie nämlich ins Schwarze getroffen: Rund zwei Drittel tippten auf »Anna Blume«, ein Drittel auf eine »Anna Bolte«. Mit dem Unterschied zwischen Anna und Auguste ist es aber folgendermaßen bestellt: *An Anna Blume* ist ein MERZ-Text (ganz genau: das *Merzgedicht 1)*, *Auguste Bolte* dagegen ein TRAN (exakt: *TRAN Nr. 30*, noch exakter: *ein Lebertran* von 1923). *Anna Blume* entstand nach dem 1. Weltkrieg und hing im Juni 1920 als Plakat an allen Litfaßsäulen der großen Stadt Hannover. Das war eine Reklame-Idee des Verlegers Paul Steegemann, in dessen Buchreihe »Die Silbergäule« die *Anna Blume*-»Dichtungen« erschienen.

Anna bewirkte auch viele interessante Reaktionen. Eine davon war die Diskussion der Frage, ob es sich bei »der Geisteskrankheit von K. Schwitters um Paralyse handelt, wie viele annehmen«, was der Urheber dieser Frage indes für abwegig hielt: »Vielmehr scheint es sich um eine (ziemlich fortgeschrittene) Dementia praecox zu handeln. Solche Kranke sind in der Produktion von sinnlosem Wortsalat besonders fruchtbar und furchtbar.« MERZ wiederum war eine Kulturrichtung, die Kurt Schwitters selber erfunden hatte: »I created MERZ on the Leineriver, under the influence of Rembrandt.«

Dazu muß man wissen, daß die Leine ein Fluß in Hannover ist, Rembrandt ein Maler, Schwitters nach dem Abitur Malerei studierte (erst in Hannover, dann in Dresden); daß er während des Krieges kurz Soldat war (Schreibstube), dann dienstverpflichtet als technischer Zeichner in einem Eisenwerk (Wülfel); daß er nach dem Krieg nicht »gebrauchen« konnte, was er »von der Akademie mitgebracht hatte« (Rembrandt); und daß er deshalb etwas Neues begann – aus vorgefundenen Materialien Kunstwerke zu collagieren. Das war allerdings noch nichts prinzipiell Neues, das prinzipiell Neue war, daß er aus einer Anzeige der »KOMMERZ- UND PRIVATBANK« die Silbe MERZ ausschnitt und damit MERZ erfand: »Mein letztes Streben ist die Vereinigung von Kunst und Nichtkunst zum Merz-Gesamtweltbilde«.

Nun gehören, bedauerlicherweise, zu jeder Kunst (unser Rätsellibrettist No.23 ließ in seiner Rätseloper No.23 ganze Lieder davon singen) die Kritiker. Auch Schwitters sah sie ungern. Für Texte, in denen er sich, auf welche Art auch immer, mit Kritikern befaßte, erfand er darum eine spezifische Kategorie: TRAN. Das Wort »Tran« hat diesmal nichts mit der Commerzbank zu tun, vielmehr will es der Künstler in der »Deutschen Sattler-

und Tapeziererzeitung« entdeckt haben. In jedem Fall ist Tran stinkig und schmierig und »Lebertran« eine Kinderquältinktur.

Insofern also verkörpert Frl. Dr. leb. Auguste Bolte (bei allem, was sie sonst noch verkörpert) nicht zuletzt die zeitgenössisch allgegenwärtige Kritikergilde: atemlos hinterherhetzend, wenn man glaubt, irgendwo könnte »etwas los« sein; hartnäckig unterwegs, wenn auch ohne Orientierungssinn; unnachgiebig jeden Neu-Entdeckten verfolgend, mag der nun wollen oder nicht. Daß sie vom Taxifahrer schließlich in der öden Heide ausgesetzt wird und seitdem verschwunden ist, möchte ein Wunschbild des Künstlers sein.

Der freilich wurde nur allzubald von ganz anderen Leuten verfolgt: Kurz nach dem Weihnachtsfest 1936 suchte die Gestapo seine Wohnung heim. Doch Kurt Schwitters war zwei Tage zuvor geflohen – zusammen mit seinem Sohn (den er, komisch, Ernst getauft hatte). Drei Jahre lang lebte Schwitters im norwegischen Lysaker am Oslo-Fjord, während die Nazis seine MERZ-Bilder in ihrer Ausstellung »Entartete Kunst« präsentierten, als Beispiel für »vollendeten Wahnsinn«. 1940 kam die NS-Wehrmacht auch nach Norwegen. Mit dem letzten Schiff, dem Eisbrecher »Fritjof Nansen«, gelang Schwitters die Flucht nach Schottland, wo ihn die mißtrauischen Briten erstmal festsetzten. Er wanderte durch mehrere Internierungs-Camps, zuletzt war er in Douglas auf der Isle of Man, wo's ihm indes nicht so schlecht ging: Er hielt Vorträge über MERZ und malte Porträts von zahlungskräftigen Mit-Internierten oder vom Wachpersonal (womit er sich vom Arbeitsdienst freikaufte). Das Museum der Insel-Hauptstadt Douglas hat diese Internierungs-Zeit in einer würdigen Ausstellung dokumentiert.

Im Dezember 1941 wurde Schwitters aus dem Camp entlassen und zog mit seinem Sohn nach London, wo er sich als Porträtmaler durchschlug. 1944 starb seine Frau Helma in Hannover. Nach Kriegsende zog Schwitters dann mit seiner Freundin Edith Thomas (die er »Wantee« nannte, weil sie so schön oft fragen konnte – »want tea?«) nach Ambleside im englischen Lake District. Am 8. Januar 1948 ist er im Krankenhaus von Kendal an Herzversagen gestorben. Hannover hat er nicht wiedergesehen. Aber in Hannover liegt er begraben, und am Kurt-Schwitters-Platz in Hannover liegt das Kurt Schwitters Archiv. (»Hunde bitte an die Leine zu führen.«)

Kurt Schwitters, Anna Blume und andere. Literatur und Grafik (hrsg. v. J. Schreck). Köln : DuMont, 1997.

Ders., »Eile ist des Witzes Weile«. Eine Auswahl aus seinen Texten (hrsg. v. Chr. Weiss und K. Riha). Stuttgart : Reclam, 1987.

Ernst Nündel, Kurt Schwitters in Selbstzeugnissen und Bilddokumenten. Reinbek : Rowohlt, 1981 (= Rowohlts Monographien 296) .

Werner Schmalenbach, Das Lebenswerk, das aus der Kälte kam. In: Hannoversche Allgemeine v. 11.8.1987.

No.26

Wer wartet hier auf seinen dritten Tod? — Luigi Pirandello, *Il fu Mattia Pascal (Die Wandlungen des Mattia Pascal)*

Als Luigi Pirandello seinen *Mattia Pascal* schrieb, war er kein junger Mann mehr: Er war 36 Jahre alt, geboren am 28. Juni 1867 im sizilianischen Girgenti, und auch als Literat hatte er schon einiges vorgelegt – Lyrikbände, realistische Novellen und zwei Romane im heimatlichen Ambiente, ein Kurzdrama, zudem eine linguistische Doktorarbeit über »Laute und Lautentwicklung der Mundart von Girgenti«. Der Dissertationstitel ist (in jeder Hinsicht) original deutsch: Pirandello promovierte 1891 an der Universität Bonn, nachdem er zunächst in Palermo und Rom studiert hatte. Danach lehrte er italienische Literatur am »Istituto superiore di Magistrato« in Rom.

Dennoch war *Il fu* (wörtlich: der »weiland«) *Mattia Pascal* ein Anfang: Zum ersten Mal gab es hier das typische »Pirandello-Thema« – das Problem der Identität, das Experimentieren mit Schein und Sein und Maskenzwang. Merkwürdig, daß sich der Autor damals in der gleichen Situation befand, wie sein Protagonist: 1903, im Entstehungsjahr des Romans, hatte die bis dahin höchst wohlhabende Familie Pirandello ihr gesamtes Vermögen eingebüßt, als eine Überschwemmung ihre sizilianischen Schwefelgruben vernichtete. Und so, wie sich Mattia Pascal als Bibliothekar durchbringt, mußte auch Luigi Pirandello fortan von Büchern leben. Vom Bücherschreiben.

Das Buch, das mit dem Satz beginnt »Eine der wenigen Sachen, oder vielleicht die einzige, die ich sicher wußte, war, daß ich Mattia Pascal hieß« – es war auch in Deutschland ein Erfolg: 1925 erschien die erste Übersetzung. Sonderbar darum, daß niemand eine Verbindungslinie zog, als knapp zwanzig Jahre später unser Rätselautor No.21 mit *seinem* (gleichfalls nicht ersten, aber erstem »eigentlichen«) Roman herauskam, dessen berühmter Anfangssatz hieß »Ich bin nicht Stiller«. »Er profitierte von der Vergeßlichkeit«, staunte, später, eine Literaturkritikerin. Da war grad eine Neu-Übersetzung des alten *Mattia Pascal* erschienen.

»Vergessen« war Luigi Pirandello im Deutschland der 50er-Jahre aber allenfalls als Erzähler, und auch das wurde bald revidiert. Auf dem Theater dagegen hatte sein Rang als Klassiker der Moderne nie ernsthaft in Frage gestanden (und unernst trieb es nur der Komödiant Curt Goetz, der in seinen Stükken öfter mal einen Experimentaldramatiker namens »Lugemal Miramdeller« persiflierte – er fand das komisch, aber ein Kompliment war's ja letztlich doch). Genau wie bei seinen erzählerischen Arbeiten brauchte Pirandello auch als Stückeschreiber eine längere Anlaufzeit, bis er seine Stärken entdeckte, genauer – bis er erkannte, welche Möglichkeiten ihm die Bühne eröffnete, um die Probleme durchzuspielen, die ihn nicht losließen: »Ist« einer stets das, was er einmal »war«? »War« er überhaupt jemals etwas Bestimmtes? Oder hat »man« ihn nur auf ein bestimmtes Bild fixiert? Und falls jemand selber so ein »Bild« von sich zurechtgemacht hat, ist es zulässig, diese Maske einfach abzureißen? Das Image zu entlarven? Und was steckt hinter dieser Maske? Doch auch andersherum: Ob die Motive solcher Desillusionierer allemal die aufrichtigsten sind? Reines Interesse an Aufklärung und Wahrheit? Nicht auch: Eitelkeit? Geltungsbedürfnis?

Um derlei »Feststellungen zur Person« kreisen die Theaterstücke Luigi Pirandellos, seit er 1917 seine erste Komödie der neuen Art verfaßte: *Così è (se vi pare) – So ist es (wie es Ihnen scheint)*, ein bis zuletzt, weder für die beteiligten Personen noch für die Zuschauer aufgelöstes, undurchschaubares Wechselspiel aus »Wahn und Wirklichkeit«. Pirandellesk.

Und so ging es weiter. Vier Jahre später schrieb Pirandello sein, bis heute, berühmtestes Stück *Sei personaggi in cerca d'autore – Sechs Personen suchen einen Autor*, in dem sechs Gestalten aus einem unfertig liegengelassenen Drama, vergeblich, nach einem Schriftsteller fahnden, der ihnen endlich zu einem richtigen Bühnenleben verhelfen soll. Und im drauffolgenden Stück *Vestire gli ignudi – Die Nackten kleiden* arrangierte Pirandello die szenische Versuchs-Situation genau umgekehrt: Ein Autor nimmt eine junge Frau, die soeben einen Selbstmordversuch überlebt hat, zu sich, weil ihr Leben, ihr »Fall«, ihn zu einem Roman inspiriert. Was erneut einige Feststellungen zur Person erfordert, eine Rekonstruktion ihrer Vergangenheit. Und was einen Prozeß mit tödlichem Ausgang ergibt.

Zwei Jahre danach, 1924, trat Luigi Pirandello demonstrativ der Faschistischen Partei Italiens bei. Ein schwer nachvollziehbarer Akt – bei diesem elementaren Zweifler. Er selber rechtfertigte den Schritt mit dem Verweis, Mussolini sei der Mann, der »mit solcher Kraft will, daß die Bewegung in einer geordneten Kraft gezügelt wird und daß die Form nicht mehr leeres, eitles Idol ist, sondern das Leben, pulsend und brausend, in sich aufnimmt«. Die heimliche Sehnsucht des Skeptikers, wenn schon nicht nach Gewißheit, so doch nach Halt? Kaum zu klären. »Jeder«, so hatte Pirandello bereits 1908 geschrieben, »macht sich die Maske zurecht, wie er kann – die äußere Maske.« Doch dahinter steckt eine – »andere« Maske, die sich manchmal von der ersten unterscheidet, manchmal aber auch nicht. Fazit: »Und nichts ist wahr!«

Das stammt aus seinem Essay *L'humorismo – Der Humor*. 1934 erhielt Luigi Pirandello in Stockholm den Nobelpreis für Literatur. Am 10. Dezember 1936 ist er in Rom gestorben.

Luigi Pirandello, Die Wandlungen des Mattia Pascal (autor. Übers. v. Edgar Wiegand). Berlin : Ullstein, 1955.

Renate Matthaei, Luigi Pirandello. Velber : Friedrich, 1967 (= Friedrichs Dramatiker des Welttheaters 26).

Klaus Stiller, Luigi Pirandello. In: Die Klassiker der italienischen Literatur. Düsseldorf : Econ, 1990, S. 193-201.

Marianne Kesting, Die Erde – ein wahnsinniges Sandkorn (zur Neuübersetzung von »Mattia Pascal«). In: DIE ZEIT v. 12.1.1968.

Barbara Sichtermann, Inszenierungen des Zweifels (zum 50. Todestag von Luigi Pirandello). In: DIE ZEIT v. 5.12.1986.

Heiko Postma, Die Detektive entlarven sich (zur Aufführung Die Nackten kleiden an der Landesbühne Hannover). In: Hannoversche Allgemeine v. 19.9.1989.

No.27

Wer futtert hier, bis der Schweiß ihm ausbricht? — Felix Timmermans, *Pallieter*

Er stammte aus Flandern, genau wie sein Held Pallieter, und lebte am gleichen Fluß: Am 5. Juli 1886 wurde Felix Timmermans in Lier an der Nethe geboren. Er war das 13. von 14 Kindern: katholisches Land, Flandern (sein Onkel Ludwig war Jesuitenpater). Vater Timmermans hingegen war Spitzen-Händler, vor allem aber ein Geschichtenerzähler, der seine Märchen, Schnurren oder Legenden so vortrug, als habe er sie selber erlebt – nie mit dem staubigen Anfang »Es war einmal…«, sondern viel lebendiger und packender: »Ich war einmal…«. Von ihm hat Felix Timmermans gelernt, wie man's macht. Trotzdem hat er, bevor er Schriftsteller wurde, erstmal Malerei studiert: an der Akademie seiner Heimatstadt Lier. Auch später noch illustrierte er seine Bücher durchweg selbst. Außerdem schrieb er einen, spürbar autobiographisch eingefärbten, Roman über Pieter Bruegel.

Das Saftstrotzende vieler seiner Bücher täuscht freilich ein bißchen darüber hinweg, daß er zuzeiten unter Melancholie litt und generell, wie er beobachtete, bei aller Freude am Sinnlichen und Realen, doch »eine Neigung zur Mystik« hegte. Außerdem war Timmermans, so massiv und vital er auch auftrat (und auf Fotos wirkt), schwer herzkrank. Und als er einmal nach einer gefährlichen Operation, bei der er fast gestorben wäre, wieder auf die Beine kam (und als auch die Pfeife wieder schmeckte, ohne die er auf keinem Bild zu sehen ist), da entschloß er sich, nur noch »zu leben, dankend und bewundernd zu leben.« In dieser Stimmungslage schrieb er dann seinen *Pallieter*.

Das Buch wurde im Jahr 1916 fertig. Mitten im 1. Weltkrieg also, dem »Bruderkrieg« (Timmermans), der, neben all dem Leid, das er brachte, nicht wenige Flamen in einen Loyalitätskonflikt stürzte: Deutschland hatte Belgien überfallen, um Frankreich angreifen zu können; doch grad gegen die Dominanz der französischen Kultur in Belgien (und gegen den Hegemonialanspruch Frankreichs) richteten sich die Aktivitäten der Flämischen Bewegung, zu der auch der radikale »Jungflame« Felix Timmermans damals gehörte. Es kam zu Kollaborationen – und nach Kriegsende zu heftigen Verfolgungen der vormaligen Aktivisten, von denen einige zu schweren Strafen verurteilt wurden. Timmermans hatte nach dem Einmarsch der deutschen Truppen ein flämisches Manifest unterzeichnet, so zog er es vor, nach Holland zu emigrieren. Bis 1920 lebte er in Scheveningen. Dann wurde das Verfahren gegen ihn eingestellt und er konnte wieder zurück – nach Lier, das er in seinem Büchlein *Aus dem schönen Lier* dankbar verewigt hat (und das seinerseits, ihm zum Dank, ein schönes Timmermans-Museum unterhält). Mit seiner Herzkrankheit indes wurde es immer ärger. Die letzten zweieinhalb Jahre seines Lebens konnte er das Bett nicht mehr verlassen. Am 24. Januar 1947 ist Felix Timmermans in Lier gestorben.

Mit seinem Nachruhm steht es nicht mehr so gut, zumindest nicht bei uns. Zwischen den Kriegen besaß Timmermans, sicher auch weil der »Insel«-Verleger Anton Kippenberg ihn liebte, kräftig übersetzen ließ und sogar selber übersetzte, eine beträchtliche Leserschaft in Deutschland. Obwohl ihn die Nazis nicht eben verehrten und auf andere Autoren seines Landes setzten: »Durch die Verleihung des Rembrandt-Preises an die drei westflämischen Dichter Cyriel Verschaeve, René de Clercq und Stijn Streuvels im Jahre 1936 hat die Hamburger Universität mit einem Schlage ganz Deutschland, welches bisher durch die Übersetzungen der Werke von Felix Timmermans einen etwas zu einseitigen Eindruck von der Wesensart des stammverwandten Volkes erhalten hatte, auf den mannigfachen Reichtum und den tiefen Gehalt flämischer Dichtkunst aufmerksam gemacht«. So stand's 1937 in dem völkisch-blutbödigen NS-Prachtband »Deutsch-Niederländische Symphonie«, und es spricht gewiß nicht gegen Felix Timmermans, wenn er die Wesensart seines stammverwandten Volkes nicht zur Zufriedenheit der Nazi-Führer ausgedrückt hat.

Nach dem Krieg (und dem Tod des Autors) ging das deutsche Leserinteresse dann jedoch allmählich zurück. Und zum 100. Geburtstag Felix Timmermans' nahm K. H. Kramberg in der »Süddeutschen Zeitung« eine Generalabrechnung mit dem Autor des *Pallieter* vor, dessen »pseudo-bukolisches Flandern mit seinen Blumenkohlwolken, diesen Marzipan-Schweinereien und dem kokett katholisch drapierten Neuheidentum« dem Kritiker einen »Ekelgeschmack« von »frömmelnder Verlogenheit« in den Gaumen trieb. Hat Kramberg recht? Nein, hat er nicht. Schon darum nicht, weil Felix Timmermans wußte, daß er im *Pallieter* ein, wie Kramberg es nennt, »rustikales Idyll« entwarf, eine Welt, die es so nicht mehr gab und womöglich nie gegeben hatte. Timmermans war, bei allem, auch ein Humorist, und »der Humor fängt erst da an, wo etwas fehlt.«

Felix Timmermans, Pallieter (a. d. Flämischen v. A. Valeton-Hoos). Leipzig: Insel, 1955 (263.-272. Tsd.).

Ders., Aus dem schönen Lier (a. d. Flämischen übertr. v. P. Mertens). Leipzig: Insel, o. J. (= Insel-Bücherei 401).

K. H. Kramberg, Der mutwillige Schweinskopf. Eine Jubiläumsausgabe zum 100. Geburtstag des Felix Timmermans. In: Süddeutsche Zeitung v. 5./6.7.1986.

No.28

Wer hält hier Picknick? — Alexandre Dumas, *Les trois Mousquetaires (Die drei Musketiere)*

Die beiden bildungsgierigen Ex-Kopisten Bouvard und Pécuchet sind auf ihrer enzyklopädischen Tour beim Fach Geschichte angelangt. Doch sie merken bald, daß »die äußeren Tatsachen nicht alles bedeuten«. Denn »ohne die Einbildungskraft ist die Geschichte lückenhaft«. So lassen sie sich »ein paar historische Romane« kommen: Zuerst Walter Scott, bei dessen Lektüre ihnen wird, »als entdeckten sie eine neue Welt«. Doch das ist noch gar nichts gegen ihr nächstes Lese-Abenteuer – Alexandre Dumas »ergötzt« sie »wie eine *Laterna Magica«:* »Flink wie Affen, stark wie Bullen, vergnügt wie Buchfinken treten seine Personen auf und reden frisch-fröhlich daher, springen von den Dächern aufs Pflaster, tragen fürchterliche Wunden davon, von denen sie genesen, werden für tot gehalten und stehen prompt wieder auf. Da gibt es Falltüren im Fußboden, Gegengifte, Verkleidungen, und alles geht wild durcheinander, rennt und entwirrt sich, ohne dem Leser eine Minute Zeit zum Nachdenken zu lassen. Die Liebe wahrt den Anstand, der Fanatismus ist heiter, die Blutbäder rufen ein Lächeln hervor.«

Gustave Flaubert, der Realist mit dem angenehm bösen Blick, hat es mal wieder getroffen. Genau so geht es zu in den Historienreißern von Alexandre Dumas. Und selbst deren eigenen historischen Entstehungsgang hat Flaubert fein in seinen »Bildungs«-Roman »Bouvard und Pécuchet« eingespielt: Dumas hatte nämlich seinerseits, als er sich auf das Genre einstimmte, die Schottenmuster Sir Walter Scotts zum Maßstab genommen. Daneben zog er allerdings auch noch die amerikanischen Pionier-Panoramen unseres Rätselmanns No.37 zu Rate, wie, unter anderem, seine *Mohicans de Paris* belegen. Doch ob Flaubert auch gewußt hat, daß Dumas sogar ein Berufskollege seiner Helden Bouvard und Pécuchet gewesen war? Bevor er Selbstschreiber wurde, arbeitete Alexandre Dumas als Kopist im Sekretariat des Herzogs von Orléans (der dann ja später gleichfalls Karriere machte und eine Zeitlang französischer »Bürgerkönig« war).

Alexandre Dumas wurde am 24. Juli 1802 in Villers-Cotterets in der Picardie geboren. Sein Vater war der Revolutions-General Thomas Dumas, der bereits 1806 starb. Und eigentlich hätte Dumas sogar einen nobleren Namen führen können – Davy de la Pailleterie. Sein Großvater, der Marquis Antoine-Alexandre Davy de la Pailleterie, hatte seinen Sohn Thomas, den er auf Haiti mit seiner schwarzen Liebsten Marie-Cesette Dumas zeugte, nämlich als legitimes Kind anerkannt. Doch Dumas wollte nicht mit einem großen Namen glänzen, sondern mit einer großen Leistung überzeugen. Seinen Namen freilich mußte er später dennoch verlängern: Als sein 1824 geborener Sohn Alexandre in die literarischen Fußstapfen des Vaters trat und, beispielsweise, mit der »Kameliendame« Furore machte, nannte sich der stolze Vater nurmehr »Dumas-père« (Alexandre II. folgerichtig »Dumas-fils«).

Begonnen hatte er seine Autoren-Laufbahn aber keineswegs mit Romanen, sondern mit historischen Dramen. Ein bißchen flach, aber sagenhaft erfolgreich. Dumas traf instinktsicher den Zeitgeschmack und besaß bald ein eigenes Theater. (Selbst Goethe hat sich gegenüber Eckermann ein »ganz vortrefflich« abgerungen, als Dumas' *Henri III et sa cour* am 14. Februar 1831 in Weimar aufgeführt wurde). Der gewaltige Publikums-Zuspruch in Paris erbrachte gewaltige Einnahmen, die gewaltige Ausgaben nach sich zogen, denn Alexandre Dumas lebte auf großem Fuß. So mußte er sich relativ rasch nach einer weiteren Geldquelle umtun und entdeckte das Romangeschäft.

Er betrieb die Sache methodisch, gezielt, sozusagen industriell. Mehr und mehr wurde Dumas zum Chef eines Unternehmens, einer Romanfabrik. Unser Wort vom »Selbstschreiber« muß etwas relativiert werden. Denn gewiß: Dumas arbeitete hart an den Büchern, bis zu zwölf Stunden am Tag, und anfangs wohl auch vorwiegend allein. Doch bald schon verstand er sich weitgehend als »Kopf« eines Teams, als Ideengeber: Er entwarf die Plots, die Zentralfiguren, legte den Schreibstil fest, den Rest besorgten seine Leute. Dumas beschäftigte Ko-Autoren für Spezialaufgaben wie Schlachtbeschreibungen oder Liebes-Szenen, und auf diese rationelle Weise konnten stets mehrere Fortsetzungs-Romane gleichzeitig in den Feuilletons der großen Zeitungen erscheinen. 1845 gab's einen kleinen Rückschlag, als der Journalist Eugène de Mirecourt ein Pamphlet, betitelt »Fabrique de romans, maison Alexandre Dumas et compagnie« herausbrachte und die Namen einiger anonymer Hilfsschreiber outete (etwa: Nerval!). Dumas reagierte empört und gab zu Protokoll, daß er allein den professionellen Historiker Auguste Macquet als Fachberater beschäftige. Das entsprach zwar nicht den Tatsachen, doch Mirecourt wanderte wg. Verleumdung sechs Monate hinter Gitter.

Um die Mehrfach-Verwertung seiner Bestseller noch lukrativer zu gestalten, gründete Dumas dann nacheinander zwei Zeitschriften, benannt nach seinen, bis heute, größten Roman-Erfolgen: »Le Mousquetaire« hieß die erste, »Le Monte Christo« die zweite. In St. Germain baute er sich ein prachtvolles Anwesen, die »Villa Monte Christo« (was sein deutscher Bewunderer, unser Rätselphantast No.9, zum Vorbild nahm, als er seine, allerdings etwas bescheidenere, »Villa Shatterhand« in Radebeul erwarb).

Doch es ist schon richtig: *Le Comte de Monte Christo*, 1844 (nach dem Vorabdruck im »Journal des Debats«) als Buch erschienen, und die im gleichen Jahr herausgebrachten *Trois Mousquetaires* waren seine Glanzstücke. Der Musterroman vom edlen Rächer und die rasanten Mantel- und Degen-Abenteuer des raufstarken Kleeblatts: Sie sind die Klassiker des Genres geworden. Obwohl das Kleeblatt ja, dem Titel zum Trotz, ein vierblättriges ist. Denn im Zentrum des historischen Geschehens aus der Epoche Louis XIII. steht eindeutig d'Artagnan, der verwegene Gascogner. Er ist es schließlich auch, der den gemeinen Plan Kardinal Richelieus am Ende durchkreuzt und die verräterischen zwölf Diamantenspangen an sich bringen kann, welche die Königin, leichtsinnig, ihrem Geliebten, Graf Buckingham, geschenkt hatte, der längst wieder im heimatlichen Britannien weilte, als der König, vom tückischen Richelieu beraten, seine Gemahlin aufforderte, die Spangen beim nächsten Hofball zu tragen. Was den Zeitraum, der den treuen Musketieren zur Wiederbeschaffung des Schmucks blieb, natürlich eminent verkürzte (die Spannung des Lesers jedoch im gleichen Maße erhöhte).

Und vier Freunde wie diese wissen sich allemal zu helfen, nicht nur beim Picknick: Mit Kraft macht es Porthos, der schlagstarke Hüne (der eigentlich Du Vallon heißt); mit geistlicher Duftnote Aramis, der Ritter von Herblay und gescheiterte Priester; mit romantischem Edelmut Athos, der Comte de la Fère, dessen Liebespein nicht geringer wird, als er erkennen muß, daß die böse Gegenspielerin des Quartetts, Mylady de Winter, seine eigene treulose Gattin ist. Doch von dieser Dame abgesehen, kommen alle einigermaßen heil aus der Geschichte heraus, und den Fortsetzungsbänden stand nichts mehr im Wege: Ein Jahr später, 1845, schrieb Dumas zusammen mit seinem Historienberater Macquet *Vingt ans après (Zwanzig Jahre später)*, und weitere drei Jahre danach dann, gleichfalls mit Macquet, den dritten und letzten Aufg—äh=Teil *Le Vicomte de Bragelonne ou Dix ans plus tard (Der Graf von Bragelonne oder Zehn Jahre danach)*.

Irgendwann drängte es den »Romanfabrikanten und Dramenhändler en gros« (wie der harsch deutsche Altkämpfer Johannes Scherr den Franzosen Dumas titulierte) aber einmal nach realen Abenteuern. Er bekam sie. 1851, als er seinen luxuriösen Lebensstil ins Exzessive getrieben hatte, mußte er vor seinen Gläubigern nach Brüssel fliehen. Doch er kam wieder auf die Beine. 1860 gab's dann das wahre Erlebnis: An der Seite Garibaldis kämpfte er in Sizilien für Freiheit und Unabhängigkeit. Für einige Zeit amtierte er als Museums-Direktor in Neapel, kehrte aber bald, ernüchtert, nach Paris zurück. Doch auch dort war seine Erfolgsuhr mittlerweile abgelaufen. Dumas unternahm noch dies und das, hielt öffentliche Vorträge, aber so recht wurde es nichts. Zuletzt versuchte er es gar mit einer Saucenfabrik – erfolglos (vielleicht hätte er sich auf so gut wie hausgemachte Nußnougatwaffeln verlegen sollen). Als die Preußen kamen und 1870 gen Paris marschierten, zog sich Dumas nach Puy bei Dieppe zurück, wo sein Sohn ein Landhaus besaß. Dort ist er am 5. Dezember 1870 im Alter von 68 Jahren gestorben.

Alexandre Dumas, Die drei Musketiere (Dt. v. H. Meerholz). Leipzig : Reclam, o.J. [ca. 1885].

Franz Bornmüller, Biographisches Schriftsteller-Lexikon der Gegenwart. Leipzig : Bibl. Inst., 1882.

R. v. Hagel, Alexander Dumas. In: Lexikon der Reise- und Abenteuerliteratur (hrsg. v. F. Schegk). Meitingen : Corian, 1988ff.

Gustave Flaubert, Bouvard und Pécuchet (Dt. v. E. Marx). Zürich : Diogenes, 1979.

No.29

Wer sagt hier dem Schreiben ab? — Herman Melville. *Bartleby, the Scrivener (Bartleby)*

Als Herman Melville am 1. August 1819 in New York geboren wurde, war das Leben leicht. Die Familie gehörte zum Establishment und verbarg das nicht. Der Vater betrieb ein Importgeschäft für französische Modewaren, und alles lief gut, bis Allan Melville durch den Bankrott eines Unternehmens, in das er große Summen investiert hatte, ruiniert wurde – finanziell und psychisch. Herman war damals elf Jahre alt. Fluchtartig verließ man New York, zog nach Albany, doch es half nichts: Zwei Jahre später, 1832, war der Vater tot. In der Folgezeit versuchte sich Herman Melville als Bankangestellter, dann als Lehrer. Schließlich heuerte er 1839, auf dem Postfrachter der Route New York-Liverpool als Schiffsjunge an. Und das veränderte alles.

Fünf Jahre ist er zur See gefahren: Die Schiffe, sagte er später, wurden seine Universitäten. Er fuhr als Matrose auf Handelsschiffen und auch auf Walfängern. Einmal, als sein Walfangsegler in der Südsee vor den Marquesas ankerte, desertierte Melville und durchstreifte unter abenteuerlichen Umständen die polynesischen Dschungel, hingerissen von der paradiesischen Natur. Er lebte unter Kannibalen, traf aber auch auf Missionare, und all dies prägte sein Bewußtsein, genau wie das, was er an Bord mitmachte. 1844 kam er als Matrose auf einer Fregatte der US-Kriegsmarine in die Heimat zurück und musterte ab. Ende der Initiation: Melville war 25 Jahre alt – »erst mit fünfundzwanzig begann mein Leben.«

Er hatte viel zu erzählen. Freunde und Verwandte beredeten ihn, seine Erlebnisse (vor allem die Geschichte mit den Kannibalen...) doch aufzuschreiben. Und Melville setzte sich dran. Schon 1846 war sein erstes Buch fertig – *Typee*, ein Jahr später sein zweites – *Omoo*. Beide Werke sind Reiseschilderungen aus der Südsee, vital, farbig, exotisch; doch finden sich hier ebenfalls bereits (was die Leser angesichts der sonstigen Kolorierung wohl in Kauf nahmen) philosophische Betrachtungen über den unauflösbaren Widerspruch von Paradies und Zivilisation, von ungebundener Ursprünglichkeit und domestizierender Kultur, wobei die eingeborenen Kannibalen zudem besser wegkommen als die abendländischen Missionare, diese Büttel des Kolonialismus, wie Melville sie sah. Bemerkenswert aber auch, daß Melville, dessen historische, ethnologische und naturwissenschaftliche Faktenkenntnisse nur begrenzt waren, der aber den Ehrgeiz hatte, in diesen Büchern fundierte Auskünfte zu geben, sich zunächst einmal in allen möglichen Handbüchern, Standardwerken, Reiseberichten schlau machte. Er »durchschwamm die Bibliotheken«, wie er's nannte, sammelte, exzerpierte, notierte – und baute diese Informationen, teilweise durchaus wörtlich, in seine Texte ein. Eine Methode, die er auch später beibehielt: *Im Moby Dick* steht wahrlich alles verzeichnet, was man über Wale wissen konnte.

Typee und *Omoo* hatten immensen Erfolg. Und Melville sah ein, er müsse Berufsschriftsteller werden. 1847 heiratete er Elizabeth Shaw, die Tochter des Oberrichters von Massachusetts, und zog mit ihr zunächst nach New York, ein paar Jahre später dann aufs Land: In der Nähe von Pittsfield bewohnte das Ehepaar die Farm »Arrowhead«. 1849 brachte Melville sein drittes Buch heraus: *Mardi, and a Voyage Thither*. Und damit sorgte er zum ersten Mal für Irritation unter seinen Lesern. Denn der Roman beginnt zwar, wie gewohnt, in der Südsee, auf einem Walfänger, von dem zwei Matrosen desertieren und mit ihrer Schaluppe in eine Irrfahrt geraten; doch dann verwandelt sich das Ganze immer mehr in eine allegorisch phantastische Traumhandlung. Die See wird zur Metapher der menschlichen Seele, die Irrfahrt zur Suche nach einem verlorenen Paradies. Satirisch utopische Episoden werden eingeschoben, unter anderem die Beschreibung eines Staatswesens namens »Vivenza« (einer Chiffre für die USA), an dessen Grenze ein großes Schild mit der Aufschrift angebracht ist: »In diesem republikanischen Land sind alle Menschen frei geboren und gleich«, und darunter ein kleineres – »mit Ausnahme des Stammes der Hamo«. (Melville konnte scharf hinsehen).

Mardi wurde Melvilles erster Mißerfolg. Seinerseits irritiert, kehrte er mit seinem *Redburn* noch einmal zu seinen Anfängen zurück. *Redburn: His first Voyage* ist der Roman eines Jungen, der nach dem finanziellen Ruin seiner Familie und dem Tod des Vaters zur See geht und auf einem Frachter der Route New York-Liverpool anheuert. Die autobiographischen Züge sind nicht zu übersehen. Erwähnenswert aber, daß sich der Junge unter der wüsten Besatzung und dem brutalen Kapitän bald als ein Außenseiter, ein Ausgestoßener vorkommt – als ein »Ishmael auf dem Schiffe«. Ishmael – wie der Ich-Erzähler in Melvilles größtem Roman *Moby Dick* genannt werden möchte: 1851 hatte er diesen Abenteuer- und Seeroman fertig, der zugleich eine philosophische Exkursion durch das Wesen der Welt ist, eine Fahrt, die allein jener skeptisch gefaßte Erzähler »Ishmael« überlebt, während der besessene Protagonist des Buches, der Walfangkapitän Ahab, am Schluß zugrunde geht und seine Crew mitreißt: Ahab, der Einbeinige, der von seinem Haß auf den weißen Wal Moby Dick vorangepeitscht wird, von seinem Puritaner-Haß auf die ungebundene, unbeherrschbare Kreatur. Bei allem, was dieser *Moby Dick or The Whale* noch ist, ist er ein ungeheurer Versuch, in das Gegenspiel von Chaos und Ordnung einzudringen.

Herman Melville, der vorher noch, 1850, den Roman *White Jacket* herausgebracht hatte, einen Aufruf zur Abschaffung der Prügelstrafe auf Schiffen der US-Marine, erwartete viel von der Reaktion auf seinen *Moby Dick*. Statt dessen erntete er Unverständnis und Spott. Und als er 1852 seinen – problematischen – Künstler-Roman *Pierre or The Ambiguities* vorlegte, war alles aus. Das Buch, erstmals kein Seestück, vielmehr im Staat New York angesiedelt, beleuchtet in einem Horror-Szenarium Tabu-Themen wie Inzest, sexuelle Triebunterdrückung, Mord aus Verzweiflung, und deutet die menschliche Seele als »Wendeltreppe ins Bodenlose«. Acht Monate nach der Publikation waren in Amerika ganze 283 Exemplare verkauft. Die Kritiker höhnten, und der Verleger forderte den Autor, ganz generell, auf, seine »Phantasie zu zügeln« und künftig »in einem Stil« zu schreiben, den »die große Masse versteht«. Melville war verzweifelt. In dieser Stimmungslage schrieb er 1853 seine Erzählung *Bartleby the Scrivener*, die in den November- und Dezember-Nummern der Zeitschrift »Putnam's Monthly Magazine« im Erstdruck erschien und dann 1856 im Prosaband *Piazza Tales*.

Es ist äußerlich die unbedingt realistisch gehaltene, von einem jovialen (wenngleich betroffenen) Anwalt erzählte Geschichte eines Kanzleischreibers aus der New Yorker Wall Street, eines Kopisten. Dieser stille Mann, der – anders als seine mackenhaft lautstarken Bürokollegen – bescheiden und anspruchslos auftritt, verrichtet sein Kopier-Werk anfangs geradezu obsessiv, »als hungere er nach Schreibarbeiten« (wie, so könnte man hinzufügen, Herman Melville, als er an seinen ersten Bestsellern *Typee* und *Omoo* saß). Doch mit der Zeit beginnt Bartleby, einzelne Aufträge abzulehnen, stets verbunden mit der höflichen Formel: »I would prefer not to…« (»ich möchte lieber nicht«). Bis er schließlich gar nichts mehr schreibt und nurmehr aus dem Fenster starrt – auf die Wand eines Lichtschachts, »die einen vergleichsweise unfrohen Eindruck machte, da ihr«, so der heitere Erzähler, »ganz fehlte, was in der Sprache der Landschaftsmaler ›Leben‹ heißt.« Kündigen läßt sich Bartleby nicht. Versuche, ihn loszuwerden, beantwortet er mit seinem höflichen Standardsatz – »ich möchte lieber nicht«. Ein Verweigerer, der sich endlich ganz in der Kanzlei einquartiert. Woraufhin der Anwalt in ein anderes Büro umzieht. Später erfährt er, daß Bartleby als Landstreicher aufgegriffen worden und in die Strafanstalt »The Tombs« (»Die Gräber«) verbracht worden sei. Als er ihn besucht, erzählt ihm der dortige Essens-Lieferant, er halte Bartleby für einen »Falschmünzer«.

Man muß diese Geschichte nicht auf ihren autobiographischen Gehalt reduzieren: Wie alle einsamen Kunstwerke hält sie stand auch ohne das. Aber zu verkennen sind diese Bezüge nicht: »Obgleich ich die Evangelien dieses Jahrhunderts schrieb, werde ich in der Gosse enden«, hatte Melville nach dem Fiasko seines *Pierre* notiert.

Er endete nicht in der Gosse, schrieb zunächst auch noch weiter: 1854 den Roman *Israel Potter*, 1857 das sonderbarste, nachdenklichste seiner Bücher, den satirisch allegorischen Roman *The Confidence-Man: His Masquerades*, dessen Handlung auf einem Mississippi-Dampfer spielt. Der Protagonist tritt nach jeder Anlegestation in einer neuen Verkleidung auf und entlarvt – mal als Philosoph, mal als Missionar – die erstarrten Haltungen der Mitreisenden, indem er sie in verwirrende Gespräche verwickelt. Dann aber war Schluß. Herman Melville konnte seine Familie nicht länger als Schriftsteller durchbringen. Er litt unter Depressionen und Krankheiten. Kollegen wie Nathanael Hawthorne versuchten, ihm eine Stellung im diplomatischen Dienst der USA zu verschaffen, was (vergleiche unseren Rätselautor No.16) ein damals gängiger

Weg des Autoren-Sponsoring war. Doch die Behörden lehnten unter Hinweis auf Melvilles psychische Probleme ab. Eine Zeitlang versuchte er es mit öffentlichen Vorträgen über die Südsee, aber das fanden die spärlichen Besucher zuletzt langweilig. 1861 verkaufte Melville seine Farm und zog mit seiner Familie nach New York zurück: 104 East 26th Street. 1866 wurde er Zoll-Inspektor am Hafen. Er blieb es zwanzig Jahre lang, bis zur seiner Pensionierung. Geschrieben hat er in dieser Zeit so gut wie nichts. Seine Bücher, sagte er, habe er vergessen.

Erst kurz vor seinem Tod erwachte es noch einmal in ihm, und er schrieb seine enigmatische Geschichte vom Seemann *Billy Budd*, die man nach seinem Tod, unredigiert, in seiner Schublade fand und die erst 1924, im Rahmen der ersten Melville-Gesamtausgabe, gedruckt erschien. Am 28. September 1891 ist er in New York gestorben. Die »New York Times« meldete in einem Dreizeiler den Tod eines »Henry« Melville, der vor viereinhalb Jahrzehnten mit Südsee-Büchern wie *Typee* ein gewisses Aufsehen erregt habe.

Herman Melville, Piazza-Erzählungen (übers. v. W. E. Süskind u. H. Studniczka, m. e. Essay v. Gert Hofmann). Reinbek : Rowohlt, 1962 (= Rowohlts Klassiker 106/7).

Hans-Rüdiger Schwab, »So nennt mich denn Ismael…«. (Zum 100. Todestag von H. Melville). In: Süddeutsche Zeitung v. 28./29.9.1991.

No.30

Wer spielt hier eine ganze Redaktion? — Matthias Claudius, *Der Wandsbecker Bote*

»Ich tue nichts und lasse alles«, schrieb Matthias Claudius, als er sich einmal hatte überreden lassen, eine Beamtenstelle zu bekleiden. Er gab's denn auch schnell wieder auf. Als fröhlicher Christenmensch hielt er es aufrechten Herzens mit der Bergpredigt (»Sehet die Vöglein unter den Himmeln …«), und das sein Leben lang.

Matthias Claudius, geboren am 15. August 1740 im holsteinischen, damals dänisch regierten, Reinfeld, kam eben aus einem lutherischen Pfarrhaus. Und eigentlich hätte er die theologische Familientradition fortsetzen sollen: 1759 nahm er auch frohgemut ein entsprechendes Studium in Jena auf. Doch dann reizten ihn andere Fächer mehr, wenn auch nicht grad übermäßig. So kehrte er nach drei Jahren ohne Hochschulabschluß zu den Eltern zurück und tat erstmal gar nichts. Gewiß, Berufspläne entwarf Claudius genügend; doch windbeutelig genug waren sie halt auch: Etwa das Projekt, gemeinsam mit seinem Freund Johann Heinrich Voss im Lauenburger Schloßgarten eine Landkommune aufzubauen. Dann kam ihm die Idee, Vorsteher eines Waldhospitals zu werden oder Dorfbürgermeister im Hessischen. Ein andernmal plante er die Gründung einer Dichterkolonie in der Südsee. Oder: »Wissen Sie, was mir neulich eingefallen ist, ich möchte wohl nach das Land Norwegen, wenn ich da nur was zu tun hätte, bei den Bergwerken oder so.« Orgel spielen konnte Claudius gut. Und er bekam auch Stellenangebote als Organist, aber irgendwie klappte es dann immer nicht, und man hat keineswegs den Eindruck, als sei der junge Mann (anders als sein Vater, der allmählich ins Grübeln kam) sonderlich betrübt gewesen, wenn sich wieder mal die Aussicht auf eine bürgerliche Stellung zerschlagen hatte. Als er schon mehrfacher Familienvater war, kam's ihm plötzlich, er wolle nun Zollinspektor werden. Begründung: »Die Zollinspektors, hab' ich gehört, sollen faule Bäuche sein, das wäre mir recht.«

Gut ein Jahr lang hatte es der junge Claudius einmal in einer festen Funktion ausgehalten: 1764/65, als Privatsekretär des Grafen Holstein in Kopenhagen. Aber dann war ihm die geregelte Arbeit zu geregelt und Kopenhagen zu groß. Mit 23 Jahren hatte er ein, vergleichsweise belangloses, Büchlein mit modischen *Tändeleyen und Erzählungen* erscheinen lassen: »Itzt hob sich Chloens Busen,/ Und Amor freute sich./ Er stieg mit Chloens Busen,/ Und stieß, da traf er mich.« Der Ertrag seiner Jugend- und Jünglingsjahre wirkt alles andere als umwerfend. Aber Claudius hat sich nie beklagt (das tat er nur, wenn ihn wieder jemand in ein Amt drängeln wollte). Er besaß ein bemerkenswertes Talent zum Glücklichsein, und das verließ ihn nie.

Klar, daß so einer über kurz oder lang bei der Zeitung landen muß. Im Sommer 1768 bekam Matthias Claudius, auf Vermittlung des damaligen Star-Dichters Klopstock, eine Stelle als Redakteur bei den hamburgischen »Adreß-Comptoir-Nachrichten«, die im Verlag des Etatsrats Polykarp A. Leisching erschienen, eines Blattes für Handel, Schiffahrt, Börse und Lokales, das sich indes auch einen kleinen Kulturteil leistete, für den Claudius zuständig war. Er schrieb nette Sachen. Zur Meldung »den 29. Dezember, morgens, starb Sir Francis Gosling, Knt., ein großer Bankier in Fleetstreet« setzte er beispielsweise den Kommentar: *»Hm, ein großer Bankier!«* Das haben die Banker unter den Abonnenten sicher gern gelesen...

Manchmal erfreute er sein Publikum zur Abwechslung mit kühn gereimten Besinnungsversen, wie in seinem Gedicht *Grabschrift:* »Hier liegt begraben ein lieber Mann,/ Den seine lieben Kinder sahn,/ Und er, der Mann, nicht minder/ Sah seine lieben Kinder!/ Nun aber sehn sie ihn nicht mehr,/ Und er sieht sie noch weniger.« Nach »neun Vierteljahren« wurde der Redakteur Claudius gefeuert. Vorher verfaßte er aber noch unter dem Namen »Gustav Pfahl« einen Abschiedsbrief an seinen »lieben Herrn Gevatter«. Im Postskriptum standen die rätselhaften Worte – »hat er wohl ehender von dem komischen Fluß Guadiana in Spanien gehört? Er entspringt aus den lagunas de la Mancha, fließt bald darauf in die Erde, und kommt bei dem Sumpf los Ojos de Guadiana wieder zum Vorschein.«

Am 1. Januar 1771 kam der Pressemann Claudius wieder zum Vorschein: Im Holsteinischen, in Wandsbeck, als Redakteur des neugegründeten »Wandsbecker Boten«. Bei einer Auflage von 400 Exemplaren erschien das vier Seiten umfassende Blatt viermal in der Woche. Den Titelrahmen hatte Claudius selber gestaltet – er zeigte eine Eule, einen Flötenspieler und vier eifrig quakende Frösche. Außerdem hatte der zugereiste Redakteur in Wandsbeck ein Mädchen kennengelernt: Rebecca Behn, die 16jährige Tochter des örtlichen Gastwirts. Die beiden heirateten am 15. März 1772 und führten ein legendäres Ehe- und Familienleben.

Verblüffend aber, in welch kurzer Zeit Claudius es schaffte, aus dem Dorfblättchen eines der angesehensten deutschen Journale zu machen, zu dessen Beiträgern die versammelte Elite der zeitgenössischen Literatur gehörte. Schiller noch nicht: Der war erst zwölf. Und als er größer wurde, war er dem Wandsbecker böse: Da hatte er ein so edles Muster-Distichon gedichtet – »Im Hexameter steigt des Springquells flüssige Säule,/ Im Pentameter drauf fällt sie melodisch herab«. Klassisch und groß. Und dann wagte es dieser Mensch, Widerworte zu kritzeln: »Im Hexameter zieht der ästhetische Dudelsack Wind ein;/ Im Pentameter drauf läßt er ihn wieder heraus.« Blasphemie. Der gefeierte Schiller – ein bloßer ästhetischer Windmacher! Aber Claudius hatte eben etwas gegen hochgedrehtes Pathos. Goethe nahm's gelassener. Doch auch er war vom »Boten« hübsch gerupft worden. Denn Claudius hatte nicht nur Goethes Roman über die »Leiden« des jungen, liebeswirren Selbstmörders Werther freundlich begutachtet und kopfschüttelnd zurückgewiesen, sondern unter diesen sanften Verriß noch ein Kindskopf-Gedicht gesetzt, betitelt *Fritze.* Und das ging so: »Nun will ich auch nicht länger leben,/ Verhaßt ist mir des Tages Licht;/ Denn sie hat Franze Kuchen gegeben,/ Mir aber nicht.«

Claudius aber machte aus seiner Zeitung ein literarisches Gesamtkunstwerk. Sein gelungster Trick war dabei, daß er, den »Boten«-Titel ganz wörtlich nehmend, als Schreiber in die Rolle des Nachrichten-Austrägers »Asmus« schlüpfte: In dessen derb schlichter, ausgeprägt norddeutscher Tonlage brachte Claudius fortan, scheinbar naiv, die Dinge auf den Punkt. Für kompliziertere Sachverhalte schuf der Herr Redakteur sich dann noch eine Zweit- und Drittinstanz – den gebildeten »Vetter« sowie den »Schulfreund Andres«. Zu den Standard-Figuren im »Boten« gehörten aber noch zwei weitere Volksvertreter, Hinz und Kunz, an deren hartschädeligem Menschenverstand manch zeitgeistige Mode-Erscheinung böse zerbrach: »Hinz: Bist auch für die Philosophei? – Kunz: Was ist sie denn? So sag's dabei. – Hinz: Sie ist die Lehr', daß Hinz nicht Kunz und Kunz nicht Hinze sei. – Kunz: Bin nicht für die Philosophei.«

Nur viereinhalb Jahre, von 1771 bis 1775, hat der »Wandsbecker Bote« bestanden. Kaum faßbar bei der Wirkung. Der Ruhm des Blattes jedoch blieb am Verfasser haften: Claudius blieb sein Leben lang der Bote aus Wandsbeck, und als er nach und nach seine Werkausgabe herausbrachte, da behielt er selbstverständlich auch die vertraute Rolle bei: *Asmus Omnia Sua Secum Portans* hieß die Edition – *Oder: Sämmtliche Werke des Wandsbecker Boten.* Doch einstweilen stand er mal wieder ohne Einkommen da. Nun half sein Freund Herder (gute Freunde hat Claudius immer gehabt) und verschaffte ihm eine – erstaunlich hochrangige und gut besoldete – Beamtenstelle als »Oberlandcommissarius« in Darmstadt. Der solchermaßen Protegierte hätte freilich lieber etwas anderes gehabt, »etwas auf dem Lande«, am besten als »Postmeister« oder »zur Not« auch als »Organist«, noch besser eine »ruhige Stelle im Walde«, aber Herder sprach ein Machtwort: Darmstadt. Oberlandcommissarius. Verbunden mit dem Amt des Redakteurs der »Hessen-Darmstädtischen privilegierten Landzeitung«. Claudius gab, widerstrebend, nach und zog mit seiner, inzwischen kräftig angewachsenen, Familie nach Darmstadt. Als Blattmacher verwandelte sich der »Bote Asmus« in den »Invaliden Görgel«, und der führte sich erstmal mit einer schön provokanten Betrachtung über die armen Leute im Winter ein: »Mein Herr hat gottlob einen warmen Rock und eine warme Stube, da merkt Er's nicht so, aber wenn man nichts in und um den Leib hat und denn kein Holz im Ofen ist, da friert's einen gewaltig.«

Es fror ihn aber nicht nur, es stank ihm auch gewaltig in Darmstadt, und regelmäßigen Dienst mochte Claudius nun mal sowieso nicht. Außerdem besaß sein dortiges Haus keinen Garten. Eine Lungenentzündung hatte er sich obendrein noch eingefangen. So kündigte er seine Stellung, und es ging glücklich zurück nach Wandsbeck – in die Mängelexistenz der freien Schriftstellerei: »Was in Wandsbeck anfangen?« schrieb er dem unwilligen Herder: »Übersetzen, Fortsetzung vom Asmus herausgeben, und Befiehl Du Deine Wege pp.«

1775 war der erste Band *Asmus*-Band erschienen, 1812 kam der achte und letzte heraus. Der freilich gleicht mehr einer frommen Traktat-Sammlung: Claudius, schon in jungen Jahren kein moderner Mann und schon gar kein Rationalist, hatte sich immer nachhaltiger ins Lager der lutherischen Orthodoxie begeben. Die poetisch phantastische Spielfreude, die leichthändige Kindlichkeit seiner Frühzeit kam allmählich abhanden. Nicht zu leugnen: Seine Meisterwerke hat er durchweg in seiner ersten Lebenshälfte verfaßt. Aber was für Meisterstücke waren das auch: *Der Mond ist aufgegangen, das Lied, hinterm Ofen zu singen; Der Tod und das Mädchen;* das sprichwörtlich gewordene *Wenn Einer eine Reise tut.* Oder, überwältigend, das *Kriegslied:* »'s ist leider Krieg – und ich begehre/ Nicht schuld daran zu sein.«

Der Ruhm des älteren Claudius verdankte sich eher seinem geglückten Familienleben und seiner immer wieder bewunderten Rolle als heiterer Ehemann und Familienvater. Zwölf Kinder hatte Claudius mit seiner (in jeder Hinsicht außergewöhnlichen) Rebecca. Drei der Kinder starben früh, die andern neun wuchsen heran, vergrößerten das Hausmusik-Orchester, feierten die vom Vater phantasievoll ausgedachten Privatfesttage (»Bratapfelfest«) – und aus allen ist, wie man so sagt, »etwas geworden«.

Im Jahr 1785 setzte der dänische Kronprinz seinem Claudius eine Pension aus, und drei Jahre später verschaffte er ihm die Stelle, von der Matthias Claudius (ach was: jeder von uns!) vermutlich immer geträumt hatte – als Revisor bei der Altonaer Bank: hoch dotiert, mit 3 Wochen leichter Arbeit pro Jahr. Am 21. Januar 1815 ist Matthias Claudius in Hamburg, im Haus seines Schwiegersohns, des

Verlegers Friedrich Perthes, gestorben: der menschlichste unter den deutschen Dichtern, und dies in Leben und Werk.

Matthias Claudius, Sämtliche Werke (Textred. J. Perfahl; Nachw. W. Pfeiffer-Belli; Anm. u. Bibliographie H. Platschek). München : Winkler, 1968.

Ders., Botengänge. Briefe an Freunde (hrsg. v. H. Jessen). Berlin : Eckart, [2]1968.

Peter Berglar, Matthias Claudius in Selbstzeugnissen und Bilddokumenten Reinbek : Rowohlt, 1972 (= Rowohlts Monographien 192)

Heiko Postma, Lebenskünstler in Wandsbeck (zum 250. Geburtstag von M. Claudius). In: Hannoversche Allgemeine v. 15.8.1990.

No.31

Wer schweift hier durch die Mördergalerie? — Thomas de Quincey, *On Murder Considered as One of the Fine Arts (Der Mord als eine der schönen Künste betrachtet)*

Das Mordwerk kam zum ersten Mal im Jahr 1827 ans Tageslicht: in Edinburgh, im Februarheft von »Blackwood's Magazine«, zu dessen Autoren Thomas de Quincey seit 1818 gehörte. Zwölf Jahre nach seiner Ersttat lieferte der Verfasser, an gleicher Stelle, einen – recht blutigen – Nachtrag, und 1854 setzte er dann, in der Gesamtausgabe seiner Schriften, die leicht überarbeiteten und um ein tödliches Postskriptum ergänzten Einzelteile zu einem schaurig schönen Kunstwerk zusammen.

»Blackwood's Magazine« war seinerzeit das prägende Organ auf dem Gebiet des sensationellen Seelenschauers, und alles, was in Europa schwarztintigen Horror erzeugte, war hier vertreten, auch deutsch romantische Phantasten wie Chamisso oder unser Rätselgenius No.5. Es war jene Zeitschrift, die Edgar Allan Poe in zwei grotesk-arabesken Texten analysierte, persiflierte und kopierte, bei welcher Gelegenheit er dann den berühmten Satz losließ, der Schrecken in *seinen* Geschichten stamme »nicht aus Deutschland«, sondern »aus der Seele«. Thomas de Quincey hatte solche Berührungsängste nicht: William Blackwood, der Herausgeber, war für den notorisch Verschuldeten ein dauerhafter Rettungsanker. Und die deutsche Literatur hat de Quincey geliebt – gründlich und tätig. Gestützt auf einen Augenzeugenbericht, beschrieb er 1827, gleichfalls in »Blackwood's Magazine«, *The Last Days of Kant.* Unheimlich und präzis. 1821 veröffentlichte er eine biographische Studie über unseren Rätselmann No.12 – »this most brilliant of all German writers«. Er kannte sich aus.

Anschließend geriet er freilich an einen der zwei brillantesten Fälscher unter den deutschen Schriftstellern, an Willibald Alexis (der eigentlich Wilhelm Häring hieß und am Kriminalsenat [!] des Berliner Kammergerichts [!] zum Juristen [!] herangebildet worden war). Alexis hatte 1824 einen Roman, betitelt »Walladmor«, »herausgegeben«, und zwar »frei nach dem Englischen des Walter Scott«. In Britannien nun, wo dieser Scott-Wälzer völlig unbekannt war, befürchtete man, ein Zentralwerk des Erfolgsautors versäumt haben, in jedem Fall aber ein Geschäft: So erteilte der Londoner Verlag Taylor & Hessey dem Deutschland-Experten de Quincey den Auftrag, dies Scott-Buch aus dem Deutschen zurück ins Englische zu übersetzen. Der ging sogleich an die Arbeit und brachte den zweibändigen Roman 1825 auch schön heraus. Versehen allerdings mit einem Vorwort, das dem deutschen Scott-«Übersetzer« dediziert ist: Er, de Quincey, habe so viele »Verbesserungen« in den Originaltext »eingeflickt«, daß es nur gerecht sei, wenn nunmehr der Kollege ranmüsse, diesen neuen Text wieder ins Deutsche zu übertragen. Herrlich. (Ach, der andere brillante deutsche Fälscher jener Tage: Das war unser Rätselfreund No.48).

Er war ein Kobold und Humorist, dieser Thomas de Quincey, dazu aber auch ein Polyhistor mit gußeisernem Gedächtnis, das ihm Alpträume bereitete. Er schrieb über Piranesis Kerker-Visionen, über das »Klopfen am Tor in Macbeth« (das gleich nach dem Mord an Duncan zu hören ist und den Theatergänger de Quincey »seit seinen Kindertagen« beunruhigt hatte). Er schrieb über den plötzlichen Tod eines jungen Mannes bei einem Verkehrsunfall (und kam zeitlebens nie über den Tod seiner neunjährigen Schwester hinweg), doch ebenso schrieb er über Philosophie und Hahnenkampf oder eine glänzende Monographie – *The English Mail-Coach, or The Glory of Motion*. Einen Roman hat er, leider, nie zustandegebracht. Angekündigt hatte er ihn allerdings sehr wohl, und auch schon mal den Vorschuß kassiert: 157 Pfund und 10 Shillings! Statt dessen legte er aber im gleichen Jahr 1821 seine *Confessions of an English Opium Eater* vor, die zunächst im »London Magazine« erschienen, im Jahr darauf auch als Buch. (Übrigens haben manche englischen Literaturhistoriker die These statuiert, de Quincey habe immer nur allein des Geldes wegen geschrieben, »out of economic necessitiy«: Ohne diesen Zwang würde es dieser Liebhaber des Lesens und Denkens in jedem Fall vorgezogen haben, nicht zu schreiben. Und tatsächlich: Zur Zeit seiner ersten größeren Publikation war er schon weit jenseits der 30 und brauchte Bares).

»De« Quincey hieß er, nota bene, mitnichten. Irgendwann war der Universal-Wisser darauf verfallen, daß einer seiner Ahnherren zusammen mit William dem Eroberer ins Land gekommen sei, woraus er seinen Anspruch auf dies normannische Adelsprädikat ableitete. Geboren wurde er am 15. August 1785 als Thomas Quincey in Manchester. Der Vater war ein recht wohlhabender Leinenhändler. Sechs Jahre später zog die Familie um – in ein neuerbautes Haus nach Greenhay außerhalb der Stadt. Im Geist ist er immer wieder in dies Haus seiner Kindheit zurückgekehrt (möglicherweise hat er es, im Geist, auch nie verlassen). In Wirklichkeit schon: Sein Vater starb früh, da war der Junge erst acht, seine Mutter verkaufte Greenhay wenige Jahre später, und man siedelte um nach Bath. Hier besuchte Thomas die Grammar School, später dann die Grammar School von Manchester: Dort riss er 1802 aus und wanderte monatelang durch Wales. Da er die Gedichte von William Wordsworth liebte, der soeben den Lake District poetisch populär gemacht hatte, pilgerte de Quincey nach Grasmere zu seinem Idol, dessen Haus »Dove Cottage« er nach Wordsworth' Abzug sogleich selber bezog (mit 29 Bücherkisten im Gepäck) und jahrelang bewohnte. Vorher absolvierte er aber noch ein Studium am Worcester College in Oxford: Den ersten Teil seines Examens bestand er mit Glanz. Zum zweiten trat er nicht mehr an – aus Höflichkeit, wie er sagte, da er den Eindruck gewonnen habe, mehr zu wissen als die Prüfer, die er nicht ein weiteres Mal beschämen wollte.

1817 heiratete er die Farmerstochter Margaret Simpson, die ihm schon im Jahr zuvor einen Sohn geboren hatte. Daraufhin wandte sich Wordsworth von ihm ab: Das Bauernvolk kann man romantisch bedichten, aber man macht sich nicht mit ihm gemein. De Quincey, politisch ein Erz-Tory, dachte da anders. Aber er hatte nun für eine wachsende Familie zu sorgen und nichts als Schulden. So wurde er 1818 Redakteur der soeben gegründeten (bis heute florierenden) »Westmorland Gazette«. Seine Literatenlaufbahn hatte begonnen.

Die pekuniären Probleme indes blieben ihm bis zuletzt. Er schrieb und schrieb – für »Blackwood's«, für andere Zeitschriften, für die »Edinburgh Evening Post«. Seine Mutter setzte ihm eine Jahresrente von 100 Pfund aus. Es half nicht viel. 1830 zog de Quincey mit seiner Familie in die schottische Hauptstadt, wo Margaret ihr achtes Kind zur Welt brachte. Kurz darauf mußte man fluchtartig umsiedeln: nach Duddingston, in ein »Sanctuary«, wo Gläubiger dem Gesetz nach keinen Zutritt hatten – allerdings drohend vor dem Tor lauerten, um gnadenlos auf Verfolgungsjagd zu gehen, wenn ein Schuldner die Schutzzone verließ. Einmal hat es de Quincey geschafft, seinen Peinigern zu entwischen, um in Glasgow etwas Kleingeld aufzutreiben. Doch es war ein arges Leben. 1837 starb seine Frau Margaret am Typhus. Schlimm. 1846 starb 90jährig seine Mutter. Das hieß: weitere 100 Pfund pro Jahr für de Quincey. Es ging ihm etwas besser, auch seine Werkausgabe brachte Gewinn. Er schrieb, bis zuletzt, für mehrere Zeitungen und lebte wieder in Edinburgh. Seine Töchter paßten gut auf ihn auf: Er war am Ende recht zerstreut, vergaß schon mal seine Adresse. Aber er kobolzte weiter, auch auf dem Papier, in seinem Arbeitszimmer, wenn er, vom Opium umrauscht (20 Gramm war seine Tagesdosis), seine verstandesscharfen, sprachlich glasklaren Essays ausdachte. Am 8. Dezember 1859 ist Thomas de Quincey gestorben.

Thomas de Quincey, Der Mord als eine der schönen Künste betrachtet (übers. v. A. Peuker). Minden/Westf.: Bruns, o.J.

Thomas de Quincey: An English Opium Eater (Introduction and notes by R. Woof). Grasmere : Trustees of Dove Cottage, o.J. [1985] (Katalog z. entsprech. Ausst. im »Grasmere and Wordsworth Museum« v. 24.6.-31.10.1985 in Grasmere).

Benedikt Erenz, Das Atmen hinter der Tür (zum 200. Geburtstag von Th. de Quincey). In: DIE ZEIT v. 9.8.1985.

Willibald Alexis (Hrsg.), Walladmor. Frei nach dem Englischen des Walter Scott. 2. verbesserte Auflage. Berlin : Herbig, 1825.

No.32

Wer segelt hier durch die Jahreszeiten? — Gorch Fock, *Seefahrt ist not!*

Harte Sitten an der Waterkant. Da weiß der Buchkundler Wolfgang Stammler in seiner »Geschichte der niederdeutschen Literatur« nun soviel Rühmendes über Gorch Fock zu sagen, den »Sohn des Hamburger Eilands Finkenwärder«: Er kennt die innere »Sehnsucht«, die den ans »Kontor Gefesselten« hinaus »auf die See trieb«, das »Tätigkeitsfeld seiner Vorfahren«. Er schätzt die »Gedichte und Geschichten«, in denen Gorch Fock diese Sehnsucht ausdrückte – *Schullengrieper* und *Tungenknieper* etwa, oder *Hamborger Janmaten*. Und er preist das Hauptwerk des Autors, in dem sich dieser »Zwang zum Meer« so »deftig« niedergeschlagen habe, in dem »allenthalben« die »Nordsee« das »Element« sei, »welches den Grundakkord« angibt: »Man weiß nicht, was man mehr bewundern soll, ob die bizarre Phantasie, ob die suggestive Schilderung der Meeresbilder, ob den übersprudelnden und dabei doch stets künstlerisch gebändigten Humor, ob die gesättigte und schmiegsame Sprache.« Die Rede ist hier freilich von Gorch Focks 1912 erschienenem Roman *Hein Godenwind, de Admiral von Moskitonien*. Stammler beklagt auch eindringlich, daß der »Tod fürs Vaterland« den Dichter daran gehindert habe, uns, nach einem solchen »Vorspiel«, den »klassischen niederdeutschen Roman« zu »bescheren«. Aber das Buch, das dem Namen Gorch Fock bis heute eine kleine Unsterblichkeit sichert, das alle, ob Fahrensleute oder Landratten, als Musterfall eines klassischen niederdeutschen Romans ansehen, *Seefahrt ist not!* nämlich – das wird hier nicht einmal erwähnt. Denn mag in diesem *Seefahrts*-Roman auch jedermann jümmers blots plattdütsch schnacken (vom Pastor beim Predigen und vom Marineleutnant beim Räsonieren mal abgesehen); mag der Erzähler sein Idiom noch so norddeutsch einfärben; mag das »Verklarungs«-Wörterbuch im Anhang noch so notwendig sein: Der Roman wird nun einmal in hochdeutscher Sprache erzählt, und damit hat er in einer niederdeutschen Literaturgeschichte nix verloren. Basta.

Gorch Fock hatte seine Entscheidung für eine sprachliche Mischform (narrativer Text: hochdeutsch, Dialoge: platt) allerdings wohlerwogen – er wollte, grad mit diesem Roman, auch die »unbefahrenen Leser« erreichen. Seine Mentorin hatte ihm gleichfalls dazu geraten – Aline Bußmann, die hamburgische Dichter-Muse (die später dann den jungen Wolfgang Borchert knetete). Freilich sollte das Buch ursprünglich ganz anders aussehen. Im ersten Entwurf von 1911 war es noch ein Entwicklungsroman und trug den Arbeitstitel *Klaus Störtebeker*, womit nicht der sagenhafte Pirat, Freibeuter und Likedeeler gemeint war, sondern der »kleine« Klaus Mewes, der Sohn des »großen« Klaus, des Seefischers aus Finkenwärder. Erst nach mehreren Überarbeitungen und Umformungen bekam *Seefahrt ist not!* 1913 seine endgültige Gestalt – mit der Konzentration auf das Jahr 1887 und dem Zeitsprung im »letzten Stremel«: »Wir kurren in der Gegenwart.« Dadurch fiel nun freilich grad das weg (bzw. wurde im Zeitraffer auf wenige Sätze komprimiert), was vormals das Kernstück des Ganzen bilden sollte: die Entwicklung des Jungen, der sich nach dem Untergang des Vaters gegen alle Widerstände, Vorbehalte und massiven Vorhaltungen der Mutter und ihrer Familie behauptet und seinen Weg zur See findet.

Die neue Konzeption ist dem Buch aber sehr bekommen. Gewiß, über das neo-heidnische Schicksalswalten (ein Wahrzeichen so manches heimatbewegten Dichters jener Tage) läßt sich wohl debattieren, etwa, wenn der große Klaus Mewes während der »Herbsttagundnachtgleiche«, zur Zeit der »grauen Stürme«, welche »die Natur brechen und die Sonnenkraft tot machen sollen«, mit seinem grünen Ewer »Laertes« im Skagerrak scheitert und sich »noch einmal« von einer »Wogenriesin« emporheben läßt, um über die See zu blicken, »die er so sehr geliebt hatte«: »Er schrie nicht auf, noch wimmerte er, er warf sein Leben auch nicht dem Schicksal trotzig vor die Füße, wie ein Junge. Groß und königlich, wie er gelebt hatte, starb er, als ein tapferer Held, der weiß, daß er zu seines Gottes Freude gelebt hat und daß er zu den Helden kommen wird. Mit einem Lachen auf den Lippen versank er, denn er sah einen glänzenden, neuen Kutter mit leuchtenden, weißen Segeln und bunten Kränzen in den Toppen vor sich, der stolz dahinsegelte, und am Ruder stand ein lachender Junggast, sein Junge, sein Störtebeker«.

Auch die gehäuften Untergangs-Metaphern im Schlußkapitel haben etwas fatal Deutsches: Da gleicht der junge Klaus, der »verwegene Draufgänger«, dem »blonden Konradin, der tapfer lachend über die Alpen zog, nur von seinem Schwert begleitet, und sich sein Königreich erobern wollte« (und der dafür, so wäre zu ergänzen, unterm Richtschwert endete). Und »was ihn treibt«, ist nicht etwa das Geld, vielmehr das, »was Hagen trieb, den Zug ins Heunenland mitzumachen: Es ist ihm um die Ehre zu tun!« (Wohin Hagens Nibelungentreue führte, ist bekannt). Kurz zuvor hat der Kommandant eines kaiserlichen Torpedobootes dem jungen Klaus Mewes erklärt, England sei Rom, »und wir sind Karthago«, was zu dieser sonderbaren Untergangs-Freudigkeit des Buches paßt. (Übrigens hat schon Klaus Mewes, der Vater, die Hilfe eines vorbeikommenden englischen Trawlers verschmäht, als sein Ewer schon in Seenot, aber noch halbwegs heil war: »Sich von einem Ingelschmann ins Schlepptau nehmen lassen! Gott schall mi bewohren, dachte er und ließ John Bull stiemen«).

Doch wenn Gorch Fock von den Leuten am Neß erzählt, vom spökenkiekerischen Segelmacher Thees oder vom sterbenden Matrosen Harm Külper; wenn er das Leben an Bord schildert und die Crew des Ewers »Laertes« bei der Arbeit und der Sonntagsruhe zeigt (den weitbereisten Bestmann »Kap Horn«, den balladenkundigen Schiffsjungen und -koch »Hein Mück«, den konditionsstarken Bordhund »Seemann«), dann ist er wirklich in seinem Element. Dann schafft er unvergeßliche Szenen. Denn in diesen Sachen wußte er Bescheid. Gorch Fock wurde am 22. August 1880 in Finkenwerder geboren. Sein bürgerlicher Name war Johann Kinau. Seine beiden jüngeren Brüder, die nach ihrer Seefahrerlaufbahn ebenfalls Schriftsteller wurden, behielten den Familiennamen dann bei – sowohl der schwerblütige Jakob Kinau (»Freie Wasser«) als auch der gemütliche Rudolf Kinau (»Thees Bott, dat Waterküken«). Gorch Fock war freilich der einzige, der die Seefischer-Tradition der Kinaus nicht mal in jungen Jahren fortsetzte: Ihm wurde an Bord einfach immer schlecht. So absolvierte er nach der Volksschule eine Kaufmannslehre bei seinem Onkel in Geestemünde, jener Hafenstadt, in der Klaus Mewes gelegentlich einen »Angostura« zur Brust nimmt.

Anschließend bildete er sich fort: Als Buchhalter lebte er in Meiningen und Halle, weit im Binnenland mithin, auch in Bremen. 1906 bekam er eine Buchhalter-Stelle bei der Hamburg-Amerika-Linie in seiner Heimat. Nebenher begann er zu schreiben: 1912 erschien sein erstes Buch mit plattdeutschen Geschichten. 1914 meldete er sich, gleich nach Ausbruch des 1. Weltkriegs, freiwillig zur Marine. Am 31. Mai 1916 ist Gorch Fock als Matrose auf dem Kreuzer »Wiesbaden« in der Schlacht am Skagerrak gefallen.

Gorch Fock, Seefahrt ist not! Hamburg : Glogau, 1922 (131.-140. Tsd.).

Wolfgang Stammler, Geschichte der niederdeutschen Literatur von den ältesten Zeiten bis auf die Gegenwart. Darmstadt : Wiss. Buchges., MCMLXVIII (= reprografischer Nachdruck der Ausgabe Leipzig Berlin, 1920).

No.33

Wer mordet hier entflammte Männer? — Johann Wolfgang von Goethe, *Die Braut von Korinth*

Grotesk: Beim kaiserlichen Karneval im 2. Teil des *Faust* kreiseln ganze Horden von Poeten der unterschiedlichsten Manier im Schatten des Großherrn herum. Die »Naturdichter« sind da, die »Hof- und Rittersänger«, die »zärtlichen« genau wie die »enthusiastischen«, selbst ein »Satiriker« ist erschienen. Was sie allesamt miteinander gemein haben: Jeder ist ausschließlich auf seine eigenen Schöpfungen fixiert, so daß keiner »im Gedräng von Mitwerbern« den »andern zum Vortrag kommen« läßt. Nett beobachtet. Der alte Goethe kannte seine Kollegen. Unheimlich allerdings, daß ein komplettes Genre durch Abwesenheit glänzt: Die »Nacht- und Grabdichter« nämlich lassen sich auf dem »Mummenschanz« entschuldigen, »weil sie soeben im interessantesten Gespräch mit einem frisch erstandenen Vampyren begriffen sind, woraus eine neue Dichtart sich vielleicht entwickeln könnte«. Ein böser Hohn. Doch dem greisen Dichterfürsten war diese ganze schwarz-morbide Moderichtung absolut widerwärtig. Die Erzählungen unseres Rätselromantikers No.5 etwa (der sich ja zuzeiten auch in vampirischen Sphären umtat) erschienen ihm als »krankhafte Verirrungen«. Und überhaupt (wie er, relativ kurze Zeit vor seinem eigenen Tod am 22. März 1832, notierte): »Tote, die zum Verderben anderer am Leben bleiben und ihren Tod am Lebendigen ernähren – dahin sind unsere Produzenten gelangt.«

Ho! Das klingt bitter. Aber er wollte mit Tod und Todespoesie eben nichts zu tun haben. Und mit schauerlich literarischer Verklärung von Untoten schon gar nichts. Da hatte er dann, scheint's, ganz vergessen, daß er selber es gewesen war, der das erotisch saugstärkste Vampirwerk der gesamten deutschen Literatur ersann – *Die Braut von Korinth*, die Ballade einer solchen Untoten, einer eiskalten Vampirin, die ihrem liebevollen Bräutigam Blut und Leben abzapft. Freilich lag diese Nacht- und Grabdichtung schon ein paar Jahrzehnte zurück: Vom 4. bis zum 6. Juni 1797 hatte Goethe daran gesessen, die gespenstische Braut aus der Gruft seiner Erinnerungen zu holen und, formvollendet, zu beißender »Liebeswut« zu führen. Die »Aufmunterung« dazu verdankte er, wie so oft, Friedrich Schiller, der ja für Schauder aller Arten stets zu haben war. Umgegangen war Goethe mit dem Stoff aber schon lange. In seinem Aufsatz *Bedeutende Fördernis durch ein einziges geistreiches Wort* hat er's 1823 erklärt: »Mir drückten sich gewisse große Motive, Legenden, uraltgeschichtlich Überliefertes so tief in den Sinn, daß ich sie vierzig bis fünfzig Jahre lebendig und wirksam im Innern erhielt; mir schien der schönste Besitz, solch werte Bilder oft in der Einbildungskraft erneut zu sehen, da sie sich denn zwar immer umgestalteten, doch ohne sich zu verändern, einer reineren Form, einer entschiednern Darstellung entgegenreiften.« Und eins dieser »Bilder« war eben das der korinthischen Geistin. Kunde von dieser Mär hatte Goethe durch ein altes Buch erhalten, den »Anthropodemus Plutonicus« des Johann Praetorius, »das ist Eine Neue Weltbeschreibung von allerley Wunderbaren Menschen«. Das 7. Kapitel des 1668 erschienenen Folianten (»Von gestorbenen Leuten«) präsentiert dabei die spätantike Darstellung dieses Brautfalles durch einen gewissen Phlegon aus Tralles, der die obskure Geschichte für den römischen Kaiser Hadrian dokumentiert hat. In dieser Quelle nun geht es weder christlich noch vampirisch zu: Die rätselhafte Dame verführt den arglosen Jüngling nur zum ganz normalen Beyschlaf. Von der, auch hier freilich schon unvermeidlichen, Mutter erfährt der junge Mann anderntags, er habe es mit einer Toten getrieben. In der folgenden Nacht verbirgt sich dann der komplette Clan in der Nähe des Schlafgemachs. Als das Mädchen erneut bei ihrem Liebsten liegt, springen alle hinzu – und jetzt stirbt sie echt, am Schock, das arme Ding. Ihr Leichnam wird, auf Empfehlung des lokalen Wahrsagers, vorsichtshalber den wilden Tieren vorgeworfen, und der Jüngling macht es anschließend auch nicht mehr lange. (Die wissenschaftliche Erklärung des historischen Vorfalls dürfte wohl lauten: Katalepsie).

Durch sein »Eigenes«, das Goethe in diesem »Gelegenheitsgedicht« der Überlieferung »zu Grunde« legte, ist dies »vampyrische Gedicht« aber erst »unwiderstehlich aufregend« geworden, das muß auch der Leser zugeben. Merkwürdig dennoch der Zwiespalt des Olympiers, wenn es um Übersinnliches ging. Er pflegte ja auch Horoskope öffentlich zu belästern und spottete über »astrologische Grillen«, als »regiere der gestirnte Himmel die Schicksale der Menschen«. Den »Glauben« an eine »wunderbare glückliche Konstellation« der Planeten überließ er »zweideutigen« historischen Figuren wie Wallenstein. Solchen Leuten aus den »dunklen Zeiten« mochte er »solche Mißgriffe« allenfalls nachsehen, aber doch nicht den »aufgeklärten Jahrhunderten« mit ihren »aufgeklärten Menschen«. Und andererseits wäre da Goethes autobiographische Schilderung seiner Geburtsumstände am 28. August 1749: »Die Sonne stand im Zeichen der Jungfrau und kulminierte für den Tag; Jupiter und Venus blickten sie freundlich an, Merkur nicht widerwärtig, Saturn und Mars verhielten sich gleichgültig.« War das nun Dichtung oder Wahrheit? In diese Sache müssen wir wohl doch noch etwas mehr Licht bringen.

Johann Wolfgang von Goethe, Sämtliche Werke. Jubiläums-Ausgabe (hrsg. v. Eduard von der Hellen). Stuttgart Berlin : Cotta, o.J. [1902].

No.34

Wer ist hier der Spießer? — Wilhelm Raabe, *Stopfkuchen*

Im Jahr 1890 ist dies Buch mit dem tückischen Untertitel *Eine See- und Mordgeschichte* als Vorabdruck in der »Deutschen Roman-Zeitung« erschienen, 1891 war es dann auch in ordentlicher, gebundener Form zu erwerben. Allzu viele Leute haben es freilich nicht gekauft: Zwar besaß Wilhelm Raabe damals eine treue Lesergemeinde, doch die war zahlenmäßig eher klein. Die großen Erfolge seiner Anfangszeit, als er 1856 mit der *Chronik der Sperlingsgasse* debutierte, hat er später nie mehr so recht einholen können, allenfalls noch mit dem *Hungerpastor* von 1864, den er selbst jedoch, älter geworden (und ein wenig ungerecht), als »Jugendquark« abtat. Den *Stopfkuchen* hingegen hielt er für sein »bestes Werk«, und damit mochte er wohl recht haben.

Ein doppelbödiger Roman ist das, und ein gegenläufiger. Schon der, zudem mehrfach gebrochenen, Erzählweise ist nicht zu trauen: Als Chronist fungiert ein deutscher Akademiker namens Eduard, der, gelockt von einem alten Reise-Bericht, nach Süd-Afrika ausgewandert ist und gerade von einem Besuch in seinem alten Heimatstädtchen nach Transvaal zurückreist. Auf der wochenlangen Überfahrt schreibt er seine Eindrücke und Erlebnisse während dieses Aufenthalts nieder. Doch eigentlich ist es ein anderer, der die meiste Zeit das Wort führt – Heinrich Schaumann, genannt Stopfkuchen, Eduards Schulkamerad, der Mann, den der Reisende nur mal eben begrüßen wollte und der ihn dann vollkommen durcheinander brachte. Eine weitere Gegenläufigkeit: Der gebildete Weltmann und, auf diese Feststellung legt er Wert, »gute Freund« des Buren-Präsidenten, ist eng befangen in bürgerlichen Denkbahnen, was er auch als Narrator belegt. Schaumann dagegen, der als Bauer auf seinem erheirateten Hof, der »roten Schanze«, haust – er ist nicht nur ein glänzender Plauderer, der heiter sarkastisch alle Erzählregister ziehen kann, wenn er will; er ist auch innerlich frei. Zur Verwunderung des Freundes hat sich Stopfkuchen das Bibelwort »Da redete Gott mit Noah und sprach: Gehe aus dem Kasten« in »großen, weißen Lettern« an seine Tür gemalt. Man kann bis ans Kap der Guten Hoffnung fahren und dessen Sinn verfehlen. Und man kann als scheinbar träger »Spießbürger« auf dem Sofa der roten Schanze sitzen bleiben und grad diesen Spruch zu seinem »Lebensmotto« machen.

Bibelfest ist dieser Heinrich Schaumann sowieso: Nach dem Abitur war er mal stud. theol., bevor er von der Universität relegiert (und dafür von seinem Vater aus dem Haus gejagt) wurde, ein Doppel-Schicksal, das er übrigens mit einem weiteren Raabe-Helden teilt – mit Leonard Hagebucher, dem Heimkehrer vom »Mondgebirge«, dem Mann, der aus afrikanischer Sklaverei in seinen deutschen Heimatort »Bumsdorf« zurückfindet und irgendwann feststellt, daß die Verhältnisse in Abu Telfan, gemessen an den deutschen Zuständen, auch ihre Vorzüge besaßen. *Abu Telfan oder Die Heimkehr vom Mondgebirge* heißt denn auch dieser große Roman, und es ist kein Zufall, daß der Name des Dampfers, auf dem Eduard zurück ins »Kaffern«-Land fährt und seine Erinnerungen an die deutschen Philister aufschreibt, eben »Hagebucher« lautet.

Doch wieder zum Protagonisten des *Stopfkuchen*. Träge ist dieser Heinrich Schaumann so wenig, wie er philiströs ist: Jahrelang hat er, wie der biblische Jakob bei Laban, beim berüchtigten Mord-Bauern Quakatz um dessen Tochter Valentine gedient; erst als Knecht, dann als Großknecht, bis er schließlich als Schwiegersohn willkommen war. Den verkommenen Hof hat er in dieser Zeit zum Schmuckstück gemacht; und die verwilderte, bissig menschenscheue Kleine von der »Quakatzenburg« (seine große Liebe schon zur Knabenzeit) ist an seiner Seite eine fröhliche, selbstbewußte Frau geworden. Und das trotz aller bös nachbarlichen Blicke, aller üblen Nachreden, aller Vorurteile, weil der Bauer Andreas Quakatz eben nach allgemeiner Überzeugung der Mörder des Viehhändlers Kienbaum war. Auch im Strafprozeß hatte ihn das Gericht nur mangels Beweisen freigesprochen.

Nach dem Tod des verbitterten Schwiegervaters zeigt der dicke Schaumann wiederum, daß er auch als Detektiv eine Menge auf dem Kasten hat: Fein beobachtend, schlüssig kombinierend hat er in kurzer Frist den Fall gelöst und, in einem starken Auftritt, auch ein Geständnis des Täters erreicht: Es war der alte Landbriefträger Friedrich Störzer (das Kindheits-Idol des Erzählers Eduard), der dem widerlichen Kienbaum, von dem er fortdauernd gehänselt und gequält worden war, im (berechtigten) Affekt einen »Feldstein« hinterherschleuderte, der, leider, nur zu gut traf. Weniger berechtigt, daß der Briefträger nicht die Courage besaß, den Vorfall zu melden und den verdächtigten Bauern Quakatz zu entlasten.

Stopfkuchens Flamboyanz beim Verhör des Sünders ist aber noch gar nichts gegen die Szene, die er – gleich nach dem Tod des so lange Verschonten – im Gasthof »Goldener Arm« hinlegt. Scheinbar beschreibt er dem völlig erschütterten Freund Eduard, dem er kurz zuvor den Namen des wahren Mörders verraten hat, geheimnistuerisch den Gang seiner Ermittlungen und den Verlauf der Untat. In Wirklichkeit weiß er, daß in dieser Kneipe selbst die Wände, mindestens aber die Kellnerinnen, Ohren haben. Und er kostet die Situation aus, als wäre er Hercule Poirot: »Auch den Landbriefträger Störzer sah ich in der Versammlung am Grabe. Meta, sind Sie noch da? Grausame Schöne, willst du denn wirklich den dicken Schaumann von der roten Schanze verdursten lassen?« – »Oh Gott, ja, ja! gleich! Oh, wie Sie das alles so erzählen, Herr Schaumann, da muß man ja zuhören!« – »Nicht wahr, Kind? —— Also, Eduard, da auch du noch zuhörst: wenn es einen Menschen in der Welt gibt ———.«

Seinem Freund und Kollegen Paul Heyse hat Wilhelm Raabe einmal geschrieben: »Nehmen Sie die rote Schanze als die deutsche humoristische Weltanschauung und den dicken Schaumann als den dürren Raabe, so haben Sie eine ganz feine Symbolik.« Das mag wohl so sein. Wobei ja noch hinzukommt, daß *Stopfkuchen* ziemlich unverkennbar in Wolfenbüttel spielt, auch wenn dies ehrenwerte Städtchen, in dem Raabe umfassend am Abitur scheiterte und auch sonst manches auszustehen hatte, netterweise nicht beim Namen genannt wird. Selbstverständlich gibt es in Wolfenbüttel auch keine rote Schanze, allerdings eine weiße.

Daß Wilhelm Raabe, der am 8. September 1831 in Eschershausen geboren wurde und am 15. November 1910 in Braunschweig starb, in einer Kneipe namens »Goldener Arm« verkehrt hätte, ist ebenfalls nicht bekannt. Dafür verkehrte er gern im »Feuchten Pinsel«, war Mitglied im Geselligkeits-Verein der »Kleiderseller«, ging regelmäßig in den »Klub der Buern im Kreienfelde« und lebte äußerlich so regelmäßig, wie ein guter Philister so lebt. Aber er war ganz frei.

Wilhelm Raabe, Sämtliche Werke (drei Serien). Berlin-Grunewald : Klemm, o.J. [1913-1916].

Hans Oppermann, Wilhelm Raabe in Selbstzeugnissen und Bilddokumenten. Reinbek : Rowohlt, 1970 (= Rowohlts Monographien 165)

Heiko Postma, Wider die deutschen Duckmäuser. Wilhelm Raabe zum 150. Geburtstag. In: Hannoversche Allgemeine v. 8. 9.1981.

No.35

Wer zerbricht hier am Leistungsdruck? — Marie von Ebner-Eschenbach, *Der Vorzugsschüler*

Ein germanistisches Vorurteil besagt, Marie von Ebner-Eschenbach habe sich, als Erzählerin, im Grunde nur in ihrem eigenen Milieu bewegen können: Figuren aus dem Landadel zu entwerfen, aus der Dienerschaft oder aus dem bäuerlichen Landvolk, *Dorf- und Schloßgeschichten* zu erzählen (wie eine ihrer Prosasammlungen heißt) – das sei ihre Begabung gewesen. Bürgerliche, gar kleinbürgerliche Stoffe habe die Autorin allenfalls mit Hilfe ihrer Menschenkenntnis bewältigt, doch ohne wirklichen Sinn für deren Spezifik.

Die Geschichte *Der Vorzugsschüler* belegt, wie kurz solches Diktum greift. Denn in diesem knapp erzählten Text, der im Jahr 1900 entstand und 1901 in den Band *Aus Spätherbsttagen* aufgenommen wurde, stimmt jedes Detail. Mit ungeheurer Genauigkeit sind die inneren Konflikte des 14jährigen Beamtensohnes Georg Pfanner gezeichnet, der sich eine väterliche »Züchtigung« wünscht, um sich nicht länger davor fürchten zu müssen. Mit psychologischem Scharfblick ist die anfängliche Zwiespältigkeit der Mutter Agnes gesehen, die sich »im Grund ihrer Seele« gegen ihren Mann »empört«, aber »erstaunt«, ja »vielleicht [vielleicht!] entrüstet« wäre, würde ihr jemand so etwas sagen. Und mit gleicher Präzision ist der Vater geschildert, der »Offizial« mit dem eisengrauen Bürstenhaarschnitt und dem sorgfältig gepflegten Schnurrbart, der Subaltern-Beamte der Kaiserlich=Königlich Österreichischen Staatsbahn, der abends gewöhnlich »übermüdet«, also »mürrisch« aus dem Bureau heimkommt und ein besseres Leben will – ein Ehrgeiz, den er, der Kleinbürger, allein auf seinen Sohn projizieren kann, diese »vervollkommnete Fortsetzung seines Ichs«. Ein Ehrgeiz aber eben auch, der sich in der »Welt, die er begreift« vollzieht – der geordneten Welt, in der die Herren Direktoren und Subdirektoren das Sagen haben. Subtil ins Geschehen verflochten ist zudem eine Randfigur: der junge Hausierer Salomon Levi, der die Qualen Georgs ehrlich bedauert, den Gymnasiasten aber auch beneidet und zugleich, traurig, ein Stückchen verachtet – »mir möchte leicht sein das Studieren«.

Sie ist eine große Realistin, Marie von Ebner-Eschenbach. Geboren wurde sie am 13. September 1830 als Komteß Dubsky im Schloß Zdislavice bei Kremsier in Mähren. Ihr Vater, der Graf, war kaiserlicher Kammerherr in Wien. Aber zu solcher Ehrenstellung hatten sich die Dubskys erst allmählich wieder hocharbeiten können: In der Schlacht am Weißen Berg, 1620, hatte ein rebellischer Vorfahr entschlossen gegen die Habsburger gekämpft, in der Armee der aufständischen Tschechen. Eine Menge von dessen Widerstandsgeist besaß auch Marie, die sich partout nicht mit der adelsüblichen Gouvernanten-Erziehung abfinden wollte; die sich Lektüre besorgte; die mit der mährischen Dorfbevölkerung kommunizierte und, wie sie in ihren Lebenserinnerungen berichtet, zu schreien und zu toben begann, wenn ein Tagelöhner vom Vogt mißhandelt wurde. Vor allem sah sie beizeiten zu, ihrer vornehmen »Mama« zu entkommen: 1848 heiratete sie ihren Vetter, den damaligen Ingenieurs-Hauptmann und Physik-Professor Moritz von Ebner-Eschenbach und zog mit ihm nach Wien. Es wurde eine schöne Ehe, nicht zuletzt deshalb, weil der Freiherr, der zuletzt noch zum Feldmarschall aufstieg, klugen Anteil am Schreiben seiner Frau nahm. 1898, kurz vor der Goldenen Hochzeit, ist er gestorben. Marie von Ebner-Eschenbach hat ihn um achtzehn Jahre überlebt. Achtzehn Jahre, in denen sie, praktisch bis zum letzten Tag, schrieb.

Doch so einfühlsam sie in ihren Büchern war, so rigoros konnte sie im wirklichen Leben sein, zumal gegen sich selbst. Jahrelang hatte sie, zu Beginn ihrer literarischen Laufbahn, geglaubt, eine Begabung für's Drama zu besitzen – so wie ihre Wiener Freunde Grillparzer oder Hebbel. Dann begriff sie: es reichte nicht. Und machte Schluß mit dem Theater. Nicht mal in die Gesamtausgabe ihrer Werke hat sie die Stücke ihrer Frühzeit später aufgenommen. Eisern. Als sie schon ihren ersten Erzählband veröffentlicht hatte, traf sie Gottfried Keller. In ihrem Tagebuch steht: »Welch ein Meister! Marie Ebner, lerne, lerne, lerne!« Später hat Keller dann aber auch seinerseits mit Anerkennung nicht gegeizt: 1887 erschien *Das Gemeindekind*, Marie Ebners Hauptwerk, die Geschichte des Jungen Pavel Holub aus Soleschau, der als Sohn eines hingerichteten Raubmörders und einer Zuchthäuslerin seinen Ausweg aus dem Elend schafft. Und als ein gebildeter Leser das Buch gesprächsweise als »ganz nett« einstufte, konterte Keller: »*Das Gemeindekind* ist nicht nett, das ist gut!« Und dem ist nichts hinzuzufügen.

Zu ihrem 70. Geburtstag wurde Marie von Ebner-Eschenbach von der Universität Wien mit dem Ehrendoktor ausgezeichnet. Am 12. März 1916 ist sie in Wien gestorben.

Marie von Ebner-Eschenbach, Ausgewählte Erzählungen (hrsg. v. Paul Friedländer). Berlin : Rütten & Loening, 1989, 2 Bde.

Ernst Alker, Marie von Ebner-Eschenbach. In: Die deutsche Literatur im 19. Jahrhundert. Stuttgart : Kröner, 1961, S. 610-614.

No.36

Wer gibt hier seiner Vision die Sporen? — Theodor Storm, *Der Schimmelreiter*

Der Schimmelreiter werde »die bei weitem größte Novelle«, die er je geschrieben habe, teilte Theodor Storm seinem Verlag mit, als er sich mitten in der literarischen Deichbau-Arbeit befand. Er hatte recht, was freilich noch nicht allzuviel besagen mußte: Eigenkommentare solcher Art waren bei Storm die Regel, und sie waren Legion: »Jedenfalls, glaube ich, findet sich in diesem Buch«, gemeint ist jetzt seine Novelle *Auf der Universität*, »eine Vollendung der poetischen Darstellung, wie es von mir bisher noch nicht erreicht war und in der deutschen Poesie nur sehr spärlich zu finden sein dürfte«. Schon seine allererste, stimmungswehe Resignationsnovelle *Immensee* hielt er unbedingt für »eine Perle deutscher Poesie«. Storm besaß einen eminenten Drang nach Anerkennung und reagierte empfindlich, wenn andere Autoren mal mehr gelobt wurden als er. Schadhaftes Selbstbewußsein?

Er hätte soviel Selbst-Verweise auf seine literarische Meisterschaft (verbunden mit nur gelegentlicher und dann recht maßvoller Selbst-Kritik) gar nicht nötig gehabt: Zumindest sein Spätwerk, die Novellistik aus den 70er- und 80er-Jahren des 19. Jahrhunderts, *ist* meisterlich. Da hielt sich sogar sein Kollege, unser Rätselmann No.50, mit Lästereien zurück. Vorher hatte er nicht bloß Storms Lebensstil genüßlich verspottet (»Husumerei«, »Provinzsimpelei«), sondern auch dessen Prosa: Über den *Waldwinkel* ließ er eine förmliche Kaskade von Invektiven niedergehen – »der reine Quatsch, unwahr, eklig, raffiniert, dünn, kläglich, impotent, in höchstem Maße unerquicklich.« (Storm und ihn verband jahrzehntelang eine Art Freundschaft).

Nun also *Der Schimmelreiter.* Faszinierend allein die Erzählstruktur, die mehrfache Einrahmung, die allmähliche Transformation der Zeit, die zunehmende Diffusion der Fakten. Am Anfang ist es, kurz, der Autor selber, der aus seiner Gegenwart zurückblendet in seine Knabenzeit, wie's scheint, »vor reichlich einem halben Jahrhundert« und, noch etwas vager, seine Erzähl-Quelle ins Spiel bringt – ein »Zeitschriftenheft« im Hause seiner Urgroßmutter: »Ich vermag mich nicht mehr zu entsinnen, ob von den ›Leipziger‹ oder von ›Pappes Hamburger Lesefrüchten‹.« Nun bekommt, im Rahmen dieser, eingestanden nebligen, Erinnerungen, der »damalige Erzähler« das Wort, der seinerseits die Zeit erstmal ein paar Jahre zurückdreht, wenn er das unheimliche Erlebnis schildert, das ihm einmal widerfuhr, als er »bei starkem Unwetter auf einem nordfriesischen Deich entlangritt« und einer bleichen Gestalt begegnet war, die in fliegendem Galopp, doch gespenstisch lautlos, auf einem hageren Schimmel an ihm vorbeigeritten war. Auch dieser Erzähler aber gibt den Stab, vorübergehend, weiter: Die Geschichte dieser Spuk-Erscheinung läßt er sich vom Schulmeister jenes Orts bei einigen Gläsern Grog vortragen. Und dieser, etwas verkniffene, Lehrer (ein Skeptiker und gescheiterter Theologe) stützt sich wiederum auf ältere Chroniken, doch ebenso auf geraunte Volksmären, wenn er auf der Zeitschiene weitere achtzig Jahre rückwärts geht, in die »Mitte des vorigen Jahrhunderts«, um das Leben jenes Hauke Haien darzustellen, der aus ärmsten Verhältnissen stammend, bestärkt von seiner klugen Jugendfreundin und späteren Frau, der Deichgrafentochter Elke Volkerts, zum Amt des Deichgrafen emporstieg; der eine neuartige Technik des Deichbaus entwickelte und seine kühnen Pläne konsequent, freilich auch arrogant, gegen alle Widerstände und Trägheiten realisierte; der, müde geworden, ein einziges Mal den Einreden seines ewigen Widersachers Ole Peters nachgab und eine gefährdetete Deichstelle nicht gründlich (und kostspielig) sanierte, sondern nur mit Stroh ausflicken ließ; der sich schließlich, nach dem prompt eingetretenen Deichbruch, mit seinem Schimmel in die Fluten stürzte und nun als warnendes Gespenst herumreiten muß, wenn wieder mal eine Sturmflut die Deiche gefährdet.

Kunstvoll, wie Storm, in schrittweisen Abstufungen, nicht allein die Zeit zurückstellt, sondern zugleich das, durchweg realistisch dargebotene, Geschehen ins unverbürgbare Halbdunkel zieht: Jeder seiner Erzähler ist ein vernünftiger, aufgeklärter Mensch; jeder berichtet nach bestem Wissen; keiner kann's wirklich bezeugen. Hinsichtlich des »Zeitschriftenheftes« allerdings ließe sich den getrübten Erinnerungen des Autors auf die Sprünge helfen: Es war nicht das »Leipziger« Magazin, das Ding war echt von Pappe. Nur den Titel hat Storm etwas ungenau zitiert. Er lautet: »Lesefrüchte vom Felde der neuesten Literatur des In= und Auslandes. (Ernsten und fröhlichen Inhalts.)«, herausgegeben von Dr. J. J. C. Pappe, Hamburg. In dieser schönen Reihe erschien im Jahrgang 1838 die Geschichte »Ein Reiseabenteuer«, die im Prinzip dem *Schimmelreiter*-Stoff entspricht. Doch, halt einmal: 1838? Das kommt zeitlich fast exakt hin: Zwar kein »reichliches«, doch ein knappes »halbes Jahrhundert« später nahm sich Storm den Schimmelreiter vor. Das schöne Bild jedoch vom »Urenkel«, dem die »linde Hand der über Achtzigjährigen liebkosend übers Haupthaar« gleitet – das zeigt somit nicht die Kinderszene, die es evozieren soll. 1838 war Theodor Storm, der am 14. September 1817 (um Mitternacht) in Husum geboren wurde, immerhin schon ein Twen, der als Jura-Student immatrikuliert war und grad seine erste Verlobung gelöst hatte.

Interessant jedoch, daß sich bereits hier, im »Reiseabenteuer«, der Erzähler auf den Bericht eines »Freundes« stützt und das Geschehen um ein knappes Jahrzehnt zurückverlagert – in die ersten Apriltage des Jahres

1829. Der nächtliche Ritt allerdings trägt sich zwar bei heftigem Unwetter zu, doch nicht an der Nordseeküste, sondern im Ostsee-Gebiet, hinter Danzig, auf dem Weichsel-Deich. Und der Geisterreiter auf seinem Schimmel ist zwar nur schemenhaft zu sehen, dafür unheimlich genau zu hören. Es fehlt auch nicht der vom Punsch befeuerte Bericht eines Dorfältesten über den berittenen Selbstmord des vormaligen »Deichgeschworenen« und nunmehrigen Gespenstes: Genau wie später Hauke Haien glaubte sich auch dieser Deichgraf von der Weichsel verantwortlich für einen akuten Dammbruch. Doch das war's dann auch. Die Vorgeschichte dieser Katastrophe, das Eigentliche mithin – das ist allein Theodor Storms Leistung.

Er hat gründlich daran gearbeitet, diesen »Deichspuk in eine würdige Novelle zu verwandeln«, anders gesagt, »eine Deichgespenstersage auf die vier Beine einer Novelle zu stellen«. Daß er dazu, trotz seiner schweren Krankheit, mehrfach von Husum nach Heide reisen mußte, um sich mit seinem »deichsachverständigen Freunde« Eckermann zu beraten, zeigt nur einen einzigen Aspekt seiner Vorbereitungen. Natürlich war das nicht Johann Peter Eckermann, der Goethesachverständige, vielmehr Christian Eckermann, der Landesbaurat der preußischen Provinz Schleswig-Holstein. Aber der Name allein wirkt wie ein Omen: Schließlich gilt das letzte Großprojekt, das Goethes Faust im Zweiten (notabene von J. P. Eckermann edierten) Teil der Tragödie in Angriff nimmt, der Einkoogung des Küstenvorlandes. Und eben dies plant auch Hauke Haien, Storms Marschenfaust, den der mephistophelische Widerspruchsgeist des früheren Großknechts Ole Peters nur immer weiter zur großen Tat, zur Verwirklichung seiner Vision anstachelt (bis er dem Dauer-«Kretler« einmal nachgibt).

Für das abergläubische Küstenvolk ist Hauke Haien ohnehin ein Teufelsbündler: Hat er nicht deutlich Gott gelästert und, im Gebet (als er sich unbeobachtet glaubte, was er aber nicht war) an dessen Allmacht gezweifelt? Ist der Schimmel, den er unter so obskuren Umständen gekauft hat, nicht eigentlich längst tot und lag als Gerippe auf Jeverssand? War Haukes Vater, der alte Tede Haien, nicht ein dunkler Ehrenmann? Theodor Storm hat all dies fein in seinen *Schimmelreiter* eingearbeitet. Und wie sehr er diesen »Faust«-Stoff sein Leben lang geliebt hat, zeigt nicht zuletzt seine Novelle *Pole Poppenspäler*, in der das alte Spiel vom Doktor, den am Schluß der Teufel holt, gleich mehrfach aufgeführt wird.

Der »Magendruck« freilich, über den Storm während der Arbeit am *Schimmelreiter* so oft klagte, der war ein Magenkrebs. Storm war viel kränker, als er ahnte. Gewiß, seit seiner Pensionierung als Amtsrichter in Husum hatte er tagsüber mehr Zeit zum Schreiben (vorher mochte er den Schritt in die Berufs-Schriftstellerei nie riskieren – als die dänische Regierung in Schleswig-Holstein 1852 seine Zulassung zur Advokatur widerrief, war Storm nach Preußen emigriert und dort Assessor, später Kreisrichter geworden; 1864, nach der dänischen Niederlage, kehrte er als Landvogt in die Heimatstadt zurück, die allerdings, wie ganz Schleswig-Holstein, drei Jahre später von Preußen annektiert wurde, so mußte er erneut in den preußischen Staatsdienst treten…). Viel Lebenszeit blieb ihm nun aber nicht mehr: 1888, in den April/Mai-Nummern der »Deutschen Rundschau« erschien der Vorabdruck des *Schimmelreiters*, kurz darauf kam im Verlag der Gebrüder Paetel (wo auch unsere Rätselautorin No.35 zu Haus war) die Buchausgabe der Novelle heraus. Am 4. Juli desselben Jahres 1888 ist Theodor Storm in Husum gestorben.

Theodor Storm, Sämtliche Werke (hrsg. v. Peter Goldammer). Berlin Weimar : Aufbau, [6]1986, 4 Bde.

Hartmut Vinçon, Theodor Storm in Selbstzeugnissen und Bilddokumenten. Reinbek : Rowohlt, 1972 (= Rowohlts Monographien 186)

Heiko Postma, Das Künstlerherz im Bürgerrock (zum 100. Todestag Th. Storms). In: Hannoversche Allgemeine v. 2.7.1988.

Dr. J. J. C. Pappe (Hrsg.), Lesefrüchte vom Felde der neuesten Literatur des In= und Auslandes. Hamburg, 1838, 2. Bd.

No.37

Wer klagt hier über Zivilisationswüsten? — James Fenimore Cooper, *Leatherstocking-Tales (Lederstrumpf-Geschichten)*

Als James Fenimore Cooper, um 1840, die verbesserte Neu-Auflage seines historischen Romans *Lionel Lincoln oder Die Belagerung von Boston* zum Druck vorbereitete (das Buch schildert bewegende Augenblicke aus dem amerikanischen Unabhängigkeitskrieg), da wurde er von merkwürdigen, bei ihm eigentlich ganz ungewohnten, literarischen Zweifeln geplagt: »Es gibt vielleicht kein anderes Land, dessen Geschichte so wenig für eine poetische Ausschmückung sich eignet, als die Vereinigten Staaten von Nordamerika.« Seine Begründung: Schon die frühen Zeiten der ersten weißen Besiedlung standen im Zeichen der Buchdruckerkunst. Jedes nennenswerte politische oder militärische Ereignis ist in den Annalen festgehalten, zudem herrschte stets ein öffentliches Interesse an Bildung und Information. Schlecht also für die Verfasser historischer Romanzen und Fiktionen, denn anders als in Europa liegt keine Epoche der amerikanischen Geschichte im Halbdunkel von Mythen oder Legenden. So bleibt einfach »kein Spielraum für die Phantasie«.

Seinen früh gefaßten, patriotisch poetischen Plan, die Entwicklung aller 13 Gründerstaaten der Union in einer 13bändigen Romanserie zu gestalten, hatte Cooper denn auch bereits nach der ersten Folge, dem besagten *Lionel Lincoln* von 1825, aufgegeben. Trotzdem fand er, gerade auch außerhalb der offiziellen Archive und Geschichtsquellen, soviel kulturhistorisches Material, soviel landestypischen Erzählstoff, daß er der erste große amerikanische Roman-Chronist wurde. Seine Bücher, vom frühen *Spion* (1821) bis zu den späten *Bienenjägern* (1848) lieferten ein faszinierendes Bild vom Werdegang dieser »jungen Nation«. Ein Bild, das nicht zuletzt im Ausland Begeisterung weckte und – Sehnsucht. Das außerdem ganze Autorenschaften von Nachfolgern und Nachahmern auf den (Ober-)Plan rief: Adalbert Stifter, im »Hochwald«, war der erste (und größte), unser Rätselwestmann No.9 der erfolgreichste Cooper-Adept.

Und wie steht es um das Fehlen amerikanischer Mythen? Wenn keine da sind, schafft man welche. Cooper hat es getan: Er hat die amerikanische Mythengestalt schlechthin erfunden – Nathanael (»Natty«) Bumppo, den »Lederstrumpf«, den einfachen, gleichwohl »wissenden« Waldgänger, den freien Abenteurer, der dennoch, buchstäblich, zum »Vorläufer« der Zivilisation wird. Fast zwei Jahrzehnte lang hat sich Cooper mit diesem Lederstrumpf beschäftigt. Schon 1823, in Coopers drittem Buch *The Pioneers (Die Ansiedler)*, diesem in die Kinderjahre des Autors zurückprojizierten »Zeitgemälde«, taucht Natty zum ersten Mal auf: Kein jugendlicher Held, ein alter Mann bereits, um die siebzig, der seit Jahren in seiner Blockhütte am Otsego-See (im Staate New York) gelebt hat und nun irritiert das »Eindringen« der Siedler in diese ehemals einsame Gegend hinnehmen muß, den Vormarsch der Zivilisation. Zivilisation aber, so beobachtet der »Lederstrumpf« (wie er, seiner hirschledernen Gamaschen wegen, in diesem Band, und zwar nur in diesem, genannt wird), Zivilisation ist wesentlich an zwei Dinge gebunden – an »Geld« und die »krummen Wege des Gesetzes«. Mit beiden hängt ein Drittes zusammen: der unbeschreibliche Raubbau an der Natur, das wahllose Abschießen des Wildes, das unbedenkliche Leerfischen der Seen, das systematische Abholzen der riesigen Wälder.

Nattys Dilemma: Er selber ist ein freier Mann, ein Naturmensch, der aus Prinzip nur soviel verbraucht, wie er zum Leben benötigt. Doch er lebt nicht allein. In einer Gesellschaft jedoch sind Gesetze nötig. Gesetze, die auch in Nattys Sinn wären – Richter Temple prägt einmal den Satz, es werde eine Zeit kommen, in der ein Gesetz die Bäume in Schutz nehme. Doch sind gesetzliche Regulatorien erst einmal vorhanden, dann engen sie, für alle gleichermaßen verpflichtend, eben auch den Freien ein, der ihrer gar nicht bedürfte. Lederstrumpf zieht daraus seine ganz persönlichen Konsequenzen und verläßt, trotz seines hohen Alters, die Siedlung, um weiter nach Westen zu ziehen, in die Menschenleere der dortigen Wälder. Aber wieder einmal wird er nur der erste sein, und nach ihm werden die Siedler kommen. Sein bester Freund ist da schon tot: Chingachgook, die »Große Schlange«, der Indianerhäuptling, der Allerletzte der Mohikaner.

Die US-amerikanische Historiographie hatte nämlich sehr wohl einen sehr dunklen Flecken aufgewiesen. Und der betraf das Verhältnis der Einwanderer zu den Ureinwohnern, den »eigentlichen Besitzern des Landes«, wie sie bei Cooper stets heißen. Indianer als reale Menschen in die Literatur gebracht zu haben, weder zu »edlen Wilden« verklärt noch zu »roten Bestien« herabgewürdigt – das bleibt Coopers Verdienst. Chingachgook, der als halbangepaßter »John Mohegan« in einem Siedlerdorf endet (doch würdig als großer Delaware stirbt), erkennt übrigens recht genau, wieso der »weiße Mann« seine angeblichen »roten Brüder« so gründlich und relativ leicht übervorteilen konnte: »Rum ist sein Tomahawk.«

Weiter ging es 1826 mit dem *Last of the Mohicans*, dem *Letzten der Mohikaner*, in dem Natty Bumppo als Scout »Hawkeye« (»Falkenauge«) mitkämpft – am Beginn des Siebenjährigen Krieges nämlich, 1757, in dem die Kolonialmächte England und Frankreich auch »ihre« jeweiligen Indianerstämme einsetzten, die Delawaren auf englischer, die Huronen auf französischer Seite. Chingachgooks Sohn, Uncas, wird in diesem Gemetzel getötet, und während alle Hauptfiguren des Romans, sofern sie Weiße sind und überlebt haben, zum Schluß in die Zivilisation zurückkehren, bleibt Lederstrumpf in den Wäldern. Ein Jahr später, 1827, schilderte Cooper dann das Ende seines inzwischen 90jährigen Helden: Der Roman *The Prairie*, in dem Natty als »alter Trapper« mit neuen Siedlern aneinandergerät, bevor er ruhig in die Ewigen Jagdgründe einziehen kann, spielt im Jahr 1804, im Fernen Westen. Danach legte der Autor eine (dreizehn Jahre währende) schöpferische Lederstrumpf-Pause ein, ehe er 1840 mit dem *Pathfinder (Pfadfinder)* zurückkam. Der Titel benennt zugleich Nattys diesmaligen Kampf-Namen (der Roman spielt 1759, erneut im Siebenjährigen Krieg), und der Inhalt des Buches ist, wenn man dem eingestandenen Cooper-Bewunderer, unserem Rätselromancier No.38b, glauben will, »äußerst einfach«: »Es ist der Ontario-See«. Ein Jahr später, 1841, lieferte Cooper schließlich den Anfang der Serie nach, den *Deerslayer*. So jedenfalls, »Wildtöter«, wird der junge Natty hier von seinen rauhen Kumpeln in den Wäldern am Otsego-See genannt, weil er nicht auf Menschen zielen möchte (was er aber nur zu bald muß).

Die Entstehung dieser fünfbändigen Roman-Reihe wirkt tatsächlich etwas ungeordnet: 4. Band, 2. Band, 5. Band, 3. Band, 1. Band. Der Chronologie der Ereignisse nach ergibt sich daraus jedoch eine solide Reihenfolge: *Wildtöter*, *Mohikaner*, *Pfadfinder*, *Ansiedler*, *Prairie*. Kein Zufall aber wohl, daß Cooper das erste und das zuletzt geschriebene seiner *Lederstrumpf*-Bücher am Otsego-See spielen ließ. Hier war er aufgewachsen – in Cooperstown, einer neugegründeten Ansiedlung im Staat New York, 62 Meilen westlich von Albany, der Hauptstadt, gelegen. Der Ort war nach seinem Vater, William Cooper, benannt, der hier, in der Wildnis, einen gewaltigen Grundbesitz von 750 000 Acres erworben hatte, den er nun stückweise an siedelnde »Squatters« verkaufte. William Cooper fungierte als Bezirksrichter, war auch mehrfach Kongreßmitglied für die »Federalists« (die Vorläufer der Republikanischen Partei). Der Sohn hat ihm in der Figur des Richters Marmaduke Temple in den *Pioneers* ein schönes Denkmal gesetzt. Cooperstown heißt im Buch folgerichtig »Templeton«. Geboren war James Fenimore dort allerdings nicht; soviel Pioniergeist mochte der alte Cooper seiner Gattin denn doch nicht zumuten. So kam der Junge als eines von zwölf Kindern des Ehepaares in Burlington/New Jersey zur Welt – am 15. September 1789.

Die Erziehung Coopers verlief ebenfalls standesgemäß, solange jedenfalls, bis er vom Yale-College in New Haven verwiesen wurde. Darauf schickte ihn sein Vater zur Marine. Die literarischen Erträge dieser Seefahrerzeit liegen in zwölf umfänglichen Romanwerken vor, von denen der *Rote Freibeuter* das berühmteste ist, die Insel-Utopie *Mark's Riff* das sonderbarste, und *Ned Myers*, der Lebensbericht eines einfachen Matrosen, das interessanteste. Selbst sein bissigster Kritiker, der Kollege Edgar Allan Poe, der nicht müde wurde, die »Geschwätzigkeit«, die »befremdliche Unbeholfenheit«, die »melodramatische Ungereimtheit« seines Zeitgenossen Cooper zu belästern, rang sich einmal den (freilich immer noch ziemlich spitzigen) Satz ab: »Im Walde und auf der See hat Mr. Cooper nachweislich noch nie versagt.« Edgar Poe vertrat halt ein anderes, radikal ästhetisches Konzept, da mußten ihm Coopers redliche, um »Belehrung« und »spannende Unterhaltung« der Leser besorgte Historien wohl trivial und altmodisch vorkommen. Immerhin stellte er den »Verfasser des *Lederstrumpf*« an die »Spitze der volkstümlichen Brigade« in der amerikanischen Literatur. (Poe teilte die US-Prosa prinzipiell in zwei Kategorien, die »populäre« und die »ruhmwürdige«; an »die Spitze« der genialisch-ruhmwürdigen Abteilung setzte er übrigens Nathanael Hawthorne und, natürlich, sich selbst).

Der Popular-Brigadier Cooper war seinerseits auf eine originelle Art zum Schreiben gekommen. 1811 musterte er bei der Navy ab, um Miss Susan de Lancey zu ehelichen, eine junge Dame aus den feinsten Kreisen der amerikanischen Oberschicht. Fortan wollte er das komfortable Leben eines Landedelmannes führen. Der Komfort blieb ihm auch dauerhaft erhalten, doch sein Leben lief anders, und zwar deshalb, weil der, immerhin bereits 31jährige, Familienvater die gängigen englischen Gesellschaftsromane, aus denen er abends am Kamin den Seinen vorzulesen pflegte, so herzlich nichtssagend fand und, leichtfertig, verkündete, derlei könne er allemal besser machen. Seine Frau nahm ihn beim Wort. Cooper wurde Schriftsteller. Und wenn ihm der erste Roman *Precaution*, 1820, auch noch britisch-konventionell mißriet (der gebräuchliche deutsche Titel lautet, ungeahnt beziehungsreich, *Moseley Hall oder Die Wahl des Gatten)*, sein zweites Buch, der patriotische Roman *The Spy (Der Spion)* wurde ein ungeheurer Erfolg. Und das dritte Buch war dann ja schon das erste Meisterwerk – *The Pioneers*.

Die Erfolge wurden im Lauf der Jahre allerdings etwas karger. Schlimmer noch: Mit einigen Büchern löste Cooper helle Empörung unter seinen Landsleuten aus. Gewiß, seine satirischen Abrechnungen mit dem neureich bornierten Yankee-Snobismus in der *Autobiographie eines Taschentuchs* (1843) und vor allem in den *Monikins* (1835) waren zu vertrackt, um mehr als ein Kopfschütteln zu erzeugen, doch die beiden realistischen Gesellschaftsromane *Homeward Bound* und *Home as Found* (in Deutschland bekannt als *Die Heimreise* und *Evchen Effingham)* bewirkten Ende der Dreißiger Jahre einen Sturm der Entrüstung. Doch als Cooper 1845 und 1846 seine *Littlepage*-Trilogie herausbrachte, seine haßvolle Abrechnung mit der damaligen »Anti-Renters«-Kampagne, nach dem *Lederstrumpf* sein fraglos bedeutendstes Werk (unser Rätselmann No.4 hat's übersetzt) – da reagierte die Presse mit ihrem schärfsten Mittel: mit (Ver-)Schweigen. James Fenimore Cooper, der erste Bestseller-Autor des Landes, wurde zu einer Unperson.

Kann sein, daß sich Coopers herbere Sicht auf die Vereinigten Staaten auch den Eindrücken verdankte, die er auf seiner ausdauernden Europa-Reise gewonnen hatte. Von 1826 bis 1832 war er, nominell als amerikanischer Konsul von Lyon, durch die Alte Welt getourt. Auch in Deutschland ist er gewesen. In Dresden schrieb er 1830 seinen See-Roman *The Water Witch (Die Wasserhexe)*, und 1832 erschien das einzige Cooper-Buch, das in Deutschland spielt, genauer, in Dürkheim am Rhein: *The Heidenmauer or The Benedectines*. Ein bemerkenswertes Sujet, das sich der US-Autor da ausgedacht hatte, um seinen Landsleuten die Absonderlichkeiten des alten Kontinents nahezubringen: Der historische

Roman schildert den aufkommenden sozialen und politischen Konflikt zwischen Feudalherrschaft, katholischer Kirche und den Städten in der Übergangsepoche der gerade einsetzenden Reformationszeit. Allein, so klug das politische Kräftedreieck auch ausgemessen ist – die *Heidenmauer* mit ihren sich hinziehenden Familiengeschichten und ihrer zäh konstruierten Fabel gehört zu Coopers dürftigsten Arbeiten, leider. Am hübschesten ist ihm noch die Rahmenhandlung geraten – im modernen Dürkheim. Dort nämlich führte der amerikanische Tourist einen herrlich windschiefen Dialog mit dem örtlichen Gastwirt: »Habe ich, als wir zum Dorfe hereinfuhren, auf dem nahen Berge nicht einige Ruinen gesehen?« – »Wir nennen Dürkheim eine Stadt, Sir.« (Dürkheim liegt ziemlich genau zwischen Kaiserslautern und Oggersheim).

Coopers letzte Lebensjahre verliefen dann unerquicklich, begleitet von Pressefehden, Beleidigungs- und anderen Prozessen, geprägt von literarischen Mißerfolgen. Streitbar war er schon immer gewesen, jetzt nahm's noch zu. Am 14. September 1851 ist James Fenimore Cooper in Cooperstown an den Folgen der Wassersucht gestorben.

James Fenimore Cooper, Sämmtliche Werke (übers. v. Mehreren u. hrsg. v. Christian August Fischer). Frankfurt/Main : Sauerländer, 1826ff.

Arno Schmidt, Siebzehn sind zuviel! James Fenimore Cooper. In: Dya Na Sore. Gespräche in einer Bibliothek. Karlsruhe : Stahlberg, 1958, S. 276-309.

Ders., Nachwort zu Coopers »Conanchet«. In: Der Triton mit dem Sonnenschirm. Karlsruhe : Stahlberg, 1969, S. 330-391.

Heiko Postma, Ein Pfadfinder mit Federhalter (zum 200. Geburtstag J.F. Coopers). In: Hannoversche Allgemeine v. 9.9.1989.

No.38

Wer wandert hier von Buch zu Buch? — a) Charles Robert Maturin, *Melmoth, the Wanderer (Melmoth der Wanderer)*. b) Honoré de Balzac, *Melmoth reconcilié à l'église (Melmoth)*

Am Anfang steht das Geld, und dies, merkwürdigerweise, bereits im älteren der beiden Bücher. Zumindest ist es die Aussicht auf Geld, die in der 1820 erschienenen Schauerscharteke *Melmoth der Wanderer* (deren Rahmenhandlung im Dublin des Jahres 1816 beginnt) zum Auslöser des Ganzen wird, wenn der junge, mittellose John Melmoth, Student am Trinity College, ans Sterbebett seines geizhalsigen Onkels gerufen wird, der im County Wicklow ein verlottertes Herrenhaus bewohnt. Prompt macht sich der Neffe auf die Reise: weniger aus Nächstenliebe, mehr in der Hoffnung auf eine Erbschaft, die ihn aus seiner desolaten Finanzlage befreien könnte. Und in diesem Punkt wird ihm auch geholfen: Nach dem Tod des Oheims erfährt er, daß ihn der alte Knauser testamentarisch zum Alleinerben eingesetzt hat. Von nun an spielt Geld keine Rolle mehr, auch nicht mehr im Roman.

Freilich gehört zum Nachlaß des Onkels noch ein altes, absonderliches Manuskript; außerdem ist dem Studenten in der düsteren »Lodge« des Sterbenden ein geisterhaftes »Phantom« erschienen. Beiden Geheimnissen will der junge Mann auf die Spur kommen. Dann wird ein spanischer Schiffbrüchiger ins Haus gebracht, der den Melmoths auf merkwürdige Weise verbunden scheint. Und so, bald durch die fieberhafte Lektüre der vergilbten Blätter, bald durch den erschütternden Bericht des Spaniers, gerät der Neugierige (gemeinsam mit dem Leser) in die wüste Lebensgeschichte seines Vorfahren Melmoth, der einst einen Teufelspakt schloß, welcher ihm absolutes Wissen, grenzenlose Mobilität und dauernde Jugend sicherte – für »ein volles Jahrhundert und ein halbes dazu«.

Das Phantom aber, welches den jugendlichen Erben in der ersten Nacht so erschreckt hat, war niemand anders als dieser grause Vorfahr persönlich, der nach Irland zurückgekehrt ist, um dort zu sterben: Seine 150 Jahre sind um. Es ist ihm nicht gelungen, einen Ersatzmann zu finden, der seinen Vertrag übernimmt. Nicht im Irrenhaus, wo ein völlig gesunder britischer Aristokrat gefangengehalten wird, nicht unter den gequälten deutschen Protestanten in Sevilla, nicht in den Verliesen der spanischen Inquisition. Nicht durch Gewalt, nicht durch Liebe. Nun ist es soweit: Ein letztes grausiges Grinsen geistert hohnvoll über seine Lippen, dann beginnen die Gesichtszüge des Wanderers rapide zu zerfallen. Der letzte Akt hat begonnen. Des Nachts sind entsetzliche Laute aus dem Zimmer des Teufelsbündlers zu vernehmen. Dann plötzliche Stille. Am nächsten Morgen ist der Raum leer. Fußspuren indes führen zum nahen Meer. Auf einer Felsenklippe, hoch über dem alles verschlingenden Ozean, entdecken John Melmoth und sein spanischer Begleiter, das Halstuch des Wanderes. Seine letzte Erdenspur.

Um aber nochmal auf das Geld zurückzukommen: Es ist ja schon ein bißchen verwunderlich, daß erst Melmoth, der Wiedergänger, die Finanzen als Lösemittel erkennen wird. Schließlich taucht das Geld in Charles Robert Maturins Roman schon auf, bevor das Buch noch begonnen hat – in der »Vorrede« nämlich. Dort härmt der Autor, er müsse hier »erneut« im »unziemlichen Gewande eines Romanschreibers vor das Publikum treten«, erzwungen durch die pure Not: »Würfe mir mein Amt genug ab, ich erachtete es für sträflich, meinen Lebensunterhalt auf andere Weise zu verdienen. Aber ach – mir bleibt keine Wahl!« Der Verweis auf die Wiederholungs-Täterschaft ist treffend: *Melmoth, the Wanderer* war Maturins fünfter Roman (dem noch ein sechster folgen sollte); dazu schrieb er vier Dramen, von denen das erste, *Bertram, or The Castle of St. Aldobrand*, mit Erfolg in London gelaufen war. Die Stücke zwei und drei fielen durch, das vierte wurde gar nicht mehr aufgeführt. Seine pekuniäre Lage war in der Tat desaströs und blieb es sein Leben lang. Sein »Amt« wiederum: Es wurde zwar keineswegs üppig entlohnt, aber so arg übel denn auch nicht – Maturin war Pastor, pflegte allerdings einen recht exzentrischen Lebensstil.

Er war am 25. September 1780 in Dublin als Sohn eines Postbeamten und Nachkomme hugenottischer Emigranten geboren worden (wie er selber raunend verbreitete, war ein französischer Pfarrer namens Maturin der illegitime Sproß einer allerhöchsten Hofdame). Nach seinem Studium am Trinity College übernahm er einige Stellen als ländlicher Hilfsprediger, bevor er 1804 die zweite Pfarrersstelle an der St. Peter's Church in seiner Heimatstadt erhielt. Es wäre wohl auch noch mehr drin gewesen, hätte er die kirchliche Berufungskommission nicht durch sein verrücktes Auftreten provoziert. Außerdem war er ein berüchtigter Freigeist: »Wenn ich irgendein Talent besitze«, hatte er im Vorwort seines Roman *The Milesian Chief* notiert, »so ist es das, Düsteres noch zu verdunkeln und Trauriges noch schwermütiger zu machen, das Leben in Extremen zu malen und die Kämpfe der Leidenschaft zu schildern, in denen die Seele an der Grenze des Unerlaubten und Unheiligen zittert.« Und das im allseits religiösen Irland. Die Strafe kam, als er schon tot war: Durch seine Doppelbelastung (tags Seelsorge, nachts Roman-Horror) gesundheitlich ruiniert, starb Charles Robert Maturin früh – am 30. Oktober 1824, grad 44 Jahre alt; und ohne zu zögern, vernichtete sein frommer Sohn daraufhin die gesamten hinterlassenen Manuskripte des Vaters.

Eine Generation später sah es indes schon wieder anders aus. Maturins Großneffe lebte in Paris sogar unter dem Namen des schokkierendsten aller Maturin-Helden – als Sebastian Melmoth! Freilich lebte er dort, skandalbedingt, im Exil, wenngleich in einem Luxus-Hotel. Doch in permanenter Geldnot war auch er, und als es mit ihm zu Ende ging, sprach er den schönen Satz: »Ich sterbe über meine Verhältnisse.« Mit Melmoth mochte er sich aber wohl überhaupt gern identifizieren: Selbst das Motiv des rasenden Alterns nach Ablauf des Paktes hat er adaptiert – in seinem Roman »Das Bildnis des Dorian Gray«.

Doch lange vor Oscar Wilde war Melmoth bereits persönlich nach Paris gekommen: 1835 in der Erzählung Honoré de Balzacs, der den »Irländer«, interessanterweise, als »den Sohn des Pfarrers Maturin« ausgibt (da muß sich der echte Filius echt geschüttelt haben, falls er denn so einen wie Balzac las). Dank seiner teuflischen Mobilität ist es Melmoth jedenfalls ein Leichtes, spät abends noch in den hochgesicherten Tresorraum des Bankhauses Nucingen & Co, Rue Saint-Lazare, einzudringen, wo nurmehr der Kassierer Castanier anwesend ist, um seinen betrügerischen Machenschaften nachzugehen: Er übt fleißig die Unterschrift »Nucingen«. Die beiden Direktoren dinieren um diese Zeit längst mit ihren Geliebten, während die Gattinnen derweil ihre Liebhaber erwarten, so daß, wie der Erzähler bemerkt, »alles in bester Ordnung« ist, und zwar in jener umfassend zivilisatorischen Ordnung, »die seit 1815 [seit der definitiven Liquidierung des Kaiserreichs] den Grundsatz der Ehre durch den Grundsatz Geld ersetzt hat.« Melmoth weiß das, und mit einem unwiderstehlich eiskalten Lächeln präsentiert er dem Kassierer einen Wechsel über 500 000 Francs. Doch diese Einschüchterung dient nur zur Kontaktaufnahme. Am nächsten Tag treibt Melmoth sein Opfer in die Enge, sprich, an den Abgrund des finanziellen Ruins. Dann noch eine kleine Erpressung wegen der Urkundenfälschung, eine kleine Drohung (»zwanzig Jahre Zwangsarbeit«), zum Ausgleich wiederum das rosige Bild einer millionenschwer »gottähnlichen« Zukunft – und der Bankkassierer ist reif für die Unterschrift. Diesmal die echte.

Freilich: Einmal im Besitz der grenzenlos materiellen Macht, wird auch Castanier, genau wie zuvor Melmoth, von der »furchtbaren Melancholie« gepackt. Er eilt in die Rue Ferrou, zur Wohnung des Iren. Doch Melmoth ist tot: friedlich und glücklich gestorben. Der anwesende Priester weiß sich kaum zu fassen über das »beneidenswerte Ende« des alten Sünders: »Der Heilige Geist war in ihm.« Castanier aber, der Bankmensch, weiß, was er nun zu tun hat, um einen Nachfolger für seinen Vertrag zu finden. Er benötigt keine alt-irischen Erpressermethoden. Er muß nur zur Börse gehen und dort nach einem frisch ruinierten Spekulanten Ausschau halten: Da braucht er nicht lange zu warten. Die folgenden Pakt-Austausche funktionieren dann immer rascher. Und nach relativ starken Anfangsnotierungen verliert das satanische Papier bald an Wert. Zuletzt erwirbt es ein junger Notariatsschreiber, der seiner Angebeteten so gern einen Schal kaufen möchte. Zum Dank dafür darf er sich zwölf Tage und zwölf Nächte auf ihrem Lager austoben. Am Morgen des 13. Tages bemerkt er, daß er sich infiziert hat. Beim Versuch, die Sache zu kurieren, vergreift er sich in der Dosis und stirbt an Quecksilbervergiftung – »seine Leiche wurde schwarz wie ein Maulwurf«. Teufel.

Honoré de Balzac wurde am 20. Mai 1799 in Tours geboren, allerdings ohne das »de« im Namen, das er sich erst später zulegte – mit gleicher einfallsreicher Willkür wie unser Rätselmörder No.31. Denn er war so wenig legitimer Aristokrat, wie Pastor Maturin illegitimer Nachfahre von Fürsten war. Aber irgendwoher mußte die Wahlverwandtschaft ja kommen. Eine weitere Gemeinsamkeit, über Zeiten und Grenzen hinweg, war ihre dauerhaft prekäre Finanzlage. In beiden Fällen übrigens, seltsam, verstärkt durch einen Schock: Maturin verlor die stattlichen Gesamteinnahmen seines Londoner Erfolgs-Dramas, weil eine Bürgschaft verfiel, die er für einen Freund geleistet hatte; Balzac machte 1826 als Verleger und Druckereibesitzer pleite. So mußten beide ins »Gewand des Romanschreibers« schlüpfen, um wieder zu Geld zu kommen. Und beide ruinierten dabei ihre Gesundheit. Balzac hielt es nicht viel länger aus als sein irischer Kollege: Am 18. August 1850 ist er mit eben 51 Jahren in Paris gestorben. Vorher allerdings hatte er die *Comédie Humaine* geschrieben... (2472 Personen treten in diesem grandiosesten aller Roman- und Erzählzyklen der Weltliteratur auf. Eine davon, und gewiß nicht die farbloseste, ist, der »gelben Blässe seines kühlen Gesichts« zum Trotz, John Melmoth).

Charles Robert Maturin, Melmoth der Wanderer (a. d. Engl. v. F. Polakovics, Nachw. v. Dieter Sturm). München : Hanser, 1969.

Honoré de Balzac, Heimliche Könige. Novellen (übers. v. E. von Hollander). Berlin : Rowohlt, o.J.

Claudia Schmölders (Hrsg.), Über Balzac. Zürich : Diogenes, 1977.

Klaus Podak, Glühendes Leben (zum 200. Geburtstag Balzacs). In: Süddeutsche Zeitung v. 15./16.5.1999.

No.39

Wer bleibt hier frei bis in den Tod? — Prosper Mérimée, *Carmen*

Wenn der Name »Carmen« fällt, denkt jeder, automatisch, zuerst an die Oper von Georges Bizet. Auch Friedrich Nietzsche tat das. Im Mai 1888 schrieb er aus Turin, er habe dies »Meisterstück« tags zuvor »zum zwanzigsten Male« erlebt und jedesmal schien er sich hinterher »mehr Philosoph«, ja, »einer besserer Philosoph« als sonst. Anders gesagt, dies Werk »vervollkommnet«. Nun war nicht zu übersehen, daß Nietzsches Elogen auf die »Carmen«-Liebe (Fatum und Fatalität, zynisch, unschuldig, grausam – und eben darin *Natur!)* in hohem Maße dazu dienten, der »Senta-Sentimentalität« und den »höheren Jungfrauen« unseres Rätsel-Meisters No.23 eins auszuwischen. Doch er lobt Bizets »Orchesterklang« (»fast der einzige, den ich noch aushalte«) schon auch um seiner selbst willen. Und: Er vergißt bei alledem Prosper Mérimée nicht. Die »Handlung« der Oper habe von ihm »noch« die »Logik in der Passion, die kürzeste Linie, die *harte* Notwendigkeit«.

Das »noch« war schon wichtig. Denn an Bizets »Carmen«, die 1873 uraufgeführt wurde, hatte der Autor der *Carmen*-Novelle keinen unmittelbaren Anteil: Mérimée war schon am 23. September 1870 in Cannes gestorben. Das Libretto schrieben Meilhac & Halévy, die instinktsicheren Routiniers der Belle Époque. Doch Nietzsche hat recht: Auch wenn die beiden alten Theater-Füchse eine Carmen-Kontrastfigur hinzuerfanden (das liebe Landmädchen Micaela), dem Stierkämpfer, olé, einen spanischeren Namen verpaßten (»Escamillo« nämlich, im Buch heißt er »Lukas«), den Liebhaber Don José noch etwas schmachtvoll weinerlicher machten, dafür die Aktionen eruptiv zuspitzten – den herben Leidenschafts-Determinismus der Geschichte haben sie bewahrt.

Natürlich konnte sich Mérimée in seiner Novelle, die 1845 in der »Revue des Deux Mondes« erstmals erschien, mehr Zeit und Raum für eine sorgfältige Entwicklung des Geschehens gönnen, zumal bei der Rahmenhandlung. Der Erzähler blendet die Zeit um 15 Jahre zurück – ins Jahr 1830, als er Andalusien bereiste und beide Protagonisten seines Berichts persönlich kennengelernt hat, sowohl die Titelheldin, die Gitana Carmen (die ihm wahrsagte und dabei seine goldene Uhr klaute), als auch Carmens späteren Mörder, den Briganten José Navarro (den er, ziemlich subversiv, vor einer Festnahme bewahrte). Dieser Don José, ein gebürtiger Baske, ist es dann auch, der seinem vormaligen Retter die Geschichte dieser fatalen Liebe erzählt: Karg, ohne Deutungsversuche, grad so, wie ein ehemaliger Dragoner-Brigadier erzählen kann, der durch die Liebe zu einer unberechenbaren Frau alles eingebüßt hat, was ihm einmal wichtig war, und der nun, im Gefängnis, nur noch auf seine Hinrichtung wartet. Der Chronist wiederum, der die Lebensbeichte seines Gegenübers ohne Zwischenfrage anhört (und der sich auch hinterher, bezeichnenderweise, darauf beschränkt, ein paar Informationen über Zigeuner oder »Roma« zu liefern) – er ist Franzose und nach Spanien gekommen, um dort historisch-archäologische Studien zu treiben, genau wie es, im gleichen Jahr 1830, auch Prosper Mérimée selber getan hatte, der auf dieser Tour, in Madrid, überdies der Gräfin von Montijo begegnete: Ihrer Tochter Eugenie gab er, charmant, Französisch-Lektionen, und der Gräfin selber verdankte er die Story von der leidenschaftlich amoralischen, nun aber ermordeten Zigeunerin.

Zurück in Frankreich veröffentlichte Mérimée denn auch bald eine ganze Reihe spanischer Impressionen und Reise-Skizzen: Farbkräftig schrieb er über Stierkämpfe, über Räuberbanden in der Sierra Nevada, über die Madrilenen und ihre Eigenheiten. Nur die *Carmen*-Geschichte hob er sich für später auf – die sollte präziser gearbeitet werden. Außerdem hatte er grad 1830 vergleichsweise wenig Muße: Er war, gleich nach der Juli-Revolution, zum Kabinetts-Chef im Handels- und Marineministerium ernannt worden. Die Befähigung für ein solches Amt besaß er unbedingt: Prosper Mérimée, am 28. – manche sagen: am 27. – September 1803 in Paris geboren (sein Vater war der Sekretär der Kunstakademie), hatte sein Jurastudium mit einiger Leichtigkeit absolviert, sich dann aber lieber aufs Verfertigen schön mystifikatorischer, angeblich spanischer, Theaterstücke und anderer trickiger Dichtungen konzentriert. Anschließend war er auf seine große iberische Studienreise gegangen und soeben heimgekehrt, als ihn der Ruf ins Ministerium ereilte. Vier Jahre machte er die Sache mit, dann übernahm er das weit angenehmere Amt des »Generalinspekteurs der historischen Altertümer«, das er, zumindest nominell, bis an sein Lebensende behielt. Nun konnte er in dienstlicher Mission überallhin reisen, wo er gern war, und sich in amtlicher Funktion mit all den schönen Dingen beschäftigen, die er liebte. Davon machte er denn auch reichen Gebrauch. Und warum der Generalinspekteur der französischen Kunstdenkmäler unentwegt nach Deutschland, England, Rußland, nach Italien und natürlich nach Spanien, doch selbst in den Orient reisen mußte, das wird er seinen Oberen schon verklickert haben. Davon aber einmal abgesehen: Zahllose Kirchen, Schlösser oder Klöster, die heute Frankreichs historische Glorie ausmachen, hat der oberste Denkmalspfleger Mérimée damals vorm Verfall oder gar vorm Abriß bewahrt. 1843 wurde er in die Akademie der Wissenschaften berufen, ein Jahr später in den Kreis der Unsterblichen – in die Académie Française. 1853 wurde er auch noch Senator: Dazu ernannte ihn Kaiser Napoleon III., und das nicht nur seiner Gemahlin zuliebe. Er verlieh ihm sogar das Großkreuz der Ehrenlegion, aber zur Übernahme eines Ministeramtes konnte er den Skeptiker Mérimée nie bewegen.

Doch versteht sich: Kaiserin Eugénie hatte ein besonderes Faible für ihren alten Französisch-Lehrer, der mit seinem Charme und Esprit zu den Glanzlichtern ihres Pariser Salons gehörte. Wegen seines Asthmaleidens zog sich Mérimée aber doch allmählich aus der großen Gesellschaft zurück. Seit 1856 verbrachte er die Wintersaison meist in seinem Haus in Cannes. Zu tun gab's auch dort etwas. Novellenschreiben, vor allem. Außerdem übersetzte Mérimée, der fast alle europäischen Sprachen beherrschte, dort die Werke unserer Rätselautoren No.14 und No.24 ins Französische. Als er starb, war auch das französische Kaiserreich am Ende.

Prosper Mérimée, Ausgewählte Novellen (a. d. Franz. übers. u. eingel. v. Adolf Laun). Leipzig : Bibl. Inst., o.J.
Ders., Carmen (übers. v. W. Geist, Nachw. v. Günter Metken). Stuttgart : Reclam, 1965.
Friedrich Nietzsche, Der Fall No.23. Ein Musikanten-Problem. In: Werke (hrsg. v. Karl Schlechta). Frankfurt/Main u.a.: Ullstein, 1976, Bd. III, S. 347-384

No.40

Wer lauert hier im Gebälk? — Jeremias Gotthelf, *Die schwarze Spinne*

Als Bürger hieß er Bitzius. Taufname: Albert. Geboren am 4. Oktober 1797 in Murten, Kanton Freiburg, wo sein Vater damals Pastor der deutschsprachig reformierten Gemeinde war (eigentlich stammte die Familie aus Bern). Als Erzähler aber nannte er sich nur Jeremias Gotthelf, was ursprünglich gar nicht so beabsichtigt war: »Jeremias Gotthelf«, ein Dorfschulmeister aus dem Bernischen, war Hauptperson und Chronist des Romans *Der Bauernspiegel*, mit dem der Autor 1837, also fast vierzigjährig, debutiert hatte. Zumindest war es sein erstes fiktionales Werk: Pädagogische Denkschriften und Gutachten zu Kirchenfragen *(Haben Stadt- oder*

Landpfarrer mehr zu tun?) hatte er da schon häufiger vorgelegt, schließlich war er, seit 1832, der Pastor von Lützelflüh im Emmental, Mitglied der Großen Schulkommission zur Reform des Schulwesens und, seit 1835, sogar Kantonaler Schulkommissär (Schulrat also). Er war auch Verfasser eines *Reiseberichts 1821*, dem Protokoll seiner großen Studenten-Tour, die ihn nach Hannover und in die Lüneburger Heide, von dort nach Hamburg, Lübeck und Rostock, endlich bis Rügen führte. Nach seinem theologischen Examen an der Berner Akademie hatte er ein Fortbildungsjahr an der renommierten Georgia Augusta in Göttingen angehängt.

Nun also wurde der Pfarrer und Schulmann Bitzius nebenbei noch der Erzähler Jeremias Gotthelf. Und was für ein Erzähler! Belehrend, gewiß, aber abgefedert durch guten Humor. Christlich, aber ohne Prüderie oder Bigotterie. Konservativ, aber mit kräftigen Hieben auf die Höheren, speziell die Aristokraten. Sittlich, aber ohne Illusionen über das menschliche Tugendwesen. Wortgewaltig, und dies durchaus in derber Mundart: »Es ist halt in allen irdischen Dingen gerne Bschiß.« Schon sein *Bauernspiegel* ist ziemlich kratzig. Das Buch sei zwar, heißt es eingangs, tatsächlich ein »Spiegel«, aber eben doch keiner der üblichen Sorte, »in dem jeder ein schönes Gesicht zu sehen glaubt, weil er das eigene erblickt. Mein Spiegel zeigt Euch die Schatt- und nicht die Sonnseite Eures Lebens.« Im Grunde war »Jeremias Gotthelf« mit seinem zornig alttestamentarischen Vor- und dem christlich barmherzigen Nachnamen weniger ein Pseudonym, weit eher eine Charakterrolle des Autors, der übrigens nicht bloß diese Lebensgeschichte eines kampferprobten Lehrers, sondern auch all seine folgenden Prosawerke in seiner engeren Heimat ansiedelte, im Bernischen. Provinziell? *Den* Vorwurf hat er locker ausgekontert: »Denn es ist akkurat die gleiche Welt« – ob bei »Hof-« oder »Dorf-Bällen«. Und es ist, nebenbei, auch das »akkurat gleiche Naserümpfen« der anwesenden Mädchen, wenn eine Konkurrentin beim Tanz bevorzugt aufgefordert wird... Doch ebenso dürfte es kein rein helvetisches Phänomen sein, wenn Gotthelf bei einem roten Radikalen beobachtet, daß er »jeden Augenblick bereit war, schwarz wie der Teufel zu werden, wenn sich ihm damit ein Loch zu einem Amte geöffnet hätte.«

Im Bericht von der schwarzen Spinne, die ins Spundloch gesperrt wird, trägt sich der Teufel freilich in Grün (mit rotem Bärtchen). Gotthelf hat diese, kunstvoll gearbeitete, Geschichte 1842 im ersten Band seiner *Bilder und Sagen aus der Schweiz* veröffentlicht. Die Rahmenhandlung spielt in der Gegenwart, im Emmental, zu Ostern. In einem neuerbauten, stattlichen Bauernhof wird Kindtaufe gefeiert. Nach dem reichhaltigen Mittagsmahl und dem gebührlich bewundernden Rundgang durchs Haus findet eine scharfblikkende Nachbarin dann endlich etwas Monierenswertes – ein »wüstes Bystel«, einen uralten, hölzernen Fensterpfosten, der den ganzen schönen Eindruck des Prachtbaues zerstöre (»nehmt es nicht für ungut«). Verlegene Ausreden, es »hätte an Holz gefehlt«, werden von der fröhlichen Gesellschaft nicht anerkannt: »Hör, Ätti, mache nicht Schnekkentänze, sondern gib die Wahrheit an und aufrichtigen Bericht!« Und so rückt der Ätti, der Großvater, dann mit der wahren Geschichte heraus. Die hat sich 600 Jahre zuvor in diesem Dorfe Sumiswald abgespielt. Die Bauern waren seinerzeit noch Leibeigene, die Grundherrschaft übte der Deutschritter-Orden aus, dessen »Comthur«, ein gewisser Hans von Stoffeln, ein besonders übler Tyrann und Menschenschinder war. Im Frondienst mußten ihm die Dörfler auf dem öden Bärhegenhubel ein Schloß bauen, doch als der Tyrann, trotz der Erntezeit, auch noch einen »Schattengang« aus »hundert ausgewachsenen Buchen« vor seinem Anwesen verlangte, fertigzustellen in einem Monat – da gerieten die Bauern in pure Verzweiflung.

Die Stunde des Versuchers: Er offeriert ihnen sein Buchentransport-Gespann und fordert nur eine geringe Gegenleistung – ein ungetauftes Kind. Doch noch ist der Leidensdruck nicht groß genug. Dann aber geht's beim Alleebau zu wie verhext, alles läuft schief, der Comthur wütet, die Ritter amüsieren sich über das »Zappeln der Bauern«, und die Bauern weinen. Eine junge Frau aus dem Dorf, Christine (eine Zugereiste aus Lindau), ist die einzige, die Courage beweist: Sie verhandelt mit dem Rotgrünen, verspricht ihm das nächste ungetaufte Kind, das im Dorf geboren wird, und bekommt zum Vertragsabschluß einen satanischen Kuß auf die Wange. Die anschließende Errichtung des Schattengangs geht dann wie von selbst, verteufelt schnell, die vagen Schuldgefühle der Fronarbeiter verfliegen noch rascher, kehren freilich zurück, als eine Dörflerin ein Kind bekommt. Die fromme Frau indes hat vorgesorgt: Der Pfarrer ist bei der Geburt anwesend und tauft das Neugeborene, ehe der Böse zugreifen kann, was wiederum die Bauern als Sieg ihrer großen Schlauheit feiern. Nur Christine bleibt stumm, und auf ihrer Wange, dort wo sie der Teufel mit spitzen Lippen geküßt hat, spürt sie ein brennendes Stechen.

Vor der nächsten anstehenden Geburt ist die Angst im Ort erheblich geringer: Man wird die Prozedur mit dem Pfarrer halt wiederholen. Nur Christines Wange brennt immer höllischer, und jetzt zeigt sich auf ihr eine schwarze, giftige Kreuzspinne, die heranwächst, je näher der Entbindungstermin der Schwangeren rückt. Auf nachbarliches Mitgefühl kann Christine nicht rechnen, schließlich hat *sie* ja den Pakt mit dem Teufel geschlossen, oder? Doch während im Hause das Kind zur Welt kommt, das der Geistliche unter dem Triumphgeschrei der Menge mit Weihwasser tauft, kommt es Christine, draußen, vor, als ob auch sie in den Wehen läge. Ihr wird, als ob ihr das Gesicht zerplatze, und dann sieht sie, wie unzählige kleine Spinnen, langbeinig, giftig, schwarz, aus ihr heraus«gramseln« und in der Nacht verschwinden, um alles Vieh in der Talschaft zu töten. Eine letzte Warnung.

Und als abermals ein Kind geboren wird, ist Christine, diesmal in Absprache mit dem Volk, vor dem Priester in der Wochenstube. Sie entreißt das Baby der Mutter und rast damit in den Wald, um es dem Teufel auszuhändigen. Doch im Augenblick der Übergabe ist auch der Gottesmann zur Stelle: Mit »heiligem Kampfesdrang« tritt er dazwischen und sprengt geweihtes Wasser über das Kind. Unter »fürchterlichem Wehgeheul« fährt der Böse von dannen. Christine aber, die einige Tropfen von dem Taufwasser abbekommen hat, schrumpft zischend zusammen – hinein in den Körper der schwarzen Mutterspinne, die sie noch immer auf ihre Wange getragen hat. Grauenvoll giftstrotzend sitzt sie da, beginnt wieder zu wachsen, und ihr erstes Opfer wird der Pfarrer. Danach wütet sie als Schwarzer Tod im Land und verschont niemanden. Ganz furchtbar richtet sie den despotischen Ritter Hans von Stoffeln zu und am schrecklichsten ihren eigenen Ehemann. Als letztes nimmt sie sich das Haus vor, aus dem sie, vergeblich, das Kind geraubt hat. Doch die dortige Bewohnerin ist nicht nur fromm und opferbereit, sondern auch klug: Vorsorglich hat sie ein Loch ins Bystal gebohrt sowie einen Korken bereitgelegt. Und sie ist tapfer: Als die Spinne kommt, packt die junge Mutter das eklige Untier, sperrt es in den Hohlraum und verpfropft die Öffnung. Sie selber stirbt am Gift der Spinne, doch ihre Kinder sind gerettet.

Der schwarze Tod, so erzählt der Ätti weiter, war damit zu Ende. »Die schwarze Spinne ward nicht mehr gesehen zur selben Zeit, denn sie saß in jenem Loche gefangen, wo sie jetzt noch sitzt.« Schock. Den beklommenen Taufgästen, die unmittelbar vor diesem schwarzen Pfosten sitzen, brennt es im Rücken. Doch irgendwann riskiert einer die entscheidende Frage, ob seither keiner nachgesehen und den Wahrheitsgehalt der alten Geschichte konkret überprüft habe. Und so erzählt der Großvater ein zweitesmal, diesmal aus einer Zeit, die der Gegenwart »fast zweihundert Jahre« näher liegt: Die Gegend ist allmählich wieder zur Blüte gelangt, und ebenso allmählich ist die Erinnerung an die damaligen Schrecken geschwunden. Das schwarze Memento im Bystal nimmt keiner mehr so recht ernst, und so kommt's, wie's kommen muß: Das alte Haus mit dem alten Pfosten wird nurmehr vom Gesinde bewohnt, und während eines wilden Gelages, ausgerechnet noch am Weihnachtsabend, greift einer der alkoholisierten Knechte zum Bohrer. Die schwarze Spinne ist frei, und »aufgeschwollen im Gifte von Jahrhunderten« beginnt sie abermals ihren Todeszug durch die Talschaft, bis sie schließlich abermals durch den Opfermut eines aufrechten Menschen gefaßt und zurück in ihr Gefängnis gesperrt wird. Das alte Haus wurde mit der Zeit baufällig und mußte abgerissen werden: Den bewußten schwarzen Pfosten aber fügte man bedachtsam in das neue Bauwerk ein. Und auch ins nächste und ins übernächste. »Es ist nur schade«, sagt einer der keckeren Taufgäste, als der Ätti mit seinen Geschichten durch ist, »daß man nicht weiß, was an solchen Dingen wahr ist.« Doch ein anderer erwidert – »sei daran wahr, was wolle, so könne man viel daraus lernen.«

Und darum war's auch Jeremias Gotthelf zu tun, insbesondere mit der zweiten, vordergründig doch eher unnötigen, den Stoff nur leicht variierenden Binnengeschichte. Doch grad diese Folge-Erzählung macht es. Zum einen liefert sie eine hübsche Absicherung des übersinnlichen Geschehens: Finger weg von weiteren Nachprüfungen! Zum andern behandelt sie, stärker noch als die erste, das Motiv der nagenden Versuchung. Zum dritten aber führt sie mitten in Gotthelfs großes Thema hinein – daß etwas Altüberliefertes, von früheren Generationen mühsam Erkämpftes, lange Bewahrtes von den später Geborenen leichtfertig, leichtsinnig, leichthändig preisgegeben wird.

»Hin ist hin«, hatte demgegenüber Gottfried Keller befunden, als der »dem Pfarrer Bitzius« hinterherspottete, er würde seine Geschichten nur erzählen, »um Hiebe auf die Gegenwart anzubringen«. Das war freilich noch nicht das Ärgste, was Keller über seinen Landsmann und Kollegen (»O du feiner Gotthelfli!«) zu sagen wußte. Seine Invektiven reichten von der Konstatierung eines »mangelhaften, vernagelten Bewußtseins«, eines daraus (»von selbst«) resultierenden »mangelhaften Formgefühls«, bis hin zu dem Satz, beim »Herrn Jeremias« sei von »irgend einer schriftstellerischen Mäßigung oder Beherrschung der Schreibart« absolut »nichts zu spüren«. Gewiß, »einigen« von Gotthelfs Geschichten billigte er einen »altertümlichen Reiz« zu, was aber ja auch nicht eben ein Großkompliment darstellt. Einmal freilich »bekannte« Keller, Gotthelf sei »ohne alle Ausnahme das größte epische Talent, welches seit langer Zeit und vielleicht für lange Zeit lebte«. Doch da war sein Antipode gerade gestorben.

Den hatten aber auch zu seinen Lebzeiten Anfechtungen nur zu neuerlicher Kampfeslust angefeuert. Gotthelf war anfänglich durchaus ein Liberaler gewesen, der für Bildungs- und Sozialreformen stritt (und sich den Zorn seiner Oberen zuzog, weil er eine bessere Besoldung der Lehrer verlangte). Doch je mehr er die althergebrachten, »währschaften«, Schweizerwerte schwinden sah, desto stärker wandelte er sich zum Konservativen, ohne seine Streitbarkeit dabei nur im geringsten einzudämmen: 1844 kostete ihn das sein Amt als »Schulkommissär« und brachte ihn fast auch noch um seine Pfarrstelle. Doch er machte unbeirrt weiter: Bis zu seinem Tod blieb er Pastor in seiner Gemeinde Lützelflüh, und gleichzeitig arbeitete er an seinem Erzählwerk. Wunderbare Romane sind da entstanden – *Die Käserei in der Vehfreude* etwa, die Geschichte einer Dorfgemeinschaft, die es zwar ablehnt, eine Schule zu bauen, statt dessen aber (man will schließlich nicht als fortschrittsfeindlich gelten) eine genossenschaftliche Käserei einrichtet. Am Ende dieses herrlichen Buches weiß der Leser alles über Käse – und manches über die nachbarschaftlichen Bräuche der Bärnbieter, zum Beispiel übers »Totbeten«, eine Art Emmentaler-Voodoo. Oder es kam der Roman *Anne Bäbi Jowäger* – eine Intensivkur in ländlichem Schamanismus und Quacksalberglauben. *Zeitgeist und Berner Geist* schließlich, Gotthelfs entschiedenster politischer Roman – voller Hohn auf eifernden Reformismus und Geschäftemacher-Kalkül. Und nicht zu vergessen seine unvergängliche Erzählung *Hans Joggeli der Erbvetter*, deren Titelheld seine ganze herumheuchelnde Verwandtschaft noch im Tode genüßlich lackmeiert: Den Hof hinterläßt er seiner treuen Magd, die Erbschleicher gehen leer aus. Angeschmiert. Es ist halt in allen irdischen Dingen gerne Bschiß. Aber manchmal, wußte Gotthelf, ist das auch ganz gut so. Am 22. Oktober 1854 ist Albert Bitzius/Jeremias Gotthelf in Lützelflüh an der Wassersucht gestorben.

Jeremias Gotthelf, Kleinere Erzählungen (hrsg. v. Rudolf Hunziker). Erlenbach-Zürich u.a. : Rentsch, o.J., 3 Bde.

Ders., Die schwarze Spinne (Nachw. v. Konrad Nußbächer). Stuttgart : Reclam, 1954.

Gottfried Keller, Über Jeremias Gotthelf (Nachw. v. Heinz Weder; Chronik und Bibliographie v. Franz Cavigelli). Zürich : Diogenes, 1978.

Heiko Postma, Die Ehrbarkeit im Hemd. (Zum 200. Geburtstag von J. Gotthelf). In: Hannoversche Allgemeine v. 4.10.1997.

No.41

Wer steht hier vorm Roman-Gericht? — Flann O'Brien, *At Swim-Two-Birds (In Schwimmen-Zwei-Vögel)*

Einigermaßen fest steht: Flann O'Brien wurde 5. Oktober 1911 geboren, und zwar in Strabane, einer Kleinstadt in der Grafschaft Tyrone, im Südwesten des heutigen Nordirlands. Damals war Irland noch ungeteilt, und Flann O'Brien hieß Brian O'Nolan. Später nannte er sich auch schon mal irisch »O Nuallain«, ohne Apostroph, oder, noch eindrucksvoller akzentuiert, »Ó Nualláin«, manchmal gar »Ua Nualláin«. Doch ob mit Apostroph oder ohne Akzent: Der Gälenvorsatz »O« ist so oder so umstritten. Der Vater des Autors, ein begeisterter irisch-republikanischer Patriot und zugleich ein loyaler königlich-britischer Finanzbeamter (Irland ist seit je ein Land der Widersprüche, darum hat es auch so viele Humoristen hervorgebracht), der Vater also hieß noch ganz regulär »Nolan«. Für das Irisierende seines Familiennamens hat er persönlich gesorgt, was die britischen Behörden, beiläufig, nie anerkannten und die freistaatlich irischen danach nur zögernd. In jedem Fall ist diese Namensproblematik ein frühzeitig prägendes Moment für den Sohn gewesen, der später mit seiner eigenen Dienststelle eine hartnäckige Korrespondenz über die korrekte Schreibweise seines Namens geführt hat. Bemerkenswert für einen, der als Schriftsteller seine Identität mit den unterschiedlichsten Pseudonymen tarnte.

»Flann O'Brien« zumindest nannte er sich nur bei seinen sozusagen normalen, also in englischer Sprache verfaßten Romanen. Seinen irisch geschriebenen Roman *An Béal Bocht* und seine Theaterstücke publizierte er in seiner Eigenschaft als Dubliner Kolumnist, mithin als »Myles« – zunächst als »Myles na gCopaleen« (mit gälischer Genitivmarkierung, auf die er sehr stolz war), später als »Myles na Gopaleen« (ohne Genitiv). Harry Rowohlt, sein deutscher Übersetzer und Vorleser, berichtet dazu: Der Kolumnenschreiber habe nach einer der regelmäßigen Streitereien mit der Redaktion der »Irish Times« die Brocken endgültig hingeworfen und geschworen – nie wieder werde Myles na gCopaleen in diesem Blatt erscheinen. Als er dann doch wieder erschien, nannte er sich, Eide sind bindend, Myles na Gopaleen. Diese Anekdote ist nicht verbürgt. Aber charakteristisch.

Als er in späteren Jahren, finanziell angeschlagen, eine wöchentlich erscheinende Serie mit gelehrten Irland-Essays für die »National and Leinster Times« schrieb (und dabei nach Einsicht seines Biographen Anthony Cronin schamlos die »Encyclopaedia Britannica« ausbeutete), nannte er sich bescheiden »George Knowall«, was bei langsamerer Sprechweise auch »Know-all« heißen kann: »Dr. Allwissend«, gewissermaßen Ein weiterer Name, unter dem er publizierte, war »Lir O'Connor«, und mehrmals hat Brian O'Nolan auch behauptet, einer der Autoren der seinerzeit populären »Sexton Blake«-Krimis zu sein. Der Fall harrt noch der letzten detektivischen Aufklärung, denn es fehlen schriftliche Tatbeweise. Sollte es zutreffen, wäre sein konspirativer Deckname bei diesem Unternehmen »Stephen Blakesley« gewesen. Seine Witwe Evelyn O'Nolan sagt freilich, ihr Mann habe nie Krimis geschrieben, schon gar nicht als Stephen Blakesley. Für die erste Vorstudie von *At Swim-Two-Birds* wiederum, betitelt *Scenes in a Novel (probably posthumous)*, wählte er den Verfassernamen »Brother Barnabas«, genauer, er schuf einen Verfasser dieses Namens, gegen den eine Romanfigur namens Carruthers McDaid dann revoltiert. Seinen allerersten Text brachte unser Mann übrigens gänzlich anonym heraus. Er lautete: »Don't buy British Blazers«. Es war ein Grafitto, an die Schulmauer von Blackrock College gemalt, im Jahre 1928. Der Dichter war damals 17 Jahre alt und Absolvent dieser Anstalt, die ihre Schuluniformen, die Blazer, im englischen Leeds herstellen ließ. Und Brian O'Nolan war halt Ire.

Aber als Brian O'Nolan hat er zeitlebens keinen einzigen literarischen Text veröffentlicht. Hängt das mit seinem vertrackten Katholizismus zusammen? »Ich habe dich bei deinem Namen gerufen, du bist mein« – so spricht der HErr durch Jesaias, im 43. Kapitel, Vers 1. O'Nolan jedoch wollte nicht vereinnahmt werden: Er war Humorist. Nicht faßbar, nicht auf einen einzigen Nenner zu bringen, nicht bei seinem Namen zu rufen. Und als irischer Katholik war er besonders geeicht auf allerlei oppositionelle Ketzereien, zudem erfahren im Ausweichen, im Tarnen, im Unterlaufen. Außerdem war er eminent schüchtern. Seine einzigen öffentlichen Gefechte hatte er mit Verkehrspolizisten, was die teuflische Tendenz seines Romans *Der dritte Polizist* erhellt.

Seinen autobiographischen Aussagen sollte man aber besser nicht zu sehr vertrauen. 1943 gab er (in seiner Eigenschaft als Myles na Gopaleen) dem amerikanischen Journalisten Stanford Lee Cooper ein Interview, und kurz darauf erfuhren die Leser des »Time«-Magazins verblüffende Dinge über diesen irischen Schriftsteller und Beamten, der sein Leben, so hieß es dort, »ohne bemerkenswerte Vorfälle« zugebracht habe, »mit Ausnahme eines Deutschland-Besuches im Jahr 1933«: Dorthin »ging er, um die Sprache zu studieren, und schaffte es, wegen unfreundlicher Bemerkungen über Adolf Hitler aus einer Bierstube geworfen zu werden.« Myles selber dazu: »Sie haben mich in dem Pub völlig mißverstanden.« Ferner, so wußte »Time« zu berichten, »lernte er die 18jährige Clara Ungerland kennen, die blonde, geigespielende Tochter eines Kölner Korbflechters, und heiratete sie. Sie starb einen Monat später. O'Nolan kehrte nach Eire zurück und erwähnte sie niemals.«

Viele Jahre später hat Flann O'Brien diese german-love-story noch durch den Hinweis ergänzt, er habe das Fräulein Clara Ungerland auf einem Rheindampfer geheiratet, das junge Paar sei vom Kapitän persönlich getraut worden, und dann sei seine Braut binnen eines Monats an galoppierender Schwindsucht gestorben. Und bereits 1934 hatte er in einem autobiographischen Beitrag für den Sammelband »Autoren des 20. Jahrhunderts« mitgeteilt, er habe die Universität Köln besucht, um dort »linguistische Studien« zu treiben, sei aber auch »viele Monate im Rheinland« gewesen und in Bonn, um von der »strikten Einhaltung des Studiums abzuschweifen: In späteren Jahren lernte ich dann Berlin sehr genau kennen und entwickelte ein tiefes Interesse für das deutsche Volk.«

Richtig an alledem ist, daß Brian O'Nolan selber Geige spielte und wohl einmal eine Oper im Stil unseres Rätselkomponisten No.23 schreiben wollte, die auf einer älteren irischen Ballade beruhte und die Liebe eines jungen Iren zur Tochter eines rheinländischen Einwanderers, eines Korbmachers, zum Gegenstand hat. Daß er jemals in Köln studiert hat, ist dagegen nicht belegbar. Recherchen vor Ort ergaben: Ein irischer Student, unter welchem Namen auch immer, besaß in der fraglichen Zeit keine Matrikel-Nummer. Richtig ist aber ebenfalls, daß Brian O'Nolan Deutsch als Nebenfach für seine Bachelor-Prüfung am Dubliner University College belegt hatte. Er kannte auch, wie wir aus dem Roman *At Swim-Two-Birds* hinlänglich wissen, Heines »Harzreise«. Er wußte, denn dies ist ein Gesprächsthema in seinem Roman *Das harte Leben*, wann Martin Luther gestorben ist. Er war, das zeigt sein verrücktes Iren-Drama *Faustus Kelly*, mit Goethes »Faust« durchaus vertraut. Er konnte, wie man an mancherlei Passagen seiner Kolumne *Cruiskeen Lawn* sieht, aus deutschen Vokabeln veritable Wortspiele basteln. Doch er war nicht in der Lage, das meldet sein Bruder, einen normalen deutschen Geschäftsbrief zu entziffern. Und wie die biographischen Fakten befürchten lassen, ist er überhaupt niemals in Deutschland gewesen. Auch nicht in Heidelberg. Aber speziell davon konnte er prima erzählen – »Curse it, my mind races back to my Heidelberg days. Sonya and Lili. And Magda. — — — Alas, those chimes. Und als wir nahmen/Abschied vor den Toren/ beim letzten Küss, da hab' ich Klar erkannt/ dass Ich mein Herz/ in Heidelberg verloren, MEIN HERZ/ es schlägt am Neck-ar-strand! Tumpty tumpty tum.«

Über seine *irische* Vergangenheit wiederum notierte der Autor, er habe als Kind mit seinen elf Geschwistern ausschließlich Gälisch sprechen müssen. Die englische Sprache habe er sich im fortgeschrittenen Jugendalter selber beigebracht – durch die Lektüre von Comics. Was immer daran stimmt: Die Beherrschung der irischen Nationalsprache war in den Gründerjahren des neuen Irenstaates ein Hauptqualifikations-Kriterium für den Eintritt in den Öffentlichen Dienst. Und wenn der frischgekürte Magister Artium Brian O'Nolan auch nicht viel von Bürokratie und Verwaltung wußte – Irisch konnte er. So wurde er 1935 in den Civil Service aufgenommen und dem Ministerium für Gesundheit und Lokales zugeordnet. Lange Zeit machte er sich gut, wurde mehrfach befördert und brachte es bis zum Privatsekretär mehrerer Minister: Achtzehn Jahre ertrug er diesen Staatsdienst, heiratete (für seine Freunde etwas überraschend) seine Mitarbeiterin Evelyn McDonnell und wurde 1953 auf sogenannten eigenen Wunsch wegen »gesundheitlicher Probleme« in den Ruhestand versetzt. Er war 42 Jahre alt. Seine Pension belief sich auf 5 Punts pro Woche. Nun mußte er als Freier Schriftsteller zurecht kommen.

»Gesundheitliche Probleme« – das hieß im Klartext zweierlei: Erstens, er war ein schwerer Trinker. Zweitens, er war politisch angeeckt. Natürlich als Myles na Gopaleen. Seit 1940 gab es diesen Myles »von den Pferdchen« (oder, freier übersetzt: Myles, den Rennbahnzocker) und dessen Kolumne *Cruiskeen Lawn* (zu deutsch: »überschäumender Bierkrug«; aber bei einem polyglotten Pun-Man wie Myles könnte es ebensogut auch »Spielwiese für heftige Kreuz- und Querzüge« bedeuten). Myles war eine irische Institution – er schrieb buchstäblich über alles, verhohnepipelte jeden, und einmal eben auch jenen Minister, der zufällig der Chef des Verwaltungsbeamten Brian O'Nolan war. Myles durfte selbstredend weitermachen, doch O'Nolan mußte verschwinden.

Gleichwohl: *Cruiskeen Lawn* war immer auch ein Fluchtort gewesen. Ein Fluchtort des Romanciers Flann O'Brien, der sich für einen Gescheiterten hielt. Und dies mehr als zwei Jahrzehnte lang. Am 13. März 1939 war im Londoner Verlag Longmans Green sein Erstling *At Swim-Two-Birds* herausgekommen. Der Titel benennt eine kleine Insel im Shannon, von der eine der Romangestalten, der altgälische Barde Finn MacCool kündet, während er im Dubliner »Swan«-Hotel zusammen mit seinen Kollegen auf seinen Auftritt wartet. Einer dieser Gefährten ist übrigens Mr. Furriskey, laut Handlungsplan der Schurke des Buches, der aber lieber ehrlich sein möchte. Zum Roman-Auftritt kommt es allerdings nie, weil der Autor dieses Buch-Projekts, der im gleichen Hotel ein Zimmer bewohnt, andauernd schläft – ein patriotischer Poet namens Trellis, ein derart überzeugter Ire, daß er als Lektüre nur grüne Bücher akzeptiert (»Trellis« heißt ein Gartenspalier, an dem Bohnen und anderes Grünzeug emporranken). Der Verfasser des Romans wiederum, in dem dieser Trellis seinen Roman plant, gegen dessen Inhalt die Figuren rebellieren, worauf sie ihrerseits einen Protestroman schreiben, ist freilich ein irischer Germanistik-Student, ein Geschöpf Flann O'Briens, der seinerseits ein Geschöpf Brian O'Nolans ist, der aber nicht beim Namen genannt werden möchte. Soviel zum Inhalt.

Zwar waren von dem Buch nur 244 Exemplare verkauft, als 1940 eine deutsche Fliegerbombe das Verlagslager traf, so daß die Restauflage verbrannte, doch die Resonanz bei berufenen Lesern war ermutigend: Graham Greene, Samuel Beckett und James Joyce waren angetan, unser Rätselpoet No.43 stellte den neuen Mann sogar in die »erste Reihe der zeitgenössischen Autoren«. Dennoch lehnte der Verlag das Manuskript von Flann O'Briens zweitem Roman *Der dritte Polizist* rundheraus ab. Begründung: Das Buch sei zu phantastisch. Er hat diesen Schlag nie verwunden. Und er hat sich (nun wirklich:) phantastische Geschichten ausgedacht, um seinen fragenden Freunden weiszumachen, er habe das Skript irgendwie »verloren« – zum Beispiel in der Straßenbahn oder (eine andere Version) in den Klippen der nordirischen Küste. In Wirklichkeit lagerte es die ganze Zeit in seinem Schreibtisch. Und es brauchte zwanzig geschlagene Jahre und eine respektable Renaissance seines vom Markt verschwundenen, doch bei Kennern nie ganz vergessenen Erstlings, bis Brian O'Nolan beziehungsweise Myles na Gopaleen wieder den Mut fand, Flann O'Brien zu sein und einen neuen Roman, *The Dalkey Archive*, in Angriff zu nehmen, dem dann noch weitere folgten.

Zu der Zeit war er schon schwer krank. Er hatte Krebs in den Rachenhöhle. Später versagten auch seine Nieren. Er hat's mit Haltung ertragen. Geschockt war er nur einmal, als er im Krankenhaus einen unbekannten Mann an seinem Bett erblickte, der nicht den üblichen Arztkittel trug: Es war der Priester, der zur letzten Ölung erschienen war, die Flann O'Brien aber da noch überlebte. Am 1. April 1966 (»Fool's Day«) ist er gestorben. Kein Politiker hat seinen Sarg begleitet, dafür gleich mehrere Jesuiten-Patres. Dann erschien plötzlich doch noch der (in Tullamore, korrekter: in der Hölle, angesiedelte) *Third Policeman*. War Flann O'Brien, der gegenüber seinem Freund Brendan Behan einmal geäußert hatte, man müsse im Leben wählen, »ob man sich zu Tode langweilen oder zu Tode saufen will«, am Ende gar nicht tot? Wie das »einfache irische Volk« (der stete Widerpart in den *Cruiskeen Lawn*-Kolumnen) gesagt hätte: »Lord save us!«

Flann O'Brien, In Schwimmen-Zwei-Vögel (n. d. Übertr. durch Dr. Lore Fiedler v. Helmut Mennicken M.A. u. Harry Rowohlt vollst. neu übers. u. eingerichtet). Zürich : Haffmans, 1989.

Ders., The Best of Myles. A Selection from »Cruiskeen Lawn« (edited with a Preface by Kevin O'Nolan). London : Paladin, 1990.

Peter Costello, Peter van de Kamp, Flann O'Brien. An illustrated Biography. London : Bloomsbury, 1987.

Anthony Cronin, No Laughing Matter. The Life and Times of Flann O'Brien. London : Paladin, 1990.

Harry Rowohlt, Bericht von einer Akademie: Und keiner hat was bestellt. Auf dem 1. Internationalen Flann-O'Brien-Symposium in Dublin. In: DIE ZEIT v. 18.4.1986.

Heiko Postma, »Sie wissen, was ich meine, Mr. Furriskey?« (Über Flann O'Brien). in: die horen, Bd. 173, 1994, S. 164-180.

No.42

Wer bringt hier sein Volk zum Singen? — Wilhelm Müller, *Die Winterreise*

In Literatur-Lexika heißt er nur »Griechen-Müller«, um ihn vom »Mahler Müller« abzugrenzen oder vom »Müller von Itzehoe«, vom »Müller von Königswinter«, vom »Müller-Marein«, »Müller-Schlösser«, »Müller-Partenkirchen«, »Müller-Einigen« oder »Müller-Guttenbrunn«, schließlich noch von den diversen Müllers ohne was, wie Heiner Müller, Bastian Müller oder Harald Mueller.

Woher der Differenzierungs-Name »Griechen-Müller« kommt, ist klar – von Müllers 1821 erschienenen *Liedern der Griechen*, in denen der Poet inbrünstig den Freiheitskampf dieses Volkes besang: »Empor aus Sklavenketten, aus dumpfem Kerkerduft,/ Empor mit vollen Schwingen in freie Lebensluft!« Wieso es aber in der deutschen Dichtung derartig müllert, das mögen die Götter wissen.

Fest steht wiederum: Das Wandern ist des Müllers Lust. Dies schöne Lied, ob's nun nach der populären Weise Friedrich Zöllners gesungen wird oder nach der kunstvollen

Franz Schuberts – es stammt von *unserm* Müller. Von Wilhelm Müller, der am 7. Oktober 1794 in Dessau geboren wurde, der sich später jedoch weiter westlich nicht minder wohlfühlte: »An der Elbe Strand/ Liegt mein Vaterland,/ Lieb's von ganzer Seele;/ Aber meine Kehle/ Ist zu Haus am Rhein,/ Dürstet nur nach Wein.« So steht's in seinen *Tafelliedern für Liedertafeln*. Das Dichten fiel ihm leicht. Und für alle, die womöglich meinen – allzu leicht, dichtete er das Epigramm *Der Weg zum Ziele:* »Oft irregehen – macht den Weg nicht recht,/ Und leicht gefunden – macht das Ziel nicht schlecht.«

Er war der Sohn eines wohlhabenden Herrenschneiders, der überdies in zweiter Ehe hübsch reich geheiratet hatte. Das gewährte ein freies Leben. 1812 begann der junge Mann an der Berliner Universität sein Studium der Philologie und Geschichte, unterbrach die akademische Laufbahn aber bereits im nächsten Jahr: Als Gardejäger der preußischen Armee kämpfte er im Befreiungskrieg. Doch als die Schlachten geschlagen waren, kehrte er an die Hochschule zurück und beendete brav sein Studium. Nebenher begann er Gedichte zu schreiben. Einmal wurde er in Berlin sogar, errötend, seinem verehrten Vorbild, unserem poetischen Rätselritter No.6, vorgestellt. Eine Studienreise führte ihn nach Italien, 1819 wurde er Lehrer an der Gelehrtenschule seiner Heimatstadt Dessau. Mit seinen knöchrigen Kollegen kam der Freiheitsmann Müller nicht sonderlich klar, umso mehr mochte ihn der Herzog von Anhalt-Dessau, der ihn im Jahr darauf zu seinem Bibliothekar bestimmte. Müller erledigte die Aufgaben mit gewohnter Leichtigkeit, forschte umher und gab bald eine bemerkenswerte Textsammlung heraus – die *Bibliothek der deutschen Dichter des 17. Jahrhunderts*. Dem Schulwesen blieb er auf seine Art ebenfalls verbunden: Im Mai 1821 heiratete er seine Liebste Adelhaid von Basedow, die Enkelin des legendären Pädagogen.

Und im gleichen Jahr kamen seine ersten Lyrik-Bände heraus: Die erwähnten Griechen-Lieder, mit denen er sich, buchstäblich, seinen Namen machte; vor allem aber die *Gedichte aus den hinterlassenen Papieren eines reisenden Waldhornisten*. Eines von Müllers schönsten, zugleich sonderbarsten Stücken findet sich darin (genauer gesagt, in der Unterabteilung *Wanderlieder eines rheinischen Handwerksburschen)* – das Lied *Brüderschaft*, das mit den Versen beginnt: »Im Krug zum grünen Kranze/ Da kehrt' ich durstig ein«. Der Krug wurde später im Fernsehstudio nachgebaut. In dieser ersten Müller-Auslese steht aber ebenfalls der Zyklus *Die schöne Müllerin*, den dann 1823 Franz Schubert vertonte (op. 25, Nr. 1-20). Müllerlieder in jeder Hinsicht: »Ei willkommen, ei willkommen,/ Süßer Mühlengesang.«

1824 legte der dreißigjährige Poet eine neue Sammlung vor – die Carl Maria von Weber gewidmeten *Lieder des Lebens und der Liebe*. Deren zweiten Teil bildet der Zyklus *Die Winterreise*. Sein Meisterwerk, nicht nur wegen des *Lindenbaums* (»Am Brunnen vor dem Tore«). Als der Rezitator Gerd Westphal vor Jahren damit auf Theaterreise ging und die eisig starren Verse einmal ohne die, fraglos erschütternden, Melodien Franz Schuberts vortrug – da fehlte dennoch nichts: »Drüben hinterm Dorfe/ Steht ein Leiermann,/ Und mit seinen Fingern/ Dreht er was er kann. – Barfuß auf dem Eise/ Schwankt er hin und her;/ Und sein kleiner Teller/ Bleibt ihm immer leer. – Keiner mag ihn hören,/ Keiner sieht ihn an;/ Und die Hunde brummen/ Um den alten Mann. – Und er läßt es gehen,/ Alles, wie es will,/ Dreht, und seine Leier/ Steht ihm nimmer still. – Wunderlicher Alter,/ Soll ich mit dir gehn?/ Willst zu meinen Liedern/ Deine Leier drehn?«

Wilhelm Müller selber war ein Dichter ohne Misere. Doch sein Leben war kurz. Mag sein, daß er im Frühjahr 1827 eine Krankheit unterschätzte, als er, kaum genesen, zu einer fröhlichen Rheinreise aufbrach, auf der er all seine geschätzten Kollegen wie Justinus Kerner, Ludwig Uhland oder Gustav Schwab noch einmal traf. Am 25. September kehrte er mit seiner Frau nach Dessau zurück und machte sich heiter an neue Gedichte. Fünf Tage später starb er, im Schlaf, am Schlagfluß.

Wilhelm Müller, Gedichte. Gesamt-Ausgabe. M. e. biograph. Einl. u. e. Vorw. hrsg. v. Curt Müller. Leipzig: Reclam, o. J. [1894].

No.43

Wer zündelt hier an der Zollschranke? — Dylan Thomas, *Rebecca's Daughters (Rebeccas Töchter)*

Die Aktion der wilden Waliser ist absolut historienecht: In den Jahren 1843 und 1844 stürmten wüste Gesellen mit rußschwarzen Gesichtern, als Frauen verkleidet, bei nächtlichem Fackelschein die Zollhäuser von Pembroke, düpierten die Wärter und brannten die Zollschranken nieder. Die Rebellen wider die walisischen Wegezölle nannten sich »Rebecca's daughters«. Dies in relativ kühner Auslegung (aber wozu hat man Dissenter-Prediger in seinen Reihen) des Bibelspruches aus der Genesis, Kapitel 24, Vers 60: »Und sie segneten Rebecca und sprachen zu ihr: Du bist unsere Schwester, wachse in viel tausend mal tausend, und dein Same besitze die Tore seiner Feinde.« Die Tore der Feinde, glasklar – das waren diese Zollbarrieren: verordnet von der »ausländischen« Regierung in London, Profitquelle für die gutgestellten einheimischen Teilhaber des Schlagbaum-Trusts. Am Ende hatten Rebeccas Überfälle Erfolg: London lenkte ein, die Schranken fielen.

Dem Poeten Dylan Thomas schien dies ein feiner Stoff. Zwar schrieb er nie in der Sprache seiner Heimat, dennoch war er ein regulärer Waliser: geboren am 27. Oktober 1914 in Swansea, im südwalisischen County Glamorgan, als jüngster Sohn eines Englischlehrers an der örtlichen Grammar School. (Englisch war denn auch das einzige Fach, in dem Dylan den »A-Level« schaffte. Immerhin hatte er es in seiner Bildungskarriere aber bis zum Chefredakteur der Schülerzeitung gebracht...). Und aus der überlieferten Zündelhistorie machte er eine wundervoll walisische, kampfstark gewitzte Kino-Geschichte von Rebellion und Liebe: Da ist der junge Heimkehrer Anthony Raine, scheinbar verfröstelt und verzärtelt, in Wahrheit der maskierte Anführer der Feuerhorde, ein Nebelland-Zorro im Weiberrock. Da ist die schöne und ungebärdige Rhianon, die den vermeintlichen Weichmann Anthony verspottet, bis er sich, von schwer bewaffneten Verfolgern gehetzt, notgedrungen (und ausgerechnet in ihrem Schlafzimmer) entlarven muß – als Rebecca. Da ist der stolz britische Captain Marsden, der gleich zwei Frauen begehrt: Rebecca, um sie zu vernichten, und Rhianon, um sie zu heiraten. Doppeltes Pech für ihn. Und da ist, nicht zuletzt, Lord Sarn, der Friedensrichter: Lang, dünn, ältlich, aristokratisch überzüchtet, ein reiner Narr, wie's aussieht, durch und durch regierungstreu, wie's scheint. Doch seltsamerweise helfen all seine unschuldsvollen Trotteligkeiten immer nur den Rebellen, als hätte er's jeweils geahnt oder heimlich gewußt. Ein abgründiger Décadent – brillant verkörpert von Peter O'Toole, als der Film dann 1991 endlich doch noch realisiert wurde: als deutsch-britische Co-Produktion, unter der (ein bißchen grobschlächtigen) Regie von Karl Francis.

Dylan Thomas war 1940 zum Film gekommen, als er in das Autoren-Team der »Strand Films of Golden Square« in London eintrat, zu dem auch Kollegen wie Graham Greene gehörten. Thomas wirkte an mehreren Dokumentar-Produktionen mit, schrieb aber auch einige dieser »Kulturfilme« allein, zum Beispiel, 1944, *Our Country*, einen lyrisch grundierten Streifen über England im 2. Weltkrieg. Da arbeitete er bereits für »Gryphon Films«, die Nachfolge-Firma der »Strand«-Company. Und hier entwarf er auch seine ersten Drehbuch-Szenarien für Spielfilme. Realisiert wurde freilich keines seiner Projekte. Und so ging's ihm auch, als er, 1948, bei der »Gainsborough Films« unter Vertrag stand. Da unterblieb dann ebenfalls die Publikation des Film-Szenariums *Rebecca's Daughters*, obwohl Dylan Thomas das Buch doch als »neue Form der Literatur« konzipiert hatte. Erst 1965, zwölf Jahre nach dem Tod des Autors, ist der Text in London erschienen.

Verdient hat Thomas beim Film aber ganz gut. Das mußte er allerdings auch: Von Lyrik allein kann keiner leben, und er war mehrfacher Familienvater. Er hat als ständiger Mitarbeiter der BBC gleichfalls respektable Honorare kassiert. Andererseits führte er ein bewegtes Bohème-Leben, und so zerflossen die Einnahmen, kaum daß sie angekommen waren. (Ein Gutteil floß auch direkt in die Kehle des Poeten: »Ich habe achtzehn Gläser Whisky pur getrunken. Ich glaube, das ist der Rekord«, sagte Dylan Thomas am 3. November 1953. Tags darauf fiel er ins Koma, aus dem er nicht mehr erwachte).

Nach seinem, wie erwähnt: etwas fragmentarischen, Schulabschluß hatte sich Dylan als Reporter bei der »South Wales Daily Post« verdingt, danach beim »Herald of Wales«. So recht wurde es nichts, vor allem, weil er eigentlich lieber Gedichte schreiben wollte. Die schrieb er dann für Londoner Zeitschriften, 1934 erschien sein erster Lyrikband *18 Poems*, und Thomas zog in die britische Metropole. Seine sprachmächtigen, naturgetränkten Gedichte kamen bei der Kritik glänzend an: Dylan Thomas gehörte rasch zur ersten Poeten-Kategorie. Zum Broterwerb schrieb er Rezensionen. Für die »Morning Post« besprach er die neuesten Krimis (entwarf auch seinerseits mal einen Thriller – *The Death of the King's Canary*, leider nie beendet). Für das »New English Weekly« sichtete er die seriöseren Neuerscheinungen – von Franz Kafka, John Dos Passos, Samuel Beckett, Dorothy Parker. Ganz besonders begeisterte er sich über den Debut-Roman unseres Rätseliren No.41, und das allein beweist sein enormes Gespür (und seinen Witz!). 1940 erschien seine hinterhältige Prosa-Sammlung *Portrait of the Artist as a Young Dog*, und nun war er reif für die BBC. Und für's Kino.

Vorher wollte er noch den Kriegsdienst verweigern, er hatte keine Lust, auf Leute zu schießen, »die man nicht kennt«. Als er seinen Musterungsbescheid erhielt, entschloß er sich jedoch, wenigstens als Sanitäter mitzumachen, soff sich allerdings am Abend zuvor derart voll, daß er sich vor der ehrenwerten Musterungskommission übergeben mußte und als akuter Asthmatiker eingestuft wurde, weshalb ihm ein Kriegseinsatz erspart blieb. So konnte er weiterhin mit seiner Frau Caitlin zusammenleben, was freilich auch nicht durchweg friedlich ablief. Zumindest trug das Künstlerpaar (Caitlin McNamara war eurythmische Tänzerin) sämtliche Streitereien in aller Öffentlichkeit aus. Die Zärtlichkeiten dagegen nur daheim – im walisischen Laugharne, dem Fischerort, den Dylan Thomas in seinem letzten großen Werk unsterblich gemacht hat, dem (Hör-)Spiel *Under Milk Wood (Unter dem Milchwald)*. Im Oktober 1953 flog Dylan Thomas nach New York, um die Uraufführung der erweiterten Fassung dieses Stücks zu produzieren – und mit einigen »Dichterlesungen« die klamme Haushaltskasse aufzubessern. Da war er schon schwer krank. Am 9. November ist er dort, in New York, gestorben. Begraben aber wurde er in Wales, in Laugharne.

Dylan Thomas, Rebecca's Töchter (übers. v. Wulf Teichmann). München : Heyne, 1992

Bill Read, Dylan Thomas in Selbstzeugnissen und Bilddokumenten. Reinbek : Rowohlt, 1968 (= Rowohlts Monographien 143)

No.44

Wer kombiniert hier mit Zahlen? — Fritz Walter, *3 : 2*

Es bedurfte keiner Worte, um den magischen Titel zu finden – *3 : 2*, das genügte. Jeder wußte, was damit gemeint war: 3 : 2 lautete das Resultat, mit dem die deutsche Nationalelf im Endspiel der 5. Fußball-Weltmeisterschaft das ungarische Wunder-Team besiegt hatte und zum ersten Mal Weltmeister geworden war. Ort des Geschehens: das Berner Wankdorf-Stadion. Tag: der 4. Juli 1954. Zeugen waren 65 000 Zuschauer (von den berühmten »Millionen vor den Lautsprechern« ganz zu schweigen, die der unvergeßlichen Reportage Herbert Zimmermanns zuhörten). Kapitän der deutschen Mannschaft war Fritz Walter, 34 Jahre alt, in seinem 45. Länderspiel. Die meteorologischen

Vorzeichen waren ausgesprochen günstig: Es goß in Strömen, und das war »dem Fritz sei Wedder« (seither sprichwörtlich, nicht nur in der Pfalz). Dennoch begann die Sache mehr als übel: Bereits nach fünf Minuten stand es 1 : 0 für Ungarn, als sich, nach einer zu kurz geratenen Abwehr von Stopper Liebrich, der ungarische Halbrechte Kocsis den Ball schnappte und zu seinem Kapitän Puskas paßte, der flach und trocken einschoß. Keine drei Minuten später kam es noch schlimmer: Nach einem Mißverständnis zwischen Torwart Turek und Linksverteidiger Kohlmeyer rutschte dem Keeper der Ball weg, Rechtsaußen Czibor sprintete dazwischen und legte das Leder ins leere Tor. 2 : 0 für Ungarn. Der haushohe Favorit schien schon nach acht Spielminuten uneinholbar enteilt.

Doch fast im Gegenzug fiel der Anschlußtreffer. Fritz Walter hatte den Ball kurz zum rochierenden Rechtsaußen Helmut (»Boß«) Rahn gespielt, der aus halblinker Position sofort abzog. Von einem ungarischen Abwehrspieler wurde der Ball Richtung eigenes Tor gelenkt, und am herausstürzenden Tormann Grosits vorbei spitzelte der Halbrechte Maxl Morlock, im Vorwärtsrutschen, die Kugel ins Gehäuse. 1 : 2! Und kaum waren achtzehn Minuten um, da war der Ausgleich geschafft: Ein Eckball Fritz Walters segelte über Grosits und den deutschen Linksaußen Hans Schäfer hinweg zum halbrechts heranstürmenden Rahn, der das Leder mit dem Innenrist aufnahm und ins lange Eck jagte. So blieb es bis kurz vor Schluß. Dann kam die bewegende 84. Spielminute: Eine Linksflanke Schäfers wird von der ungarischen Verteidigung abgewehrt, von rechts eilt Rahn hinzu, doch statt zu schießen, stoppt er den Ball, umdribbelt zwei, drei verblüffte Abwehrspieler, und befördert die Kugel aus vierzehn Metern Entfernung in die linke untere Torecke. Fritz Walter: »Der Schiedsrichter pfeift. Grosits und ein paar Ungarn liegen am Boden. In Sekundenbruchteilen begreifen wir, was geschehen ist. Helmut Rahn hat unser Führungstor geschossen! 3 : 2 ! 3 : 2 für Deutschland! 3 : 2 in der 84. Spielminute! Wir führen Freudentänze auf, schreien wie verrückt, rennen auf den Boß zu und erschlagen ihn beinahe vor Begeisterung. Unbeschreiblich ist der Jubel im weiten Viereck des Berner Wankdorf-Stadions. Über uns schlagen die Beifallswogen zusammen. Die Sensation der Fußball-Weltmeisterschaft ist da!«

Und dabei blieb's. Wahrhaftig: Es konnte keinen anderen Titel geben, als sich Fritz Walter, zögernd wie immer, voller Selbstzweifel wie alle ganz großen Künstler, entschloß, noch im gleichen Jahr 1954 ein Buch über dieses Erlebnis zu schreiben. Und wenn er's auch einstweilen nur mit der Hilfe eines routinierten Sportredakteurs tat (auf dessen Konto vermutlich der etwas landserhafte Reportage-Ton ging, der in den späteren Büchern des Weltmeisters spürbar abnahm), als Erzähler verzauberte Fritz Walter sein Publikum genauso, wie er es als Halblinker auf dem Rasen tat (seine Ballbehandlung, seine Spielübersicht, seine Traumpässe – man muß sie gesehen haben: unvergeßlich; ebenso unvergeßlich allerdings auch sein nie zu besiegendes Nervenflattern, seine Sensibilität, seine Angst vorm Versagen). Beim Erzähler Fritz Walter kam noch dazu: sein Sinn für komische Situationen. Nicht überraschend dagegen bei diesem Sportsmann: Seine Fairness gegenüber den Akteuren der anderen Mannschaften, hier vor allem gegenüber Ferenc Puskas, seinem ungarischen Pendant mit der Nummer 10 auf dem Trikot, dem Major von Honved Budapest (der später, nach dem Ungarn-Aufstand, emigrierte und bei Real Madrid die Fans entzückte). Und zum ersten Mal konnte man in diesem Buch nachlesen, wie sehr Deutschlands bester Fußballer aller Zeiten seinen »Chef« verehrte – Sepp Herberger, den legendären Bundestrainer (»Männer, Ihr mißt brenne«). Doch selbstverständlich bekam in diesem Erzähl-Debut auch die, ohnehin nie genug zu rühmende, Ehefrau Italia Walter ihren Platz in der Ehrenloge (in den Stadien gab's die sogenannten VIP-Lounges damals noch nicht: Die Leute kamen, um Fußball zu gucken).

Fritz Walter wurde am 31. Oktober 1920 in Kaiserslautern geboren. Bereits in der Saison 1938/39 gab er seinen Einstand in der ersten

Mannschaft des 1. FC Kaiserlautern, die (solches passiert dem Verein öfter mal) gerade in die 2. Liga abgestiegen war, aber dank der Tore des damaligen Mittelstürmers bald wieder nach oben kam. Nach oben kam auch der junge Fritz: Schon in seiner ersten Spielzeit fand er den Weg in Herbergers sagenumwobenes schwarzes »Notizbuch«, und am 14. Juli 1940 absolvierte der damals noch 19jährige in Frankfurt sein erstes Länderspiel gegen Rumänien. Das 1 : 0 bereitete er vor, drei weitere Tore schoß er selber (zwei davon per Kopfball – eine echte Rarität bei ihm). Am Ende stand es 9 : 3. Dann kam der Krieg, den Fritz Walter bis zum Schluß als Frontsoldat mitmachte. Ein Kuriosum: Während des Trainingslagers zur Vorbereitung auf die WM 1954 wurde als Ausgleichs-Sport ein Kegelturnier angesetzt. Der Sieger war »Boß« Rahn, der aber auf seinen Preis dankend verzichtete und das erkegelte Buch an seinen Kapitän weiterreichte: Hans Helmut Kirsts Landser-Roman »08/15« nämlich, das andere deutsche Erfolgs-Buch der Nachkriegszeit, dessen Titel allein aus Ziffern besteht!

Der Krieg aber war letztlich die Ursache, daß Fritz Walter nie Rekord-Nationalspieler wurde: Sein 61. und letztes Länderspiel fand, unseligen Angedenkens, am 24. Juni 1958 im Göteborger Ullevi-Stadion statt. Es war das Halbfinale der 6. Fußball-Weltmeisterschaft. Der Gegner in dieser berüchtigten (»Heja-Heja«-)Partie war Gastgeber Schweden. Wir erinnern uns schmerzlich: Das Match endete 1 : 3, Juskowiak wurde (zugegeben: berechtigtermaßen) wegen Nachtretens gegen Hamrin vom Platz gestellt, Fritz Walter erlitt eine schwere Knöchelverletzung, die das Ende seiner großen Karriere bewirkte. Danach nahm der Mann, der 1954 ein sensationell dotiertes Angebot von Atletico Madrid abgelehnt hatte (als ewiger Sensibilist fürchtete er sein hohes Alter, auch der Chef hatte abgeraten…), nurmehr als Zuschauer an Länderspielen oder Weltmeisterschaften teil, als Ehrenspielführer und – als Buchautor. Zur WM 1962 wollte der Chef seinen Lieblingsspieler, der sich bei Alten Herren fit hielt, zwar noch einmal reaktivieren, doch diesmal scheiterte selbst Herberger an den Skrupeln Fritz Walters. (Hätte er doch nur hartnäckiger darauf bestanden – so leitete das verkorkste Turnier auch das Karriere-Ende des Bundes-Sepps ein).

Fritz Walter aber ist, nicht zuletzt auf Grund seiner schönen Bücher, bis heute ein Idol geblieben. Am 24. Juni 1999 wurde er vom hochkarätig bestückten Experten-Team der »Süddeutschen Zeitung« in die deutsche »Elf des Jahrhunderts« gewählt – als »Spielmacher Nummer Eins« (vor Günter Netzer und Wolfgang Overrath). Nach Verdienst.

Fritz Walter, 3 : 2. Die Spiele zur Weltmeisterschaft. München : Copress, 1954.

Ders., Spiele, die ich nie vergesse. München : Copress, 1955.

Ders., So war es. Fußballweltmeisterschaft in Schweden. München : Copress, 1958.

Ders., Der Chef – Sepp Herberger. München : Copress, 1964.

Hans W. Kilz, Der zeitlos geniale Antistar (über Fritz Walter, die Nummer 1 der Spielgestalter). In: Süddeutsche Zeitung v. 24.6.1999.

No.45

Wer hat hier nichts als Flausen im Kopf? — Else Ury, *Nesthäkchen*

Ihren ersten Auftritt hatte Annemarie Braun, genannt »Doktors Nesthäkchen«, Ende 1918 als Puppenmutter im Vorschulalter. Entstanden waren die ersten Bände der Serie allerdings früher, schon während des 1. Weltkriegs, doch wegen der allgemeinen Papierknappheit mußten sie vorderhand noch warten. Nach Kriegsende ging es dann Schlag auf Schlag. Dem Eröffnungsband *Nesthäkchen und ihre Puppen* folgte noch im gleichen Jahr die zweite »Geschichte für kleine Mädchen« – *Nesthäkchens erstes Schuljahr*. Der dritte, 1922 erschienene, Band *Nesthäkchen im Kinderheim* trug, interessanterweise, einen neuen Untertitel: »Erzählung für Mädchen von 8 bis 12 Jahren«: Offensichtlich sollten die Leserinnen gemeinsam mit ihrer kess-blonden Heldin größerwerden. Bemerkenswert ist dann aber, daß die Autorin, die Zeitenwende schlicht ignorierend, den gesellschaftlichen Rahmen ihrer Erzählreihe so beibehielt, wie sie ihn ursprünglich festgelegt hatte: Das »Nesthäkchen« Annemarie wächst mit ihren großen Brüdern Hans und Klaus in einem gutbürgerlichen Berliner Arzthaushalt der Kaiserzeit auf, ohne daß darauf eigens verwiesen würde.

Im Band 4 freilich wurde ein solcher Verweis unausweichlich, und er steht bereits im Titel: *Nesthäkchen und der Weltkrieg*, erschienen 1922. Doch merkwürdig: Am Schluß des Buches hegt die Erzählerin die Hoffnung auf ein Ende des »schweren Ringens« und auf einen »siegreichen Frieden« für unsere »teure Heimat«, verbunden mit der Überzeugung, daß auch die Leserinnen (von 8 bis 12 Jahren) die »kleineren und größeren Opfer«, welche ihnen der Weltkrieg abverlangt habe, »freudig fürs Vaterland« erbracht hätten. Else Urys Biographin Marianne Brentzel (»ich bin entsetzt«) mochte diese Sätze kaum fassen: »Darf eine erwachsene Frau in Berlin im Jahre 1922 noch so schreiben?« Nun, die Autorin Else Ury wußte 1922 gewiß mehr als 1916 die Erzählerin im *Weltkriegs*-Roman. Daß sie das Buch, gleichsam als Zeitdokument, unverändert herausbrachte, muß respektiert werden. Daß sie es, wie schon bei den drei ersten Folgen, ohne jeden Kommentar tat, ist dennoch ein bißchen verwunderlich. Aber zwei Dinge sind bei alledem festzuhalten: Zum einen, und dies nicht zuletzt im Angesicht ihres späteren furchtbaren Schicksals, die national-konservative Grundhaltung der Verfasserin. Zum andern die Tatsache, daß *Nesthäkchen und der Weltkrieg* keineswegs ein »Stahlgewitter-Epos für Kinder« darstellt, wie's die entsetzte Frau Brentzel herausgelesen hat (»so 'ne Varricktheit«, hätte Köchin Hanne gebrummt). Ganz abgesehen von den Verpflaumungen der eindeutschungssüchtigen Fremdwortjäger, die jede französische Sauce durch eine germanische Tunke ersetzen müssen, wird in diesem Buch gerade die Titelheldin, die sich als kleine Muster-Patriotin aufspielt, mehrfach gebührend beschämt, weil sie mit ihrem vorurteilssatten Schulkinder-Chauvinismus dauernd die Falschen entlarvt...

Im fünften Band, *Nesthäkchens Backfischzeit*, konsequent als »Jungmädchengeschichte« deklariert, stimmten 1923 Handlungs- und Echtzeit dann erstmals überein: Im winterlichen Berlin herrscht Kohlenknappheit und Mangel an allem, es kommt zu Unruhen und Streiks, und Nesthäkchen, immer empört, wenn ihr Rechtsempfinden beleidigt wird, gründet (erfolglos zwar, doch immerhin) an ihrem Mädchengymnasium sogar einen Schülerrat, bevor sie, glanzvoll, ihr Abiturienten-Examen besteht und gemeinsam mit ihren zwei »alten« Kränzchen-Schwestern Ilse und Marlene die Universität Tübingen bezieht, um dort Medizin zu studieren. Leider wird es dann doch nichts mit der ärztlichen Laufbahn, weder als »Vaters Assistentin«, noch überhaupt. Zwar ist der Titel des sechsten Bandes zutreffend: *Nesthäkchen fliegt aus dem Nest*, aber sie schwirrt sogleich in ein anderes, um das »herzliebs Weible« des altväterlich schwäbischen Dr. Rudolf Hartenstein zu werden und ihr Leben fortan als Hausfrau und Mutter zuzubringen. Zum Ausgleich wird der gebildete Gatte ihr des Abend aus Goethes »Faust« vorlesen.

Im Erzählwerk Else Urys war dies eigentlich ein Rückschritt, hatte sie doch bereits 1906 ein weit emanzipierteres Jugendbuch vorgelegt: *Studierte Mädel*. Die dortige Heldin, Daisy, hat, bei zudem deutlich schwierigeren Rahmenbedingungen, nicht nur ihr Abitur abgelegt, sondern ihr Medizinstudium auch zu Ende geführt. Und gewiß, danach kriegt auch sie ihren früh umschwärmten seriösen Doktor zum Ehemann, aber der möchte sie eben nicht bloß als »geliebtes Weib«, sondern zugleich als »treue Gefährtin im Beruf«: »Nicht nur auf Liebe, auf gemeinsamer Arbeit gründen wir unsern Bund.« Nesthäkchens Rudi hält von solcher Gemeinschaftspraxis, wie gesagt, nichts.

Mit dem Abflug der munteren Titelheldin aus dem Nest hätte die Reihe nun freilich zu Ende sein sollen, so der Plan der Autorin. Doch das Ganze war ein solcher Riesenerfolg, und die Leserinnen (heimlich auch die Leser) liebten ihr Nesthäkchen so sehr, daß der Verlag einfach auf weitere Fortsetzungen drängte. Else Ury gab nach. In den nächsten zwei Jahren entstanden vier weitere Bände: zuerst *Nesthäkchen und ihre Küken*, dann *Nesthäkchens Jüngste*. Und als auch das Mutterkapitel abgeschlossen war, wurde die blonde Annemarie, die im *Weltkriegs*-Band grad mal zwölf Jahre zählte, 1924 langsam grau, denn nun ging es bereits um *Nesthäkchen und ihre Enkel*. Kurz darauf erlebte man *Nesthäkchen im weißen Haar*. Ein ziemlicher Zeitraffer.

Zehn Bände umfaßte die Serie zuletzt. Neun davon sind auch heute noch im Buchhandel zu haben: Es fehlt, ebenso erwartungsgemäß wie blödsinnigerweise, *Nesthäkchen und der Weltkrieg*. Noch schlimmer ist allerdings, daß die alten Texte im Stil der neuen Zeit bearbeitet sind. Der wahre Verehrer besorgt sich darum antiquarisch die Echt-Ausgaben, die, notabene, auch unvergleichlich schöner illustriert sind – nämlich von Professor R. Sedlacek.

Else Ury hat außer dieser Reihe noch viele heitere Jugendbücher geschrieben (etwa *Baumeisters Rangen* oder *Kommerzienrats Olly*), sogar eine weitere Serie *(Professors Zwillinge)*, aber *Nesthäkchen* war doch ihr größter Wurf. Kein Wunder, daß sie, nach dem Vorbild unserer Rätsel-Serientäter No.9 und No.28, ihre Villa, die sie im schlesischen Krummhübel erwarb, »Haus Nesthäkchen« taufte. Übrigens hatte sie allerlei Eigenes in diesem Erzählzyklus verarbeitet: Auch sie selber war wohlbehütet in großbürgerlichem Ambiente in Berlin aufgewachsen; auch sie selber besaß zwei große Brüder Hans und Klaus. Studiert hatte sie freilich nicht (geheiratet auch nicht), dafür lebte sie selbständiger als ihre Heldin: Anfangs als Redakteurin, später dann als Freie Schriftstellerin. Ihr Vater war Tabakfabrikant. Und, wovon man in ihren Büchern – zumindest unmittelbar – nichts spürt: Else Ury, geboren am 1. November 1877, kam aus einer jüdischen Familie. (Wenn in den späten *Nesthäkchen*-Bänden, die zu einen beträchtlichen Teil in Südamerika spielen, beiläufig erwähnt wird, daß es in Brasilien eine ganz selbstverständliche Vermischung von Menschen unterschiedlichster »Rassen« gäbe, dann möchte man das, von heute aus, als einen kleinen getarnten Verweis deuten können).

Wie auch immer: In Else Urys letztem Buch *Jugend voraus*, 1933 erschienen, werden der verehrte Reichspräsident Hindenburg und der neue Reichskanzler Hitler am Ende jubelnd gefeiert. Am 6. März 1935 wurde Else Ury aus der Reichsschrifttumskammer ausgeschlossen. Im April 1938 besuchte sie ihren Neffen, der nach England emigriert war, in London. Doch sie blieb nicht dort: Zum einen wollte sie ihre hochbetagte Mutter nicht allein lassen, zum andern hielt sie das tatsächliche Ausmaß der NS-Barbarei wohl für unmöglich. Auch nach dem Tod der Mutter hätte sie, im Jahr 1940, noch gehen können, sie blieb. Im Frühjahr 1941 wurde ihr »Haus Nesthäkchen« beschlagnahmt, später ihr gesamtes Vermögen konfisziert. »Else Sara Ury«, wie sie sich inzwischen nennen mußte, wurde am 12. Januar 1943 nach Auschwitz deportiert. Unmittelbar nach ihrer Ankunft am 13. Januar führte ihr Weg in die Gaskammer. Der Koffer, den sie bei sich trug, wird bis heute in Auschwitz aufbewahrt.

Else Ury, Nesthäkchen, Bd. 1-10. Berlin : Meidinger, 1918-1925.

Christa Rotzoll, Erzählerin unserer Kindheit: die Ury. In: Frauen und Zeiten. Stuttgart : Engelhorn, 1987, S. 22-36.

Marianne Brentzel, Nesthäkchen kommt ins KZ. Eine Annäherung an Else Ury 1877-1943. Zürich Dortmund : Ed. Ebersbach, [2]1993.

Friedemann Bedürftig, Nesthäkchens Koffer. (Über Else Ury und Auschwitz). In: Süddeutsche Zeitung v. 21./22.10.1995.

No.46

Wer verschickt hier eine Leiche? — Robert Louis Stevenson (und Lloyd Osbourne), *The Wrong Box (Die falsche Kiste)*

Ein Bestseller war *Die falsche Kiste*, die der große Robert Louis Stevenson gemeinsam mit seinem Stiefsohn Lloyd Osbourne ausbaldowerte, schon beim viktorianischen Originalpublikum nicht: 1889 war der Roman in London erschienen. Im Winter 1887 hatte sich das Autoren-Duo in Saranac, einem Bergdorf in den Adirondack Mountains bei New York, an der ersten Fassung des Buches vergnügt (die Idee stammte offenbar vom damals grad 19jährigen Junior-Partner). Die endgültige Version entstand während einer mehrjährigen Südsee-Kreuzfahrt auf dem Schoner »Equator«: Das Typoskript ging von Honolulu aus an den englischen Verlag. Doch wenn die *Wrong Box* schon kein Verkaufs-Erfolg wurde – Kultstatus bekam das verrückte Leichentransportwerk sofort. Und daß die Editoren der »Times« ihren Redakteuren verboten, pro Nummer mehr als ein Zitat daraus zu verwenden, ist ehrlich verbürgt.

Kuriose Situation: Während in manchen, speziell in deutschen, Stevenson-Monographien, nachwörtlichen Lebens- und Werkabrissen oder sonstigen klugen Auslassungen diese *Falsche Kiste* nicht einmal erwähnt wird, gilt sie bei ihren Fans, bis heute, für *das* Opus des Meisters schlechthin. Zugegeben, direkt seriös ist dieser London-Roman nicht, aber glänzend geschrieben, tempogeladen und aberwitzig konstruiert: Wie da zwei Erzählstränge, die Geschichte der »Finsbury-Tontine« und die Wanderwege eines unwillkommenen Toten, unentwirrbar miteinander verknüpft (und obendrein mit einer aparten Love-Story angereichert) werden, das ist begeisternd, und es ist jederzeit nachvollziehbar, wenn Robert Louis Stevenson sagte, er sei »beim Schreiben beinah umgekommen vor Lachen«.

Natürlich haben Stevenson und sein Kompagnon der rasanten Zuspitzung wegen auch ganz hübsch gemogelt. Vor allem beim Umgang mit der alle Wirrsal auslösenden Tontine. Korrekt daran ist, daß in der Tat dem letzten überlebenden Einzahler in diese Vorform einer Rentenversicherung (die 1653 von einem gewissen Lorenzo Tonti, einem italienischen Arzt, erdacht wurde) das Gesamtkapital überschrieben wird: Im Roman sind von den anfangs siebenunddreißig Kindern, deren vorsorgliche Väter die Eintritts-Summe von £ 1000 berappt hatten, noch zwei Greise übriggeblieben – die Gebrüder Joseph und Masterman Finsbury, sorgsam behütet und unterdrückt von ihren jeweiligen präsumptiven Erben, die einander argwöhnisch beäugen. Was die Autoren indes wohlweislich verschweigen, ist, daß die Zinsen solcher Tontine-Versicherung regelmäßig an alle Einleger ausgezahlt wurden. (Mit solchen Kleinigkeiten sollten wohl weder der trickige Anwalt Michael Finsbury, der Masterman-Sprößling, noch die beiden Joseph-Hegemonisten John und Morris Finsbury behelligt werden, die ihren vermeintlich verunglückten Onkel als Faßleiche per Bahn verschicken. Und die Leser schon gar nicht).

Die viktorianischen Leser waren von RLS (wie er sich gern kürzelte) allerdings wahrlich anderes gewohnt. Farbige Reisebücher zum Beispiel: 1878 war Stevensons Bericht von einer Paddeltour durch Belgien und Frankreich erschienen – *An Inland Voyage*, ein Jahr später kam sein schönstes Werk dieses Genres heraus – *Travels with a Donkey in the Cévennes* (seither von Frankreich- und Esels-Liebhabern immer mal wieder aktiv nacherlebt). Auch als literarischer Essayist hatte sich Stevenson früh einen Namen gemacht (und was er, notabene, in seinem Aufsatz *Popular Authors* über die Methoden des Trivialromans herausfand, das hat er in der *Falschen Kiste* fein ironisch variiert). Vor allen Dingen aber war er der Mann der erzählenden Prosa: 1883 erschien *Treasure Island (Die Schatzinsel)*, der See- und Abenteuer-Schmöker – »Fünfzehn Mann auf der Totenkiste,/ Jo-ho-ho, und 'ne Buddel voll Rum!« — — — »Ruhe da im Zwischendeck!«. Drei Jahre später dann die Geschichte, die nun tatsächlich zum Bestseller aller Bestseller in England wurde, und das keineswegs in England allein: *The Strange Case of Dr. Jekyll and Mr. Hyde.* 1886 kam *Kidnapped (Entführt)* heraus, sein historischer Schottland-Roman (dessen Fortsetzung *Catriona* sieben Jahre später erschien). 1889, im Jahr der *Wrong Box*, hatte Stevenson auch noch sein schottisches Meisterstück fertiggestellt: *The Master of Ballantrae.*

In Schottland war er zur Welt gekommen: am 13. November 1850 in North Edinburgh, 8 Howard Place. Sein kompletter Name lautete: Robert Lewis Balfour Stevenson. Aus dem »Lewis« machte er später, auf Wunsch seines Vaters, ein »Louis«. (Dem konservativen Alten war ein Linkspolitiker namens Lewis in die Quere gekommen – die Schotten sind schon ein liebenswertes Volk). Den Beinamen »Balfour«, den Geburtsnamen seiner Mutter, ließ er als Autor ganz weg – er störte die schöne Folge RLS. Immerhin hat er dann ja seinen *Kidnapped*-Heros »David Balfour« getauft.

Sein Vater und sein Großvater waren übrigens nicht nur wohlhabend, sondern auch weltberühmt – als Ingenieure, als Erbauer von (immer noch funktionierenden und eindrucksvoll in die Klippen gefügten) Leuchttürmen, ja, von ganzen Hafenanlagen. Auch Robert Louis sollte diese Tradition fortsetzen. Er begann auch wirklich an der Universität Edinburgh ein Studium als Maschinenbau-Ingenieur und bekam für eine Facharbeit über die Fortschritte beim Leuchtturm-Bau sogar die Silbermedaille der »Society of Arts« verliehen. Doch er brach das Studium ab: Zum einen wollte er Schriftsteller werden, zum andern litt er schon frühzeitig unter heftigen Bronchial-Erkrankungen. Freilich bestand der Vater auf einem akademischen Abschluß, und der Sohn studierte Jura. Er erhielt auch eine Zulassung als Gerichtsanwalt, übte den Beruf allerdings nie aus. Er wollte nur noch reisen und schreiben. Und das tat er.

1876, als er sich mit einigen Freunden in der internationalen Künstlersiedlung Barbizon in der Nähe von Paris aufhielt, lernte er dann die Frau seines Lebens kennen: Fanny Osbourne, eine zehn Jahre ältere Amerikanerin, Mutter zweier Kinder, noch verheiratet damals, wenn auch getrennt von ihrem ungetreuen Gatten lebend. Es wurde eine wunderbare Liebesgeschichte. Auch Fannys Kinder mochten ihn sehr: Isobel (»Belle«) hat in späteren Jahren, als Stevensons Schwindsucht so schlimm wurde, daß er keinen Schreibstift mehr führen konnte, alle seine Skripte nach Diktat aufgezeichnet. Und Lloyd hat nicht nur die *Falsche Kiste* zusammen mit seinem Stiefvater verfaßt, sondern noch zwei weitere, hochrangige, Romane: *The Wrecker* (1892) und *The Ebb-Tide* (1894). Und es war Lloyd Osbourne, der 1922-23 die erste Werkausgabe Robert Louis Stevensons herausgab und mit einführenden Vorworten versah – die *Vailima Edition*.

Trotzdem: Im Jahr 1878 hatte sich Fanny Osbourne zunächst entschieden, zu ihrer Familie in die USA zurückzukehren. Stevenson war am Boden. Doch dann kam das erlösende Telegramm, und er fuhr mit dem nächsten Auswandererschiff in die Staaten. 1880 heiratete er die frisch geschiedene Geliebte in Kalifornien, in einem primitiven Wüstenkaff, aber nun war er glücklich. Freilich auch schwerkrank: Acht Jahre lang zogen die Stevensons in der Welt umher, um einen Ort zu finden, der Linderung für seine Tuberkulose bot. Man lebte in Davos, in den schottischen Highlands (wo große Teile der *Schatzinsel* entstanden), an der englischen Südküste, in Bournemouth, einen Winter lang, wie erwähnt, in den amerikanischen Adirondack-Bergen. Schließlich versuchte es Stevenson mit der Südsee. Zwei Jahre lang kreuzte die Familie auf ihrem Schoner umher, dann siedelte man sich 1890 in Vailima auf Samoa an: Hochverehrt von den Einheimischen, wurde Robert Louis Stevenson hier der »Tusitala«, der Geschichtenerzähler. Vier Jahre blieben ihm noch. Gestorben ist er, gleichwohl plötzlich, an einer Gehirnblutung am Abend des 3. Dezember 1894. »It isn't *true*, it isn't *true*, say it isn't *true*«, rief sein Freund und Kollege Henry James, als die Meldung vom Tode Robert Louis Stevensons in London eintraf.

Robert Louis Stevenson und Lloyd Osbourne, Die falsche Kiste (a. d. Engl. v. A. u. R. Pestalozzi, Nachw. v. Norbert Miller). München : Hanser, 1969.

Robert Louis Stevenson, Erzählungen (m. e. Nachw. hrsg. v. Walter Pache). Stuttgart : Reclam, 1992.

Forbes MacGregor, Robert Louis Stevenson. Norwich : Jarrold, 1989.

No.47

Wer spielt hier auf Zeit – und überhaupt? — Laurence Sterne, *A Sentimental Journey Through France and Italy (Empfindsame Reise)*

»Alas, poor Yorick!« – Es ist Shakespeares Hamlet, der diesen Seufzer ausstößt, als ihm der Totengräber auf dem Friedhof einen ausgebuddelten Schädel zuwirft, den der Dänenprinz sofort identifiziert. In Hamlets Kindertagen war Yorick der königliche Hofnarr gewesen: »Ich kannte ihn, Horatio; ein Bursche von unendlichem Humor und voll von den herrlichsten Einfällen.« Das war Verpflichtung genug für Laurence Sterne (der sich auch selber gern »Yorick« nannte), einen Nachfahren dieses einfallsreichen Humoristen für seine Prosawerke zu engagieren. Schon in Sternes 1759 begonnenem, neunbändigen, nie abgeschlossenen Opus magnum *The Life and Opinions of Tristram Shandy, Gentleman* gehört Pfarrer Yorick zu den ausdrucksvollsten Gestalten. Freilich stirbt er in diesem Roman schon 1749, bevor er 1768 als Ich-Erzähler der *Sentimental Journey* erneut vital zur Feder greift.

Doch im Durcheinanderbringen von Handlungszeiten war Laurence Sterne nun einmal der unerreichte Meister: So beginnt sein *Tristram Shandy*, beispielsweise, im Jahr 1718 und endet 1713, zwischendurch hält er für längere Zeit im Jahr 1699, 1706 oder eben 1749, springt aber auch immer mal wieder in die Gegenwart des memoirenschreibenden Titelhelden, also in die Jahre 1759 bis 1768. Denn Gentleman Tristram liebt die gründlichen Abschweifungen, und ehe er sein »Leben« beschreibt (seine »Ansichten« legt er ständig dar), widmet er sich erstmal ausgiebig den Umständen seiner Zeugung (1. Buch), seiner Geburt (3. Buch), seiner Taufe (4. Buch), seiner Beschneidung durch ein herabsausendes, mangelhaft gesichertes Schlafzimmerfenster (er mußte mal ganz dringend, und der nächtliche Weg zum Klo war dem Fünfjährigen zu weit gewesen, tja, soweit das 5. Buch). Im 6. Buch bekommt er seine ersten Hosen, dafür kommt er im 8. und 9. praktisch gar nicht vor, und nur im 7. Buch ist er plötzlich erwachsen und reist nach Frankreich – wie Yorick in der *Sentimental Journey*.

Gemessen an den irrwitzigen, doch stets verrückt logisch begründeten Chronologie-Spielen im *Tristram Shandy* ist diese Reisebeschreibung fast schon geradlinig gearbeitet. Gleichwohl wird auch hier aufs Schlüssigste mit den heiligen Erzählkonventionen herumgekaspert: Der liebevoll gedehnte Händedruck des Touristen mit der schönen Dame vor der Remisentür in Calais ist nur ein Exempel dafür. Ein anderes: Der Roman beginnt mitten in einem Gespräch, dessen Anfang, mehr noch, dessen Thema dem geneigten Leser durchaus vorenthalten wird, so daß auf ewig verborgen bleibt, welche spezielle »Sache« man »in Frankreich« einfach »besser handhabt« als in England (weshalb man, o la la, die verwegensten Dinge denken darf). Dafür endet das Buch dann mitten in einem Satz. Und diesmal ist die Situation echt pikant: Der Erzähler liegt im Bett, bemerkt im Dunkeln nicht, daß das Zimmermädchen hinzugetreten ist, und als er die Hand ausstreckt, faßt er ihre — — ja, was?

Daß Pastor Yorick aber, als das Buch schon elf Seiten in Gang ist, auf den Einfall kommt, die Fahrt in der französischen Reisekutsche dazu zu verwenden, endlich die Vorrede des Werkes zu entwerfen – das hat wiederum unserem fränkischen Rätselspieler No.12 ungemein eingeleuchtet, dem kunst- und humorvollsten von allen Sterne-Jüngern hierzulande. Wer allerdings von einem Opus, das sich immerhin »Reise durch Frankreich und Italien« nennt, eine klassische Reisebeschreibung erwartet, wie sie seinerzeit üblich war, der wird sowieso geprellt. Das komplette Fehlen des Italien-Teils darf man dem Autor freilich nicht verübeln – er ist gestorben, bevor er den Bericht fertigschreiben konnte, falls er ihn denn fertigschreiben wollte. Doch eben das, was man so »Sehenswürdigkeiten«

nennt, pflegt der gute Yorick geflissentlich zu meiden – den Louvre etwa. Statt dessen erzählt er, was ihm unterwegs über den Weg oder, noch lieber, durch den Kopf läuft: »Welche Menge von Abenteuern kann der Mensch mit seiner kleinen Lebensspanne umfassen, der sein Herz an allem teilnehmen läßt«.

Darauf bezog sich dann auch der faszinierende »Journey«-Zusatz – »sentimental«, mit dem der deutsche Übersetzer Johann Joachim Bode einige Probleme hatte. Zwar lieferte er schon im Herbst 1768, acht Monate nach dem Erscheinen der Erstausgabe, eine kongeniale Eindeutschung des Buches, doch beim Briten-Wörtlein »sentimental« hatte er sich Rat bei seinem Freund Gotthold Ephraim Lessing holen müssen. Und der erledigte die Angelegenheit mit gewohnt scharfsinniger Gründlichkeit: »Bemerken Sie, daß *sentimental* ein neues Wort ist. War es Sterne erlaubt, sich ein neues Wort zu bilden, so muß es eben darum auch seinem Übersetzer erlaubt sein. Die Engländer hatten gar kein Adjectivum von *sentiment;* wir haben von Empfindung mehr als eines: empfindlich, empfindbar, empfindungsreich; aber diese sagen alle etwas anderes. Wagen Sie *empfindsam!*« Bode wagte, und das Resultat war, daß eine ganze literarische Epoche heute das »Zeitalter der Empfindsamkeit« genannt wird.

Der empfindsame Pfarrer Yorick wiederum – er war beim Antritt seiner Reise so voller innerem Überschwang gewesen, daß er gar nicht daran gedacht hatte, einen Paß mitzunehmen. Und erst nach »langen Meilen«, kurz vor Dover, fällt ihm zudem ein, daß England mit Frankreich grad im Krieg liegt! Aber jetzt noch umkehren? Niemals. Außerdem hat er in seinem Fernglas schon »die Hügel jenseits Boulogne« erspäht. Nun muß er durch. Er schafft es auch tatsächlich bis Paris, doch jetzt ist ein Paß-Besitz unumgänglich. Aber wer sagt's denn: Der dafür zuständige Graf de P. hat in seinem Vorzimmer eine »Hamlet«-Ausgabe liegen. Und als er den Namen des Antragstellers hört, ist er einfach entzückt: »... Et, Monsieur, est-il Yorick? — — Mon Dieu! Vous êtes Yorick!« Eine Umarmung noch, und der Paß ist ausgestellt. Da prallt selbst der Hinweis des redlichen Briten ab, der gemeinte Yorick sei schon »vor achthundert Jahren gestorben und begraben« (was ja auch, genau genommen, beides nicht so ganz stimmt). Und diese Szene, die im Buch, selbstverständlich, eine Großzahl von Seiten (und eine gleichgroße Menge von Abschweifungen an andere Orte) beansprucht: die ist wirklich empfindsam.

Der Autor, Laurence Sterne, konnte dagegen bisweilen ziemlich cool sein. Als er die *Sentimental Journey* in Angriff nahm, war seine große Liebe, Eliza Draper, die Gattin eines britischen Kolonialbeamten, soeben nach Ostindien abgesegelt. Der Zurückgebliebene schrieb der Entfernten herzzerreißende Briefe, führte auch ein schmerzliches *Tagebuch für Eliza*. Aber er machte sich kein Gewissen daraus, ganze Passagen daraus wörtlich in sein grad entstehendes Buch einzubauen. Mrs. Sterne lebte derweil mit Tochter Lydia auf dem Lande, in einem Häuschen, das der hochwürdige Herr Gemahl seinen Damen gemietet hatte. Er selber residierte in einer Nobelwohnung in der Londoner Old Bond Street.

Laurence Sterne war am 24. November 1713 im irischen Städtchen Clonmel, Grafschaft Tipperary, geboren worden. Sein Urgroßvater war noch Erzbischof von York gewesen, sein Vater aber nurmehr Fähnrich, später Leutnant, in einem britischen Linienregiment: Er starb 1731 in Jamaica. Mit zehn Jahren kam »Laurie« endlich aus dem wechselhaften Garnisonsleben heraus und unter die Obhut seiner Verwandten, die für eine solide Schulbildung sorgten. 1733 nahm er am Jesus-College in Cambridge sein Theologie-Studium auf, absolvierte es erfolgreich und bekam seine erste Pfarrstelle in Sutton-on-the-Forest. Er muß ein begeisternder Prediger gewesen sein: Regelmäßig brachte er seine halbe Gemeinde zum Weinen (so wie er sie, später: als Romancier, zum Lachen brachte). Er heiratete die Pfarrerstochter Elizabeth Lumley, die freilich weniger zu lachen hatte. Am liebsten vergnügte sich der aktive Geistliche mit seinen aristokratischen Freunden vom Club der »Demoniacs« bei Reitausflügen oder halsbrecherischen Wagenrennen am Strand (immer ein Rad im Wasser), worüber er denn auch schon mal den Gottesdienst vergaß. Oder er wußte, charmant, den jungen Damen der Umgebung das Pülslein zu fühlen. 1759 schrieb Sterne den ersten Band des *Tristram Shandy*, und über Nacht war er im ganzen Lande berühmt.

Übel stand es dagegen mit seiner Gesundheit: Er litt unter Tuberkulose, die immer schlimmer wurde. Zeitweilig versuchte er es mit längeren Aufenthalten in Frankreichs Süden, im Languedoc, doch es half wenig, zumal er sowieso lieber in Paris war, wo ihm der große Denis Diderot einen triumphalen Empfang bereitet hatte – Diderot, der in seinem Roman »Jacques le Fataliste« als erster vom *Tristram Shandy* profitierte. Am 18. März 1768, einen Monat nach Erscheinen der *Sentimental Journey*, ist Laurence Sterne in London gestorben. Todesursache war eine Rippenfellentzündung, die zu seiner Tuberkulose hinzugekommen war. »Weinen Sie nicht, meine Verehrteste«, hatte er kurz zuvor an eine Freundin geschrieben, »Ihre Tränen sind zu kostbar, um über mich vergossen zu werden – verschließen Sie sie in einer Flasche, und möge der Korken nie herausgezogen werden.«

Laurence Sterne, A Sentimental Journey Through France an Italy (with an introduction by Virginia Woolf). London : Oxford University Press, 1967.

Ders., Empfindsame Reise (i. d. Bodeschen Übers. neu hrsg. u. m. e. Essay »Zum Verständnis des Werks« u. e. Bibliographie vers. v. Wolfgang Clemen). Hamburg : Rowohlt, 1957 (= Rowohlts Klassiker 5)

Ders.,Tagebuch für Eliza – Empfindsame Reise (übers. v. S. Schmitz; hrsg. u. m. e. Nachw. vers. v. Lutz Zimmermann). Frankfurt/Main Berlin : Ullstein, 1989.

Ders., Briefe und Dokumente (hrsg. u. übers. v. Siegfried Schmitz). München : Winkler, 1965.

No.48

Wer prunkt hier mit einem Alabasterbusen? — Wilhelm Hauff, *Der Mann im Monde oder Der Zug des Herzens ist des Schicksals Stimme*

Der titelheldische Mann im Mond ist weder ein astronomisches Phänomen noch ein märchenhaftes. Vielmehr handelt es sich um den bleichen, doch unbedingt vorhandenen Polen Emile, Comte de Martiniz, der im ehrbaren Gasthof »Zum goldenen Mond« in Freilingen Quartier genommen hat, dort allerdings seinem Schicksal in Gestalt der alabasterbusigen Ida begegnet. Daß »der Zug des Herzens« wiederum »des Schicksals Stimme« sei, hat Friedrich Schiller, »sprüchwörtlich« genug allerdings, in seinem Wallenstein-Drama »Die Piccolomini« angemerkt (III. Akt, 8. Szene). Dreister als dieser kleine innerschwäbische Tritt war indes, daß der eben 23jährige Wilhelm Hauff, seinerzeit Hauslehrer beim württembergischen Kriegsminister v. Hügel, auf das Titelblatt des 1825 bei Franckh in Stuttgart erschienenen Romans gesetzt hatte – »von H. Clauren«.

Das war schon ein rechter Schwabenstreich des jungen Mannes, der übrigens gleichzeitig (!) mit dem *Mann im Monde* noch einen weiteren, nicht minder umfänglichen Roman fertiggestellt hatte, der unmittelbar vor dem Residenz-Reißer im selben Verlag erschien – die brillant satirischen *Mittheilungen aus den Memoiren des Satan*, die schlagartig den Ruhm des Verfassers begründeten, obgleich Hauffs Name auch auf diesem Buchdeckel fehlte: Als Autor fungierte ja ohnehin der Teufel, aber auch als »Herausgeber« verbarg sich der Debutant hinter der besternten Formel »****f«. Die freilich war nicht allzuschwer entzifferbar, und die Eingeweihten wußten sowieso Bescheid, genau wie sie bei der markerschütternden Liebesgeschichte von Emil und Ida Bescheid wußten. In den Mond schauen mußten allerdings die ahnungslosen Normalleser, und auch den armen

Heinrich Clauren traf des Schicksals Stimme völlig unvermutet.

Das heißt – »arm« war der nur dran. Finanziell ging's ihm glänzend. In den ersten Jahrzehnten des 19. Jahrhunderts war er der wahrscheinlich besthonorierte deutsche Autor überhaupt. Lustigerweise hieß er aber gar nicht Clauren, auch nicht Heinrich. »Clauren« war ein Anagramm aus seinem Klarnamen Carl Heun, das übriggebliebene »H« ergänzte er eben zu »Heinrich« (Gottlieb und Samuel funktionierten bei diesem Namenskunststück ja leider nicht – so allerdings lauteten seine wirklichen weiteren Vornamen). Heun war 1771 in Dobrilugk/Niederlausitz geboren worden, hatte in Göttingen und Leipzig Jura studiert, war Buchhändler gewesen und wurde 1811 Büroleiter beim preußischen Staatskanzler von Hardenberg. Drei Jahre später wurde er Chef der »Preußischen Staatszeitung« und zuletzt noch Geheimer Hofrat beim Generalpostamt. Soweit die amtliche Karriere Heuns, der 1854 hochdekoriert in Berlin starb. Ungeheuer populär war er jedoch durch das, was er nach Feierabend verfertigte – Unterhaltungsliteratur. Und dabei hatte er den Effekt-Bogen raus wie kaum ein zweiter zu seiner Zeit. Die gewaltigste Leserliebe erntete er damals für seine pseudo-naive Schweizermädel-Novelle »Mimili« (die noch immer im Buchhandel zu haben ist). Wie Wilhelm Hauff beobachtete, ging aus dieser »Mimili-Manier« eine wahre »Mimili-Manie« hervor, und nicht zuletzt ist es dies »Mimili«-Muster, das er in seinem *Mann im Monde* maßgerecht malträtiert.

Hauffs Freund, der seinerzeit noch jugendlich aufstrebende (später eher berüchtigte) Literaturkritiker Wolfgang Menzel, hat freilich gern erzählt, daß das ursprüngliche *Mond*-Manuskript gar keine intendierten Clauren-Spuren aufgewiesen habe, dafür massenweise unfreiwillige. Hauff wollte, so Menzel, bloß einen publikumswirksamen Renner auf den Markt werfen, um eine Stange Geld damit einzufahren, und erst auf seinen, Menzels, dringenden Rat hin habe er das Ganze boshaft überspitzt und unter Claurens Namen veröffentlicht. Direkt unglaubhaft klingt das nicht, umstritten war's freilich schon früh, und ganz generell muß auch an den Satz unseres Rätselpolyhistors No.4 erinnert werden, wonach es geraten sei, bei Aussagen Wolfgang Menzels grundsätzlich das Gegenteil anzunehmen. Wie auch immer: Carl Heun schlug zurück, und es gab einen Kriminalprozeß sowohl gegen den Autor Hauff als auch gegen den Verleger Franckh. Zwar bekam der Kläger nicht vollends Recht, doch der Verlag mußte ein hübsches Sümmchen berappen, das von der Zweitinstanz nochmals erhöht wurde.

Nun gut, der geschäftstüchtige Verleger steckte die Strafe locker weg: Der Presserummel um den *Mann im Monde* war allerbeste Reklame und sicherte Rekord-Umsätze – woran man sieht, daß die Zeiten um 1826 schon ziemlich modern waren. (Wilhelm Hauff hat sich etwas später, in seiner fulminanten Skizze *Die Bücher und die Lesewelt*, so heftig wie intelligent über die neuartigen Produktions- und Distributionstechniken im Verlagswesen ausgelassen, über die »Romanfabrik« und die »Übersetzungsfabrik« von Scherau, durchaus mit massiven Seitenhieben auf seinen eigenen Verleger Franckh: Doch so völlig fern stand er der Sache gar nicht, und profitiert hat er davon ebenfalls). Vorderhand sah er sich jedoch genötigt, der Auseinandersetzung mit Clauren eine ernsthaftere Note zu verleihen. Das tat er in seiner *Kontroverspredigt über H. Clauren und den Mann im Mond, gehalten vor dem deutschen Publikum in der Herbstmesse 1827*. Trotz gewisser Spitzfindigkeiten bei der Analyse der spezifischen Wirk-Stoffe des Gegners: Dieser Hauff-Text ist die erste fundierte Beschäftigung mit der Trivialliteratur an sich und mit dem, was dann später »Kitsch« genannt wurde.

Einer der Rezensenten, der während der öffentlichen Mondmann-Kontroverse aufrichtig für Wilhelm Hauff eintrat, war übrigens Willibald Alexis, der ja nicht nur ein Jurist und Kriminal-Experte war, sondern seinerseits ein Fälscher von geradezu internationalem Rang: Seinen schaurig schönen Schottland-Wälzer »Walladmor« hatte er, ein

Jahr vor Hauffs *Mann im Monde*, derb als Walter-Scott-Übersetzung verkauft und damit den englischen »Rück«-Übersetzer, unsern Rätselmann No.31, in Festtagsstimmung versetzt. Dankbare Konsequenz: Als Wilhelm Hauff ebenfalls, 1826, einen Scott-Roman nachmachte, dedizierte er das Vorwort seinem alten Fürsprech Willibald Alexis. Gewitzt geworden, siedelte der Schwabe Hauff den wildbewegten Historien-Schmöker aber lieber gleich in seiner engeren Heimat an. Und das war eine gute Idee: Denn *Lichtenstein* wurde sein größter Erfolg zu Lebzeiten. Und geradezu abenteuerlich war das Weiterwirken des Buches: Jene mittelalterlich betürmte Burg Lichtenstein, die wir auf den Höhen der Schwäbischen Alb bewundern, ist nämlich erst nachträglich, von einem Hauff-Enthusiasten, dort errichtet worden! Zur Zeit des phantasievollen Dichters war an gleicher Stelle nichts als nackter Fels. Betrüblich allein, daß ausgerechnet Willibald Alexis zu den wenigen Kritikern gehörte, die Hauffs *Lichtenstein* recht herbe verrissen. Was der »Walladmor«-Mann zusätzlich übelnahm, war Hauffs Gewohnheit, seine potentiellen Rezensenten hartnäckig-charmant zu umzirzen. Auch in diesem Punkt war er schon im Einklang mit dem künftigen Zeitgeist…

Nötig gehabt hätte er solche Mätzchen eigentlich nicht. Wilhelm Hauff ist einer der Großen der deutschen Bücherwelt. Am 29. November 1802 (drei Jahre vor dem Tod seines Landsmanns Schiller) war er in Stuttgart geboren worden. Nach dem frühen Tod seines Vaters, eines höheren Regierungsbeamten, zog er mit der Mutter nach Tübingen, wo er 1820 auch sein Theologie-Studium aufnahm. Er brachte es erfolgreich zu Ende, legte sogar noch sein zweites, kirchliches, Examen ab und promovierte, im Fach Philologie, zum Dr. phil. Zur Übernahme einer Pfarrers-Stelle fühlte er sich aber noch nicht gleich berufen, so wurde er erstmal Hofmeister beim Herrn Minister. Und als sein dortiger Dienst 1826 zu Ende ging, hatte der mittlerweile zum Erfolgsautor avancierte Hauff keine Lust mehr auf eine württembergische Landpfarrei. Um sich über sein ferneres Leben klarzuwerden, unternahm er erstmal eine Reise: Die große Tour führte ihn über Frankfurt nach Paris und Antwerpen, von dort über Hannover nach Bremen, wo ihn der legendäre Bürgermeister Johann Smidt persönlich im Ratskeller bewirtete. Im Jahr darauf bedankte sich der solchermaßen Ausgezeichnete mit dem schönsten seiner Prosastücke, den *Phantasien im Bremer Ratskeller*, seinem »Herbstgeschenk für Freunde des Weines«.

Kurz zuvor hatte er in Stuttgart seine Stelle als (vorzüglich honorierter!) Redakteur bei Cottas »Morgenblatt für gebildete Stände« angetreten und, einmal in Amt und Würden, seine Cousine Luise Hauff geheiratet, mit der er schon seit seiner Studentenzeit verlobt gewesen war. Als Novellen-Autor *(Die Bettlerin vom Pont des Arts, Jud Süß)* war er inzwischen ein Erfolgsgarant; nun folgte jener Teil seines Œuvres, der ihm den größten Nachruhm bescherte – seine Märchen. Ob *Kalif Storch* oder *Der kleine Muck*, *Zwerg Nase* oder *Das kalte Herz* (dies aus der Sammlung *Das Wirtshaus im Spessart)* – die kunstvoll und witzig erzählten Texte sichern allemal die Unsterblichkeit dieses, so nochmal unser Rätsel-Freund No.4, »unverantwortlich früh gestorbenen« hochbegabten Dichters.

Im Herbst 1827 machte sich Hauff auf eine Studienreise nach Tirol, um Material für einen geplanten Andreas-Hofer-Roman zu sammeln. Er kehrte fieberkrank zurück und wurde bettlägrig. Sein Zustand verschlimmerte sich rapide. Wahrscheinlich war es eine Hirnhautentzündung, an der Wilhelm Hauff am 18. November 1827, eine Woche nach der Geburt seiner Tochter Wilhelmine, gestorben ist – im Alter von 25 Jahren.

Wilhelm Hauff, Sämtliche Werke (m. e. biograph. Einl. hrsg. v. Alfred Weile). Berlin : Otto & Co, o.J.

Ottmar Hinz, Wilhelm Hauff. Reinbek : Rowohlt, 1989 (= Rowohlts Monographien 403)

Heinrich Clauren, Mimili. München : Goldmann, o.J.

No.49

Wer will hier nur seine Ruhe haben? — Wolfgang Hildesheimer, *Herrn Walsers Raben*

Am 8. März 1960 flogen sie im Norddeutschen und im Bayerischen Rundfunk zum ersten Mal durch den Äther, und am Ende desselben Jahres waren sie auch schwarz auf weiß gedruckt zu erwerben – die falschen Raben jenes hildesheimerschen Herrn Adrian Walser, der (unvergleichlich gestaltet von Hanns Lothar) nur seine Ruhe haben wollte. Dreiundzwanzig liebe, also unangenehme, Verwandte hat der talentierte Epikuräer am Beginn des Spiels bereits zu Vögeln mutieren und in den Garten abschwirren lassen, wobei er, als Augentrost, auch ein paar echte Raben angeschafft und daruntergemischt hat: »Es wäre mir peinlich, im Laufe eines stillen Tages einem vorwurfsvollen Vogel ins Auge sehen zu müssen, der vielleicht einst Tante Patricia war.« Nummer 24 wird dann die nicht minder »unausstehliche« Tante Cosima, die erpresserische Iris-Mutter.

Die Mutations-Methode hat Herr Walser, als Knabe, bei seinem Hauslehrer Nico Marinelli gelernt: Es kommt darauf an, den Veränderungs-Kandidaten in Erregung zu versetzen und dann ein bestimmtes Zauberwort zu sprechen. Es gibt sogar einen Rückverwandlungs-Spruch. Den allerdings kennt Herr Walser nicht: Er hatte, etwas voreilig, seine neuerworbene Kunst an eben jenem Pädagogen Marinelli ausprobiert, noch ehe der Lehrgang beendet war. Man erkennt jedoch: Die Formel, die uns, bedauerlich, weder Wolfgang Hildesheimer noch Adrian Walser verraten, wirkt nur von außen. Insofern unterscheidet sich der Akt von der, prinzipiell indes vergleichbaren, kalifstorchigen »Mutabor«-Prozedur unseres Rätselpoeten No.48.

Mißlichkeiten drohen dem ruheliebenden Vogelhalter allerdings, als ein weiterer Familienangehöriger bei ihm aufkreuzt, um seinen Lebensabend im Hause Walser hinzubringen: Zwar nennt er sich Raoul Maria Mönkeberg, doch er ist kein anderer als Onkel Nikolaus. Und Onkel Nikolaus ist doppelt gefährlich. Zum einen hat er den Marinelli-Unterricht bis zum Ende durchgehalten. Mithin kennt er die Rückführ-Formel, könnte also dem kompletten krächzenden Clan des Neffen zu neuerlicher, unruhestiftender Menschlichkeit verhelfen, und zwar unwiderruflich, da jede Mutation nur ein einziges Mal wirkt (was, nebenbei, der Grund ist, daß der zunächst – schuldbewußt – bereitwillige Adrian davon absieht, seinen Erbonkel Fabian aus der Rabenexistenz zu erlösen). Zum andern aber zeigt Onkel Nikolaus durchaus Neigung, die Walser-Villa allein zu bewohnen und den werten Neffen auf die Gartenbäume zu verbannen: Geht dem sonst, zumindest bei Tage so unerschütterbaren Herrn Adrian nicht schon der Puls hoch?

Die Rettung kommt, einstweilen, durch die Haushälterin Frau Borgward, die dem bösen Onkel mühelos einen fliegenden Abgang verschafft: Sie hat ihrem Herrn und Meister, heimlich, doch beharrlich, das Mutations-Procedere abgeguckt. Fortan freilich übernimmt sie das Kommando. Adrian Walser hatte sich nie mehr aufregen wollen – nun *darf* er's auch nicht mehr.

Metamorphosen, falsche Vögel, nebulöses Verschwinden, bedrohte Rückzüge aus der Zivilisation – *Herrn Walsers Raben* repräsentieren förmlich die Themen und Motive des Autors Wolfgang Hildesheimer, der sich, »tief unernst und streng subjektiv«, stets aufs Neue mit derlei legendären Lieblosigkeiten abgab, bis er sich am Ende selber aus dem Literatur-Leben zurückzog und wieder in einen Collageur verwandelte. Er sehe »keine Zukunft für die Literatur mehr«, hat er in mehreren Interviews bekanntgegeben. Und: »Angesichts der Katastrophen, die in der Welt geschehen«, habe es ihm »die Worte verschlagen«. Die letzten Jahre bis zu seinem Tod am 21. August 1991 verbrachte er darum fast nur noch in seinem Atelier in Poschiavo, dem Hauptort des Graubündner Puschlavtals, und schnippelte aus vorgefundenen Bildmaterialien seine Spätfälschungen – akribisch entstellte Porträts kultureller Persönlichkeiten. Doch vorher entstand noch, als Epilog und Satyrspiel gewissermaßen, ein finales literarisches Kunststück, der *Brief an Max über den Stand der Dinge und anderes:* »Ja, lieber Max, ich habe das Weite lange genug gesucht, aber ohne jemandem zu nahe zu treten, was ohnehin meine Art nicht ist, darf ich von mir sagen: ich habe es gefunden.« Max ist zufällig unser Rätselmann No.21.

Ziemlich zurückhaltend, was die eigene Person anging, war Wolfgang Hildesheimer aber auch schon, als er das Weite noch nicht gesucht, geschweige denn gefunden hatte. Seine Autobiographie, beispielsweise, wenn man sie denn so nennen will, umfaßt nicht einmal zwei Reclam-Seiten, und diese noch dazu in gewohnter, streng subjektiver, Anordnung. Aufgeführt sind darin die wesentlichen Stationen seiner ersten dreißig Lebensjahre, was sich so liest: »Hamburg, Berlin, Cleve, Nymwegen, Mannheim, Odenwaldschule, Frensham Heights School (Surrey), Jerusalem, London, Mousehole (Cornwall), Fluelen (Uri) und wieder Jerusalem.« Und schön, wie an der Schnur aufgereiht, folgen sodann die zugehörigen Funktionen: »Säugling, Kind, Elementarschüler, Gymnasiast, Schüler eines Landschulheims, Public-School-Boy, Tischlerlehrling, Kunststudent, Maler, Graphiker und Müßiggänger.« Erst der Gedanke an seine Müßiggängerei inspirierte ihn offenbar zu größerer Mitteilsamkeit, denn dieses Tun wird als einziges im Nachhinein bewertet, nämlich als »intensiv«.

Bei der Rekapitulation seiner Folgejahre ist Hildesheimer ein bißchen ausführlicher, doch nach wie vor überläßt er die Interpretation der Mitteilungen dem Leser: »Dann brach der Krieg aus, und ich wurde, dank dieser Vorbildung, englischer Informationsoffizier in Palästina, damals noch britisches Mandat. Der Staat Israel lag noch in weiter Ferne. 1946 kehrte ich nach London zurück, malte, entwarf Textilien und ein – ein einziges – Bühnenbild, bis der amerikanische Chefdolmetscher bei den Nürnberger Gerichten meine Befähigung zum Dolmetscher entdeckte. Ich wurde also Simultandolmetscher in Nürnberg und blieb es drei Jahre lang.«

»Bei den Gerichten« – das klingt lapidar und karg genug. Immerhin, als er 1975 in Irland seinen berühmten Vortrag über das *End of Fiction* hielt, hat sich Hildesheimer einmal unmißverständlich politisch geoutet: »Meine politische Position ist links. Zwar bin ich gegen Terror und Gewalt jeder Art, aber ich *bin* der Meinung, daß der Kapitalismus abgeschafft werden muß.« Und elf Jahre später erklärte er gegenüber der FAZ: »Mit Greenpeace, seinem Programm, seinen Absichten und Zielen, kann ich mich bedingungslos identifizieren. Ich bin engagiertes, förderndes Mitglied von Greenpeace. Wäre ich jünger, würde ich vielleicht ein aktives Mitglied werden.« Das einschränkende »vielleicht« nach der anfangs »bedingungslosen« Identifikation ist aber nun wieder charakteristisch für den habituellen Skeptiker Hildesheimer, dem das einzig »Selbstverständliche« eben doch sein »universales Mißtrauen« ist – auch gegenüber eigenen Positionen. Skeptisch-zögerlich klingt selbst das, was er über seine Existenz als Jude sagen mag: »Wenn ich mich frage, worin mein Judentum besteht, so finde ich keine befriedigende Antwort. Ich weiß nur, daß es besteht. Ich bin in ihm nicht verwurzelt, von ihm nicht beherrscht, aber ich fühle mich als Jude. Am ehesten würde ich es als Zugehörigkeit zu einer Schicksalsgemeinschaft definieren; aber auch diese Antwort wäre vage, denn diese Gemeinschaft berührt mein Bewußtsein wenig und manifestiert sich in meinem täglichen Leben kaum, mein Judesein wirft keine brennenden Fragen auf und stellt mich vor keine Entscheide.«

In dem oben zitierten autobiographischen Reclam-Report sind übrigens nur zwei Daten exakt aufgeführt. Zunächst – der 9. Dezember 1916, sein Geburtstag. Und dann, die genaueste Information überhaupt – der 18. Februar 1950, vormittags. Auch die Ortsangabe ist absolut präzis: Ambach, am Starnberger See, wo der Maler Hildesheimer damals sein Atelier hatte. Sogar der Wetterbericht wird überliefert: es war ein kalter Tag. Und nun wird's noch detailllierter: »Ich fror an den Händen und mußte in die Nähe des Ofens rücken, wo es aber zum Malen zu dunkel war. Unlustig – die Unlust hat in meinem Leben immer eine große, wenn nicht gar entscheidende Rolle gespielt und ich habe ihr viel zu verdanken –, unlustig also nahm ich ein Blatt Papier zur Hand, um wenigstens zu zeichnen, aber wider jegliches Erwarten begann ich, eine Geschichte zu schreiben. Am nächsten Tag schrieb ich eine zweite, und so wurde ich allmählich Schriftsteller, denn wenn man einmal mit dem Schreiben angefangen hat, scheint es schwer, wieder damit aufzuhören, selbst wenn man will, und ich habe seitdem schon mehrmals gewollt.«

Die Genese des Autors Wolfgang Hildesheimer. Eine schöne Geschichte. Nur, daß die ältesten Texte seiner ältesten Textsammlung, der *Lieblosen Legenden*, nachweislich aus dem Jahr 1948 stammen. Und das war geraume Zeit vor der bewußten, kalt-wintertäglichen Initiation. Die einzige ausführliche und genaue Schilderung in seiner autobiographischen Skizze entpuppt sich somit als Mystifikation. Als Fälschung. Das Fälschen war Hildesheimers schönstes Lebensthema. Quasi programmatisch behandelt wird es schon in seinem Roman-Erstling *Das Paradies der falschen Vögel*, bei denen es sich diesmal nicht um mutierte Raben handelt: Der Titel ist im übertragenen Sinne zu deuten und gilt jenen Epigonal-Genies, die ihr Geld, da die Zeit der großen Original-Sujets vorbei ist, mit dem Nachahmen, also Fälschen, alter Meister verdienen müssen – wie, boshaft gesagt, alle gegenwärtigen Kulturschaffenden.

Der Rundfunk war, wie bemerkt, am Sponsoring dieses sehr schönen Romans nicht unbeteiligt. Konträr, er wirkte sogar, unbemerkt, doch direkt daran mit. Denn Wolfgang Hildesheimer destillierte aus dem Stoff dieses Buches gleich zwei elementar authentische Original-Hörspiele: *Begegnung im Balkanexpress* und *An den Ufern der Plotinitza*. Mehrfach gesendet und auch mehrfach gedruckt. Dagegen verblaßt selbst der Herr Walser mit seinen falschen Raben.

Wolfgang Hildesheimer, Herrn Walsers Raben. In: Hörspiele (Nachw. v. Ernst Schnabel). Frankfurt/Main Hamburg : Fischer, ^{4}1963, S. 119-155.

ders., Vita. In: Begegnung im Balkanexpreß. An den Ufern der Plotinitza. Zwei Hörspiele. Stuttgart : Reclam, 1968, S. 69f.

Heiko Postma, Ich trage eine Eule nach Athen (über W. Hildesheimer). In: die horen, Nr. 145, 1/1987, S. 214-222.

No.50
Wer flieht hier nach Amerika?

— Theodor Fontane, *Quitt*

Uff, wie Winnetou gesagt hätte: Der Bücher-Scout, der hier auf fremden Pfaden von Schlesien in den Fernen Westen schleicht, ist keineswegs unser Rätselradebeuler No.9 (obwohl sich ja auch dessen Scharteken nicht nur unter Trappern oder Eisenbahnbauern in den »dark and bloody grounds« abspielen, sondern gleichermaßen unter Wilddieben und »Paschern« [= Schmugglern] in den deutsch-böhmischen Grenzwäldern). Vielmehr ist es Theodor Fontane. Freilich bietet der lakonisch betitelte Roman *Quitt* eine ganze Reihe von Szenen und Motiven, die der Leser ganz ähnlich in den »Reiseerzählungen« des sächsischen Fabulierers finden könnte: Eine deutsche Weihnachtsfeier in Wildwest; die Allgegenwart germanischer Emigranten; Indianer, die als bekehrte Christen sterben und entsprechend beerdigt werden (wenn auch bei Fontane ohne eine »Silberbüchse« als, später exhumierter, Grabbeigabe); oder auch die scheue, bitter endende Liebesgeschichte zwischen dem heldischen Westmann und der Schwester seines besten Freundes...

Im Jahrgang 1890 der »Gartenlaube«, in den Nummern 1 bis 11, erschien der Vorabdruck des Romans, der im November des gleichen Jahres dann bei W. Hertz, Berlin, als Buch herauskam. In der damals ungemein populären, wenn auch nicht unbedingt hoch beleumundeten »Gartenlaube« hatte Fontane bereits seine Kriminal-Novelle *Unterm Birnbaum* veröffentlicht (die Honorare entsprachen halt der Auflage), und die Redaktions-Praktiken des Blattes nahm er auch bei diesem *Quitt*-Projekt fatalistisch in Kauf: »Was die vorzunehmenden Kürzungen und Änderungen angeht, so wiederhole ich meine ganz ergebenste Bitte, frei schalten zu wollen, ohne mir die Sache nochmal vorzulegen. Von einer nachträglichen, auch nur stillen Klage meinerseits kann gar keine Rede sein; es muß doch schließlich immer was herauskommen, was, soweit der Urstoff es ermöglicht, 300 000 Abonnenten, oder wieviel ihrer sein mögen, ein Genüge tut, und aus der Schüssel, aus der 300 000 Deutsche essen, eß ich ruhig mit. Ich bin so alt, daß ich von nichts tiefer überzeugt bin als von der Wackligkeit des Urteils, also auch des eignen, vielleicht das eigne in erster Reihe, und so kenne ich denn, was diese Dinge angeht, kein Härmen und Grämen. Außerdem bin ich vom immer Wiederlesen derselben Geschichte schon ganz drehig.« Zwar hoffte Fontane, den Redakteurs-«Blaustift« der »Gartenlaube« in dessen »todbringender Schnelle« an einigen Textstellen, vornehmlich im zweiten (USA-)Teil, »hemmen« zu können, doch selbst dieser Wunsch war vergeblich: Die Herren Schriftleiter machten von der carte blanche ihres Autors rabiaten Gebrauch, und zwar grad im besagten zweiten Teil des Romans.

Mit den Vorstudien zu *Quitt* hatte Theodor Fontane schon 1884 begonnen (justament zu der Zeit, als auch unser Rätselmann No.9 die pascherhaften Grenzland-Episoden seines vieltausendseitigen Reißers »Der verlorene Sohn oder Der Fürst des Elends« in den Kolportage-Handel brachte). In jenem Jahr verlebte Fontane seine »Sommerfrische« im schlesischen Krummhübel, wo er vom Schulmeister die realen Hintergründe des Falles erfuhr: Sieben Jahre zuvor war dort der Förster Wilhelm Frey von einem Wilddieb ermordet worden. Der mutmaßliche Täter, ein gewisser Knobloch, hatte sich, sobald er sich unter Polizeiverdacht sah, nach Amerika absentiert, wo sich seine Fährte dann irgendwo in der Prairie verlor.

Den »prosaischen« Namen »Knobloch« konnte Fontane für seinen »stark idealisirten Helden« natürlich nicht gebrauchen. Außerdem plante er auch keine simple Mord-Geschichte: Bei ihm sollten die beiden Gegner schon gleichrangig sein, um am Ende wirklich »quitt« zu werden. So wurzelt das Motiv der schlesischen Untat bereits im deutsch-französischen Krieg von 1870/71, der Todesschütze heißt bei Fontane »Lehnert Menz«, und der widerwärtige Förster (»ein Saufaus und Menschenschinder«) mußte seinen kühnen Original-Namen »Frey« abgeben und heißt nun, schlesischer zudem, »Opitz«.

Von den amerikanischen Schauplätzen seines Buches besaß der Autor dagegen keinerlei konkrete Anschauung (eine weitere nette Gemeinsamkeit mit dem Dichter, der sich so gern Old Shatterhand nannte). Zwar hatte Theodor Fontane, der am 30. Dezember 1819 in Neuruppin zur Welt gekommen war, in seinen jungen, finanziell sorgenvollen, Apotheker- und Balladenjahren ernsthaft ans Auswandern gedacht und ein Leben »in den Kordillieren« erwogen (womit er, aparterweise, einen Buchtitel seines Radebeuler Kollegen wortwörtlich antizipierte); auch plante Fontanes Tochter Mete zeitweilig eine Übersiedlung in die USA, weshalb sich der Vater mit Informations-Schriften über Amerika eindeckte; doch seine wesentlichen Wildwest-Kenntnisse bezog er aus der Lektüre der grad ins Deutsche übersetzten »Californian Stories« von Bret Harte. Die Werke des besagten Sachsen-Trappers, der zur *Quitt*-Zeit fast ausschließlich für Heftchen-Verlage oder Zeitschriften publizierte, las er dagegen nicht. Fontane las ja nicht einmal seinen eigenen Text in der »Gartenlaubengestalt«: »Wie sich *Quitt* eigentlich ausnimmt, davon habe ich keine Ahnung. In der ersten Hälfte [...] hat die Redaktion, so viel ich aus den Kapitelzahlen ersehen konnte (gelesen habe ich im Abdruck keine Zeile), wahrscheinlich nichts oder nur sehr wenig geändert, desto mehr in der zweiten Hälfte.« Doch daß in diesem zweiten Teil »kaum mehr als die Hälfte der Hälfte« wiedergegeben wurde, erschloß der Autor abermals allein durch Auszählen der Kapitel, nicht etwa durch eigenäugiges Nachlesen...

Freilich sind sich die meisten Fontane-Fans einig: Zu den Zentralwerken des Meisters zählt *Quitt* nicht unbedingt. Dennoch reagierte der Alte ziemlich gereizt, als ein Rezensent das Buch hohnvoll mit Dostojewskis Roman »Schuld und Sühne« verglich: »Natürlich lache ich darüber, ich gönne den Berühmten ihre dickere Berühmtheit und freue mich der Gesundheit und Natürlichkeit meiner Anschauungen.« Aber natürlich lachte er in Wirklichkeit überhaupt nicht darüber. Er war von seinem literarischen Rang schon durchaus überzeugt.

Die »Gartenlaube« wiederum blieb ihrem Mitarbeiter über den Tod hinaus gewogen. In den November-Dezember-Ausgaben 1906 erschien hier der Roman *Mathilde Möhring*. Das Skript hatte Fontane wegen der Arbeit am *Stechlin* liegenlassen und nicht mehr redigieren können. So kam das Buch in etwas fragwürdiger Gestalt posthum auf die Leserschaft: Theodor Fontane war am 20. September 1898 in Berlin gestorben.

Theodor Fontane, Sämtliche Romane, Erzählungen, Gedichte, Nachgelassenes (hrsg. v. Walter Keitel u. Helmuth Nürnberger). Frankfurt/Main u.a.: Ullstein, 1976.

Helmuth Nürnberger, Theodor Fontane in Selbstzeugnissen und Bilddokumenten. Reinbek: Rowohlt, 1968 (= Rowohlts Monographien 145)

Heiko Postma, »Independenz über alles« (zum 100. Todestag Th. Fontanes). In: Hannoversche Allgemeine v. 19.9.1998

Epilog
Wer sündigt hier um ein Buch?

— Paul Gurk, *Magister Tinius. Ein Drama des Gewissens*

Paul Gurk sei »ein Mann ohne Fortune« gewesen, sagte der Kollege Paul Fechter in seinem Nachruf, und das traf's. Immer wieder stand er als Schriftsteller kurz vor dem Durchbruch, doch richtig geschafft hat er's nie. Dabei hätte dieser vergrübelte Einzelgänger wahrhaftig Leser verdient. Er wurde am 26. April 1880 in Frankfurt/Oder geboren, wuchs in Berlin auf, besuchte dort auch mit Erfolg das Lehrerseminar, war allerdings nie im Schuldienst tätig. Statt dessen bekam er 1900 eine Stelle als Büro-Gehilfe beim Berliner Magistrat. Bis 1924 blieb er Verwaltungsbeamter, zuletzt als Stadtobersekretär, dann ließ er sich pensionieren: Es schien sich eine Karriere als Literat, speziell als Dramatiker, anzubahnen. In den 20er-Jahren wurden mehrere seiner Stücke aufgeführt, und Alfred Döblin hatte Gurks Drama *Persephone* öffentlich gelobt. Doch bald darauf war's auch schon wieder zu Ende. 1935 wurde sein Großstadt-Roman *Tresoreinbruch* verboten. Sein Zukunftsroman *Tuzub 37* (Untertitel: »Der Mythos von der grauen Menschheit oder von der Zahl 1«), ein Buch von der Verwüstung der Erde und der Mutation der Menschen zu Maschinen, konnte zwar erscheinen, blieb aber ohne große Resonanz.

Nach Kriegsende lebte Paul Gurk in bitterer Armut: Die Berliner Stadtkasse verweigerte ihm lange Zeit die Fortzahlung seiner Pension, weil die Akten über seine Beamtentätigkeit im Krieg abhanden gekommen waren. Zwar wurden nun mehrere seiner Romane neu aufgelegt, zum Beispiel die *Laubenkolonie Schwanensee*, aber an seiner Außenseiterrolle im Literaturbetrieb änderte das wenig. Am 12. August 1953 ist Paul Gurk im Krankenhaus Wedding gestorben.

Zu den Werken, mit denen er zwischenzeitlich aufhorchen ließ, gehörte auch sein Stück *Magister Tinius. Ein Drama des Gewissens*, das im Jahr 1936 entstand und 1937 am Deutschen Theater Berlin uraufgeführt wurde. Kurz bevor der Autor wieder in die Vergessenheit abtauchte, erhielt er dafür sogar einen kleinen Literaturpreis – die »Ehrengabe der Gesellschaft der Bücherfreunde zu Chemnitz«. 1946 erschien der Text obendrein in Buchgestalt: in der Reihe der »Bremer Liebhaber Drucke« des Verlags »Bremer Schlüssel«. Und nun bleibt Gurks Name auf ewig mit dem des mörderischen Büchersammlers Tinius verknüpft.

Johann Georg Tinius, der Schäferssohn, kam 1764 bei Stanko in der Niederlausitz zur Welt. Nach erfolgreichem Theologie-Studium wurde der Magister 1798 Pfarrer in Heinrichs bei Suhl, 1809 bekam er die größere Pfarrstelle in Poserna bei Weißenfels, und auch seine Bibliothek wuchs weiter. Kurz darauf, 1810, begannen in der Umgebung von Weißenfels, auf der Heerstraße nach Leipzig, die trickig pulverisierenden Postkutschen-Überfälle. (Mag sein, daß daher die Affinität zwischen Paul Gurk und dem Magister Tinius rührte: Gurks früh verstorbener Vater war Postillon gewesen). Am 28. Januar 1812 wurde in Leipzig der Kaufmann Schmidt mittels eines Spitzhammers, der ihm die Hirnschale zertrümmerte, umgebracht (Beute: 3 000 Taler), am 8. Februar des folgenden Jahres traf der nämliche Hammer die Leipziger Witwe Kunhardt, und diesmal waren die Indizien unabweislich: Am 4. März 1813 kam Magister Tinius in Haft. Ein Jahr später wurde das Kriminalverfahren gegen ihn eröffnet, am 31. März 1814 wurde er in der Leipziger Nicolaikirche vom Superintendenten Rosenmüller feierlich, wengleich unehrenhaft, dafür öffentlich seines geistlichen Amtes enthoben, wobei er, wie die Augenzeugen vermelden, »keine Spur von Erschütterung oder Unruhe« verraten haben soll. Der Strafprozeß zog sich dagegen in die Länge. Erst 1823 erging das Urteil: insgesamt 12 Jahre Zuchthaus. Seine Bücher waren verloren, doch in der Zelle schrieb Magister Tinius ein umfangreiches Werk über die Apokalypse. Im Alter von 71 Jahren kam er 1835 wieder frei, irrte unstet zwischen Sachsen und Thüringen hin und her und wurde erst 1840 in Gräbendorf bei Königswusterhausen noch einmal seßhaft. Dort ist er am 24. September 1846 gestorben.

Die Lebensbilanz eines monomanischen Büchermenschen. Wir stehen ganz erschlagen davor, pardon: irritiert. Denn bei allem Respekt vor der brennenden Leidenschaft dieses Sammlers – wir möchten unsere Leser gern bitten, ihre Bücherschätze lieber auf eine weniger anfechtbare Weise zu erwerben und einen Hammer nur für Zwecke zu benutzen, für die er bestimmt ist – zum Beispiel für das Einschlagen von Nägeln, um ein Bild aufzuhängen. Etwa ein Porträt von

MAGISTER TINIUS

Paul Gurk, Magister Tinius. Ein Drama des Gewissens. Bremen : Bremer Schlüssel, 1946.

Elisabeth Emter, »Die Sage vom Menschen ohne Gegenwart«. Eine Begegnung mit dem Werk des Dichters Paul Gurk. In: die horen, Bd. 191, 3/1998, S. 151-161.

Mitzschke, Tinius, Johann Georg. In: Allgemeine Deutsche Biographie. Leipzig : Duncker & Humblot, 1875-1912.

Thomas
O'Kiep

Der Schloßgeist von Canterville

Thomas O'Kiep. Der Schloßgeist von Canterville. (Original: Canterville Caisteal Uruisg). Ein Dramolett nach Oscar Wildes Erzählung *The Canterville Ghost,* eingerichtet von Thomas O'Kiep. Aus dem Gälischen übertragen von Heiko Postma. (erscheint 2000)

Charles
Baudelaire

Spleen

Charles Baudelaire. Spleen.
Zweisprachige Ausgabe. Nachdichtung von Oskar Ansull. Mit einem Nachwort von Thomas A. Keck. Titelprägung. 32 Seiten. Fadengeheftet. 18,— DM. ISBN 3.927715.22.0.

Michael Braun
Basler Zeitung

»Baudelaire auf Deutsch – das ist eine Leidensgeschichte. An seinem Grundbuch der poetischen Moderne, dem Gedichtband Fleurs du Mal, sind bislang auch die akribischsten Übersetzer gescheitert. Ansulls sensationeller Erfolg:

Über 130 Jahre nach Erscheinen des Gedichtbands liegt nun die erste poetisch adäquate Baudelaire-Übertragung vor.«

Helmut Berthold
Griffel

»Die Übersetzung der Spleen-Gedichte ist verblüffend methodisch gearbeitet; sie löst den von Ansull erhobenen Anspruch ein, ›die besondere Struktur der französischen Originale erhalten [zu] wollen‹, [...]

Dem Revonnah Verlag ist für eine mutige, ästhetisch ansprechende Ausgabe zu danken.«

Adam Seide

Es ist nur eine Reise

1. Teil der Romantrilogie »Drei alte Maler«

Der Roman erzählt von einem Jungen, Lampenschirm heißt er, der gerade die Schule verlassen hat und nicht weiß, was er will. Zugegeben, das ist eine luxuriöse Situation. Deswegen ist sie auch an das Ende der 60er respektive der 50er Jahre verlegt worden in einen Ort mit dem Namen Linden.

Wie von einem Nullpunkt her, den Adam Seide in *Es ist nur eine Reise* zunächst einmal sichert, setzt dann, ganz langsam, die Entwicklung ein. Und Schritt für Schritt geht es nun weiter in die soziale Welt hinein. Zwar überfordert eine Demonstration gegen Atomwaffen noch den Wahrnehmungsapparat des Helden, aber die etwa gleichaltrige Dora, Bedienung im »Halbmond«, »fackelt nicht lange« und bricht seine Isolation auf.

Gleichzeitig kündigt sich, wenn auch noch von weitem, eine Ebenbürtigkeit mit dem Erzähler an. Denn angesichts der Langsamkeit des Helden lastet die Verantwortung für das Fortkommen bisher ja wesentlich auf ihm. Und er nimmt sie virtuos wahr. Er begleitet den Helden auf seinen Wegen, umtänzelt ihn bei seinen Gängen unter Zuhilfenahme der verfügbaren Erzähltechniken, Schnitte, Vor- und Rückblenden, Collagen.

Adam Seide weigert sich schlicht, dem in der modernen Medienrealität geformten Impuls zum Weiterzappen durch Tempospiel zuvorzukommen. Lampenschirm läßt das Publikum warten und manchmal verbündet sich der Erzähler mit ihm – ganz im Gegensatz zu den Fernsehmoderatoren, die ihr Publikum ködern mit leeren Versprechungen und dem »Bitte bleiben Sie dran«.

Adam Seide. Die braunschweigische Johanna. Ein deutsches Requiem. 176 Seiten. Broschur. 28,— DM. ISBN 3.927715.66.2.

Adam Seide. Es ist nur eine Reise.
Erster Teil der Trilogie *Drei alte Maler.* (zweiter Teil *Eine Art von Auftrag*, dritter Teil *Mutter Leuchtemal stirbt*). 336 Seiten. Geb. 36,— DM. ISBN 3.927715.69.7. (erscheint 2000)

Thomas
De Quincey

Schiller, Herder, Lessing, Goethe

Deutsche Erstausgabe

Bekannt geworden ist Thomas De Quincey (1785-1859) als Verfasser der autobiographischen Bekenntnisse eines englischen Opiumessers und anderer spektakulärer Schriften, wie Der Mord als eine schöne Kunst betrachtet oder Die letzten Tage des Immanuel Kant. Er ist aber auch der erste, der seine Landsleute mit der deutschen Literatur bekannt und durch Übersetzungen und Essays auf Entwicklungen bei den deutschen Schriftstellern aufmerksam macht.

Die vorliegende Sammlung enthält – als deutsche Erstausgabe – vier literarische Portraits, die zwischen 1823 und 1837 teils als Lexikonartikel, teils in angesehenen Literaturmagazinen veröffentlicht worden sind. Sie sind nicht nur als rezeptionsgeschichtliche Zeugnisse bemerkenswert oder wegen des eleganten Stils ihres belesenen Verfassers, sondern bestechen auch aufgrund des dezidiert subjektiven Standpunktes, den De Quincey bei seinen literaturhistorischen Exkursen und seiner Einschätzung der jeweiligen Autoren einnimmt.

R. Wuthenow, FR

»Der Übersetzer Peter Klandt hat einen Schatz gehoben und in seiner Werkstatt aufpoliert.«

Max Gutleut, Listen

»Die Literarischen Portraits haben den großen Vorzug, daß jeder Essay De Quincey von einer anderen Seite seines vielseitigen Stils zeigt. … Wie die Übersetzung eine Ahnung von der unberechenbaren Kunstfertigkeit De Quinceys in unsere so essayungewohnte Sprache zu bringen vermag, ist nur zu bewundern und zu loben. …«

Fritz Göttler, Süddt. Ztg.

»So sehen wir, neben einem neuen Schiller oder Goethe, auch einen neuen De Quincey: der mehr ist als der Mann der Träume eines Opiumessers.«

Thomas De Quincey. Literarische Portraits.
Schiller, Herder, Lessing, Goethe. A. d. Engl.
übers., komment. u. hrsg. v. Peter Klandt.
Deutsche Erstausgabe. Titelprägung. 136 Seiten.
Broschur. 34,— DM. ISBN 3.927715.95.6
(Coop. Wehrhahn Verlag).

Heiko Postma
Rainer Wagner
(Hrsg.)

Galerie der Detektive

Radio 3 (NDR, SFB, ORB). Jutta Duhm-Heitzmann

»Ein Buch, von dem der Krimi Fan erst merkt, wie sehr er es brauchte, seitdem es dieses Buch gibt. Es beglückt den Leser mit 123 Lebensläufen detektivischer Helden und ist das Ergebnis liebevoller Detailarbeit der Herausgeber Postma und Wagner.

Zu ihren Portraits haben sie minutiös alles aus den Romanen herausdestilliert, was über Herkunft und Werdegang der Mörderjäger zu erfahren ist. Und nun können sie nichts mehr verbergen, die Lemmy Cautions und Nick Charles, Phil Marlowes und Nick Knattertons oder die neuen Crime Ladies wie Kinsey Millhone und Anna Lee. Ihr Liebesleben, ihre Ehen – alles offengelegt. Und das leichthändig, ironisch und sehr belesen.«

Der erste Krimi-Führer, der in den Vordergrund stellt, was an Krimis wirklich wichtig ist: die Detektive! Ein spannendes Lesebuch und zuverlässiges Nachschlagewerk für alle Krimi-Fans.